DIREITO

ADMINISTRATIVO

O GEN | Grupo Editorial Nacional – maior plataforma editorial brasileira no segmento científico, técnico e profissional – publica conteúdos nas áreas de concursos, ciências jurídicas, humanas, exatas, da saúde e sociais aplicadas, além de prover serviços direcionados à educação continuada.

As editoras que integram o GEN, das mais respeitadas no mercado editorial, construíram catálogos inigualáveis, com obras decisivas para a formação acadêmica e o aperfeiçoamento de várias gerações de profissionais e estudantes, tendo se tornado sinônimo de qualidade e seriedade.

A missão do GEN e dos núcleos de conteúdo que o compõem é prover a melhor informação científica e distribuí-la de maneira flexível e conveniente, a preços justos, gerando benefícios e servindo a autores, docentes, livreiros, funcionários, colaboradores e acionistas.

Nosso comportamento ético incondicional e nossa responsabilidade social e ambiental são reforçados pela natureza educacional de nossa atividade e dão sustentabilidade ao crescimento contínuo e à rentabilidade do grupo.

Exame nacional da

Magistratura
ENAM

Coordenação
Cleber
Masson

DIREITO
ADMINISTRATIVO

2ª edição revista e atualizada

BRUNO
BETTI

■ **Atendimento ao cliente: (11) 5080-0751 | faleconosco@grupogen.com.br**

■ Direitos exclusivos para a língua portuguesa
Copyright © 2024 *by*
Editora Forense Ltda.
Uma editora integrante do GEN | Grupo Editorial Nacional
Travessa do Ouvidor, 11 – Térreo e 6º andar
Rio de Janeiro – RJ – 20040-040
www.grupogen.com.br

■ Capa: Carla Lemos

■ **CIP-BRASIL. CATALOGAÇÃO NA PUBLICAÇÃO**
SINDICATO NACIONAL DOS EDITORES DE LIVROS, RJ

B466d
2. ed.

Betti, Bruno
Direito administrativo / Bruno Betti ; organização da coleção Cleber Masson. - 2. ed. - [2. Reimp.] - Rio de Janeiro : Método, 2025.
384 p. ; 24 cm.   (Exame Nacional da Magistratura - ENAM)

Inclui bibliografia
Material suplementar
ISBN 978-85-3099-532-4

1. Direito administrativo - Brasil. 2. Serviço público - Brasil - Concursos. I. Masson, Cleber. II. Título. III. Série.

24-92649

CDU: 342.9(81)

Gabriela Faray Ferreira Lopes - Bibliotecária - CRB-7/6643

Respeite o direito autoral

Apresentação

O Exame Nacional da Magistratura (ENAM) foi criado pela Resolução n. 531, editada pelo Conselho Nacional de Justiça (CNJ) no dia 14 de novembro de 2023.

Suas finalidades consistem em *(a)* instituir habilitação nacional como pré-requisito para inscrição nos concursos da magistratura, de modo a garantir um processo seletivo idôneo e com um mínimo de uniformidade; *(b)* fazer com que o processo seletivo valorize o raciocínio, a resolução de problemas e a vocação para a magistratura, mais do que a mera memorização de conteúdos; e *(c)* democratizar o acesso à carreira da magistratura, tornando-a mais diversa e representativa.

Trata-se de exame eliminatório (e não classificatório), cuja aprovação é imprescindível à inscrição preliminar em concursos de todas as carreiras da magistratura. Não há necessidade de superar as notas de relevante parcela dos demais candidatos. Basta alcançar a pontuação mínima exigida, a saber, 70% para a ampla concorrência, ou 50%, no caso de candidatos autodeclarados negros ou indígenas.

A prova, de caráter objetivo, abrange as seguintes disciplinas: Direito Administrativo, Direito Civil, Direito Constitucional, Direito Empresarial, Direito Penal, Direito Processual Civil, Direitos Humanos e Noções Gerais de Direito e Formação Humanística.

Na condição de coordenador da presente coleção, escolhemos professores qualificados, com indiscutível experiência na preparação para provas e concursos públicos. Bruno Betti Costa, Monica Queiroz, Rafael de Oliveira Costa, Alexandre Gialluca,

Alexandre Freitas Câmara, Marcelo Ribeiro, Valerio Mazzuoli e Alvaro de Azevedo Gonzaga são expoentes da docência, reconhecidos por toda a comunidade jurídica.

Os livros que integram esta coleção visam à preparação objetiva e completa para o ENAM, fornecendo as informações necessárias para a sua aprovação, inclusive com a utilização de recursos didáticos diferenciados, consistentes em quadros e gráficos repletos de conteúdo.

Além disso, as obras não se esgotam nos textos impressos. Você, leitora ou leitor, tem acesso ao Ambiente Virtual de Aprendizagem (AVA), dotado de materiais complementares, questões para treino e aperfeiçoamento do aprendizado, bem como de vídeos com dicas dos autores.

Bons estudos e muito sucesso nessa jornada. Conte conosco!

Cleber Masson

Promotor de Justiça em São Paulo. Doutor e Mestre em Direito Penal pela Pontifícia Universidade Católica de São Paulo (PUC/SP). Professor de Direito Penal no Curso G7 Jurídico. Palestrante e conferencista em todo o Brasil.

Sumário

CAPÍTULO 1 – ADMINISTRAÇÃO PÚBLICA.. 1

1. Conceito do Direito Administrativo.. 1

2. Princípios que regem o Direito Administrativo............................... 1

    2.1. Princípios expressos... 2

        2.1.1. Legalidade 2

        2.1.2. Impessoalidade... 3

        2.1.3. Moralidade... 5

        2.1.4. Publicidade.. 8

        2.1.5. Eficiência 9

    2.2. Princípios implícitos.. 10

        2.2.1. Princípio da supremacia do interesse público sobre o privado 10

        2.2.2. Princípio da indisponibilidade do interesse público............ 11

        2.2.3. Princípio da razoabilidade 12

        2.2.4. Princípio da proporcionalidade 13

        2.2.5. Princípio da segurança jurídica e da confiança legítima.... 14

        2.2.6. Princípio da sindicabilidade 16

        2.2.7. Princípio da participação ou da consensualidade (administração consensual)... 17

        2.2.8. Princípio da autotutela....................................... 17

3. Poderes administrativos 18

    3.1. Poder hierárquico 18

        3.1.1. Poderes decorrentes da hierarquia............................. 19

    3.2. Poder disciplinar.. 20

    3.3. Poder normativo ou regulamentar 20

        3.3.1. Poder regulamentar *x* poder regulatório 21

    3.4. Poder de polícia 21

        3.4.1. Características... 22

        3.4.2. Poder de polícia e delegação para pessoas jurídicas de direito privado: decisão do STF – RE 633.782 22

4. Dos deveres dos administradores públicos.................................... 24

    4.1. Do dever de probidade 24

    4.2. Do dever de prestar contas 24

    4.3. Do dever de eficiência 25

CAPÍTULO 2 – ADMINISTRAÇÃO DIRETA E INDIRETA 29

1. Desconcentração.. 29

    1.1. Órgãos públicos 29

        1.1.1. Características 30

2. Descentralização.. 30

    2.1. Espécies 30

        2.1.1. Política.. 30

        2.1.2. Administrativa 30

            2.1.2.1. Territorial/Geográfica 31

            2.1.2.2. Colaboração ou delegação......................... 31

            2.1.2.3. Por serviço, técnica, funcional ou outorga........... 31

3. Centralização e descentralização.. 32

4. Entidades da administração pública indireta................................. 34

    4.1. Autarquias 34

        4.1.1. Conceito.. 34

        4.1.2. Princípio da especialidade... 34

        4.1.3. Criação e extinção.. 34

        4.1.4. Objeto... 34

4.1.5. Características das autarquias 35

4.1.6. Agências reguladoras.. 36

    4.1.6.1. Características 37

4.1.7. Agências executivas.. 42

4.2. Fundações públicas 43

4.2.1. Conceito.. 43

4.2.2. Criação e extinção.. 44

4.2.3. Características 44

4.3. Empresas estatais.. 45

4.3.1. Conceito.. 45

4.3.2. Regime jurídico 46

4.3.3. Criação e extinção.. 46

4.3.4. Objeto.. 47

4.3.5. Responsabilidade.. 48

4.3.6. Diferenças entre empresas públicas e sociedades de eco-
nomia mista 48

**CAPÍTULO 3 – CONTROLE DA ADMINISTRAÇÃO PÚBLICA PELO JUDI-
CIÁRIO, LEGISLATIVO E ADMINISTRATIVO** 55

1. Conceito 55

2. Classificação 55

2.1. Quanto à natureza do controlador... 55

2.2. Quanto à extensão do controle.. 56

2.3. Quanto à natureza do controle... 57

2.4. Quanto à oportunidade... 57

3. Controle administrativo... 57

3.1. Recursos administrativos... 57

3.1.1. Classificação 58

3.1.2. Recursos administrativos em espécie 58

3.1.3. *Reformatio in pejus* 59

3.1.4. Exigência de garantia... 59

3.1.5. Exaustão da via administrativa.. 59

3.1.6. Efeitos 60

3.1.7. Decadência e prescrição administrativa.............................. 60

4. Controle legislativo 62

   4.1. Espécies de controle legislativo 62

      4.1.1. Controle político... 62

      4.1.2. Controle financeiro 63

5. Controle judicial 63

   5.1. Sistemas de controle.. 63

   5.2. Natureza 64

   5.3. Instrumentos de controle.. 64

      5.3.1. Meios inespecíficos.. 64

      5.3.2. Meios específicos... 64

CAPÍTULO 4 – RESPONSABILIDADE CIVIL DO ESTADO 81

1. Comentários iniciais.. 81

2. Teorias sobre Responsabilidade Civil 82

   2.1. Teorias administrativas 82

      2.1.1. Teoria da culpa anônima ou culpa do serviço (*faute du service*).. 82

      2.1.2. Teoria do risco integral... 83

      2.1.3. Teoria do risco administrativo 83

      2.1.4. Teoria da interrupção do nexo causal/Teoria da causalidade direta, imediata 86

3. Elementos configuradores da responsabilidade civil do estado................. 87

   3.1. Conduta 87

   3.2. Dano 88

   3.3. Nexo causal 88

4. Teoria da dupla garantia.. 89

5. Responsabilidade estatal nas relações de custódia........................... 89

6. Prescrição 90

   6.1. Ação de regresso – art. 37, § 5º, da CR/1988............................ 90

   6.2. Ação de indenização... 91

      6.2.1. Dano causado pelo regime militar 91

      6.2.2. Ação de responsabilidade civil 92

7. Responsabilidade do Estado por atos legislativos 93

    7.1. Leis de efeitos concretos 93

    7.2. Leis inconstitucionais 93

    7.3. Omissão inconstitucional quanto ao dever de legislar 94

8. Responsabilização do Estado por Atos do Poder Judiciário 94

CAPÍTULO 5 – DESAPROPRIAÇÃO 99

1. Conceito 99

2. Modalidades 100

    2.1. Desapropriação por necessidade pública 100

    2.2. Desapropriação por utilidade pública 100

    2.3. Desapropriação por interesse social 100

        2.3.1. Desapropriação por interesse social propriamente dita 100

        2.3.2. Interesse social para fins de reforma agrária 100

        2.3.3. Interesse social para fins urbanísticos 102

    2.4. Desapropriação confiscatória/expropriação 102

3. Fases da desapropriação 103

    3.1. Fase declaratória 103

        3.1.1. Efeitos da declaração 104

    3.2. Fase executória 107

        3.2.1. Via administrativa 108

        3.2.2. Via judicial 108

        3.2.3. Via arbitral 110

4. Desapropriação de bens públicos 110

5. Direito de extensão 111

6. Desistência da desapropriação 112

7. Retrocessão 112

    7.1. Natureza jurídica 113

    7.2. Prazo prescricional 114

8. Desapropriação indireta 114

    8.1. Legitimidade para ação 115

    8.2. Foro 115

8.3. Prescrição 115

8.4. Acréscimos indenizatórios 116

9. Indenização 116

9.1. Parcela do bem e das benfeitorias 118

9.1.1. Desapropriação de um terreno de marinha 118

9.1.2. Desapropriação do fundo de comércio 118

9.2. Juros compensatórios 119

9.3. Juros moratórios 120

CAPÍTULO 6 – AGENTES PÚBLICOS **127**

1. Conceito 127

2. Classificação dos agentes públicos 127

2.1. Agente político 127

2.2. Servidores públicos 128

2.2.1. Servidores estatutários 128

2.2.2. Empregados públicos 129

2.2.3. Servidores temporários 130

2.3. Militar 131

2.4. Particulares em colaboração com o Poder Público 132

2.4.1. Agentes honoríficos 132

2.4.2. Agentes delegados 132

2.4.3. Gestores de negócios públicos 132

2.4.4. Agentes credenciados 132

2.5. Notários e registradores 134

3. Artigos constitucionais importantes 134

4. Aposentadoria 144

4.1. Modalidades de aposentadoria 145

4.1.1. Aposentadoria por incapacidade permanente 145

4.1.2. Aposentadoria compulsória 145

4.1.3. Aposentadoria voluntária 146

4.1.4. Aposentadoria especial 146

5. Regime remuneratório 147

5.1. Regimes remuneratórios em espécie 147

5.2.   Princípios do regime remuneratório...   151

    5.2.1.   Princípio da estrita legalidade (art. 37, X, da CR/1988).....   151

    5.2.2.   Princípio da revisão anual (art. 37, X, da CR/1988)...........   151

    5.2.3.   Princípio da irredutibilidade das remunerações.................   151

5.3.   Teto remuneratório...   152

5.4.   Acumulação remunerada...   154

6.   Concurso público e suas diversas polêmicas na jurisprudência do STF e do STJ..   156

6.1.   O controle judicial sobre a correção de questões em concurso público...   156

6.2.   O direito subjetivo à nomeação do candidato aprovado dentro do número de vagas e o cadastro de reservas.....................................   157

6.3.   O direito subjetivo à nomeação e o surgimento de novas vagas durante o prazo de validade...   157

    6.3.1.   RE 837.311/PI, Rel. Min. Luiz Fux, 14.10.2015...................   158

    6.3.2.   Direito Administrativo. Desistência de candidato aprovado em concurso público dentro ou fora do número de vagas....   158

    6.3.3.   A desistência e a nomeação precisam ocorrer dentro do prazo de validade do concurso...   158

    6.3.4.   Nos casos de preterição de candidato na nomeação em concurso público, o termo inicial do prazo prescricional quinquenal recai na data em que foi nomeado outro servidor no lugar do aprovado no certame.............................   159

    6.3.5.   Inclusão de candidatos aprovados por decisão da justiça não altera número de vagas em concurso.........................   159

6.4.   Concurso público e segunda chamada em teste de aptidão física....   159

6.5.   Dever de intimar o candidato pessoalmente.................................   160

6.6.   Alteração do edital de concurso no decorrer do certame..............   160

6.7.   Direito Administrativo. Posse em cargo público por menor de idade..   160

6.8.   Condenados aprovados em concursos públicos podem ser nomeados e empossados...   161

6.9.   É inconstitucional a fixação de critério de desempate em concursos públicos que favoreça candidatos que pertençam ao serviço público de determinado ente federativo............................   162

7.   Mais Jurisprudência sobre agentes públicos...   162

7.1. Proibição de tatuagem a candidato de concurso público é inconstitucional – RE 898.450/2016 162

7.2. Restituição ao erário dos valores indevidamente recebidos por servidor público 163

7.3. Informações obtidas por monitoramento de e-mail corporativo de servidor público 163

7.4. Instauração de PAD (Processo Administrativo Disciplinar) de servidor cedido 164

7.5. Restrição do direito de férias de servidores municipais 164

7.6. Impedimento da aposentadoria voluntária e da exoneração a pedido de servidor estadual que responde a processo administrativo disciplinar 165

CAPÍTULO 7 – SERVIÇO PÚBLICO **173**

1. Conceito 173

2. Classificação 173

    2.1. Serviços delegáveis e indelegáveis 173

    2.2. Serviços administrativos e de utilidade pública 173

    2.3. Serviços coletivos e singulares 174

    2.4. Serviços próprios e impróprios 175

3. Princípios 175

    3.1. Princípio da generalidade 175

    3.2. Princípio da continuidade 175

4. Concessões e permissões de serviços públicos 179

    4.1. Concessões comuns – Lei nº 8.987/1995 179

    4.2. Subcontratação 181

    4.3. Subconcessão 181

    4.4. Transferência da concessão 181

    4.5. Extinção da concessão 183

        4.5.1. Advento do termo 184

        4.5.2. Encampação 184

        4.5.3. Caducidade 184

        4.5.4. Rescisão 185

        4.5.5. Anulação 185

4.5.6. Falência ou extinção da empresa, falecimento ou incapacidade do titular, no caso de empresa individual............... 185

4.6. Reversão.. 186

5. Concessões especiais... 187

5.1. Conceitos importantes.. 187

5.2. Vedações legais 188

5.3. Diretrizes legais.. 188

5.4. Garantias.. 189

5.5. Dos contratos de PPPs 190

5.6. Remuneração variável e aporte de recursos 191

CAPÍTULO 8 – IMPROBIDADE ADMINISTRATIVA 197

1. Comentários Iniciais.. 197

2. Sujeito passivo.. 199

3. Sujeito ativo.. 200

4. Agentes políticos 202

5. Tipologia de improbidade 203

6. Sanções.. 207

7. Do procedimento judicial... 213

7.1. Comentários iniciais.. 213

7.2. Não persecução civil e colaboração premiada............... 215

7.3. Da sentença de improbidade 218

8. Prescrição 219

CAPÍTULO 9 – BENS PÚBLICOS 225

1. Conceito 225

2. Classificação 225

2.1. Quanto à destinação... 225

2.1.1. Bens de uso comum do povo................................ 225

2.1.2. Bens de uso especial... 226

2.1.3. Bens dominicais/dominiais 227

3. Afetação e desafetação 227

4. Regime jurídico – características.. 227

    4.1. Impenhorabilidade.. 227

    4.2. Imprescritibilidade.. 228

    4.3. Não onerosidade 228

    4.4. Alienabilidade condicionada.. 228

5. Uso privativo de bem público 231

    5.1. Autorização de uso... 231

    5.2. Permissão de uso 231

    5.3. Concessão de uso.. 232

6. Ocupação indevida de bens públicos.. 232

CAPÍTULO 10 – ATOS ADMINISTRATIVOS 237

1. Ato administrativo... 237

    1.1. Conceito 237

    1.2. Vinculação e discricionariedade.. 238

    1.3. Atributos... 239

        1.3.1. Presunção de legitimidade e veracidade.................. 239

        1.3.2. Imperatividade 239

        1.3.3. Autoexecutoriedade 239

        1.3.4. Tipicidade... 240

        1.3.5. Exigibilidade 240

    1.4. Elementos ou requisitos do ato administrativo............................ 241

        1.4.1. Elementos essenciais.. 241

    1.5. Ato anulável, nulo e inexistente... 250

    1.6. Convalidação.. 251

        1.6.1. Conceito.. 251

        1.6.2. Efeitos 251

2. Extinção dos atos administrativos.. 251

    2.1. Cumprimento de seus efeitos... 252

    2.2. Desaparecimento do sujeito ou do seu objeto....................... 252

    2.3. Renúncia... 252

    2.4. Retirada 252

        2.4.1. Revogação – art. 53 da Lei nº 9.784/1999 252

2.4.2. Anulação – art. 53 da Lei nº 9.784/1999 253

2.4.3. Cassação 257

2.4.4. Caducidade 257

2.4.5. Contraposição ou derrubada 257

CAPÍTULO 11 – LICITAÇÃO – LEI Nº 14.133/2021 .... **263**

1. Conceito de licitação 263

2. Objetivos da licitação 265

3. Princípios – art. 5º da Lei nº 14.133/2021 267

   3.1. Princípio da isonomia e igualdade 268

   3.2. Princípio da seleção da proposta mais vantajosa 270

   3.3. Promoção do desenvolvimento nacional sustentável e a função regulatória da licitação 270

   3.4. Legalidade e impessoalidade 270

   3.5. Moralidade e probidade administrativa 270

   3.6. Vinculação ao edital 270

   3.7. Julgamento objetivo 271

   3.8. Princípio da eficiência 272

   3.9. Princípio do interesse público 272

   3.10. Princípio do planejamento 272

   3.11. Princípio da publicidade 273

   3.12. Princípio da segregação das funções 274

   3.13. Princípio da motivação 275

   3.14. Princípio da segurança jurídica 275

   3.15. Princípio da transparência 276

   3.16. Princípio da competitividade 276

   3.17. Correlatos 277

       3.17.1. Princípio do parcelamento 277

       3.17.2. Princípio da padronização 278

       3.17.3. Princípio da responsabilidade fiscal 279

4. Contratação direta 279

   4.1. Procedimento de justificação 280

   4.2. Dispensa de licitação 280

4.2.1. Conceito... 280

4.2.2. Espécies... 280

    4.2.2.1. Licitação dispensada 280

    4.2.2.2. Licitação dispensável.............................. 280

4.2.3. A dispensa no caso de alienações de bens públicos......... 285

    4.2.3.1. Doação com encargos.............................. 287

    4.2.3.2. Título de propriedade ou de direito real de uso de imóvel 287

4.3. Inexigibilidade de licitação... 287

    4.3.1. Conceito... 287

    4.3.2. Hipóteses legais (rol exemplificativo) 288

5. Procedimento da licitação... 290

5.1. Fase preparatória 291

    5.1.1. Audiência pública e consulta pública 291

5.2. Publicação do edital 292

    5.2.1. Comentários preliminares....................................... 292

5.3. Apresentação de propostas e lances 293

    5.3.1. Prazos mínimos para apresentação........................... 293

    5.3.2. Modo de disputa 295

    5.3.3. Garantia de proposta 295

5.4. Julgamento de propostas e lances....................................... 295

    5.4.1. Comentários iniciais.. 295

    5.4.2. Critérios de desempate.. 296

    5.4.3. Da negociação de condições mais vantajosas............... 297

5.5. Habilitação 297

    5.5.1. Comentários iniciais.. 298

    5.5.2. Habilitação jurídica.. 299

    5.5.3. Habilitação técnica.. 299

    5.5.4. Habilitação fiscal, social e trabalhista 302

    5.5.5. Habilitação econômico-financeira 302

    5.5.6. Comentários finais 303

5.6. Fase recursal 303

5.7. Adjudicação e homologação.. 304

    5.7.1. Do desfazimento da licitação – anulação e revogação 304

6.   Modalidades 304

   6.1.   Pregão 305

   6.2.   Concorrência 307

   6.3.   Concurso 307

   6.4.   Leilão 308

   6.5.   Diálogo competitivo 308

7.   Dos agentes públicos responsáveis pela licitação 311

   7.1.   Do agente de contratação e da comissão de contratação 311

   7.2.   Vedações 313

   7.3.   Defesa dos agentes públicos que tiverem participado da licitação.... 314

8.   Dos procedimentos auxiliares 314

   8.1.   Do credenciamento 315

   8.2.   Da pré-qualificação 316

   8.3.   Procedimento de manifestação de interesse 318

   8.4.   Do sistema de registro de preços 319

   8.5.   Registro cadastral 322

CAPÍTULO 12 – CONTRATOS ADMINISTRATIVOS 325

1.   Conceito e diferenciação de contratos da administração e contratos administrativos 325

2.   Características 326

3.   Convocação do licitante vencedor 329

4.   Garantias 330

5.   Prazo 332

6.   Aplicação de sanções ao contratado 336

   6.1.   Advertência 337

   6.2.   Multa 337

   6.3.   Impedimento de licitar e contratar 337

   6.4.   Declaração de inidoneidade 338

   6.5.   Processo de responsabilização 340

   6.6.   Apuração e julgamento conjuntos 340

   6.7.   Desconsideração da personalidade jurídica 340

   6.8.   Multa de mora 341

6.9. Reabilitação 341

7. Áleas 341

7.1. Álea ordinária 344

7.2. Álea extraordinária 345

7.2.1. Alteração unilateral 345

7.2.2. Alteração bilateral 347

7.2.3. Fato do príncipe 348

7.2.4. Fato da Administração 349

7.3. Álea econômica 350

8. Da nulidade dos contratos 350

BIBLIOGRAFIA 359

Para otimizar ainda mais seus estudos, consulte o Ambiente Virtual desta coleção com **Dicas, Gabarito do exame anterior, questões para treino, videoaulas, artigos** e conteúdos extras. Instruções de acesso na orelha da capa.

Capítulo 1

Administração Pública

1. CONCEITO DO DIREITO ADMINISTRATIVO

O Direito Administrativo é o ramo do Direito Público que estuda a organização, o funcionamento e as atividades da Administração Pública, bem como as relações entre a Administração e os particulares. Em outras palavras, é o conjunto de normas e princípios que regula a atuação do Estado na gestão dos interesses públicos.

Assim, o Direito Administrativo teria como principais objetivos a proteção dos direitos dos cidadãos, a eficiência na prestação dos serviços públicos, a transparência e o controle da Administração Pública, a promoção do desenvolvimento econômico e social, entre outros. Além disso, a autora destaca que o Direito Administrativo é um ramo do Direito em constante evolução, que busca se adaptar às transformações da sociedade e às novas demandas da Administração Pública.

Ademais, o conceito de Direito Administrativo pode variar de acordo com a definição do critério a ser adotado.

2. PRINCÍPIOS QUE REGEM O DIREITO ADMINISTRATIVO

No âmbito do Direito, os princípios são o conjunto de proposições fundamentais que embasam um sistema jurídico e lhe garantem a validade. Eles são os pilares que sustentam a estrutura normativa de uma sociedade, orientando a interpretação e aplicação das leis.

Os princípios são de suma importância no Direito, uma vez que estabelecem valores e objetivos a serem alcançados pela ordem jurídica, tais como a justiça, a igualdade, a liberdade e a segurança jurídica. Além disso, os princípios são fontes de interpretação e integração do sistema jurídico, servindo como critérios para solucionar conflitos normativos e orientar a criação de novas normas. Com o movimento do neoconstitucionalismo, os princípios ganharam mais relevância, pois **passaram a ter papel prescritivo e impositivo**, não sendo meramente um valor. O que se quer dizer é que é possível extrair obrigações e imposições dos princípios como uma verdadeira norma.

2.1.   Princípios expressos

O art. 37, *caput*, da Constituição Federal de 1988 estabelece os princípios expressos que devem nortear a Administração Pública em todas as esferas e poderes do País. Assim, atente-se ao fato de que os princípios do art. 37, *caput*, da CR/1988 serão aplicados à Administração Pública direta e indireta.

Esses princípios são agrupados pelo mnemônico LIMPE, que significa legalidade, impessoalidade, moralidade, publicidade e eficiência. É importante pontuar, como se verá, que o rol de princípios descritos no dispositivo constitucional é meramente exemplificativo, de modo que outros princípios regerão as atuações da Administração Pública.

2.1.1.   Legalidade

Por esse princípio, **há garantias de respeito aos direitos individuais**, afinal a lei define e estabelece os limites da atuação do Estado. O Poder Público, ao restringir os direitos individuais, deve observar os limites impostos pela lei, sem seu sentido amplo, abarcando todas as modalidades legislativas, isto é, da própria Constituição da República até aos demais atos normativos.

O princípio da legalidade traduz a máxima de que "a Administração Pública só pode fazer o que a lei permite". Em outras palavras, esse princípio é "diretriz básica da conduta dos agentes da Administração. Significa que toda e qualquer atividade administrativa deve ser autorizada por lei. Não o sendo, a atividade é ilícita" (CARVALHO FILHO, 2013, p. 19). Trata-se da ideia de que a validade da atuação do administrador público está condicionada à prévia autorização legislativa.

O **administrador não pode fazer prevalecer sua vontade pessoal**; sua atuação tem que cingir ao que a lei impõe. Essa limitação do administrador é que, em última instância, garante os indivíduos contra abusos de conduta e desvios de objetivos. Observe que a Administração Pública não tem autonomia de vontade, haja vista que a "atividade administrativa consiste na gestão de coisa alheia, uma vez que, em última análise, a titularidade da coisa pública é o povo, e não dos órgãos, entidades e agentes administrativos" (ALEXANDRINO; PAULO, 2016. p. 215).

Contudo, é necessário entender que o **princípio da legalidade não afasta a discricionariedade do Estado**. "Por ser materialmente impossível a previsão de todos os casos, além do caráter de generalidade e de abstração próprios da lei, subsistirão inúmeras situações em que a Administração terá de se valer da discricionariedade para efetivamente atender à finalidade legal" (MARINELA, 2013. p. 31).

Nesse sentido, importante perceber que a atuação da Administração pode estar prevista de maneira expressa ou implícita em lei.

O princípio da legalidade surge para limitar o poder do monarca, sendo, dessa forma, considerado um produto do liberalismo.

A legalidade administrativa pode ser dividida em duas categorias: **supremacia da lei e reserva de lei**. A supremacia da lei consiste na prioridade da lei sobre os atos da Administração, o que implica que a lei limita a atuação do administrador, garantindo maior liberdade de atuação do Estado na ausência de lei, tratando-se de uma vinculação negativa. Entretanto, essa não é a abordagem predominante no Brasil. Por sua vez, a reserva de lei se refere à exigência de que determinadas questões sejam tratadas exclusivamente por meio da legislação, impedindo a utilização de outros atos normativos. Essa abordagem impõe uma vinculação positiva, exigindo que a atuação dos agentes públicos seja autorizada previamente por lei. É importante destacar que a **reserva de lei é a abordagem que prevalece no Brasil**, de modo que vigora a **subordinação à lei**.

O princípio da legalidade, ainda, pode ser visto sob a ótica do **particular**. Nessa visão, o princípio estudado deve ser entendido como uma permissão ao particular a fazer tudo o que a lei não proíbe, conforme o art. 5º, II, da CR/1988, afinal a regra, para os particulares, é a autonomia de vontade.

Atualmente, o princípio da legalidade possui uma nova roupagem, fruto de uma evolução do princípio. Passou-se a chamar o princípio da legalidade de princípio da JURIDICIDADE. Em outras palavras, a Administração Pública deve seguir a lei e o Direito, como os princípios constitucionais, nos termos do art. 2º da Lei nº 9.784/1999.

Essa transformação decorre do fenômeno de constitucionalização do Direito Administrativo, de modo que o administrador público deve obediência direta à Constituição e aos princípios jurídicos.

A atuação da Administração Pública é cingida ao princípio da legalidade estrita, devendo obediência aos preceitos legais, sendo-lhe defeso proceder interpretação extensiva ou restritiva, onde a lei assim não o determinar[1]. Nesse sentido, com o intuito de fazer justiça, a Administração Pública **não pode agir em desacordo com as diretrizes legais** estabelecidas. Assim, não é competência do administrador público ampliar o alcance da norma.

2.1.2. *Impessoalidade*

Por esse princípio, a Administração Pública deve atuar de forma objetiva, impessoal, sem discriminação infundada, sem privilegiar ninguém sem fundamento legal.

Exigir IMPESSOALIDADE da Administração Pública tem **dois sentidos**.

O **primeiro** desses sentidos está relacionado aos administrados, ou seja, a Administração não pode atuar com vistas a prejudicar ou beneficiar pessoas determinadas que estejam em situação jurídica idêntica. Portanto, relaciona-se à ideia de **princí-**

---

[1]   STJ, Recurso em Mandado de Segurança 26.944/CE, Rel. Min. Laurita Vaz, j. 27.05.2010.

pio da isonomia. Nessa linha, é importante pontuar que o princípio da impessoalidade encerraria uma **imposição positiva**, tendo o dever de tratar de maneira diferenciada pessoas que se encontrem em situações jurídicas diferentes, e uma **imposição negativa**, de modo que a administração deve tratar de maneira igual aqueles que se encontrem em situações jurídicas iguais.

A noção de igualdade não se encerra em sua dimensão meramente formal, de igualdade perante a lei. Ela contempla ainda um caráter material, pelo qual se busca concretizar a justiça social e os outros objetivos fundamentais da República, conforme o art. 3º da CR/1988. É com base nesse viés material que a lei eventualmente estabelece distinções a fim de compensar os indivíduos que se encontram em situação desprivilegiada para elevá-los ao patamar dos demais.

O STF entende que leis que concedem isenção do pagamento de taxa de inscrição em concursos públicos estaduais para servidores públicos são inconstitucionais. A Corte considera que o critério utilizado pela norma para a isenção da taxa de inscrição é a existência da qualidade de servidor público, sendo essa a única categoria para a qual a lei confere tal benefício. Essa distinção entre servidores públicos e outros cidadãos não tem o objetivo de garantir a igualdade de oportunidades, mas, sim, de ampliar a desvantagem daqueles que não possuem recursos financeiros para arcar com a inscrição no concurso, restringindo o acesso à via pública do concurso. Assim, a isenção deve ser concedida de forma igualitária, garantindo que todos os cidadãos tenham a mesma chance de participar de um concurso público. Medidas que promovam a igualdade de acesso devem ser incentivadas, enquanto aquelas que agravem a desigualdade entre possíveis candidatos devem ser evitadas. A categoria beneficiada não tem sua participação em concursos públicos obstada pela exigência do pagamento da taxa de inscrição. Portanto, a medida analisada não busca promover a igualdade substancial, isto é, não está voltada para a mitigação de uma discriminação ou desigualdade constatada na sociedade.[2]

Por seu turno, o **segundo** sentido está relacionado aos atos praticados pelos agentes públicos. Deve-se entender que os **atos praticados por estes são, na verdade, imputados não ao agente público, mas à Administração Pública**. Trata-se da consagração da teoria do órgão, aplicada no Direito brasileiro.

Na verdade, pode-se dizer que o princípio da impessoalidade traduz a ideia de que a Administração Pública deve buscar o interesse público, não podendo ser alcançado o interesse privado. Portanto, relaciona-se à ideia de **princípio da finalidade**. Em outras palavras, a Constituição Federal não se referiu expressamente ao princípio da finalidade, mas o admitiu sob a denominação de princípio da impessoalidade.

---

[2] STF, ADI 3.918, Rel. Min. Dias Toffoli, j. 16.05.2022, *DJe* 09.06.2022.

Importante

Nessa vertente do princípio da impessoalidade, encontra-se o art. 37, § 1º, da Constituição, segundo o qual a publicidade de atos, programas, obras, serviços e campanhas dos órgãos públicos deverá ter caráter educativo, informativo ou de orientação social, dela não podendo constar nomes, símbolos ou imagens que caracterizem promoção pessoal de autoridades ou servidores públicos.

Observe-se que o desrespeito ao art. 37, § 1º, da CR/1988 consistiria em ato de improbidade administrativa, caracterizador de violação a princípios, conforme dispõe o art. 11, XII, da Lei nº 8.429/1992.

Outro ponto relevante acerca do art. 37, § 1º, da CR/1988 refere-se ao fato de estar em desconformidade com a Constituição da República a delegação a cada poder para definir, por norma interna, as hipóteses pelas quais a divulgação de ato, programa, obra ou serviço públicos não constituirá promoção pessoal.[3] De acordo com o STF, **o dispositivo constitucional não admite flexibilização por norma infraconstitucional ou regulamentar**.

Por outro lado, o STF também entendeu que divulgação de atos e iniciativas de parlamentares é considerada legítima quando efetuada – **com a finalidade exclusiva de informar ou educar** – nos ambientes de divulgação do mandatário ou do partido político, não se havendo de confundi-la com a publicidade do órgão público ou da entidade. Assim, entendeu o STF que a divulgação feita pelo parlamentar de seus atos e suas iniciativas pode não constituir promoção pessoal indevida por não se confundir com a publicidade estatal prevista no § 1º do art. 37 da CR/1988. Todavia, para que não incorra em publicidade pessoal constitucionalmente vedada, há que se limitar ao que seja descrição informativa de sua conduta e com limites em sua atuação.

2.1.3. Moralidade

Por esse princípio, a Administração Pública deve atuar de forma proba, com ética e boa-fé. O princípio da moralidade deve ser observado "não somente nas relações entre a Administração e os administrados em geral, como também internamente, ou seja, na relação entre a Administração e os agentes públicos que a integram" (CARVALHO FILHO, 2013. p. 23). Desse modo, "o Princípio da moralidade complementa ou torna mais efetivo, materialmente, o princípio da legalidade" (ALEXANDRINO; PAULO, 2016. p. 219).

Atente-se que o princípio da moralidade acarreta o dever de probidade para os agentes públicos. Contudo, observe que a moralidade administrativa independe da con-

---

3   STF, ADI 6.522/DF, Plenário, Rel. Min. Cármen Lúcia, j. 14.05.2021, *Info* 1.017.

cepção pessoal, subjetiva de moral do agente público. Em outras palavras, não têm relevância jurídica as convicções e os pensamentos íntimos do agente sobre a atuação administrativa que deva ser considerada moral. Dessa forma, conclui-se que o princípio da moralidade exige uma noção objetiva de moral, ou seja, a moral é extraída das normas do direito. Portanto, a **moral administrativa é diferente da moral comum**, visto que aquela é jurídica e viabiliza a invalidação dos atos administrativos contrários a ela.

A violação do princípio da moralidade é considerada ato de improbidade administrativa, previsto no art. 37, § 4º, da CR/1988 e regulado pela Lei nº 8.429/1992. Nesse sentido, a Súmula Vinculante nº 13 do STF estabelece o conceito de nepotismo, o que é replicado pelo art. 11, XI, da Lei nº 8.429/1992, que prevê o nepotismo como ato de improbidade administrativa violador de princípio.

Atenção

Pela Súmula Vinculante nº 13 do STF, nepotismo seria a nomeação de cônjuge, companheiro ou parente em linha reta, colateral ou por afinidade, até o terceiro grau, inclusive, da autoridade nomeante ou de servidor da mesma pessoa jurídica investido em cargo de direção, chefia ou assessoramento, para o exercício de cargo em comissão ou de confiança ou, ainda, de função gratificada na Administração Pública direta e indireta em qualquer dos Poderes da União, dos estados, do Distrito Federal e dos municípios, compreendido o ajuste mediante designações recíprocas. Essa prática viola a Constituição Federal.

Por sua vez, o art. 11, XI, da Lei nº 8.429/1992 estabelece que configuraria improbidade nomear cônjuge, companheiro ou parente em linha reta, colateral ou por afinidade, até o terceiro grau, inclusive, da autoridade nomeante ou de servidor da mesma pessoa jurídica investido em cargo de direção, chefia ou assessoramento, para o exercício de cargo em comissão ou de confiança ou, ainda, de função gratificada na Administração Pública direta e indireta em qualquer dos Poderes da União, dos Estados, do Distrito Federal e dos Municípios, compreendido o ajuste mediante designações recíprocas.

Chama-se atenção para o art. 11, § 5º, da Lei nº 8.429/1992, segundo o qual não se configurará improbidade a mera nomeação ou indicação política por parte dos detentores de mandatos eletivos, sendo necessária a aferição de dolo com finalidade ilícita por parte do agente.

A disposição legal vai ao encontro da jurisprudência do STF. O Supremo Tribunal Federal tem afastado a aplicação da Súmula Vinculante nº 13 a cargos públicos de natureza política, **ressalvados os casos de inequívoca falta de razoabilidade, por manifesta ausência de qualificação técnica ou inidoneidade moral.**[4]

---

4   STF, Rcl 28.024 AgR, Primeira Turma, Rel. Min. Roberto Barroso, j. 29.05.2018, *DJe* 125 de 25.06.2018.

Outros dois pontos relevantes da jurisprudência do STF referem ao fato, quais sejam: (1) leis que tratam dos casos de vedação a nepotismo não são de iniciativa exclusiva do Chefe do Poder Executivo;[5] (2) a vedação ao nepotismo não exige a edição de lei formal para coibir a prática, dado que essa proibição decorre diretamente dos princípios contidos no art. 37, *caput*, da Constituição Federal.[6]

Tanto o dispositivo legal quanto a Súmula Vinculante nº 13 do STF vedam o nepotismo direto, assim como o nepotismo cruzado, ou seja, aquele resultante de ajuste mediante designações recíprocas.

De acordo com o STF, a vedação ao nepotismo vem direto do texto constitucional, razão pela qual não se faz necessária a edição de lei para regulamentar a matéria. Ainda, caso haja uma lei, ela não é de iniciativa exclusiva do chefe do Poder Executivo.[7]

De acordo com o Supremo Tribunal Federal, essa súmula não se aplica aos cargos de nomeação política, como secretários municipais e estudais, além de ministros de Estado, em virtude de esses cargos possuírem natureza eminentemente política.[8] Contudo, o próprio STF entende que incide o conteúdo da Súmula para nomeação de ministros e conselheiros dos tribunais de contas.[9]

O STF ainda entende que conflita com a Carta da República a permanência de ocupante de cargo comissionado nomeado em momento anterior à publicação da norma que implicou vedação ao nepotismo, ausente direito adquirido. Surge constitucional a nomeação ou designação de parente ocupante de cargo de provimento efetivo para exercer função gratificada, vedada a atuação junto à autoridade determinante da incompatibilidade.[10]

Ademais, seria necessária, para a caracterização de nepotismo, a subordinação funcional ou hierárquica, direta ou indireta, entre os servidores. De acordo com o STF, é imprescindível a perquirição de projeção funcional ou hierárquica do agente político ou do servidor público de referência no processo de seleção para fins de configuração objetiva de nepotismo na contratação de pessoa com relação de parentesco com ocupante de cargo de direção, chefia ou assessoramento no mesmo órgão, **salvo ajuste mediante designações recíprocas**, em que a hierarquia não será necessária.[11]

---

[5]   STF, Tese definida no RE 570.392, Rel. Min. Cármen Lúcia, j. 11.12.2014, *DJe* 32 de 19.02.2015, Tema 29.

[6]   STF, Tese definida no RE 579.951, Rel. Min. Ricardo Lewandowski, j. 20.08.2008, *DJe* 202 de 24.10.2008, Tema 66.

[7]   STF, RE 570.392, Rel. Min. Cármen Lúcia, j. 11.12.2014, *DJE* de 19.02.2015, Tema 29.

[8]   STF, Rcl 6.650-MC-Agr/PR, Rel. Min. Ellen Gracie, *Informativo* 524, out. 2008.

[9]   STF, Rcl 6.702-AgR-MC/PR, Rel. Min. Ricardo Lewandowski.

[10] ADI 3.680, Rel. Min. Marco Aurélio, j. 18.08.2020, *DJe* 06.10.2020.

[11] STF, Rcl 18.564/SP, Rel. Min. Gilmar Mendes, 25.08.2015, *Informativo* 796.

Atente-se que, conforme o STJ, ainda que ocorrido antes da edição da Súmula Vinculante nº 13 do Supremo Tribunal Federal, o fato constitui ato de improbidade administrativa, que atenta contra os princípios da Administração Pública.[12]

Além disso, o STJ[13] pontua o chamado nepotismo póstumo. De acordo com a Primeira Turma da Corte, configura nepotismo póstumo a nomeação de responsável temporário pelo expediente de cartório após a morte de seu pai, anterior titular da serventia extrajudicial.

Por fim, o STF[14] entende que o nepotismo, por óbvio, não alcança o servidor efetivo, cujo ingresso ocorreu por meio de concurso público.

2.1.4. Publicidade

Por esse princípio, exige-se da Administração Pública ampla divulgação dos seus atos praticados, objetivando a possibilidade de controlar a legalidade da conduta dos agentes públicos. Ademais, é a divulgação oficial do ato para conhecimento público e início de seus efeitos externos. Nesse sentido, o STF[15] entende que o ato de qualquer dos poderes públicos restritivo de publicidade deve ser motivado objetiva, específica e formalmente, sendo nulos os atos públicos que imponham, genericamente e sem fundamentação válida e específica, impeditivo do direito fundamental à informação.

O princípio da publicidade traduz transparência na atividade administrativa, uma vez que viabiliza o controle e a fiscalização dos atos praticados pela Administração. Nesse sentido, pelo art. 5º, XXXIII, da CR/1988, "todos têm direito a receber dos órgãos públicos informações de seu interesse particular, ou de interesse coletivo ou geral, que serão prestadas no prazo de lei, sob pena de responsabilidade, ressalvadas aquelas cujo sigilo seja imprescindível à segurança da sociedade e do Estado". Portanto, para o STJ, no regime de transparência brasileiro, vige o princípio da máxima divulgação, em que a publicidade é regra, e o sigilo, exceção.[16]

Observe que publicidade é diferente de publicação. Esta é apenas uma das formas de um ato ser público. Já a publicidade pode acontecer de diversas maneiras, como a realização de uma licitação de portas abertas.

De acordo com o STF, aplicando o princípio da publicidade, é legítima a publicação, inclusive em sítio eletrônico mantido pela Administração Pública, dos nomes de seus servidores e do valor dos correspondentes vencimentos e vantagens pecuniárias.

---

[12] STJ, REsp 1.447.561/PE, Segunda Turma, Rel. Min. Mauro Campbell Marques, *DJe* 12.09.2016; AgRg no REsp 1.362.789/MG, Segunda Turma, Rel. Min. Humberto Martins, *DJe* 19.05.2015.

[13] RMS 63.160/RJ (2020/0060621-9), autuado em 10.03.2020, Primeira Turma, Rel. Min. Sérgio Kukina.

[14] STF, ADI 524/ES, Plenário, Rel. Orig. Min. Sepúlveda Pertence, Red. p/ o Acórdão Min. Ricardo Lewandowski, j. 20.05.2015.

[15] ADPF 872/DF, Rel. Min. Cármen Lúcia, julgamento virtual finalizado em 14.08.2023.

[16] RMS 54.405/GO, Primeira Turma, Rel. Min. Gurgel de Faria, j. 09.08.2022, *DJe* 06.09.2022.

Esse é o entendimento do Plenário ao dar provimento a recurso extraordinário em que discutida a possibilidade de se indenizar, por danos morais, servidora pública que tivera seu nome publicado em sítio eletrônico do município, em que teriam sido divulgadas informações sobre a remuneração paga aos servidores públicos. A corte destacou que o âmbito de proteção da privacidade do cidadão ficaria mitigado quando se tratasse de agente público. O servidor público não poderia pretender usufruir da mesma privacidade que o cidadão comum. Esse princípio básico da Administração – publicidade – visaria à eficiência.[17]

Ademais, o Enunciado nº 15 do CJF estabelece que a Administração Pública promoverá a publicidade das arbitragens da qual seja parte, nos termos da Lei de Acesso à Informação.

Quando o TCU emite uma certidão, ele evidencia o cumprimento do princípio constitucional da publicidade.

O princípio da publicidade, todavia, não é absoluto. É verdade que a publicidade é a regra na Administração. Todavia, há hipóteses constitucionais em que vigorará o sigilo, como exceção. Assim, de acordo com o **art. 5º, XIV**, da Constituição, é assegurado a todos o acesso à informação e **resguardado o sigilo da fonte**, quando necessário ao exercício profissional. Por sua vez, o **art. 5º, XXXIII**, da Constituição estabelece que todos têm direito a receber dos órgãos públicos informações de seu interesse particular, ou de interesse coletivo ou geral, que serão prestadas no prazo da lei, sob pena de responsabilidade, **ressalvadas aquelas cujo sigilo seja imprescindível à segurança da sociedade e do Estado**. Ademais, o art. 5º, **LX**, da Constituição diz que a lei só poderá restringir a publicidade dos atos processuais quando a **defesa da intimidade ou o interesse social o exigirem**.

2.1.5. *Eficiência*

De acordo com Hely Lopes Meirelles, eficiência seria "o que se impõe a todo agente público de realizar suas atribuições com presteza, perfeição e rendimento funcional" (MEIRELLES, 2003. p. 51).

O princípio da eficiência pode ser entendido como a exigência de resultados positivos e efetivos para o serviço público. Esse princípio implica a busca contínua pela melhoria da qualidade dos serviços prestados pela Administração Pública, bem como pela adoção de medidas que visem a otimização dos recursos públicos.

Dessa forma, o princípio da eficiência não tem como objetivo substituir completamente a administração burocrática pela administração gerencial, mas, sim, complementá-la. A administração burocrática, embora tenha algumas limitações, é essencial para garantir a imparcialidade e a transparência nas ações do Estado. Por outro lado, a administração gerencial busca trazer para o setor público algumas das técnicas e

---

[17] STF, ARE 652.777/SP, Rel. Min. Teori Zavascki, j. 23.04.2015.

ferramentas utilizadas na gestão empresarial, visando uma gestão mais eficiente, ágil e orientada para resultados.

Portanto, é importante ressaltar que o princípio da eficiência não se trata de uma substituição completa da administração burocrática pela administração gerencial, mas, sim, de um aprimoramento da gestão pública, buscando garantir a prestação de serviços de qualidade à sociedade e a otimização dos recursos públicos.

A administração gerencial é um modelo de gestão pública que surgiu na década de 1990, como uma forma de superar as limitações da administração burocrática. Esse modelo é caracterizado pela descentralização do poder, pela ênfase na eficiência e na eficácia, pela orientação para resultados e pela busca de qualidade no serviço público. Tem como objetivo principal tornar o Estado mais ágil, eficiente e responsivo às demandas da sociedade, utilizando técnicas e ferramentas de gestão empresarial. Nesse sentido, ela valoriza a gestão por resultados, a participação da sociedade e a adoção de práticas de transparência e *accountability*.

A busca por resultados positivos deve ser pautada por meio de um processo político-participativo, mediante o qual é possibilitada a participação da sociedade na tomada de decisões da Administração Pública.

A eficiência tornou-se um princípio expresso a partir da EC nº 19/1998. Contudo, a atuação da Administração sempre foi pautada pela eficiência.

2.2. Princípios implícitos

2.2.1. Princípio da supremacia do interesse público sobre o privado

O princípio da supremacia do interesse público sobre o privado é um dos fundamentos do Direito Administrativo. Esse princípio estabelece que, em situações de conflito entre o interesse público e o interesse privado, deve prevalecer o interesse público, que é aquele que diz respeito ao bem-estar da coletividade.

Isso significa que a Administração Pública deve sempre buscar o interesse público como sua principal finalidade, sendo este o critério que deve nortear a sua atuação em todas as suas esferas de competência. Assim, a tomada de decisões administrativas deve ser pautada pelo bem-estar coletivo, mesmo que isso implique prejuízos ou restrições aos interesses privados de determinados indivíduos ou empresas.

Dessa forma, é possível afirmar que o princípio da supremacia do interesse público sobre o privado asseguraria vantagens lícitas à Administração Pública.

No caso de eventual conflito entre o interesse público e o interesse privado, irá prevalecer o interesse público.

O princípio da supremacia do interesse público está presente tanto no momento da elaboração da lei como no momento da execução desta pela Administração Pública.

Ademais, atente-se que o princípio da supremacia do interesse público sobre o privado não é absoluto. Ele estará presente nos atos de império do Estado. Contudo, não estará presente nos chamados atos de gestão, aqueles em que o interesse público estará ao lado do interesse particular.

Vale ressaltar que a aplicação do princípio da supremacia do interesse público sobre o privado não significa que os interesses privados sejam completamente ignorados. A proteção dos direitos e interesses individuais é garantida pela Constituição Federal e por outras leis e normas jurídicas, e a Administração Pública deve respeitá-los e assegurá-los no exercício de suas atividades.

No entanto, quando há conflito entre o interesse público e o privado, deve prevalecer o interesse público, que é o que representa a coletividade em seu conjunto. Esse princípio é fundamental para garantir que a Administração Pública atue de forma transparente, responsável e em benefício de toda a sociedade.

Importante

A **doutrina divide o interesse público em dois**, quais sejam, o **interesse público primário e o secundário**. O primeiro seria aquele que corretamente se identifica com a finalidade pública, é aquele que representa os valores fundamentais da sociedade, como a saúde, a segurança, a educação, a proteção ambiental, a justiça social e a igualdade. Esse interesse deve ser sempre priorizado pela Administração Pública em detrimento dos interesses privados, já que sua preservação é essencial para o bem-estar da coletividade. Seria possível dizer que o interesse público primário consistiria na soma dos interesses das pessoas, traduzindo verdadeiro interesse geral.

Por sua vez, o segundo seria o interesse do Estado, como pessoa jurídica apartada, isto é, o Estado visto individualmente, e não como representante dos interesses das pessoas. Seria aquele que se refere à realização dos objetivos institucionais da Administração Pública, tais como a eficiência, a eficácia, a economicidade e a qualidade dos serviços públicos prestados. Esse interesse é importante para que a Administração Pública possa cumprir suas funções de forma adequada e com o menor custo possível, mas não deve prevalecer sobre o interesse público primário. Observe que o interesse público secundário não, necessariamente, irá prevalecer sobre o interesse privado do cidadão.

2.2.2. Princípio da indisponibilidade do interesse público

As restrições impostas à Administração Pública são consequência direta do princípio da indisponibilidade do interesse público, que estabelece que o interesse público não pertence ao administrador público, mas, sim, à sociedade. Como gestora desse interesse, a Administração Pública deve gerir, conservar e zelar pelos bens e interesses públicos em prol da coletividade, que é a verdadeira titular desses direitos e interesses.

Por exemplo, ao realizar contratações de pessoal, a Administração Pública não pode simplesmente escolher quem quiser, mas, sim, realizar concursos públicos para garantir a escolha dos melhores profissionais de forma justa e imparcial.

Os princípios da supremacia do interesse público sobre o privado e da indisponibilidade do interesse público são fundamentais para o Direito Administrativo e formam a base do regime jurídico administrativo. Como tal, é importante ressaltar que a Administração Pública deve sempre pautar suas ações na busca do interesse público, que deve estar acima de interesses particulares ou de grupos específicos.

2.2.3. *Princípio da razoabilidade*

De acordo com esse princípio, a Administração Pública deve atuar com bom senso, nos termos do senso comum. Ele tem origem no direito anglo-saxão, desenvolvido no âmbito da *common law*.

O princípio da razoabilidade consagra a ideia do *substantive due process of law*, deixando de lado um caráter meramente procedimental, para incluir uma versão substantiva, de proteção das liberdades e dos direitos individuais contra abusos e ilegalidades praticados pelo Estado.

A razoabilidade é a soma da necessidade (exigibilidade) e da adequação. Em outras palavras, o Poder Público deve atuar quando necessário e de forma adequada.

Observe que o princípio da razoabilidade tem o objetivo de limitar a discricionariedade administrativa, uma vez que agir discricionariamente não significa atuar de forma desarrazoada. Portanto, as decisões administrativas que violarem a razoabilidade não serão inoportunas ou inconvenientes, mas, na verdade, serão ilegais, porque ofenderão a finalidade da lei.

"O princípio da razoabilidade tem que ser observado pela Administração à medida que sua conduta se apresente dentro dos padrões normais de aceitabilidade" (CARVALHO FILHO, 2013. p. 41).

Esse princípio foi mencionado expressamente pela Lei nº 9.784/1999, no art. 2º, *caput*, bem como no mesmo art. 2º, parágrafo único, VI, ao estabelecer a vedação à imposição de obrigações, restrições e sanções em medida superior àquelas estritamente necessárias ao atendimento do interesse público.

Exemplo: prefeito tem verba pública para uma obra. O município precisa de escola e de hospital. O prefeito escolhe destinar a verba para a construção de uma escola.

Interessante observar que o STF pontua como sede material expressa do referido princípio o devido processo legal, no seu aspecto substantivo, qual seja, a proteção direta dos bens jurídicos. Isso se difere da acepção adjetiva, que trata das garantias processuais, dos instrumentos de proteção dos bens jurídicos.[18]

---

[18]   ADI 3.236/DF, Rel. Min. Cármen Lúcia, julgamento virtual finalizado em 24.04.2023.

Valendo-se do princípio da razoabilidade, assim como da igualdade e da proporcionalidade, o STF entendeu ser inconstitucional lei que obriga as distribuidoras de combustíveis a instalar, às suas expensas, lacres eletrônicos nos tanques de armazenamento dos postos revendedores que exibem a sua marca, e dispensa dessa exigência os postos de "bandeira branca" (não vinculados e sem compromisso firmado com determinada distribuidora), conforme declara ALEXANDRINO; PAULO, (2016. p. 239).

2.2.4. Princípio da proporcionalidade

O princípio da proporcionalidade tem origem no direito germânico.

Tal princípio, para muitos autores, como Maria Sylvia Zanella Di Pietro, estaria contido no princípio da razoabilidade.

De acordo com esse princípio, a atuação da Administração Pública deve observar os meios e os fins, ou seja, o Poder Público deve obter a finalidade a que se destina da forma menos gravosa para a sociedade.

A base do princípio da proporcionalidade é o excesso de poder, isto é, os atos dos agentes públicos não podem ultrapassar os limites do adequado.

Ele decorre do princípio constitucional da legalidade e foi mencionado expressamente pela lei que regula o processo administrativo no âmbito da Administração Pública Federal (Lei nº 9.784/1999).

Exemplo: imposição de uma penalidade branda em razão de uma infração leve cometida pelo servidor público.

Há doutrina que divide o princípio da proporcionalidade em três subprincípios:

1) **Adequação ou idoneidade** – o ato do Estado será adequado quando permitir o resultado pretendido.

2) **Necessidade ou exigibilidade** – quando houver duas ou mais medidas adequadas para alcançar as finalidades pretendidas, dever-se-á adotar a medida menos gravosa aos direitos fundamentais.

3) **Proporcionalidade em sentido estrito** – trata-se da ponderação custo-benefício. Deve-se ponderar o ônus e o benefício da conduta estatal.

Importante

É preciso analisar o princípio da proporcionalidade sob as vertentes de **proibição de excesso e de proibição de proteção insuficiente**.

A **proibição de excesso** é a vertente do princípio da proporcionalidade que **proíbe que o Estado aja além da conta; que faça mais do que deveria**. Aplica-se, sobretudo, a **direitos de defesa, aqueles que impõem uma abstenção ao Estado**. Se, por exemplo, o Estado edita lei que autoriza interceptações sem ordem judicial e para fins outros que não os previstos no texto constitucional, ele age excessivamente e viola a proporcionalidade. Nesse caso, o Estado foi para além dos limites autorizados pelo direito fundamental e não se absteve de fazer algo que lhe era vedado.

Não obstante, **alguns direitos fundamentais exigem obrigações positivas do Estado** que, tradicionalmente, impõem um **dever de proteção**, isto é, uma ação, e não uma mera abstenção (direitos de prestação). Nesses casos, se o Estado não age ou se age de maneira insuficiente, ele viola a **proibição de proteção insuficiente**, que é a segunda vertente do princípio da proporcionalidade. Isso ocorre, notadamente, no caso das obrigações positivas ou dos deveres de proteção, a exemplo dos direitos fundamentais sociais. Se o Estado tem o dever de proteger o meio ambiente, promover a educação e a saúde e não o faz ou faz aquém do devido, ele infringe a proibição de proteção insuficiente. Essas ações só podem ser exigidas dentro da reserva do possível, que será aferida concretamente, não bastando mera invocação abstrata de insuficiência de recursos.

2.2.5. *Princípio da segurança jurídica e da confiança legítima*

O princípio da segurança jurídica é um dos pilares do Direito Administrativo e é fundamental para garantir a estabilidade e a previsibilidade das relações entre a Administração Pública e os administrados.

Em linhas gerais, o princípio da segurança jurídica significa que as normas e decisões administrativas devem ser claras, estáveis e previsíveis, a fim de permitir que os administrados possam agir de acordo com elas e confiar na sua validade e eficácia.

Isso implica que a Administração Pública deve observar alguns aspectos importantes, tais como: (1) atuação com transparência, de forma que garanta que os administrados tenham acesso às informações necessárias para compreender as normas e decisões administrativas; (2) respeito ao princípio da legalidade, ou seja, deve agir dentro dos limites estabelecidos pela lei e pelo Direito; (3) garantia do direito de defesa e do contraditório, a fim de permitir que os administrados possam contestar as decisões administrativas que os afetem; (4) garantia da estabilidade das normas e decisões administrativas, para evitar mudanças bruscas que possam prejudicar os administrados.

Nesse sentido, o princípio da segurança jurídica é um dos princípios fundamentais do Direito Administrativo e tem como objetivo garantir a estabilidade e a previsibilidade das relações entre a Administração Pública e os administrados.

O princípio da segurança jurídica pode ser entendido em **dois sentidos**:

1) Objetiva: A segurança jurídica objetiva assegura a **estabilidade da ordem jurídica,** enfatizando a previsibilidade das normas e a proteção das relações jurídicas

estabelecidas. Envolve o **respeito ao direito adquirido**, a **validade do ato jurídico perfeito** e a **imutabilidade da coisa julgada.**

2) Subjetiva: A segurança jurídica subjetiva protege a confiança do público nas ações da Administração Pública, exigindo atuação transparente, consistente e alinhada aos princípios de moralidade e boa-fé, para manter a estabilidade das expectativas legítimas.

O **princípio da segurança jurídica possui caráter amplo**, aplicável às relações públicas e privadas. Por outro lado, a **confiança legítima tutela a esfera jurídica do particular**, protegendo-o de atos arbitrários do Estado.

O princípio da confiança legítima é um dos princípios fundamentais do Direito Administrativo que tem como objetivo proteger a confiança depositada pelos administrados na Administração Pública.

O princípio da confiança legítima é especialmente relevante em situações em que a Administração Pública altera suas políticas, normas ou decisões, afetando a situação jurídica dos administrados. Nessas situações, os administrados têm o direito de confiar que as normas e decisões administrativas vigentes serão respeitadas, e a Administração Pública deve agir de forma coerente e transparente para evitar a quebra da confiança legítima dos administrados.

Importante

No que se refere à confiança legítima, é necessário destacar a aplicação da teoria dos atos próprios, também conhecida como *venire contra factum proprium*. Essa teoria exige a observância de três requisitos essenciais para sua aplicação adequada:

1) Identidade subjetiva e objetiva: Exige que atos consecutivos sejam realizados pela mesma entidade administrativa e estejam relacionados à mesma situação jurídica.

2) Conduta anterior válida: Necessita que o ato anterior seja válido e legítimo, cumprindo as normas e procedimentos aplicáveis.

3) Comportamento contraditório: Ocorre quando há incompatibilidade entre um ato administrativo posterior e um anterior, evidenciando uma ação administrativa inconsistente ou injustificada.

A teoria estabelece que a Administração Pública não pode agir de forma contrária a seus próprios atos e decisões anteriores, salvo em situações excepcionais devidamente justificadas. Isso significa que a Administração Pública deve respeitar os seus próprios atos, decisões e normas anteriores, evitando contradições e arbitrariedades.

Por exemplo, se a Administração Pública concedeu uma licença ambiental para a instalação de uma indústria em determinado local, não pode posteriormente revogar a licença sem uma justificativa plausível, pois isso configuraria um comportamento contraditório e incoerente por parte da Administração.

Essa teoria também pode ser aplicada em situações em que a Administração Pública age de forma omissa em relação ao cumprimento de suas próprias obrigações. Nesses casos, os administrados podem invocar a teoria dos atos próprios para exigir que a Administração cumpra com suas obrigações, com base nos seus próprios atos anteriores.

2.2.6. *Princípio da sindicabilidade*

O princípio da sindicabilidade é um dos princípios fundamentais do Direito Administrativo que se refere ao controle exercido pelo Poder Judiciário sobre as decisões e os atos administrativos.

Esse princípio estabelece que os atos administrativos podem ser analisados pelo Poder Judiciário para verificar a legalidade e a constitucionalidade deles. Isso significa que o Judiciário pode intervir na atuação da Administração Pública para garantir que as normas e os princípios legais sejam respeitados.

O princípio da sindicabilidade é fundamental para garantir a proteção dos direitos fundamentais dos cidadãos, bem como a observância do estado de direito. Por meio desse princípio, é possível evitar abusos por parte da Administração Pública, garantir a legalidade dos atos administrativos e promover a justiça social.

No entanto, é importante destacar que a sindicabilidade não significa que o Judiciário deva substituir a atuação da Administração Pública em todas as suas decisões. É necessário que haja equilíbrio e harmonia entre os poderes, respeitando as competências e atribuições de cada um deles.

Assim, o princípio da sindicabilidade é essencial para garantir a proteção dos direitos e a observância da legalidade e do Estado de Direito, sendo uma importante ferramenta para o controle das atividades administrativas pela sociedade e pelo Poder Judiciário.

Por esse princípio, portanto, significa dizer que todo ato administrativo pode se submeter a algum tipo de controle, seja judicial, seja da própria Administração.

Vale lembrar que, no Brasil, vigora o princípio da inafastabilidade da tutela jurisdicional (art. 5º, XXXV, da CR/1988), de tal forma que toda lesão ou ameaça de direito poderá ser controlada pelo Poder Judiciário.

Além disso, a sindicabilidade abrange a autotutela, pois a própria Administração pode exercer controle sobre os seus próprios atos, anulando os ilegais e revogando os inconvenientes e inoportunos.

Portanto, o princípio da sindicabilidade significa que os atos estão sujeitos a controle, envolvendo, inclusive, o controle judicial.

2.2.7. Princípio da participação ou da consensualidade (administração consensual)

O princípio da participação é um dos princípios do Direito Administrativo que garante aos cidadãos o direito de participar de forma efetiva no processo de tomada de decisão da Administração Pública. Esse princípio está relacionado ao conceito de democracia participativa, que busca a participação ativa da sociedade na gestão pública.

Assim, a Administração Pública deve garantir a participação dos cidadãos nos processos administrativos que possam afetar seus interesses, permitindo que sejam ouvidos e possam contribuir para a decisão final. A participação pode se dar por meio de consultas públicas, audiências públicas, conselhos participativos, entre outras formas.

O objetivo do princípio da participação é assegurar que a tomada de decisões administrativas seja mais transparente, justa e legítima, além de permitir que a Administração Pública seja mais eficiente e eficaz em suas decisões, pois pode contar com a colaboração da sociedade.

Existem diversas ferramentas do direito moderno que possibilitam a participação popular na gestão pública, como as audiências públicas e consultas populares. Além disso, é importante implementar novos meios de consensualidade na atuação administrativa, estabelecendo instrumentos para a solução de controvérsias, tais como as Câmaras de Conciliação e Arbitragem da Administração, Termos de Ajustamento de Conduta (TAC) e acordos de leniência.

O princípio da participação consagra a **administração consensual**. Esta é uma forma de atuação da Administração Pública baseada na busca de soluções consensuais para as controvérsias e os conflitos que surgem no âmbito da gestão pública. Essa forma de atuação tem como objetivo principal evitar ou reduzir o número de litígios judiciais que envolvem a Administração Pública, por meio da utilização de instrumentos de negociação e diálogo entre as partes envolvidas.

A administração consensual é baseada no diálogo e na busca por soluções em comum acordo, visando à pacificação social, à economia processual e à efetividade das políticas públicas. Nesse sentido, a Administração Pública deve buscar meios de diálogo e negociação com cidadãos, empresas e organizações da sociedade civil, almejando soluções extrajudiciais para as controvérsias e os conflitos que surgem no âmbito da gestão pública.

2.2.8. Princípio da autotutela

O princípio da autotutela da administração é um conceito importante do Direito Administrativo que se refere à capacidade da Administração Pública de revisar, anular, revogar e corrigir seus próprios atos e decisões.

Esse princípio permite que a Administração Pública exerça o controle e a fiscalização de suas próprias ações e decisões, a fim de corrigir eventuais erros ou irregularidades que possam surgir em seus atos. Isso significa que a Administração pode, por exemplo, anular um ato que seja ilegal ou revogar uma decisão que tenha se mostrado inadequada ou prejudicial.

O princípio da autotutela da administração é fundamental para garantir a eficácia e a legalidade das ações da Administração Pública, bem como para proteger os interesses públicos e os direitos dos cidadãos. No entanto, é importante ressaltar que essa autotutela deve ser exercida dentro dos limites legais e constitucionais, respeitando sempre os direitos dos indivíduos e as garantias previstas na lei.

Em resumo, o princípio da autotutela da administração permite que a Administração Pública exerça o controle e a fiscalização de suas próprias ações, a fim de corrigir eventuais irregularidades e garantir a eficácia e a legalidade de seus atos, desde que respeitando os limites legais e constitucionais e os direitos dos indivíduos.

3. PODERES ADMINISTRATIVOS

São os meios, os instrumentos para fazer valer a supremacia do interesse público. São poderes administrativos o poder hierárquico, o poder disciplinar, o poder normativo e o poder de polícia. Há ainda quem estabeleça o poder vinculado e o poder discricionário.

Importante pontuar que esta obra não entende pela existência de vinculação e de discricionariedade como poderes. Na verdade, o entendimento é de que há atos que são vinculados e atos que são discricionários.

Portanto, a vinculação e a discricionariedade não serão aqui tratadas como poderes, mas como atos administrativos, razão pela qual o estudo deve ser feito no capítulo dos atos administrativos.

3.1. Poder hierárquico

O poder hierárquico é o poder de escalonar as funções entre seus órgãos, e agentes da **mesma entidade**. Não há uma relação de hierarquia entre a Administração direta e indireta ou entre pessoas jurídicas distintas. Nessa relação, existe apenas uma vinculação, que permite o controle finalístico, mas não o exercício do poder hierárquico.

O objetivo desse poder é organizar a função administrativa, de maneira que permita a atuação isonômica e hierarquizada dos agentes púbicos.

O poder hierárquico também possibilita, em razão da hierarquia formada, ordenar e rever a atuação dos agentes de determinado órgão.

No âmbito do Poder Judiciário e Legislativo, não existe hierarquia, no sentido de relação de coordenação e subordinação, no que diz respeito às suas funções judicantes e às legislativas. Observe que, em relação a esses poderes, a hierarquia acontece apenas na sua função administrativa.

3.1.1. *Poderes decorrentes da hierarquia*

I – Poder de comando

O poder de comando, decorrente do poder hierárquico, consiste no comando em que os órgãos e agentes superiores exercem sobre os de hierarquia inferior. Observe que os órgãos e agentes de hierarquia inferior têm o dever de obediência em cumprir as determinações superiores, salvo se manifestamente ilegais (DI PIETRO, 2012. p. 96).

II – Poder de fiscalização

Esse poder consiste na possibilidade de o agente hierarquicamente superior fiscalizar as atividades desempenhadas pelo agente hierarquicamente inferior. Atente-se que a fiscalização pode recair sobre critérios e legalidade, assim como em critérios de mérito administrativo, isto é, se o agente pratica o ato de acordo com as diretrizes fixadas pelo órgão.

III – Poder de revisão

Esse poder consagra a possibilidade de os atos dos agentes públicos serem revistos por uma autoridade. Observe que a revisão desses atos pode ocorrer por meio das anulações (ato ilegal) ou por revogação (atos inoportunos ou inconvenientes), seja de ofício, seja mediante provocação dos interessados. Neste último caso, há os chamados recursos hierárquicos (DI PIETRO, 2012. p. 96).

O recurso hierárquico pode ser próprio ou impróprio. Aquele consiste na revisão do ato pela autoridade hierarquicamente superior àquela que praticou o ato. Por sua vez, este consiste na revisão do ato por uma autoridade que não é hierarquicamente superior ao agente emissor do ato. Na verdade, a autoridade que irá rever o ato não se encontra na mesma estrutura funcional que o agente que praticou o ato.

IV – Poder de delegação e avocação

O poder de delegação consiste na transferência de atribuições, de competências legais. Essa transferência pode ocorrer para outro agente da mesma hierarquia ou para outro de hierarquia inferior. Observe que, somente neste último caso, a delegação é decorrente do poder hierárquico.

Por sua vez, o poder de avocação é o inverso da delegação. Em outras palavras, na avocação, o agente hierarquicamente superior chama para si atribuições do agente hierarquicamente inferior.

V – Poder de dirimir conflitos de competências

Caso haja um conflito positivo, isto é, dois ou mais agentes que se acham competentes para a prática do ato, ou um conflito negativo, ou seja, dois ou mais agentes que se acham incompetentes, a autoridade superior tem a prerrogativa de estabelecer qual é o agente competente.

3.2. Poder disciplinar

O poder disciplinar consiste na apuração de infrações administrativas, assim como na imposição de penalidades (quando necessário) aos servidores e às demais pessoas que estejam submetidas à disciplina administrativa.

Observe que o poder disciplinar decorre do poder hierárquico. Contudo, as sanções não decorrem deste poder, sendo derivadas daquele poder.

Acerca do poder disciplinar, fala-se, na doutrina tradicional, que o seu exercício é **discricionário**. Todavia, é necessário diferenciar a seguinte situação: a aplicação da penalidade, quando for caso para isso, ou seja, constatada a infração após a instauração de um PAD, por exemplo, é ato obrigatório para o administrador público, ou seja, consiste em **ato vinculado**. Por sua vez, a penalidade a ser aplicada **depende da discricionariedade** administrativa, **caso a lei já não estabeleça qual a penalidade deva ser aplicada**. Em outras palavras, se a lei definir qual a sanção será aplicada para a infração cometida, o gestor não poderá deixar de aplicar a sanção estabelecida. Será possível, em determinados casos, contudo, ao gestor mensurar a sanção, quando a lei, por exemplo, estabelece que caberá a sanção de suspensão até 90 dias, como faz o art. 130 da Lei nº 8.112/1990. Sendo caso de suspensão, a autoridade competente terá a liberdade de fixar os dias, conforme sua análise de oportunidade e conveniência, de acordo com a gravidade ou não da infração.

Nesse sentido, há a Súmula nº 650 do STJ, segundo a qual a autoridade administrativa não dispõe de discricionariedade para aplicar ao servidor pena diversa de demissão quando caracterizadas as hipóteses previstas no art. 132 da Lei nº 8.112/1990.

Embora a súmula fale sobre a demissão no âmbito da Lei nº 8.112/1990, pode-se aplicar a mesma lógica para todo e qualquer estatuto que prever que determinada situação levará à demissão. Não há discricionariedade para aplicar outra penalidade: a demissão deverá ser aplicada.

Atente-se que particulares podem sofrer a incidência do poder disciplinar. Para isso, exige-se uma relação de sujeição especial, isto é, a exigência de um vínculo específico (aqueles que se sujeitam à disciplina administrativa). Aqui, há, como exemplo, o estudante de uma escola pública, bem como a empresa contratada para realizar uma obra pública.

Diferentemente, **no poder de polícia, o particular terá uma sujeição geral**, não necessitando de um vínculo específico com a Administração Pública.

3.3. Poder normativo ou regulamentar

Por esse poder, a Administração tem a prerrogativa de regulamentar, complementar e dar fiel execução à lei.

Veja que a prerrogativa do Poder Público consiste em regulamentar e complementar a lei; dessa forma, não pode a Administração inovar a ordem jurídica, criando algo que a lei não autorizou. Caso assim proceda, a Administração invadirá competência do Poder Legislativo, atuando, portanto, com abuso de poder regulamentar. Nesse sentido, para o STF, é inconstitucional – por exorbitar os limites outorgados ao Presidente da República, nos termos do art. 84, IV, da CR/1988 e vulnerar políticas públicas de proteção a direitos fundamentais – norma de decreto presidencial, editado com base no poder regulamentar, que inova na ordem jurídica e fragiliza o programa normativo estabelecido pelo Estatuto do Desarmamento.

Com o exercício do poder regulamentar, a Administração Pública irá editar regras, obrigatórias, gerais, abstratas, impessoais.

Em outras palavras, "ao desempenhar o poder regulamentar, a Administração exerce inegavelmente função normativa, porquanto expede normas de caráter geral e com grau de abstração e impessoalidade" (CARVALHO FILHO, 2013. p. 57).

Os atos normativos podem ser divididos em atos originários e derivados. Os primeiros são aqueles atos emanados pelo Poder Legislativo, isto é, de um órgão estatal com competência própria, outorgada pela própria Constituição da República. Por sua vez, os segundos são aqueles que objetivam explicar ou especificar um conteúdo normativo já existente. Dessa forma, o poder regulamentar, por óbvio, produz os atos normativos derivados.

3.3.1. Poder regulamentar x poder regulatório

Atente-se ao fato de o poder regulatório ser diferente de poder regulamentar. Ambos os termos se referem a diferentes aspectos da capacidade do Estado de estabelecer e impor regras e normas que regem a conduta de indivíduos e empresas em uma sociedade.

O poder regulatório se refere, como visto, à capacidade do Estado de estabelecer normas e políticas que governam a conduta de indivíduos e empresas em determinados setores da economia. Isso, geralmente, envolve a criação de agências reguladoras especializadas, que têm a autoridade para fazer cumprir essas normas por meio da aplicação de sanções e penalidades. O objetivo do poder regulatório é proteger o interesse público, garantindo que as atividades comerciais sejam realizadas de forma justa e segura para todos os envolvidos.

Já o poder regulamentar se refere à autoridade do Estado de elaborar e implementar regulamentos que detalham como as leis estabelecidas pelo Poder Legislativo devem ser aplicadas. Isso envolve a interpretação da lei e a elaboração de regras específicas que explicam como a lei deve ser cumprida. O poder regulamentar é exercido por agências governamentais e órgãos administrativos que têm a responsabilidade de aplicar a lei e garantir que ela seja cumprida.

3.4. Poder de polícia

Pelo poder de polícia, a Administração Pública irá restringir o exercício de direitos individuais, com o intuito de beneficiar toda a coletividade. "De um lado, o cidadão quer exercer plenamente os seus direitos; de outro, a Administração tem por incumbência condicionar o exercício daqueles direitos ao bem-estar coletivo, e ela o faz usando de seu poder de polícia (DI PIETRO, 2012. p. 120).

Esse poder é fundamentado pelo princípio da supremacia do interesse público sobre o privado.

Nos termos do art. 78 do Código Tributário Nacional, considera-se poder de polícia atividade da Administração Pública que, limitando ou disciplinando direito, interesse ou liberdade, regula a prática de ato ou abstenção de fato, em razão de interesse público concernente à segurança, à higiene, à ordem, aos costumes, à disciplina da produção e do mercado, ao exercício de atividades econômicas dependentes de concessão ou autorização do Poder Público, à tranquilidade pública ou ao respeito à propriedade e aos direitos individuais ou coletivos.

De acordo com o CTN, o poder de polícia é fato gerador das **taxas**.

3.4.1. *Características*

O Poder de Polícia possui DICA: o poder de polícia é **D**iscricionário, em regra. É dotado de **I**mperatividade ou **C**oercibilidade, além de ter **A**utoexecutoriedade.

Perceba que, em regra, o poder de polícia possuirá uma discricionariedade, ou seja, certa margem de liberdade de apreciação; haverá uma análise de oportunidade e conveniência nas escolhas do administrador público. O ato da autorização é o ato do poder de polícia discricionário.

Contudo, haverá momentos em que o poder de polícia poderá se concretizar de forma vinculada. Em outras palavras, a lei prevê todos os requisitos necessários para a prática do ato, motivo pelo qual, caso o administrado comprove os requisitos, a Administração é obrigada a praticar o ato.

A imperatividade ou coercibilidade é o atributo pelo qual o ato de polícia se impõe a terceiros, de forma unilateral, independentemente de sua concordância. É o atributo que permite ao Poder Público impor obrigações às pessoas. É chamado de "poder extroverso". No entanto, haverá momentos em que os atos de polícia não serão imperativos, pois dependerão da aceitação do particular. Nesse caso, configuram-se os atos de consentimento, como as licenças, autorizações e permissões.

A autoexecutoriedade é o atributo pelo qual o ato administrativo ocorrerá sem a autorização do Poder Judiciário. Em outras palavras, o ato administrativo PRESCINDE (não precisa) da autorização do Poder Judiciário. Contudo, observe que a autoexecutoriedade não está presente em todos os atos de polícia. Pode-se dar como exemplo a cobrança de multa.

3.4.2. *Poder de polícia e delegação para pessoas jurídicas de direito privado: decisão do STF – RE 633.782*

De acordo com a tese de repercussão geral fixada pelo STF, é constitucional a delegação do poder de polícia, por meio de lei, a pessoas jurídicas de direito privado integrantes da Administração Pública indireta de capital social majoritariamente público que prestem exclusivamente serviço público de atuação própria do Estado e em regime não concorrencial.

Nesse sentido, é preciso relembrar o histórico das decisões de Poder de Polícia pelo STF e pelo STJ. Em um primeiro momento, o STF entendeu que o poder de polícia é indelegável a pessoas jurídicas privadas. Atente-se que essa tese hoje precisa ser relida com o julgamento do RE 633.782. Assim, deve-se entender que indelegabilidade do poder de polícia seria para as pessoas jurídicas de direito privado NÃO integrantes da Administração Pública ou que, ainda que integrantes, sejam exploradoras de atividade econômica.

Em um segundo momento, houve o entendimento do STJ que popularizou a expressão "bloco de polícia". O STJ enfrentou os feixes do Poder de Polícia (ordem de polícia, sanção, fiscalização e consentimento). No julgado, a corte cidadã entendeu que apenas os atos de consentimento e fiscalização poderiam ser delegados aos particulares.

Esse entendimento também precisa ser relido diante da mais recente decisão do STF. Nesse sentido, o entendimento do STJ seria aplicado apenas para as pessoas jurídicas de direito privado NÃO integrantes da Administração Pública ou que, ainda que integrantes, sejam exploradoras de atividade econômica.

Por fim, o terceiro entendimento é o mais recente fixado pelo STF, qual seja, a constitucionalidade da delegação do poder de polícia, por meio de lei, a pessoas jurídicas de direito privado integrantes da Administração Pública indireta de capital social majoritariamente público que prestem exclusivamente serviço público de atuação própria do Estado e em regime não concorrencial.

Para a compreensão da decisão do Supremo Tribunal Federal, é preciso entender as outras decisões do STF acerca das empresas públicas e sociedades de economia mista.

Valendo-se da Constituição da República, que estabelece o regime de direito privado, parcialmente derrogado por normas de direito público, o STF diferencia as estatais prestadoras de serviço público e exploradoras de atividade econômica. Para a corte, empresas públicas e sociedades de economia mista prestadoras de serviço público são consideradas pessoas jurídicas de direito privado, mas têm características híbridas que se aproximam e se afastam do regime de direito público. Essas entidades não podem ser completamente dissociadas do regime de direito público devido à sua atuação na prestação de serviços públicos, mesmo sendo classificadas como pessoas jurídicas de direito privado.

Nesse contexto, o STF vem adotando a tese de "autarquização das empresas estatais prestadoras de serviço públicos" ou "feições autárquicas". Pode-se dar como exemplo disso o fato de as sociedades de economia mista prestadoras de serviço público de atuação própria do Estado e de natureza não concorrencial submeterem-se ao regime de precatório, bem como a equiparação dos Correios à Fazenda Pública.

Ademais, para fixar a recente tese acerca do poder de polícia, o STF enfrentou a tese da indelegabilidade do poder de polícia às pessoas jurídicas de direito privado, que se fundamenta em quatro pilares argumentativos:

i)   ausência de autorização constitucional;

ii)   indispensabilidade da estabilidade do serviço público para o seu exercício;

iii) impossibilidade de delegação da prerrogativa da coercibilidade, atributo intrínseco ao poder de polícia, por ser atividade típica de Estado; e

iv)   incompatibilidade da função de polícia com finalidade lucrativa.

No julgamento, o STF afastou todos os pilares anteriores, a fim de permitir a delegação do poder de polícia para as pessoas jurídicas de direito privado nos moldes fixados na tese de repercussão geral, como se vê a partir de agora.

4.   DOS DEVERES DOS ADMINISTRADORES PÚBLICOS

4.1.   Do dever de probidade

Dever extremamente importante é o de probidade dos administradores públicos. Os agentes públicos devem atuar sempre embasados pelo princípio da moralidade, seja relacionado ao administrado, seja relacionado à própria Administração Pública.

É por meio do dever de probidade que o administrador público é proibido de cometer nepotismos e conceder vantagens ilícitas a determinadas pessoas, devendo escolher aquilo que melhor servir à Administração Pública.

São exteriorizações do dever aqui estudado o concurso público e a licitação. Para ilustrar, importantes são as palavras do Professor José dos Santos Carvalho Filho: "O administrador probo há de escolher, por exemplo, o particular que melhores condições oferecer para contratação; ou o indivíduo que maior mérito tiver para exercer a função pública". (CARVALHO FILHO, 2013. p. 66).

O desrespeito a esse dever acarreta uma das consequências mais graves para os agentes públicos, a IMPROBIDADE ADMINISTRATIVA,[19] que, de acordo com o art. 37, § 4º, da CR/1988, acarretará a PERDA da função pública, a SUSPENSÃO dos direitos políticos, a indisponibilidade dos bens e o ressarcimento ao erário (CARVALHO FILHO, 2013. p. 68). Tudo isso sem a ação penal cabível, se for o caso.

4.2.   Do dever de prestar contas

Os administradores públicos, por óbvio, fazem a gestão da coisa pública. Toda vez que alguém administra algo que não é dele deve realizar a prestação de contas da sua administração. Isso ganha maior relevância quando se trata de gestão dos interesses de toda a sociedade, de toda a coletividade.

O administrador público pode prestar contas internamente, ou seja, dentro da pessoa jurídica à qual esteja vinculado, por meio dos órgãos destinados a esse fim.

---

[19]   O tema improbidade administrativa é disciplinado pela Lei nº 8.429/1992.

Ainda, a prestação de contas pode acontecer externamente. Essa prestação ganha maior relevância em Direito Administrativo, haja vista que esse controle é feito pelo Congresso Nacional, auxiliado pelo Tribunal de Contas, conforme dispõe o art. 71 da CR/1988.

Importante dizer que o dever de prestar contas não é dever apenas dos administradores públicos dos entes federados, mas também dos administradores vinculados à Administração Pública indireta, assim como de todos os outros que recebam verbas públicas.

4.3. Do dever de eficiência

Outro dever importante do administrador público é o dever de eficiência. Ora, perceba que esse dever vai recair sobre a qualidade da prestação dos serviços públicos e da atividade pública em geral.

Não basta que as atividades estatais sejam prestadas, elas devem ser prestadas com qualidade, com perfeição técnica, com celeridade.[20]

Em razão do dever de eficiência, a EC nº 19/1998 trouxe, para o rol dos princípios expressos, o princípio da eficiência.

EM RESUMO:

Princípios que regem o Direito Administrativo	
Princípio	**Definição**
Legalidade	Garantia de respeito aos direitos individuais, em que a Administração Pública só pode fazer o que a lei permite. A validade da atuação do administrador público está condicionada à prévia autorização legislativa.
	Impõe que a atuação do administrador deve se cingir ao que a lei impõe, garantindo os indivíduos contra abusos de conduta e desvios de objetivos. Embora não afaste a discricionariedade do Estado, a atuação da Administração deve estar prevista de maneira expressa ou implícita em lei.
	O princípio da legalidade é considerado um produto do liberalismo e pode ser dividido em duas categorias: supremacia da lei e reserva de lei.
	A reserva de lei é a abordagem predominante no Brasil e impõe uma vinculação positiva, exigindo que a atuação dos agentes públicos seja autorizada previamente por lei.
	Sob a ótica do particular, o princípio da legalidade permite ao particular fazer tudo o que a lei não proíbe, garantindo a autonomia de vontade.

---

[20] CARVALHO FILHO, José dos Santos. *Manual de Direito Administrativo*. 26. ed. rev., ampl. e atual. São Paulo: Atlas, 2013. p. 68.

Princípios que regem o Direito Administrativo	
Princípio	**Definição**
Impessoa-lidade	A Administração Pública deve atuar de forma objetiva, impessoal, sem discriminação infundada, sem privilegiar ninguém sem fundamento legal. O princípio da impessoalidade na Administração Pública tem dois significados: o primeiro refere-se à ideia de que a Administração não deve beneficiar ou prejudicar pessoas em situações jurídicas semelhantes, o que está relacionado ao princípio da isonomia; e o segundo refere-se ao fato de que os atos praticados pelos agentes públicos são imputados à Administração, e não ao agente em si, o que está relacionado à teoria do órgão e à ideia de que a Administração deve buscar o interesse público, e não o privado, ou seja, relaciona-se ao princípio da finalidade. A jurisprudência do STF reconhece a teoria da dupla garantia na responsabilidade civil do Estado nessa temática.
Moralidade	A Administração Pública deve atuar de forma proba, com ética e boa-fé. Esse princípio complementa ou torna mais efetivo, materialmente, o princípio da legalidade. Deve ser observado não somente nas relações entre a Administração e os administrados em geral como também internamente, ou seja, na relação entre a Administração e os agentes públicos que a integram.
Publicidade	Exige-se da Administração Pública ampla divulgação dos seus atos praticados, de maneira que objetiva o princípio a possibilidade de controlar a legalidade da conduta dos agentes públicos. A publicidade traduz transparência na atividade administrativa, uma vez que viabiliza o controle e a fiscalização dos atos praticados pela Administração. Trata-se da divulgação oficial do ato para conhecimento público e início de seus efeitos externos.
Eficiência	Exigência de resultados positivos e efetivos para o serviço público. Implica a busca contínua pela melhoria da qualidade dos serviços prestados pela Administração Pública, bem como pela adoção de medidas que visem à otimização dos recursos públicos. Todo agente público deve realizar suas atribuições com presteza, perfeição e rendimento funcional.

Princípios implícitos	
Princípio	**Descrição**
Supremacia do interesse público sobre o privado	Em situações de conflito entre o interesse público e o privado, deve prevalecer o interesse público.
Indisponibilidade do interesse público	O interesse público não pertence ao administrador público, mas, sim, à sociedade, e a Administração Pública deve zelar pelos bens e interesses públicos em prol da coletividade.

Princípios implícitos	
Princípio	**Descrição**
Razoabilidade	A Administração Pública deve atuar com bom senso, nos termos do senso comum, e proteger as liberdades e os direitos individuais contra abusos e ilegalidades praticados pelo Estado.
Proporcionalidade	A atuação da Administração Pública deve observar os meios e os fins, obtendo a finalidade a que se destina da forma menos gravosa para a sociedade.
Segurança jurídica e confiança legítima	As normas e decisões administrativas devem ser claras, estáveis e previsíveis, a fim de permitir que os administrados possam agir de acordo com elas e confiar na sua validade e eficácia.
Sindicabilidade	Os atos administrativos podem ser analisados pelo Poder Judiciário para verificar a legalidade e a constitucionalidade deles.
Participação	A Administração Pública deve buscar a participação dos administrados na tomada de decisões, promovendo a participação popular e a administração consensual.
Autotutela	Refere-se à capacidade da Administração Pública de revisar, anular, revogar e corrigir seus próprios atos e decisões.

Poderes Administrativos			
Poder hierárquico	**Poder disciplinar**	**Poder normativo**	**Poder de polícia**
Escalonamento de funções entre órgãos e agentes da mesma entidade.	Apuração de infrações administrativas e imposição de penalidades.	Regulamentação e complementação da lei.	Restrição de direitos individuais em benefício da coletividade.
Não há relação de hierarquia entre Administração direta e indireta ou pessoas jurídicas distintas.	Sanções não decorrem diretamente do poder hierárquico.	Não pode inovar a ordem jurídica.	Exercido para condicionar o exercício de direitos individuais ao bem-estar coletivo.
Permite atuação isonômica e hierarquizada dos agentes públicos.	Aplicação de penalidades é ato vinculado, mas escolha da penalidade é discricionária.	Não pode invadir competência do Poder Legislativo.	Uso é uma incumbência da Administração em prol do bem-estar coletivo.

Capítulo 2

Administração Direta e Indireta

1. DESCONCENTRAÇÃO

No Direito Administrativo, a desconcentração é o fenômeno que consiste na **distribuição interna** de competências e atribuições **dentro da própria Administração Pública**. Em outras palavras, a desconcentração é um processo pelo qual determinadas competências e funções administrativas são delegadas de uma autoridade central para outras autoridades subordinadas.

Assim, a desconcentração implica a **criação de órgãos** administrativos ou unidades administrativas dotadas de autonomia funcional, para que possam desempenhar funções específicas no âmbito da Administração Pública.

Importante pontuar que a desconcentração pode ocorrer tanto na Administração Pública direta quanto na Administração Pública indireta.

1.1. Órgãos públicos

Os órgãos públicos são **unidades administrativas despersonalizadas**, dotadas de um feixe de atribuições e ocupadas por um agente público. Observe que a criação de órgãos ocorre por uma lei de iniciativa do poder competente. Em razão da simetria das formas, a sua extinção também deve ser feita por lei.

No âmbito do Poder Legislativo, a criação e a extinção de órgãos, nos termos dos arts. 51, IV, e 52, XIII, ambos da CR/1988, não precisam de lei, mas, sim, de atos administrativos praticados pelas respectivas casas.

Ademais, a depender da natureza jurídica do órgão, este, para ser criado, dependerá de uma emenda constitucional. Ex.: um novo tribunal de contas em um estado (caso fosse possível haver dois tribunais de contas no mesmo ente da federação).

De acordo com o art. 1º, § 2º, I, da Lei nº 9.784/1999, órgão é a unidade de atuação integrante da estrutura da Administração direta e da estrutura da Administração indireta. Frise-se, portanto, que há órgãos públicos tanto na Administração direta quanto na Administração indireta.

1.1.1.   Características

Os órgãos públicos são **unidades despersonalizadas**, isto é, não possuem personalidade jurídica. Dessa forma, **em regra, não poderão ser partes em demandas judiciais**. Isso ocorre em razão da **teoria da imputação volitiva**, segundo a qual, a vontade exteriorizada pelos agentes deve ser imputada à pessoa jurídica que o órgão integra.

Observe que, **excepcionalmente**, os órgãos poderão ser partes em demandas judiciais. Esse é o caso de os órgãos independentes poderem impetrar mandado de segurança com o objetivo de proteger suas prerrogativas constitucionais. Nesse sentido, pode-se exemplificar o fato de o Tribunal de Contas impetrar mandado de segurança contra atos do Poder Executivo que suprimam suas atribuições; Tribunal de Justiça impetrar mandado de segurança contra atos do CNJ.

Nessa perspectiva, importante a leitura da Súmula nº 525 do STJ, segundo a qual a Câmara de Vereadores não possui personalidade jurídica, apenas personalidade judiciária, somente podendo demandar em juízo para defender os seus direitos institucionais.

Assim, observe-se que os órgãos de cúpula da hierarquia administrativa terão a chamada capacidade processual ou judiciária, quando estiverem na defesa de suas prerrogativas institucionais.

Por fim, os órgãos são regidos sob a forma de **subordinação**, ou seja, sob o vínculo do controle hierárquico (autotutela). Esse controle é um controle permanente e automático, uma vez que não depende de autorização legislativa. Observe que a autotutela contempla o controle de legalidade e de mérito.

2.   DESCENTRALIZAÇÃO

A **descentralização** é o fenômeno de distribuição de competências **para uma pessoa jurídica ou física distinta**. Em outras palavras, a descentralização é a repartição **externa** de competências, de modo que não haja, entre as entidades, hierarquia. O que há entre elas é o controle finalístico, tutela, supervisão ministerial ou vinculação.

2.1.   Espécies

2.1.1.   Política

Essa espécie de descentralização é originária, feita pela própria Constituição da República, no momento em que cria os entes da Federação (União, estado, Distrito Federal e municípios) e reparte entre as diversas competências.

2.1.2.   Administrativa

Essa espécie de descentralização resulta de um ato superveniente ao texto constitucional, seja uma lei (para a instituição da Administração Pública indireta), um contrato administrativo (na contratação de concessionárias e permissionárias de serviço público), seja um ato administrativo (na contratação de autorizatária de serviço público).

2.1.2.1. Territorial/Geográfica

De acordo com Maria Sylvia Zanella Di Pietro, "é a que se verifica quando uma entidade local, geograficamente delimitada, é dotada de personalidade jurídica própria, de direito público, com capacidade administrativa genérica" (DI PIETRO, 2012. p. 468).

No Brasil, é aquela que resulta na criação de um território federal. Este tem natureza autárquica.

2.1.2.2. Colaboração ou delegação

É aquela em que há a transferência, a outra pessoa, da execução de determinado serviço público. Observe que há apenas a transferência da execução do serviço público. A titularidade permanece no poder do ente federado.

Trata-se da disposição constante no art. 175 da CR/1988, segundo o qual incumbe ao Poder Público, na forma da lei, diretamente ou sob regime de concessão ou permissão, sempre mediante licitação, a prestação de serviços públicos.

A colaboração ou delegação ocorre por meio de um contrato administrativo ou um ato unilateral. Originariamente, nessa forma de descentralização, ocorre a transferência do exercício da atividade por intermédio das concessões, permissões e autorizações de serviço público.

Importante salientar que há doutrina que entende ser a descentralização por colaboração aquela realizada por meio de lei ou contrato. No primeiro caso, para pessoas jurídicas de direito privado integrantes da Administração indireta; no segundo caso, para as concessionárias e permissionárias de serviço público. Logo, para essa doutrina, a descentralização por colaboração envolveria apenas pessoas jurídicas de direito privado.

2.1.2.3. Por serviço, técnica, funcional ou outorga

A descentralização administrativa técnica, funcional, por serviço ou outorga é aquela em que há a transferência, a outra pessoa, da execução e da titularidade de um serviço público. O Poder Público cria uma pessoa jurídica de direito público ou privado e a ela atribui a titularidade e a execução de determinado serviço público.

Em relação ao ponto da transferência ou não da titularidade do serviço, a doutrina diverge. José dos Santos Carvalho Filho entende que não há a transferência dessa titularidade. Para ele, transfere-se apenas a execução do serviço público. Dessa forma, para diferenciar a descentralização por delegação da descentralização por outorga, Carvalho Filho diz que aquela é uma descentralização negocial, ao passo que esta é uma descentralização legal.

Contudo, importante dizer que a corrente defendida por Carvalho Filho é minoritária.

De acordo com o art. 37, XIX, da CR/1988, a descentralização por outorga corresponde à criação de autarquia e à autorização de fundação, empresa pública e sociedade de economia mista.

Consoante o art. 37, XIX, da CR/1988, somente por **lei específica poderá ser criada** autarquia e **autorizada** a instituição de empresa pública, de sociedade de economia mista e de fundação, cabendo à lei complementar, neste último caso, definir as áreas de sua atuação.

A descentralização origina o chamado controle por VINCULAÇÃO, FINALÍSTICO ou TUTELA. Nesse controle, não há relação de subordinação, havendo, na verdade, uma relação de vinculação, afinal é exercido nos limites em que a lei estipular. Portanto, a pessoa desempenha o serviço com independência em relação à pessoa que lhe deu vida, podendo opor-se a interferências indevidas. O controle finalístico tem por objetivo garantir que a entidade não se desvie dos fins para os quais foi instituída (DI PIETRO, 2012. p. 469).

Importante salientar que há doutrina que entende a descentralização por outorga como aquela realizada para pessoas jurídicas de direito público, como as autarquias.

Para facilitar a memorização:

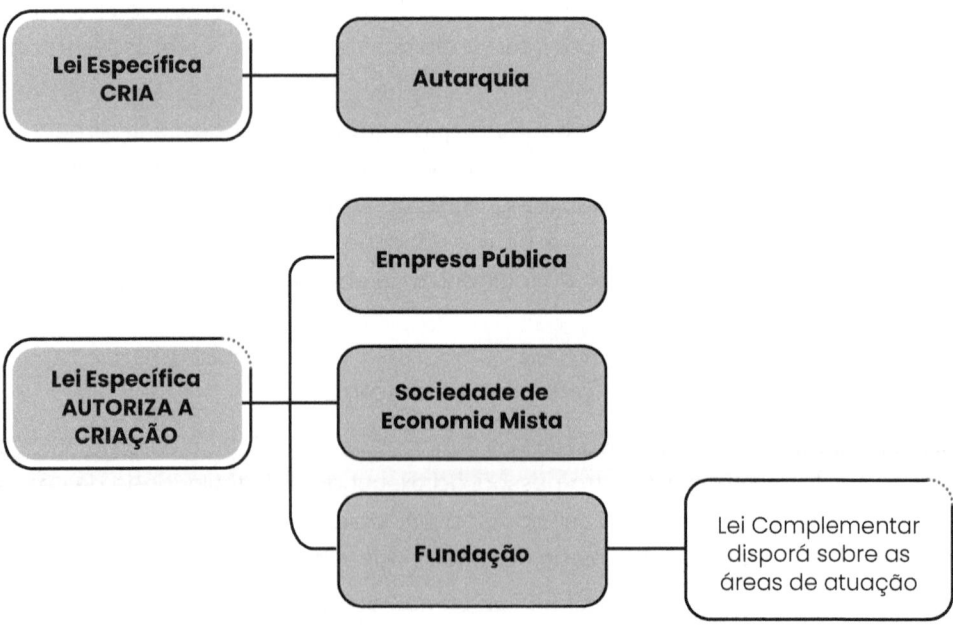

3. CENTRALIZAÇÃO E DESCENTRALIZAÇÃO

A **centralização** é o fenômeno pelo qual o "Estado executa suas tarefas diretamente, ou seja, por intermédio dos inúmeros órgãos e agentes administrativos que compõem sua estrutura funcional". Dessa forma, observe que a centralização ocorre pela execução de tarefas da Administração Pública DIRETA. Diferentemente, pela **descentralização**, o Estado executa suas tarefas de maneira indireta, isto é, delega suas atividades a outras entidades.

Diante dessa diferença, surgem as expressões "Administração Pública DIRETA", composta dos entes da Federação (União, estado, Distrito Federal e município), e "Administração Pública INDIRETA", composta de pessoas administrativas (autarquia, fundações, empresas públicas e sociedades de economia mista). Aquela é a administração centralizada, ao passo que esta é a administração descentralizada.

Centralização desconcentrada compreende a atribuição administrativa conferida a uma única pessoa jurídica dividida internamente em diversos órgãos públicos, como se faz em relação aos ministérios. Por sua vez, a **centralização concentrada** é a extinção de órgãos por parte da Administração Pública direta.

Veja também que é possível haver a **descentralização desconcentrada**, quando a Administração indireta cria seus órgãos, bem como é possível a **descentralização concentrada**, quando a indireta extingue seus órgãos.

Para ficar claro, entenda que o fenômeno da desconcentração ocorre em ambas as administrações públicas, desde que haja a criação de órgãos públicos no âmbito de determinada pessoa jurídica.

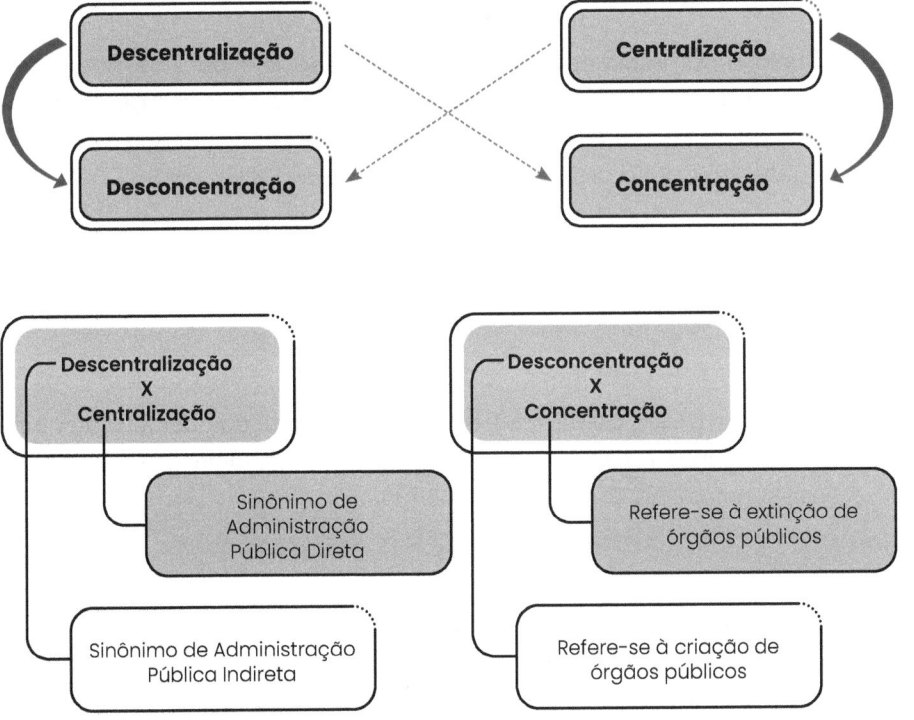

4. ENTIDADES DA ADMINISTRAÇÃO PÚBLICA INDIRETA

A Administração Pública indireta é um conjunto de pessoas jurídicas **vinculadas** – jamais subordinadas – à Administração Pública direta, que possuem competência para exercer atividades administrativas de forma **descentralizada, sem autonomia política**. No Brasil, o critério formal é adotado para definir quais entidades compõem a Administração Pública, independentemente da atividade exercida.

De acordo com a Constituição Federal e o Decreto-lei nº 200/1967, as entidades que fazem parte da Administração Pública indireta são: (a) autarquias; (b) fundações públicas; (c) empresas públicas; (d) sociedades de economia mista.

4.1. Autarquias

4.1.1. Conceito

De acordo com o art. 5º, I, do Decreto-lei nº 200/1967, autarquia é o serviço autônomo, criado por lei, com personalidade jurídica, patrimônio e receita próprios, para executar atividades típicas da Administração Pública, que requeiram, para seu melhor funcionamento, gestão administrativa e financeira descentralizada.

Observe que o Decreto-lei nº 200/1967 estabelece a autarquia como um serviço autônomo. Hoje, contudo, ela não é considerada um serviço, mas, sim, uma **pessoa jurídica** de direito público, nos termos do art. 41, IV, do Código Civil.

4.1.2. Princípio da especialidade

Por este princípio, a autarquia deve realizar uma atividade específica. Não é razoável criar a autarquia para realizar tudo o que a Administração Pública direta realiza. Ademais, esse princípio diferencia as autarquias dos territórios, uma vez que estes têm uma capacidade genérica para a prestação de serviços públicos variados.

O princípio da especialidade na Administração indireta impõe a necessidade de que conste, na lei de criação da entidade, a atividade a ser exercida de modo descentralizado.

4.1.3. Criação e extinção

De acordo com o art. 37, XIX, da CR/1988, a criação e a extinção das autarquias devem ocorrer por meio de uma lei específica. Essa lei deve ser de iniciativa do chefe do Poder Executivo, nos termos do art. 61, § 1º, II, *e*, da CR/1988.

4.1.4. Objeto

Pelo conceito estabelecido pelo art. 5º, I, do Decreto-lei nº 200/1967, as autarquias vão executar atividades típicas da Administração Pública, isto é, as autarquias irão executar serviços públicos de natureza social e de atividades administrativas.

4.1.5. Características das autarquias

As autarquias são entidades da Administração Pública indireta, com personalidade jurídica própria e autonomia administrativa, financeira e patrimonial. Algumas das características mais relevantes das autarquias são:

1) Imunidade tributária – de acordo com o art. 150, § 2º, da CR/1988, é vedada a instituição de impostos sobre o patrimônio, os serviços e as rendas das autarquias, vinculados a suas finalidades essenciais ou às delas decorrentes. Isso significa que, salvo nos casos em que os serviços, as rendas ou os patrimônios estejam desvinculados das atividades essenciais das autarquias, elas não poderão ser tributadas.

2) Bens públicos – os bens das autarquias são considerados bens públicos, conforme o art. 98 do Código Civil.

3) Impenhorabilidade e imprescritibilidade de seus bens – os bens das autarquias são impenhoráveis, isto é, não podem ser objeto de penhora para pagamento de dívidas. Também não são passíveis de usucapião, ou seja, não podem ser adquiridos por terceiros por meio da posse prolongada.

4) Prescrição quinquenal – em relação às autarquias, incide a prescrição estabelecida no art. 1º do Decreto nº 20.910/1932, que determina o prazo de cinco anos para a cobrança de dívidas.

5) Créditos sujeitos à execução fiscal – os créditos das autarquias são inscritos como dívida ativa e podem ser cobrados pelo processo da execução fiscal.

   Nesse ponto, faz-se necessário sinalizar uma especificidade relacionada aos conselhos profissionais. Embora estes tenham natureza jurídica de autarquia e, portanto, tenham a prerrogativa de cobrar seus créditos por meio de ação de execução fiscal, há uma restrição quanto à cobrança de anuidades dos respectivos profissionais. A Lei nº 12.514/2011, em seu art. 8º (com redação dada pela Lei nº 14.195/2021), estabelece que essas autarquias profissionais não podem executar judicialmente dívidas inferiores a 5 vezes o valor da anuidade cobrada dos profissionais.

   Nesse contexto, é importante destacar que o STJ[1] firmou entendimento de que o prazo prescricional para a cobrança de anuidades somente se inicia após a dívida do profissional atingir o valor mínimo de quatro anuidades (leia-se cinco anuidades, em razão da alteração legislativa de 2021), em virtude da teoria da *actio nata*. Isso significa que o direito de ação só nasce para a entidade fiscalizadora após atingir o referido valor mínimo.

   Ademais, o STJ ainda estabelece que a OAB se submete à disposição contida no art. 8º da Lei nº 12.514/2011, quanto à limitação de execução judicial de anuidades, quando o valor é inferior a R$ 2.500,00.[2]

---

[1]   AgInt no AREsp 1.011.326/SC, Primeira Turma, Rel. Min. Sérgio Kukina, j. 14.05.2019.

[2]   AREsp 2.147.187-MS, Segunda Turma, Rel. Min. Herman Benjamin, por unanimidade, j. 08.11.2022.

6) Pagamento por precatório de débitos imputados por condenação judicial, nos termos do art. 100 da CR/1988 – para uma compreensão completa, é necessário conhecer a jurisprudência do STF,[3] que concluiu que o regime de precatórios não se aplica à execução de débitos dos conselhos profissionais, mesmo que essas entidades sejam consideradas autarquias.

Isso se deve ao fato de que uma das finalidades do precatório é permitir a programação orçamentária dos entes públicos, o que não se aplica aos conselhos profissionais, que têm autonomia financeira e orçamentária, sendo remunerados por meio do pagamento de anuidades pelos profissionais a eles vinculados. Inserir esses débitos no sistema de precatórios seria transferir a dívida dos conselhos à União, o que não é adequado.

7) Questões processuais específicas – as autarquias têm algumas particularidades em relação ao processo judicial, tais como o prazo em dobro para manifestações processuais, previsto no art. 183 do Código de Processo Civil, o reexame necessário e a isenção de custas processuais.

4.1.6. *Agências reguladoras*

As agências reguladoras têm sua origem no final do século XIX nos Estados Unidos, com a criação da *Interstate Commerce Commission* (ICC) em 1887, que tinha como objetivo regular as ferrovias interestaduais.

A ideia de criar agências reguladoras foi ganhando espaço em diversos países, como forma de garantir que setores importantes da economia, como transportes, telecomunicações e energia, fossem regulados de maneira eficiente e independente do governo e dos interesses políticos.

No Brasil, as agências reguladoras começaram a surgir a partir da década de 1990, com a abertura da economia e a privatização de diversos setores. A Agência Nacional de Energia Elétrica (Aneel) foi a primeira a ser criada, em 1996, seguida pela Agência Nacional de Telecomunicações (Anatel), em 1997, pela Agência Nacional de Saúde Suplementar (ANS), em 2000, entre outras. Atualmente, o Brasil conta com diversas agências reguladoras que atuam em setores como transportes, petróleo, gás, aviação.

Regulada pela Lei nº 9.986/2000, as agências reguladoras têm natureza jurídica de autarquia de regime especial. O Poder Público entregou para as agências reguladoras a função regulatória. Contudo, essa função não é de exclusividade das agências. Outras pessoas e órgãos podem realizar essa atividade.

Faz-se importante também a leitura da Lei nº 13.848/2019, que trouxe algumas alterações e inovações acerca das agências reguladoras.

---

[3] RE 938.837, Tribunal Pleno, Rel. Min. Edson Fachin, Rel. p/ Acórdão Min. Marco Aurélio, j. 19.04.2017.

Observe que as agências reguladoras têm natureza especial caracterizada pela ausência de tutela ou de subordinação hierárquica, pela autonomia funcional, decisória, administrativa e financeira e pela investidura a termo de seus dirigentes e estabilidade durante os mandatos, conforme afirma o art. 3º da Lei nº 13.848/2019.

4.1.6.1. Características

Mandato fixo para os seus dirigentes

O art. 6º da Lei nº 9.986/2000 estabelece que o mandato dos membros do Conselho Diretor ou da Diretoria Colegiada das agências reguladoras será de 5 (cinco) anos, vedada a recondução, ressalvada a hipótese de vacância antes do período final.

Ademais, o art. 9º da mesma lei estabeleceu os casos em que o dirigente perderá o mandato, quais sejam: (1) renúncia; (2) condenação judicial transitada em julgado; (3) processo administrativo disciplinar; e (4) infringência de quaisquer das vedações impostas aos dirigentes.

A legislação, dessa forma, proíbe a exoneração *ad nutum*, ou seja, por livre vontade do administrador público, apesar de se tratar de um cargo em comissão.

De acordo com o STF, é constitucional a lei estadual que prevê a aprovação prévia pela Assembleia Legislativa para nomeação dos dirigentes de determinada agência reguladora. No entanto, a corte considera inconstitucional a lei estadual que determina que os dirigentes de agência reguladora só podem ser destituídos de seus cargos por decisão exclusiva da Assembleia Legislativa, sem a participação do governador do estado, por violar o princípio da separação dos poderes.[4]

Período de quarentena

Esse período se refere ao lapso temporal em que o dirigente da agência reguladora ficará afastado de atuar no mercado regulado por ele.

De acordo com o art. 8º da Lei nº 9.986/2000, o ex-dirigente fica impedido para o exercício de atividades ou de prestar qualquer serviço no setor regulado pela respectiva agência, por um período de seis meses, contados da exoneração ou do término do seu mandato.

Incluem-se no período de 6 (seis) meses eventuais períodos de férias não gozadas.

Durante o impedimento, o ex-dirigente ficará vinculado à agência, fazendo jus a remuneração compensatória equivalente à do cargo de direção que exerceu e aos benefícios a ele inerentes.

Aplica-se o período de quarentena ao ex-dirigente exonerado a pedido, se este já tiver cumprido pelo menos seis meses do seu mandato.

---

4   STF, ADI 1.949/RS, Plenário, Rel. Min. Dias Toffoli, j. 17.09.2014.

Incorre na prática de crime de advocacia administrativa, sujeitando-se às penas da lei, o ex-dirigente que violar o impedimento, sem prejuízo das demais sanções cabíveis, administrativas e civis.

Na hipótese de o ex-dirigente ser servidor público, poderá ele optar pelo recebimento da remuneração compensatória, ou pelo retorno ao desempenho das funções de seu cargo efetivo ou emprego público, desde que não haja conflito de interesse.

Participação popular no processo decisório (administração consensual)

As agências reguladoras irão propiciar a realização de audiências públicas, a oitiva das pessoas envolvidas pelas possíveis decisões tomadas por ela. Tudo isso serve para compensar o déficit de legitimidade das agências reguladoras. Ocorre esse déficit em razão de seus dirigentes não terem sido votados para ocupar os seus cargos.

Decisões, em regra, por um procedimento horizontal e colegiado

As decisões proferidas pelas diretorias das agências ocorrem uma única e última instância. Dessa forma, há um processo que possibilita a estabilidade no mercado. Veja, portanto, que não é um procedimento vertical, ou seja, não há superiores hierárquicos para quem se possa recorrer.

Assim estabelece o art. 7º da Lei nº 13.848/2019, que afirma que o processo de decisão da agência reguladora referente à regulação terá caráter colegiado. Observe que o § 1º do art. 7º afirma que as deliberações serão tomadas pela maioria absoluta.

Procedimento licitatório simplificado

De acordo com o art. 37 da Lei nº 9.986/2000, a aquisição de bens e a contratação de serviços pelas agências reguladoras poderão se dar nas **modalidades de consulta e pregão**, observado o disposto nos arts. 55 a 58 da Lei nº 9.472, de 1997, e nos termos de regulamento próprio.

De acordo com o art. 54 da Lei nº 9.472/1997, lei que trata da Anatel, as obras e os serviços de engenharia por essa agência serão contratados nos termos da Lei geral de Licitações. Observe que esse dispositivo legal trata de atividade-meio da Anatel.

Por sua vez, o art. 210 da referida lei assegura que as concessões, permissões e autorizações de serviço de telecomunicações e de radiodifusão (atividade-fim) seguirão o procedimento licitatório estabelecido pela Lei nº 9.472/1997. Dessa forma, não seguirão o estabelecido pela Lei nº 8.666/1993.

Por fim, o art. 54, parágrafo único, da mesma lei estabelece que as obras e os serviços que não sejam de engenharia poderão ser contratados por meio de procedimento próprio, nas modalidades de consulta e pregão.

Autonomia decisória

De acordo com o art. 4º da Lei nº 13.848/2019, a agência reguladora deverá observar, em suas atividades, a devida adequação entre meios e fins, vedada a imposição de obrigações, restrições e sanções em medida superior àquela necessária ao atendimento do interesse público.

Eventuais conflitos existentes se desencadeiam e são solucionados dentro da própria agência. Dessa forma, qualquer revisão a ser feita em suas decisões exaure-se no âmbito interno. Em outras palavras, há uma dificuldade de aceitação de recursos hierárquicos impróprios de decisões das agências reguladoras.

A existência de recursos hierárquicos somente será possível se a lei instituidora da agência permitir. Caso seja omissa nesse ponto, é porque não é admissível o recurso hierárquico.

De acordo com o Parecer nº 51 da AGU, que tem força normativa, o ministro de Estado pode modificar a decisão de uma agência reguladora, seja de ofício, seja por recurso hierárquico impróprio. Contudo, isso só será possível se houver uma ilegalidade na conduta do dirigente ou se a decisão se afastar das políticas públicas do Estado.

Nesse sentido, o art. 3º da Lei nº 13.848/2019 prevê que a natureza especial conferida à agência reguladora **é caracterizada pela ausência de tutela ou de subordinação hierárquica**, pela **autonomia funcional, decisória, administrativa e financeira** e pela investidura a termo de seus dirigentes e estabilidade durante os mandatos, bem como pelas demais disposições constantes da lei ou de leis específicas voltadas à sua implementação.

Para elucidar o art. 3º anteriormente referido, há o Enunciado nº 25 do CJF, que estabelece que a ausência de tutela a que se refere o art. 3º, *caput*, da Lei nº 13.848/2019 impede a interposição de recurso hierárquico impróprio contra decisões finais proferidas pela diretoria colegiada das agências reguladoras, ressalvados os casos de previsão legal expressa e assegurada, em todo caso, a apreciação judicial, em atenção ao disposto no art. 5º, XXXV, da Constituição Federal.

Nesse sentido, o STF entende ser constitucional norma legal que veda aos servidores titulares de cargo efetivo de agências reguladoras o exercício de outra atividade profissional, inclusive gestão operacional de empresa, ou de direção político-partidária. Assim, a legislação asseguraria a observância dos princípios da moralidade, da eficiência administrativa e da isonomia e constituiria meio proporcional apto a garantir a indispensável isenção e independência dos servidores ocupantes de cargos efetivos das agências reguladoras.[5]

Poder regulatório

O poder regulatório das agências reguladoras inclui a regulação de serviços públicos essenciais, como energia e água, e atividades privadas de importância social, como a produção de medicamentos. Este poder compreende prerrogativas para

---

[5]   ADI 6.033/DF, Rel. Min. Roberto Barroso, julgamento virtual finalizado em 03.03.2023.

regular, fiscalizar e controlar estes setores, visando assegurar sua qualidade e eficiência. As características principais do poder regulatório incluem autonomia administrativa, financeira e técnica, expertise técnica, transparência nas decisões e capacidade de aplicar sanções.

As agências devem respeitar os limites legais, não podendo inovar a ordem jurídica sem delegação expressa e devem aderir às diretrizes previstas em lei. O poder regulatório difere do poder regulamentar: enquanto o regulatório envolve a criação de normas e políticas para setores específicos da economia, o regulamentar foca na implementação detalhada das leis pelo Poder Legislativo.

Importante

Nesse ponto, faz-se importante analisar o poder normativo técnico – **deslegalização** (deslegificação).

As agências recebem delegação por suas leis instituidoras para criar normas técnicas que complementam a legislação. Assim, algumas matérias antes reguladas por lei passam a ser tratadas por ato administrativo, um processo aceito pelo STF. Um exemplo é a mudança de regulamentação sobre a altura mínima para instalação de antenas de 10 para 15 andares, estabelecida por resolução da Anatel.

Além disso, o texto destaca um entendimento do Superior Tribunal de Justiça: a interferência judicial na definição de tarifas de transporte público pode violar a ordem pública, especialmente quando a metodologia de fixação de preços é técnica e justificada pela Fazenda estadual. Este entendimento se baseia na necessidade de manter o equilíbrio econômico-financeiro dos contratos administrativos. Ademais, enfatiza a doutrina Chenery, segundo a qual as cortes judiciais não devem adotar fundamentos distintos dos do Poder Executivo em questões técnicas complexas, nas quais os tribunais não possuem expertise para avaliar a correção dos critérios administrativos utilizados.

Doutrina Chenery x Doutrina Chevron

A doutrina Chenery, estabelecida pela Suprema Corte dos EUA em 1947, exige que agências governamentais forneçam justificativas claras e lógicas para suas decisões regulatórias, baseadas em evidências relevantes. Originada no caso "SEC v. Chenery Corporation", a doutrina respondeu à necessidade de transparência e coerência nas decisões regulatórias, especialmente quando a SEC foi criticada por não explicar adequadamente a negação de um pedido de reorganização empresarial.

Paralelamente, a doutrina Chevron, surgida em 1984, trata da deferência judicial às interpretações de agências reguladoras em casos de ambiguidade legal. Estabelecida no caso "Chevron USA Inc. v. Natural Resources Defense Council, Inc.", a doutrina determina que, se uma lei for ambígua, os tribunais devem respeitar a interpretação razoável da agência responsável pela lei. Isso significa que em situações de clareza legal, os juízes aplicam a lei diretamente, mas em casos de ambiguidade, a interpretação da agência prevalece, desde que seja razoável.

A doutrina Chevron é debatida: críticos alegam que ela concede excessivo poder às agências e diminui a autoridade judicial, enquanto defensores argumentam que ela permite a adaptação das agências às necessidades sociais e garante a aplicação justa e consistente das leis.

Teoria da captura

A teoria da captura consiste em uma **falha de governo**, pela qual há a quebra da independência e da autonomia das agências reguladoras, de modo que passam a favorecer os entes regulados, que são economicamente mais fortes. O que se quer dizer é que **os entes regulados capturam as agências reguladoras** no intuito de proteger os seus interesses.

É possível que a captura ocorra **também pelo próprio setor público**, em razão de decisões políticas que influenciam a atividade regulada, levando à quebra da independência e da autonomia da agência reguladora.

A teoria da captura das agências reguladoras sugere que estas, que deveriam atuar de forma independente e imparcial para proteger o interesse público, muitas vezes são "capturadas" ou influenciadas por grupos de interesse privado que têm interesses específicos na regulação de determinado setor ou atividade econômica.

Segundo essa teoria, os grupos de interesse podem utilizar diversos mecanismos para exercer sua influência sobre as agências reguladoras, incluindo realização de *lobby*, doação de campanha política, participação em audiências públicas e outros processos de consulta, ou mesmo nomeação de membros para as agências reguladoras que compartilham seus interesses.

Como resultado, as agências reguladoras podem acabar promovendo os interesses desses grupos em detrimento do interesse público geral. Isso pode levar a uma regulação menos rigorosa do setor, à adoção de políticas que beneficiam determinados grupos ou empresas em detrimento de outros, ou à omissão de regulamentações importantes para a proteção do meio ambiente, dos consumidores ou dos trabalhadores.

Nesse sentido, o STF[6] entendeu ser constitucional dispositivo legal que veda a indicação de pessoa que exerça cargo em organização sindical ou que seja membro de conselho ou diretoria de associação patronal ou trabalhista para a alta direção das agências reguladoras.

A preservação da gestão das agências reguladoras contra a captura de interesses comerciais, especiais ou políticos é essencial para que a atuação dessas entida-

---

6   STF, ADI 6.276/DF, Plenário, Rel. Min. Edson Fachin, j. 17.09.2021, *Info* 1.030.

des esteja alinhada com o interesse coletivo. Dessa forma, é fundamental que as indicações para a alta direção dessas agências sejam feitas com base na competência técnica e na capacidade de garantir a efetiva regulação do setor regulado, em vez de favorecer interesses de grupos específicos.

Portanto, a vedação prevista no dispositivo legal constitucional é um mecanismo importante para assegurar a autonomia e a independência das agências reguladoras, garantindo que elas cumpram sua missão de promover o bem-estar social e econômico da coletividade, sem interferências indevidas de grupos ou interesses particulares.

4.1.7. *Agências executivas*

As agências executivas estão previstas na Lei nº 9.649/1998, especificamente nos arts. 51 e 52. Essas entidades são autarquias ou fundações públicas que são qualificadas como agência, desde que preenchidas algumas condições.

Não são confundidas com as agências reguladoras, uma vez que estas objetivam controlar os particulares. Diferentemente, as agências executivas exercem a atividade estatal, com melhor desenvoltura e operacionalidade. Elas continuam exercendo as mesmas atividades de uma autarquia ou fundação, mas com maior eficiência e redução de custos.

O Poder Executivo poderá qualificar como agência executiva a autarquia ou fundação que tenha cumprido os seguintes requisitos:

I. ter um plano estratégico de reestruturação e de desenvolvimento institucional em andamento;

II. ter celebrado contrato de gestão com o respectivo ministério supervisor.

A qualificação como agência executiva será feita em ato do presidente da República.

O Poder Executivo editará medidas de organização administrativa específicas para as agências executivas, visando assegurar a sua autonomia de gestão, bem como a disponibilidade de recursos orçamentários e financeiros para o cumprimento dos objetivos e metas definidos nos contratos de gestão.

Os planos estratégicos de reestruturação e de desenvolvimento institucional definirão diretrizes, políticas e medidas voltadas para a racionalização de estruturas e do quadro de servidores, a revisão dos processos de trabalho, o desenvolvimento dos recursos humanos e o fortalecimento da identidade institucional da agência executiva.

Os contratos de gestão das agências executivas serão celebrados com periodicidade mínima de um ano e estabelecerão os objetivos, as metas e os respectivos indicadores de desempenho da entidade, bem como os recursos necessários e os critérios e instrumentos para a avaliação do seu cumprimento.

O grande exemplo de uma agência executiva é o Inmetro (Instituto Nacional de Metrologia, Qualidade e Tecnologia).

4.2. Fundações públicas

4.2.1. Conceito

De acordo com o art. 5º, IV, do Decreto-lei nº 200/1967, fundação pública é a entidade dotada de personalidade jurídica de direito privado, sem fins lucrativos, criada em virtude de autorização legislativa, para o desenvolvimento de atividades que não exijam execução por órgãos ou entidades de direito público, com autonomia administrativa, patrimônio próprio gerido pelos respectivos órgãos de direção, e funcionamento custeado por recursos da União e de outras fontes.

Observe que, pelo conceito anteriormente transcrito, as fundações públicas são pessoas jurídicas de direito privado. Contudo, a natureza jurídica das fundações não é simples como se propõe.

A posição dominante no ordenamento jurídico é de que existem dois tipos de fundações. Há as fundações públicas de direito público e as de direito privado. Estas são dotadas de personalidade jurídica de direito privado, ao passo que aquelas são dotadas de personalidade jurídica de direito público. Dessa forma, as fundações de direito público são chamadas de autarquias fundacionais, afinal vão possuir o mesmo regime das autarquias. Esse é o posicionamento do STF.

De acordo com decisão do Supremo Tribunal Federal, a estabilidade especial do art. 19 do Ato das Disposições Constitucionais Transitórias (ADCT) não se estende aos empregados das fundações públicas de direito privado, devendo ser aplicada somente aos servidores das pessoas jurídicas de direito público. A decisão majoritária foi tomada no julgamento do Recurso Extraordinário (RE) 716.378, com repercussão geral reconhecida, que envolveu o caso de um empregado dispensado sem justa causa pela Fundação Padre Anchieta – Centro Paulista de Rádio e TV Educativas.

A tese de repercussão geral[7] aprovada foi a seguinte:

1 – A qualificação de uma fundação instituída pelo Estado como sujeita ao regime público ou privado depende: I – do estatuto de sua criação ou autorização; II – das atividades por ela prestadas. As atividades de conteúdo econômico e as passíveis de delegação, quando definidas como objetos de dada fundação, ainda que essa seja instituída ou mantida pelo Poder Público, podem se submeter ao regime jurídico de direito privado.

2 – A estabilidade especial do artigo 19 do ADCT não se estende aos empregados das fundações públicas de direito privado, aplicando-se tão somente aos servidores das pessoas jurídicas de direito público.

Ademais, de acordo com o STF, é constitucional a constituição de fundação pública de direito privado para a prestação de serviço público de saúde.[8]

---

7   STF, Recurso Extraordinário (RE) 716.378, Plenário, Rel. Ministro Dias Toffoli, j. 07.08.2019.
8   ADI 4.197/SE, Rel. Min. Roberto Barroso, julgamento virtual finalizado em 28.02.2023.

Por fim, ponto relevante a ser analisado refere-se ao controle realizado sobre os atos dessas fundações. De início, **faz-se necessário destacar que as fundações instituídas pelo Poder Público não se submetem ao controle realizado pelo Ministério Público**, disciplinado no art. 66 do Código Civil. Isso se deve ao fato de o art. 66 do Código Civil estar relacionado às fundações instituídas e mantidas pelos particulares, bem como pelo fato de o art. 5º, § 3º, do Decreto-lei nº 200/1967 prever que não se aplicam às fundações estatais as disposições do Código Civil concernentes às fundações privadas.

Portanto, às fundações instituídas e mantidas pelo Poder Público aplica-se o controle realizado pela Administração direta, bem como pelo Tribunal de Contas.

4.2.2. Criação e extinção

Em decorrência da divisão de fundação pública de direito privado e de direito público, de acordo com o art. 37, XIX, da CR/1988, quando a fundação pública for de direito privado, sua instituição se dará por meio de lei autorizativa e a sua criação com o registro dos atos constitutivos no registro civil de pessoas jurídicas, nos termos do art. 5º, § 3º, do Decreto-lei nº 200/1967. Entretanto, se a fundação for de direito público, sua criação se dará por meio de lei, nos termos do artigo constitucional.

Por sua vez, a extinção das fundações também decorre da lei. Para a de direito privado, a lei autorizará a extinção, enquanto, para a de direito público, a própria lei extinguirá.

4.2.3. Características

As fundações públicas de direito público têm as mesmas características das autarquias, o que inclui a imunidade tributária, prevista no art. 150, § 2º, da Constituição Federal de 1988, que proíbe a instituição de impostos sobre patrimônio, serviços e rendas das fundações vinculados às suas finalidades essenciais ou decorrentes delas. Entretanto, bens, serviços e rendas não vinculados a essas atividades podem ser tributados normalmente.

Outra característica importante é que seus bens são considerados públicos, conforme previsto no art. 98 do Código Civil de 2002, e, portanto, impenhoráveis e imprescritíveis. A prescrição em relação às autarquias segue o disposto no art. 1º do Decreto nº 20.910/1932, e os créditos dessas entidades são inscritos como dívida ativa, sujeitos à execução fiscal.

Além disso, as fundações públicas de direito público têm questões processuais específicas, tais como prazo em dobro para todas as manifestações processuais, conforme o art. 183 do Código de Processo Civil, e reexame necessário.

Vale ressaltar que as fundações públicas de direito privado somente têm o benefício da imunidade tributária.

4.3. Empresas estatais

4.3.1. Conceito

A expressão "empresas estatais" é gênero, do qual são espécies a empresa pública e a sociedade de economia mista.

De acordo com o art. 3º da Lei nº 13.303/2016, a empresa pública é a entidade dotada de personalidade jurídica de direito privado, com criação autorizada por lei e com patrimônio próprio, cujo capital social é integralmente detido pela União, pelos estados, pelo Distrito Federal ou pelos municípios.

Ademais, o seu parágrafo único estabelece a existência da empresa pública pluripessoal. O dispositivo tem a seguinte redação: "Desde que a maioria do capital votante permaneça em propriedade da União, do Estado, do Distrito Federal ou do Município, será admitida, no capital da empresa pública, a participação de outras pessoas jurídicas de direito público interno, bem como de entidades da administração indireta da União, dos Estados, do Distrito Federal e dos Municípios".

Empresas públicas:

- PJ direito privado
- Integra a AP indireta
- Criada por autorização legal
- Qualquer forma jurídica
- Atividades de caráter econômico ou prestação de serviço

Por sua vez, a sociedade de economia mista, nos termos do art. 4º da Lei nº 13.303/2016, é a entidade dotada de personalidade jurídica de direito privado, com criação autorizada por lei, sob a forma de sociedade anônima, cujas ações com direito a voto pertençam, em sua maioria, à União, aos estados, ao Distrito Federal, aos municípios ou a entidade da administração indireta.

Sociedade de economia mista:

- PJ direito privado
- Integra a AP indireta
- Criada por autorização legal
- Sob a forma de AS (Sociedade Anônima)
- Atividades de caráter econômico ou prestação de serviço

O art. 173 da Constituição determina que, para que as estatais existam, é necessário pelo menos um de dois pressupostos, quais sejam, o relevante Interesse coletivo e os imperativos de segurança nacional.

Nesse sentido, o Enunciado nº 14 do CJF dispõe que a demonstração da existência de relevante interesse coletivo ou de imperativo de segurança nacional, descrita no §

1º do art. 2º da Lei nº 13.303/2016, será atendida por meio do envio ao órgão legislativo competente de estudos/documentos (anexos à exposição de motivos) com dados objetivos que justifiquem a decisão pela criação de empresa pública ou de sociedade de economia mista cujo objeto é a exploração de atividade econômica.

Para demonstração da necessidade de criação (e manutenção) de uma empresa estatal, o relevante interesse coletivo e os imperativos da segurança nacional devem ser demonstrados por meio de documentos, provas e dados, que serão enviados juntamente com a exposição de motivos da lei autorizativa.

Outro enunciado do CJF também se faz importante nesse estudo. Trata-se do Enunciado nº 13, segundo o qual as empresas estatais são organizações públicas pela sua finalidade, portanto submetem-se à aplicabilidade da Lei nº 12.527/2011 (Lei de Acesso à Informação), de acordo com o art. 1º, parágrafo único, II, não cabendo a decretos e outras normas infralegais estabelecer outras restrições de acesso a informações não previstas na lei.

Destaca-se que as "organizações públicas" da primeira frase do enunciado constituem pessoas jurídicas de direito privado.

Com esse enunciado, nota-se que as empresas estatais se submetem à Lei de Acesso à Informação, não sendo possível que um ato infralegal restrinja o acesso para fora das hipóteses já previstas em lei.

4.3.2. *Regime jurídico*

Observe, portanto, que ambas as empresas estatais são pessoas jurídicas de direito privado, motivo pelo qual a elas será aplicado o regime jurídico de direito privado em regra. Contudo, há também a aplicação do regime jurídico de direito público. Dessa forma, muitos denominam o regime jurídico das empresas estatais de regime híbrido, isto é, é o regime jurídico de direito privado parcialmente derrogado por normas de direito público.

De acordo com o art. 173, § 1º, II, da CR/1988, às empresas estatais será aplicado o mesmo regime jurídico próprio das empresas privadas, quanto aos direitos e às obrigações civis, comerciais, trabalhistas e tributárias.

Em relação às normas de direito público que a elas serão aplicadas, pode-se dar como exemplo o controle do Tribunal de Contas (art. 71 da CR/1988), o controle e a fiscalização do Congresso Nacional (art. 49, X, da CR/1988) e a exigência de concurso público (art. 37, II, da CR/1988).

4.3.3. *Criação e extinção*

De acordo com o art. 37, XIX, da CR/1988, as empresas estatais terão autorizada a sua criação por meio de lei específica. Para que de fato seja criada, essas empresas precisam do registro de seus atos constitutivos na repartição competente.

Para a sua extinção, porém, o STF, na ADI 6.241/DF, entendeu que se faz **desnecessária, em regra, lei específica** para inclusão de sociedade de economia mista ou de empresa pública em programa de desestatização.

No entanto, com relação às empresas estatais cuja lei instituidora tenha previsto, expressamente, a necessidade de lei específica para sua extinção ou privatização, é necessário que o administrador público observe a norma legal.

Complementando a ADI anterior, está a ADI 6.029, segundo a qual: (i) **a alienação do controle acionário de empresas públicas e sociedades de economia mista exige autorização legislativa e licitação**; e (ii) **a exigência de autorização legislativa, todavia, não se aplica à alienação do controle de suas subsidiárias e controladas**. Nesse caso, a operação pode ser realizada sem a necessidade de licitação, desde que siga procedimentos que observem os princípios da Administração Pública inscritos no art. 37 da Constituição, respeitada, sempre, a exigência de necessária competitividade.

Ademais, essas entidades podem possuir subsidiárias. A criação dessas subsidiárias depende de autorização legislativa, em cada caso, assim como a participação de qualquer delas em empresa privada. O STF[9] entendeu a expressão "em cada caso" como se fosse para cada entidade, e não para cada situação em que fosse criada uma subsidiária. Ex.: a Petrobras possui uma lei que autoriza a criação de subsidiárias.

Outro ponto relevante acerca das subsidiárias refere-se ao reforço feito pela jurisprudência do STF sobre ser **dispensável a autorização legislativa para a alienação de controle acionário de empresas subsidiárias**. Para o STF, se é compatível com a CR/1988 a possibilidade de criação de subsidiárias quando houver previsão na lei que cria a respectiva empresa estatal, por paralelismo, não há como obstar, por suposta falta de autorização legislativa, a alienação de ações da empresa subsidiária, ainda que tal medida envolva a perda do controle acionário do Estado.[10]

4.3.4. Objeto

As empresas estatais têm um duplo objeto. Podem ser exploradoras de atividade econômica, bem como prestadoras de serviço público.

O Estado só poderá instituir as empresas estatais exploradoras de atividade econômica quando for necessário aos imperativos de segurança nacional ou a relevante interesse coletivo.

Nesse sentido, entende o STJ que se aplica a prescrição quinquenal do Decreto nº 20.910/1932 às empresas estatais prestadoras de serviços públicos essenciais, não dedicadas à exploração de atividade econômica com finalidade lucrativa e natureza concorrencial. Para a corte, as regras de prescrição estabelecidas no Código Civil não têm incidência quando a demanda envolve empresa estatal prestadora de serviços

---

[9] STF, ADI 1.649-DF, Rel. Min. Maurício Corrêa, J. 24.03.2004, *Informativo* 341.

[10] ADPF 794/DF, Rel. Min. Gilmar Mendes, julgamento virtual finalizado em 21.05.2021.

públicos essenciais, não dedicada à exploração de atividade econômica com finalidade lucrativa e natureza concorrencial.[11]

4.3.5. *Responsabilidade*

Em relação à responsabilidade das empresas estatais e, subsidiariamente, do Estado, pela solvência das obrigações daquelas, a doutrina não é uniforme, adotando-se soluções díspares. Para a corrente majoritária, é necessário distinguir a atividade pelas sociedades realizadas:

A)   Exploradora de atividade econômica

Ela mesma responde por suas obrigações, mas não na forma do § 6º do art. 37 da Constituição Federal/1988, que trata da responsabilidade objetiva, mas, sim, subjetivamente, ou seja, havendo necessidade de demonstração de dolo ou culpa (responsabilidade é subjetiva, fundada no direito privado). O Estado não tem responsabilidade alguma, não podendo ser acionado nem mesmo subsidiariamente, em razão de a Constituição exigir, de todos que exploram atividades econômicas, a submissão à livre-iniciativa.

B)   Prestadora de serviço público: tem responsabilidade objetiva

Enquadra-se no § 6º do art. 37 da Constituição Federal de 1988. Assim, reponde, em primeiro lugar, a sociedade de economia mista, até que se encontrem exauridas as forças do patrimônio desta. O Estado responde de forma subsidiária, ou seja, depois de exaurido o patrimônio da sociedade.

4.3.6. *Diferenças entre empresas públicas e sociedades de economia mista*

1)   Forma societária

As empresas públicas podem ser constituídas em qualquer forma jurídica admitida em direito. Já as sociedades de economia mista devem ser sempre constituídas como Sociedade Anônima (S.A.).

2)   Capital social

A empresa pública é uma entidade com capital 100% público, o que permite que outras entidades de direito público e da Administração indireta participem de sua composição acionária. Nesse caso, é necessário que a maioria do capital votante permaneça nas mãos da União, dos estados, do Distrito Federal ou dos municípios. Vale destacar que, embora seja exigido que o capital da empresa pública seja totalmente

---

[11]   REsp 1.635.716-DF, Primeira Turma, Rel. Min. Regina Helena Costa, por unanimidade, j. 04.10.2022, *DJe* 11.10.2022.

público, é permitido que haja a participação de pessoas jurídicas de direito privado em sua composição acionária.

Por exemplo, a empresa pública X pode ter sua composição de capital composta de 70% do capital integralizado pela União, 20% pela autarquia, 5% por outra empresa pública e 5% por uma sociedade de economia mista. Nesse caso, é importante frisar que a sociedade de economia mista deverá integralizar apenas a parte pública do seu capital, para manter o requisito dos 100% do capital público.

Além disso, é possível que a empresa pública seja unipessoal, formada por capital de apenas uma única pessoa, ou pluripessoal, formada por capital de mais de uma pessoa. Já a sociedade de economia mista tem parte do capital público e parte do capital privado, mas é exigido que a maioria do capital votante seja público. Assim, a sociedade de economia mista só pode ser pluripessoal e pode se tornar sócia de uma empresa pública, mas com a participação apenas da parte do capital público, como mencionado anteriormente.

3) Foro competente

Essa é uma diferença que apenas será aplicada para as estatais federais. Nesse sentido, a empresa pública federal, nos termos do art. 109, I, da CR/1988, terá suas ações ajuizadas na Justiça Federal. Por sua vez, a sociedade de economia mista federal terá sua competência fixada na Justiça estadual.

Por outro lado, empresas públicas estadual ou municipal, bem como as sociedade de economia mista estadual ou municipal terão competência na Justiça estadual.

EM RESUMO:	
Autarquia	
Conceito	Autarquia é o serviço autônomo, criado por lei, com personalidade jurídica, patrimônio e receita próprios, para executar atividades típicas da Administração Pública, que requeiram, para seu melhor funcionamento, gestão administrativa e financeira descentralizada.
Princípio da especialidade	A autarquia deve realizar uma atividade específica, conforme previsto na lei de criação da entidade.
Criação e extinção	A criação e a extinção das autarquias devem ocorrer por meio de lei, de iniciativa do chefe do Poder Executivo.
Objeto	As autarquias executam atividades típicas da Administração Pública, ou seja, serviços públicos de natureza social e de atividades administrativas.

Autarquia	
Privilégios	As autarquias têm os mesmos privilégios que a Administração direta, incluindo imunidade na área tributária.
Responsabilidade	As autarquias respondem pelas próprias dívidas e obrigações contraídas, enquanto a Administração direta tem responsabilidade subsidiária. As autarquias também têm responsabilidade objetiva quanto aos atos praticados por seus agentes.
Falência	As autarquias não se submetem ao regime falimentar, pois não exploram atividades econômicas e têm como princípio a preservação para manutenção e expansão dos serviços por elas prestados.
Característica	
Personalidade jurídica própria	As autarquias têm personalidade jurídica distinta da Administração Pública direta.
Autonomia administrativa	As autarquias têm autonomia para gerir suas próprias atividades, sem interferência direta da Administração Pública direta.
Autonomia financeira	As autarquias têm autonomia para gerir seus próprios recursos financeiros.
Autonomia patrimonial	As autarquias têm autonomia para gerir seu próprio patrimônio.
Imunidade tributária	As autarquias não podem ser tributadas sobre seu patrimônio, serviços e rendas, vinculados a suas atividades essenciais.
Bens públicos	Os bens das autarquias são considerados bens públicos, conforme o art. 98 do Código Civil.
Impenhorabilidade dos bens	Os bens das autarquias não podem ser penhorados para pagamento de dívidas.
Imprescritibilidade dos bens	Os bens das autarquias não podem ser adquiridos por terceiros por meio da posse prolongada.

Característica	
Prescrição quinquenal	As autarquias têm um prazo de cinco anos para cobrança de dívidas.
Créditos sujeitos à execução fiscal	Os créditos das autarquias podem ser cobrados por meio de execução fiscal.
Restrição na cobrança de anuidades	Os conselhos profissionais não podem executar dívidas inferiores a 5 vezes o valor da anuidade cobrada dos profissionais.
Prazo prescricional para a cobrança de anuidades	O prazo prescricional para a cobrança de anuidades somente se inicia após a dívida do profissional atingir o valor mínimo de 5 anuidades.
Pagamento por precatório	As autarquias podem pagar débitos imputados por condenação judicial por meio de precatório, exceto os conselhos profissionais.
Questões processuais específicas	As autarquias têm particularidades no processo judicial, como prazo em dobro para manifestações processuais, reexame necessário e isenção de custas processuais.

Doutrina Chenery	Doutrina Chevron
Foi estabelecida em 1947.	Foi estabelecida em 1984.
Refere-se à fundamentação e à justificação das decisões regulatórias pelas agências governamentais.	Refere-se à deferência judicial às interpretações das agências reguladoras em casos de ambiguidade ou falta de clareza na lei.
Exige que as agências fundamentem suas decisões com razões lógicas e evidências relevantes.	Defere para a interpretação razoável da agência reguladora responsável por implementar a lei em casos de ambiguidade ou falta de clareza na lei.
Foi estabelecida no caso "SEC v. Chenery Corporation".	Foi estabelecida no caso "Chevron USA Inc. v. Natural Resources Defense Council, Inc.".
Visa garantir a transparência e a coerência nas decisões regulatórias.	Visa garantir que as agências reguladoras possam responder às mudanças nas necessidades e demandas da sociedade e aplicar as leis de forma justa e consistente.

Coleção Exame Nacional da Magistratura – Direito Administrativo

Doutrina Chenery	Doutrina Chevron
Ajuda a prevenir a tomada de decisões arbitrárias e caprichosas pelas agências regulatórias.	Tem sido criticada por alguns que acreditam que dá poder excessivo às agências reguladoras e mina a autoridade do Poder Judiciário.

Fundações públicas	
Conceito	Entidades dotadas de personalidade jurídica de direito público ou privado, sem fins lucrativos, criadas em virtude de lei ou de autorização legislativa para o desenvolvimento de atividades, com autonomia administrativa, patrimônio próprio gerido pelos respectivos órgãos de direção e funcionamento custeado por recursos da União e de outras fontes.
Criação	Fundações de direito privado são instituídas por lei autorizativa e sua criação é registrada no registro civil de pessoas jurídicas. Fundações de direito público são criadas por meio de lei.
Extinção	Fundações de direito privado são extintas por meio de lei autorizativa. Fundações de direito público são extintas por meio de lei.
Objeto	Prestação de serviços públicos com finalidades sociais, como assistência social, educação e ensino, pesquisa e atividades culturais. Fundações de direito privado também podem exercer atividade econômica.
Responsabilidade	Respondem pelas próprias dívidas e obrigações contraídas, com responsabilidade subsidiária da Administração direta. Responsabilidade objetiva quanto aos atos praticados pelos seus funcionários.
Falência	Não se submetem ao regime falimentar, pois visam à preservação para manutenção e expansão dos serviços prestados, assim como as autarquias.

EMPRESAS ESTATAIS
Conceito

– Gênero, espécies: empresa pública e sociedade de economia mista.

– Empresa pública: entidade com personalidade jurídica de direito privado, capital social detido pela União, pelos estados, pelo DF ou pelos municípios.

EMPRESAS ESTATAIS
– Sociedade de economia mista: entidade com personalidade jurídica de direito privado, sob forma de sociedade anônima, ações com direito a voto pertencentes em maioria ao Estado.
Regime jurídico
– Regime híbrido: aplicação do regime jurídico de direito privado e direito público.
Criação e extinção
– Autorização de criação por lei específica.
– Extinção não requer lei específica em regra (decisão do STF na ADI 6.241/DF), mas necessária quando prevista na lei instituidora.
Objeto
– Duplo objeto: exploração de atividade econômica e prestação de serviço público.
– Exploração de atividade econômica somente em casos de segurança nacional ou relevante interesse coletivo.
Responsabilidade
– Exploradora de atividade econômica: responsabilidade subjetiva, sem responsabilidade do Estado.
– Prestadora de serviço público: responsabilidade objetiva, sociedade de economia mista responde primeiro, seguida de responsabilidade subsidiária do Estado.

Capítulo 3

Controle da Administração Pública pelo Judiciário, Legislativo e Administrativo

1. CONCEITO

A expressão controle da Administração Pública consistiria nos instrumentos legais e administrativos utilizados para supervisionar e revisar as ações administrativas em todas as instâncias de poder.

A partir do conceito anteriormente transcrito, faz-se importante observar algumas situações. Observe que o controle encerra um poder de fiscalização e de revisão da atividade administrativa. Dessa forma, o controle dos atos da Administração consiste na análise de esses atos alcançarem a finalidade pública a que se destinam, assim como encerra o poder de correção das condutas administrativas, seja porque está infringindo normas legais, seja pelo fato de alterar alguma linha das políticas administrativas, a fim de melhor atender ao interesse público.

2. CLASSIFICAÇÃO

2.1. Quanto à natureza do controlador

a) **Controle administrativo**: é aquele que se origina da própria Administração Pública. É a Administração controlando seus próprios atos. Esse controle pode ensejar a anulação ou a revogação do ato.

Observe que, no controle administrativo, a Administração pode atuar de ofício ou mediante provocação. Ademais, poderá ser analisado o controle de legalidade e de mérito do ato administrativo.

b) **Controle judicial**: é aquele realizado pelo Poder Judiciário, que irá decidir sobre a legalidade ou não dos atos da Administração em geral, ensejando a anulação do ato.

Sobre esse controle, veja que o Poder Judiciário somente poderá agir mediante provocação. Ademais, somente poderá analisar a ilegalidade do ato administrativo, podendo alcançar atos vinculados e discricionários.

c) **Controle legislativo**: é aquele realizado pelo Poder Legislativo, a partir de critérios políticos ou financeiros e nos limites estabelecidos pela Constituição da República. Notadamente, o controle legislativo é exteriorizado pelos tribunais de contas.

O Poder Legislativo pode agir de ofício ou mediante provocação.

2.2.   Quanto à extensão do controle

a) **Controle interno ou autocontrole**: "é aquele exercido por órgãos de um Poder sobre condutas administrativas produzidas dentro de sua esfera" (CARVALHO FILHO, 2013. p. 943). Ex.: corregedoria de um órgão controlando os atos dos seus servidores públicos.

b) **Controle externo**: é aquele realizado por um órgão que não se encontra dentro da esfera do órgão controlado. Ex.: controle do Tribunal de Contas sobre atos do Poder Judiciário e Executivo.

Nessa classificação, faz-se importante o art. 74 da CR/1988, segundo o qual os Poderes Legislativo, Executivo e Judiciário manterão, de forma integrada, sistema de controle interno com a finalidade de:

I.   avaliar o cumprimento das metas previstas no plano plurianual, a execução dos programas de governo e dos orçamentos da União;

II.   comprovar a legalidade e avaliar os resultados, quanto à eficácia e eficiência, da gestão orçamentária, financeira e patrimonial nos órgãos e entidades da administração federal, bem como da aplicação de recursos públicos por entidades de direito privado;

III. exercer o controle das operações de crédito, avais e garantias, bem como dos direitos e haveres da União;

IV.   apoiar o controle externo no exercício de sua missão institucional.

Os responsáveis pelo controle interno, ao tomarem conhecimento de qualquer irregularidade ou ilegalidade, dela darão ciência ao Tribunal de Contas da União, sob pena de responsabilidade solidária.

c) **Controle social**: consiste na participação ativa da população no planejamento, no monitoramento e na avaliação da gestão pública. Essa participação pode se dar por meio de diversos mecanismos, tais como ação popular, direito de petição, audiências e consultas públicas, entre outros. O objetivo é garantir que as políticas públicas estejam alinhadas aos interesses da sociedade e que os recursos sejam utilizados de forma eficiente e transparente. Nesse sentido, a participação cidadã é fundamental para fortalecer a democracia e promover o desenvolvimento sustentável do país.

2.3. Quanto à natureza do controle

a) **Controle de legalidade**: é aquele em que o órgão controlador realiza uma análise da conduta administrativa e da norma jurídica correspondente. Em outras palavras, analisa-se a compatibilidade do ato editado com o ordenamento jurídico.

O controle de legalidade pode ser exercido pela Administração Pública e pelos Poderes Judiciário e Legislativo.

b) **Controle de mérito**: é aquele realizado levando-se em conta o juízo de conveniência e oportunidade do ato administrativo. O controle de mérito é de competência privativa da Administração, não se submetendo ao exame do Poder Judiciário.

2.4. Quanto à oportunidade

a) **Controle prévio (*a priori*)**: é aquele realizado antes da edição do ato. Dessa forma, possui natureza preventiva. Pode-se dar como exemplo o ajuizamento de um mandado de segurança preventivo.

b) **Controle concomitante**: é aquele realizado no decorrer da prática do ato. Esse controle possui natureza preventiva e repressiva, conforme o andamento da atividade administrativa. Pode-se dar como exemplo o controle de obra pública.

c) **Controle posterior (*a posteriori*), repressivo**: é aquele realizado posteriormente à edição do ato. Normalmente, as ações judiciais são os instrumentos que concretizam esse controle.

3. CONTROLE ADMINISTRATIVO

O controle administrativo é aquele realizado pelo Poder Executivo e pelos órgãos administrativos dos Poderes Legislativo e Judiciário, com o objetivo de confirmar, rever ou alterar os atos praticados.

Importante observar que o controle administrativo é um controle interno, isto é, haverá uma fiscalização dentro da estrutura do poder (DI PIETRO, 2012). Ademais, esse controle se concretiza por meio de três instrumentos, quais sejam: (1) controle hierárquico; (2) controle de vinculação e (3) recursos administrativos.

3.1. Recursos administrativos

De acordo com Carvalho Filho, os recursos administrativos "são os meios formais de controle administrativo, através dos quais o interessado postula, junto a órgãos da Administração, a revisão de determinado ato administrativo" (CARVALHO FILHO, 2013. p. 952).

Dessa forma, são os meios adequados para impugnar um ato da Administração. Ademais, consagram o direito de petição, previsto no art. 5º, XXXIV, da CR/1988, bem como o direito ao contraditório e à ampla defesa, nos termos do art. 5º, LV, da CR/1988.

3.1.1.   Classificação

A classificação mais importante dos recursos administrativos é aquela que os divide em **recursos próprios e impróprios**. Aqueles recursos são os que tramitam internamente nos órgãos ou pessoas administrativas, como um recurso contra o ato de diretor de divisão para o diretor do departamento-geral. Por sua vez, os impróprios são recursos em que o recorrente se dirige a autoridades administrativas de órgão estranho àquele de onde se originou o ato impugnado. O que se quer dizer é que não há relação hierárquica (não há subordinação) entre a autoridade/órgão controlado e a autoridade/órgão controlador. O que há entre essas autoridades/órgãos é a vinculação. Pode-se dar como exemplo o recurso interposto contra ato do presidente de uma autarquia federal direcionado para o presidente da República.

Outra classificação relevante dos recursos administrativos é aquela que os divide em **recursos incidentais e recursos deflagradores**. Em relação aos primeiros, pode-se dizer que são aqueles "interpostos pelo interessado quando já está em curso o processo administrativo e o insurgimento se dá contra algum ato praticado no processo" (CARVALHO FILHO, 2013. p. 956). Ex.: recurso de servidor contra sanção sofrida no PAD.

De outro lado, os recursos deflagradores são aqueles que iniciam um processo, de modo que são interpostos sem que haja qualquer processo anterior em andamento. São verdadeiros recursos autônomos. Ex.: representação.

3.1.2.   Recursos administrativos em espécie

a) **Representação**: é o recurso administrativo pelo qual o recorrente denuncia ilegalidades e abusos dos agentes públicos, postulando a apuração e a regularização dessas situações.

  A representação pode ser formalizada por qualquer pessoa, ainda que não afetada pela conduta abusiva ou pela ilegalidade, nos termos do art. 74, § 2º, da CR/1988.

b) **Reclamação**: é o recurso administrativo pelo qual o interessado requer a revisão do ato que lhe prejudica algum direito ou interesse.

  Dessa forma, diferentemente da representação, a reclamação apenas pode ser formalizada pelo titular do direito ou interesse violado.

c) **Pedido de reconsideração**: é o recurso administrativo dirigido à mesma autoridade administrativa que praticou o ato.

d) **Revisão**: é o recurso administrativo pelo qual o interessado postula a reapreciação de determinada revisão já proferida em processo administrativo.

e) Recurso administrativo propriamente dito: trata-se de uma petição direcionada a autoridade superior para solicitar que se reavalie uma decisão proferida por um agente público hierarquicamente inferior.

3.1.3.   Reformatio in pejus

A *reformatio in pejus* consiste na possibilidade de haver o agravamento da situação do recorrente, quando somente ele recorreu. A Lei nº 9.784/1999, Lei do Processo Administrativo Federal, deu correto tratamento à matéria.

Nos termos do art. 64 da referida lei, o órgão competente para decidir o recurso poderá dar outra solução, total ou parcialmente, à decisão recorrida. Ademais, o parágrafo único do mesmo artigo afirma que o recorrente deve ser cientificado para que formule suas alegações antes da decisão, caso haja a *reformatio*. Contudo, cabe ressaltar que esta somente poderá acontecer se houver alguma ilegalidade na decisão. Não haverá a reforma para prejudicar o recorrente por motivos de nova interpretação. Por fim, deve-se ter em mente que a reforma para pior pressupõe um processo em andamento.

Diferentemente, o art. 65 da Lei nº 9.784/1999 estabeleceu que a revisão de sanções decorrentes de processos administrativos não pode agravar a situação do recorrente. Isso se deve exatamente pelo fato de a revisão ser cabível quando já há processo extinto.

3.1.4.   *Exigência de garantia*

Em relação à exigência de garantia, importante é a leitura da Súmula Vinculante nº 21 do STF: "É inconstitucional a exigência de depósito ou arrolamento prévios de dinheiro ou bens para admissibilidade de recurso administrativo".

Dessa forma, atualmente, entende-se por inconstitucional a lei que exige o depósito prévio para a interposição de recurso administrativo. Portanto, o art. 56, § 2º, da Lei nº 9.784/1999 é inconstitucional.

3.1.5.   *Exaustão da via administrativa*

É necessário exaurir a via administrativa para só depois recorrer ao Poder Judiciário? Essa é uma pergunta extremamente comum. A essa pergunta, a resposta será negativa. Não é necessário o percurso efetivo das vias recursais administrativas. Basta que haja lesão ou ameaça a lesão ao direito do indivíduo para que maneje alguma ação judicial, nos termos do art. 5º, XXXV, da CR/1988, que consagra o princípio da inafastabilidade do Poder Judiciário.

Contudo, o art. 217, § 1º, da CR/1988 estabelece que o Poder Judiciário só admitirá ações relativas à disciplina e às competições desportivas após se esgotarem as instâncias da Justiça desportiva. Em outras palavras, quando o assunto é Justiça desportiva, faz-se necessário o esgotamento das vias administrativas. Somente após a exaustão é legítima a ação na Justiça comum.

Outra exceção refere-se ao uso da reclamação (instituto que visa anular atos que contrariam enunciado de súmula vinculante), que também só se legitimará após o esgotamento da via administrativa, nos termos do art. 7º, § 1º, da Lei nº 11.417/2006.

Importante pontuar, relativamente ao *habeas data*, que o seu uso somente será possível após a recusa de informações por parte da autoridade administrativa ou o decurso do tempo sem resposta. Nesse sentido, a Súmula nº 2 do STJ estabelece que não cabe *habeas data* se não houve recusa de informações por parte da autoridade administrativa. Ademais, o art. 8º, parágrafo único, da Lei nº 9.507/1997 exige que a petição inicial do *habeas data* deverá ser instruída com prova: da recusa ao acesso às informações ou do decurso de mais de dez dias sem decisão; da recusa em fazer-se a retificação ou do decurso de mais de quinze dias, sem decisão; ou da recusa em fazer-se a anotação de informação ou do decurso de mais de quinze dias sem decisão.

3.1.6. *Efeitos*

Os recursos administrativos, em regra, possuem apenas o efeito devolutivo. Nos termos do art. 61 da Lei nº 9.784/1999, salvo disposição legal em contrário, o recurso administrativo NÃO tem efeito suspensivo. A razão para isso é lógica, uma vez que os atos administrativos são dotados da presunção de legitimidade. Dessa forma, o inconformismo do indivíduo não possui força para paralisar a atividade administrativa (CARVALHO FILHO, 2013. p. 960).

A despeito disso, o próprio art. 61, em seu parágrafo único, estabelece que, havendo justo receio de prejuízo de difícil ou incerta reparação decorrente da execução, a autoridade recorrida ou a imediatamente superior poderá, de ofício ou a pedido, dar efeito suspensivo ao recurso administrativo.

Importante ponto a ser observado é a possibilidade do manejo de ações judiciais mesmo com a interposição de recurso administrativo. Deve-se ter em mente que, caso o recurso tenha apenas o efeito devolutivo, pode o interessado acionar a via judicial desde logo, haja vista que o ato impugnado continua a produzir normalmente os seus efeitos. Contudo, caso o recurso também possua o efeito suspensivo, o ato fica sem efeito, não atingindo a esfera jurídica do particular. Nesse caso, é necessário aguardar a decisão do recurso administrativo, de modo que, mantendo-se o ato, nasce o interesse de agir para o lesado.

3.1.7. *Decadência e prescrição administrativa*

Primeiramente, é crucial destacar a diferença entre os institutos da prescrição e da decadência. Embora ambos decorram do decurso do tempo, possuem características distintas. Ambos são considerados fatos jurídicos, pois produzem efeitos no âmbito do

Direito, sem que haja necessidade de manifestação de vontade das partes envolvidas. No âmbito administrativo, são classificados como fatos administrativos.

Esses institutos são importantes para a efetivação da segurança jurídica, garantindo que as pessoas e a Administração Pública não fiquem permanentemente submetidas à vontade de terceiros que possam exercer seu direito subjetivo ou direito potestativo. Dessa forma, quando o titular do direito não age dentro do prazo previsto em lei, ocorre a prescrição ou a decadência.

Assim, é necessário que sejam observados os prazos estipulados em lei para a verificação desses institutos, pois a inércia do titular do direito pode levar à extinção do direito ou da ação administrativa. Vale destacar que a prescrição e a decadência são institutos que visam promover a estabilidade nas relações jurídicas, e sua correta aplicação é fundamental para a garantia da ordem jurídica e a efetivação da justiça.

A decadência administrativa ocorre quando a Administração perde o direito de anular um ato administrativo ilegal em razão do decurso do tempo. Nessa situação, os princípios da segurança jurídica, da confiança legítima e da boa-fé têm prevalência sobre o princípio da legalidade, uma vez que o próprio legislador estabelece um prazo para a anulação de atos ilegais. No âmbito federal, o art. 54 da Lei nº 9.784/1999 estabelece que "O direito da Administração de anular os atos administrativos de que decorram efeitos favoráveis para os destinatários decai em cinco anos, contados da data em que foram praticados, salvo comprovada má-fé".

Cabe destacar que essa situação é caracterizada como decadência, e não como prescrição administrativa, pois a Administração perde o direito potestativo de anular o ato viciado. Desse modo, é importante observar que a decadência é uma forma de proteger a estabilidade das relações jurídicas e a confiança dos destinatários dos atos administrativos favoráveis, garantindo a segurança jurídica. No entanto, essa proteção não é absoluta, uma vez que a má-fé pode levar à anulação do ato administrativo mesmo após o prazo decadencial.

Por outro lado, a prescrição é caracterizada pela perda da pretensão do titular de um direito subjetivo patrimonial, o que significa que não ocorre a perda do direito em si, mas apenas a perda da possibilidade de exigir esse direito. É fundamental ressaltar que, mesmo que o devedor decida cumprir a sua obrigação voluntariamente, ele não poderá se arrepender posteriormente e exigir o retorno à situação anterior (*a quo*).

Isso ocorre porque a prescrição é um instituto que visa garantir a estabilidade das relações jurídicas, visto que a inércia do titular do direito em exigir o seu cumprimento pode gerar prejuízos para o devedor, que acredita estar livre da obrigação. Portanto, a prescrição implica a perda da pretensão do titular do direito, mas não a perda do direito em si. O cumprimento voluntário da obrigação pelo devedor não é capaz de alterar essa situação, uma vez que a prescrição já ocorreu.

4. CONTROLE LEGISLATIVO

O controle legislativo é o controle realizado pelo Poder Legislativo, consistente na fiscalização política e financeira da Administração Pública.

4.1. Espécies de controle legislativo

4.1.1. Controle político

O controle político é aquele que possibilita a fiscalização dos "atos ligados à função administrativa e de organização do Executivo e do Judiciário" (CARVALHO FILHO, 2013. p. 1002).

A Constituição da República estabelece vários tipos de exteriorização do controle político. O art. 49 da carta constitucional elencou alguns casos em que o Congresso Nacional pode realizar o controle político. Para ilustrar o que aqui se diz, pode-se dar como exemplo o art. 49, III (**autorização para o presidente da República ausentar-se do País**) e X (**fiscalização e controle dos atos do Poder Executivo**), da CR/1988.

Importante forma de controle realizado por qualquer uma das casas legislativas ou suas comissões é o **poder convocatório**. O que se quer dizer com esse poder é a possibilidade de convocação de ministro de Estado ou autoridades ligadas diretamente à Presidência da República para realizarem depoimento sobre assunto previamente determinado, nos termos do art. 50, *caput*, da CR/1988. Sobre esse comparecimento, vale observar o que leciona o art. 50, § 2º, da CR/1988, que estabelece como crime de responsabilidade a sua recusa ou o não comparecimento.

Outra relevante forma de controle é o previsto no art. 49, V, da CR/1988, o qual estabelece a possibilidade de o Congresso Nacional **sustar os atos normativos do Poder Executivo** que exorbitem do poder regulamentar ou dos limites de delegação legislativa.

Também importante forma de controle político exercido pelo Poder Legislativo refere-se ao **julgamento do chefe do Poder Executivo**. O Senado Federal é responsável pelo processo e julgamento de crimes de responsabilidade cometidos pelo presidente da República, pelo vice-presidente e por outras autoridades mencionadas no art. 52, I e II, da CR/1988. Para isso, é necessária a autorização prévia da Câmara dos Deputados e o julgamento é presidido pelo ministro presidente do Supremo Tribunal Federal. Caso seja condenada, a autoridade administrativa pode perder o cargo e ficar inabilitada para exercer funções públicas por até oito anos, além de outras sanções judiciais aplicáveis, conforme os arts. 51, I, e 52, parágrafo único, da CR/1988.

Por fim, outro exemplo de controle político e de exercício de atividade-fim do Poder Legislativo refere-se às **Comissões Parlamentares Inquéritos (CPIs)**. Estas são criadas no âmbito das casas legislativas com o objetivo de apurar fatos específicos e por um período determinado, tendo poderes de investigação próprios das autoridades judiciais, conforme o art. 58, § 3º, da Constituição Federal. Por conta de seus poderes investigativos, as CPIs têm a prerrogativa de determinar a realização de diligências, convocar ministros de Estado, requisitar informações e documentos, além de tomar depoimentos. É importante destacar que a função de investigação da CPI não lhe confere autoridade para anular os atos do Poder Executivo.

4.1.2. Controle financeiro

Nas palavras de Carvalho Filho, "controle financeiro é aquele exercido pelo Poder Legislativo sobre o Executivo, o Judiciário e sobre sua própria administração no que se refere à receita, à despesa e à gestão dos recursos públicos" (CARVALHO FILHO, 2013. p. 1003).

Como bem apontado, o controle financeiro do Poder Legislativo pode ser interno, quando realiza o controle de suas próprias contas, bem como pode ser um controle externo, quando realiza o controle das contas do Judiciário e do Executivo.

O Congresso Nacional possui a **competência exclusiva de julgar anualmente** as contas prestadas pelo presidente da República e avaliar os relatórios sobre a execução dos planos de governo, conforme o art. 49, IX, da CR/1988. Ademais, o Senado Federal tem a prerrogativa de **estabelecer os limites globais para o montante da dívida consolidada de todos os entes federativos, bem como os limites e as condições para as operações de crédito externo e interno**, além da **concessão de garantia** da União nessas operações, nos termos do art. 52, VI, VII e VIII, da CR/1988. Por fim, o Congresso exerce, com o auxílio do Tribunal de Contas, a fiscalização contábil, financeira, orçamentária, operacional e patrimonial da Administração Pública direta e indireta, sob os aspectos da legalidade, da legitimidade e da economicidade, de acordo com o art. 70 da CR/1988.

5. CONTROLE JUDICIAL

Controle judicial é a fiscalização feita pelo Poder Judiciário dos atos praticados pela Administração Pública.

5.1. Sistemas de controle

Sistema do contencioso administrativo

O sistema do contencioso administrativo é também chamado de sistema de dualidade de jurisdição. Consiste na existência de uma Justiça administrativa, ao lado do Poder Judiciário. É um sistema idealizado pelos franceses.

Observe que, de acordo com esse sistema de controle, as decisões da Justiça administrativa não podem ser revistas pela Justiça judiciária. De acordo com o Carvalho Filho "a jurisdição é dual na medida em que a função jurisdicional é exercida naturalmente por duas estruturas orgânicas independentes – Justiça Judiciária e a Justiça Administrativa" (CARVALHO FILHO, 2013. p. 1015).

Importante observar que a Justiça administrativa é a competente para julgar causas que envolvam o Poder Público, tais como a invalidação e a interpretação de atos administrativos.

Sistema de unidade de jurisdição

Esse sistema é também chamado de sistema do monopólio de jurisdição ou sistema inglês. Observe que, de acordo com esse sistema, todo e qualquer litígio estará sujeito à análise e à decisão de uma única justiça, qual seja, o Poder Judiciário.

Esse é o sistema adotado pelo ordenamento brasileiro.

5.2. Natureza

O controle judicial sobre atos da Administração Pública é um controle de legalidade, exclusivamente. Em outras palavras, o Poder Judiciário deve realizar o confronto do ato com as leis, a Constituição e os princípios do Direito.

É vedado ao Judiciário analisar o mérito do ato administrativo. Realizar a valoração de oportunidade e conveniência é privativo do administrador público. Isso se justifica em razão da repartição de poderes, prevista no art. 2º do texto constitucional.

5.3. Instrumentos de controle

5.3.1. Meios inespecíficos

Esses meios de controle judicial são as ações judiciais que toda e qualquer pessoa pode ajuizar, sem que exijam a presença do Estado em um dos polos da relação processual. Pode-se dar como exemplo as ações ordinárias, a ação penal.

5.3.2. Meios específicos

Esses meios de controle judicial, por sua vez, são as ações que exigem a presença do Poder Público em um dos polos da demanda, seja das pessoas jurídicas públicas, seja dos agentes públicos. Pode-se dar como exemplo o mandado de segurança, a ação popular, o *habeas data* e a ação civil pública.

Mandado de segurança

De acordo com o art. 5º, LXIX, da CR/1988, conceder-se-á mandado de segurança para proteger direito líquido e certo, não amparado por *habeas corpus* ou *habeas data*, quando o responsável pela ilegalidade ou pelo abuso de poder for autoridade pública ou agente de pessoa jurídica no exercício de atribuições do Poder Público. Trata-se do mandado de segurança individual, em que se defende direito líquido e certo do próprio impetrante.

Por sua vez, o art. 5º, LXX, consagra o mandado de segurança coletivo, que pode ser impetrado por:

a) partido político com representação no Congresso Nacional;

b) organização sindical, entidade de classe ou associação legalmente constituída e em funcionamento há pelo menos um ano, em defesa dos interesses de seus membros ou associados.

Há ainda mandado de segurança preventivo e repressivo. O primeiro trata-se de quando houver ameaça ou justo receio de lesão ao direito líquido e certo. O segundo, por seu turno, quando se busca reparar a lesão efetiva ao direito líquido e certo.

O mandado de segurança é regulamentado pela Lei nº 12.016/2009. Para impetrá-lo, há como requisito o direito líquido e certo. Esse direito, de acordo com o Professor Hely Lopes Meirelles, seria o "manifesto na sua existência, delimitado na sua extensão e apto a ser exercido no momento da impetração". O direito líquido e certo seria aquele demonstrado por uma prova pré-constituída.

Importante é a Súmula nº 625 do STF, segundo a qual controvérsia sobre matéria de direito não impede concessão de mandado de segurança. Em outras palavras, se a matéria controvertida for exclusivamente de direito, não haverá impedimento à impetração do *writ*.

No que se refere à legitimidade ativa, tem-se o titular do direito violado, ao passo que a legitimidade passiva é a autoridade coatora. Todavia, importante destacar o entendimento do STJ, segundo o qual a legitimidade para recorrer é da pessoa jurídica de direito público, sendo dispensável a intimação da autoridade coatora para fins de início da contagem do prazo recursal. Atente-se que, no mandado de segurança, a autoridade coatora, embora seja parte no processo, é notificada apenas para prestar informações, cessando a sua intervenção a partir do momento em que as apresenta.[1]

De acordo com o art. 5º da Lei nº 12.016/2009, não se concederá mandado de segurança quando se tratar de:

I. ato do qual caiba recurso administrativo com efeito suspensivo, independentemente de caução;

II. decisão judicial da qual caiba recurso com efeito suspensivo;

III. decisão judicial transitada em julgado.

Nesse sentido, ainda, o art. 1º, § 2º, estabelece que não cabe mandado de segurança contra os atos de gestão comercial praticados pelos administradores de empresas públicas, de sociedade de economia mista e de concessionárias de serviço público.

---

[1] AgInt no AREsp 1.430.628-BA, Segunda Turma, Rel. Min. Francisco Falcão, por maioria, j. 18.08.2022.

Por outro lado, há a Súmula nº 333 do STJ, segundo a qual cabe mandado de segurança contra ato praticado em licitação promovida por sociedade de economia mista ou empresa pública.

Outro importante ponto a ser estudado é a ADI 4.296, julgada pelo STF. Nesse julgado, a suprema corte declarou constitucional:

1) Art. 1º, § 2º, da Lei nº 12.016/2019 – Não cabe mandado de segurança contra atos de gestão comercial praticados por administradores de empresas públicas, sociedades de economia mista e concessionárias de serviço público.

2) Art. 7º Ao despachar a inicial, o juiz ordenará: III – que se suspenda o ato que deu motivo ao pedido, quando houver fundamento relevante e do ato impugnado puder resultar a ineficácia da medida, caso seja finalmente deferida, **sendo facultado exigir do impetrante caução, fiança ou depósito, com o objetivo de assegurar o ressarcimento à pessoa jurídica**.

3) Art. 23. O direito de requerer mandado de segurança extinguir-se-á decorridos 120 (cento e vinte) dias, contados da ciência, pelo interessado, do ato impugnado.

4) Art. 25. **Não cabem**, no processo de mandado de segurança, a interposição de embargos infringentes e a **condenação ao pagamento dos honorários advocatícios**, sem prejuízo da aplicação de sanções no caso de litigância de má-fé.

Por outro lado, julgado inconstitucional:

1) Art. 22, § 2º No mandado de segurança coletivo, a liminar só poderá ser concedida após a audiência do representante judicial da pessoa jurídica de direito público, que deverá se pronunciar no prazo de 72 horas.

É inconstitucional a exigência de oitiva prévia do representante da pessoa jurídica de direito público como condição para a concessão de liminar em mandado de segurança coletivo, por considerar que a disposição restringe o poder geral de cautela do magistrado.

2) Art. 7º, § 2º Não será concedida medida liminar que tenha por objeto a compensação de créditos tributários, a entrega de mercadorias e bens provenientes do exterior, a reclassificação ou equiparação de servidores públicos e a concessão de aumento ou a extensão de vantagens ou pagamento de qualquer natureza.

É inconstitucional ato normativo que vede ou condicione a concessão de medida liminar na via mandamental.

Também se faz necessário estudar a **teoria da encampação**. Essa teoria possui os seguintes requisitos (Súmula nº 628 do STJ):

a) existência de vínculo hierárquico entre a autoridade coatora indicada equivocadamente e aquela que efetivamente ordenou a prática do ato impugnado;

b) ausência de modificação de competência definida no texto constitucional; e

c) defesa da legalidade do ato impugnado com ingresso no mérito do mandado de segurança.

O mandado de segurança coletivo foi previsto na Constituição Federal e regulamentado pela Lei nº 12.016/2009, e suas disposições se aplicam, no que couber, ao mandado de segurança individual.

De acordo com o art. 21, o mandado de segurança coletivo pode ser impetrado por partido político com representação no Congresso Nacional, na defesa de seus interesses legítimos relativos a seus integrantes ou à finalidade partidária, ou por organização sindical, entidade de classe ou associação legalmente constituída e em funcionamento há, pelo menos, 1 (um) ano, em defesa de direitos líquidos e certos da totalidade, ou de parte, dos seus membros ou associados, na forma dos seus estatutos e desde que pertinentes às suas finalidades, dispensada, para tanto, autorização especial.

Os direitos protegidos pelo mandado de segurança coletivo podem ser:

I. coletivos, assim entendidos os transindividuais, de natureza indivisível, de que seja titular grupo ou categoria de pessoas ligadas entre si ou com a parte contrária por uma relação jurídica básica;

II. individuais homogêneos, assim entendidos os decorrentes de origem comum e da atividade ou situação específica da totalidade ou de parte dos associados ou membros do impetrante.

O mandado de segurança coletivo não induz litispendência para as ações individuais, mas os efeitos da coisa julgada não beneficiarão o impetrante a título individual se não requerer a desistência de seu mandado de segurança no prazo de 30 (trinta) dias a contar da ciência comprovada da impetração da segurança coletiva.

Apesar de serem uma cópia da legislação, fazem-se importantes duas súmulas do STF. A Súmula nº 629 do STF afirma que a impetração de mandado de segurança coletivo por entidade de classe em favor dos associados independe da autorização destes. Por sua vez, a Súmula nº 630 do STF estabelece que a entidade de classe tem legitimação para o mandado de segurança ainda quando a pretensão veiculada interesse apenas a uma parte da respectiva categoria.

Importante ainda pontuar o entendimento do STJ, segundo o qual, é inadequado o manejo de mandado de segurança com vistas à defesa do direito de candidato em concurso público a continuar concorrendo às vagas reservadas às pessoas pretas ou pardas, quando a comissão examinadora de heteroidentificação não confirma a sua autodeclaração. Para a corte, o parecer emitido pela comissão examinadora, quanto ao fenótipo do candidato, ostenta, em princípio, natureza de declaração oficial, por isso dotada de fé pública, razão pela qual não pode ser infirmada **senão mediante qualificada e robusta contraprova**. Outrossim, a **dilação probatória é providência sabidamente incompatível com a via do mandado de segurança**, o que inibe a pretensão autoral de desconstituir, dentro do próprio *writ*, a conclusão a que chegaram os avaliadores.[2]

Outro ponto relevante refere-se ao termo inicial do prazo decadencial de 120 dias para questões que envolvem concursos públicos e não nomeação de candidato. A jurisprudência do STJ orienta-se no sentido de que, quanto ao prazo para interposição do mandado de segurança, o entendimento jurisprudencial consolidado é o de que a contagem do prazo decadencial, contra a ausência de nomeação de candidato aprovado em concurso público, inicia-se na data de expiração da validade do certame. Todavia, quando há um ato ilegal praticado pela Administração após o decurso do prazo, o STJ entende que a data do último ato administrativo reputado ilegal é o termo inicial do prazo decadencial para impetração de mandado de segurança. Nesse sentido, por exemplo, se, após o decurso do prazo de validade do concurso, houver um ato administrativo ilegal, como a não reclassificação dos aprovados em razão da anulação de questões, esse ato administrativo será o marco inicial para a impetração do mandado.[3]

Mandado de injunção

O Mandado de Injunção (MI) está previsto no art. 5°, LXXI, da CR/1988, segundo o qual conceder-se-á mandado de injunção sempre que a falta de norma regulamentadora torne inviável o exercício dos direitos e liberdades constitucionais e das prerrogativas inerentes à nacionalidade, à soberania e à cidadania.

Esse dispositivo constitucional é regulamentado pela Lei n° 13.300/2016.

O MI pode ser:

a) **individual** – proposto por qualquer pessoa física ou jurídica, em nome próprio, defendendo interesse próprio;

b) **coletivo –** proposto por legitimados restritos previstos na lei, em nome próprio, mas defendendo interesses alheios. São eles: (i) pelo Ministério Público, quando a tutela requerida for especialmente relevante para a defesa da ordem jurídica, do regime democrático ou dos interesses sociais ou individuais indisponíveis; (ii) por partido político com representação no Congresso Nacional, para assegurar o exercício de direitos, liberdades e prerrogativas de seus integrantes ou relacionados com a finalidade partidária; (iii) por organização sindical, entidade de classe ou associação legalmente constituída e em funcionamento há pelo menos 1 (um) ano, para assegurar o exercício de direitos, liberdades e prerrogativas em favor da totalidade ou de parte de seus membros ou associados, na forma de seus estatutos e desde que pertinentes a suas finalidades, dispensada, para tan-

---

2   RMS 58.785-MS, Primeira Turma, Rel. Min. Sérgio Kukina, por unanimidade, j. 23.08.2022.

3   RMS 64.025-BA, Segunda Turma, Rel. Min. Assusete Magalhães, por unanimidade, j. 04.10.2022, *DJe* 10.10.2022.

to, autorização especial; (iv) pela Defensoria Pública, quando a tutela requerida for especialmente relevante para a promoção dos direitos humanos e a defesa dos direitos individuais e coletivos dos necessitados, na forma do inciso LXXIV do art. 5º da Constituição Federal.

Como pode ser observado, o mandado de injunção terá cabimento quando houver ausência de norma regulamentadora, que torne inviável o exercício de algum direito. Nesse sentido, a ausências de normas regulamentadoras pode ser **TOTAL ou PARCIAL**:

a) TOTAL – quando não houver norma alguma tratando sobre a matéria;

b) PARCIAL – quando existir norma regulamentando, mas essa regulamentação for insuficiente e, em virtude disso, não tornar viável o exercício pleno do direito, da liberdade ou da prerrogativa prevista na Constituição.

Ponto relevante que é preciso enfrentar está relacionado aos efeitos da decisão do mandado de injunção. Dois efeitos são possíveis: o efeito objetivo e o efeito subjetivo.

O primeiro está relacionado à concretude ou não que a decisão do Poder Judiciário pode ter. Nesse sentido, teríamos o efeito não concretista e o concretista. O efeito não concretista implica o fato de o Poder Judiciário dever apenas comunicar ao poder, ao órgão ou à autoridade omissa a omissão. Por sua vez, o efeito concretista implica o fato de o Poder Judiciário editar a norma que está faltando ou determinar que seja aplicada, ao caso concreto, uma já existente para outras situações análogas.

Essa teoria concretista se divide em concretista direta e intermediária. Pela direta, o Poder Judiciário deverá implementar uma solução para viabilizar o direito do autor, e isso deverá ocorrer imediatamente, não sendo necessária nenhuma outra providência, a não ser a publicação do dispositivo da decisão.

Por seu turno, pela teoria intermediária, o Poder Judiciário deverá dar um prazo para que o órgão omisso elabore a norma. Caso essa determinação não seja cumprida no prazo estipulado, aí sim o Poder Judiciário poderá viabilizar o direito, a liberdade ou a prerrogativa.

Assim, a Lei nº 13.300/2016, em regra, adota a aplicação da corrente concretista intermediária. Excepcionalmente, será adotada a toeria concretista direta, de modo que será dispensada a determinação de prazo, quando comprovado que o impetrado deixou de atender, em mandado de injunção anterior, ao prazo estabelecido para a edição da norma.

Por fim, no que tange à **eficácia subjetiva**, temos os **efeitos individual e geral**. Em relação ao efeito individual, a decisão será aplicada apenas para o autor do mandado de injunção, ao passo que, quanto ao geral, a decisão terá eficácia *erga omnes*.

A Lei nº 13.300/2016, em regra, adota a corrente concretista individual. Excepcionalmente, essa lei afirma que poderá ser conferida eficácia *ultra partes* ou *erga omnes* à decisão, quando isso for inerente ou indispensável ao exercício do direito, da liberdade ou da prerrogativa objeto da impetração, conforme dispõe o art. 9º, § 1º. Essa possibilidade se aplica tanto para o MI individual como para o coletivo, de acordo com o art. 13.

Habeas data

O *habeas data* possui como **conceito** o fato de ser uma ação constitucional que tem por objetivo assegurar o conhecimento, a retificação ou a anotação de informações relativas à pessoa do impetrante, constantes de registros ou bancos de dados de entidades governamentais ou de caráter público. O *habeas data* está previsto no art. 5º, LXXII, da CR/1988 e é disciplinado pela Lei nº 9.507/1997.

No que tange à **legitimidade ativa**, o *habeas data* pode ser impetrado por qualquer pessoa, física ou jurídica, nacional ou estrangeira. Os legitimados ativos somente podem utilizá-lo para requerer informações que lhes dizem respeito (legitimação ordinária), sendo vedada a sua utilização para pleitear informações de terceiros. Excepcionalmente, o STJ admite que o cônjuge supérstite impetre o remédio jurídico na defesa de interesse do falecido.

Por sua vez, os **legitimados passivos** do *habeas data* são as "entidades governamentais ou de caráter público", de acordo com o art. 5º, LXXII, *a*, da CR/1988. As entidades governamentais incluem todos os órgãos e entidades da Administração Pública direta e indireta dos Poderes Executivo, Legislativo e Judiciário.

Por outro lado, as entidades de caráter público são as entidades privadas, não integrantes da Administração Pública, responsáveis por registros ou banco de dados de acesso ao público em geral.

De acordo com o art. 1º, parágrafo único, da Lei nº 9.507/1997, "considera-se de caráter público todo registro ou banco de dados contendo informações que sejam ou que possam ser transmitidas a terceiros ou que não sejam de uso privativo do órgão ou entidade produtora ou depositária das informações" (ex.: Serviço de Proteção ao Crédito – SPC).

Outro ponto relevante está relacionado ao **objeto** do *habeas data*. Este possui três objetivos distintos, conforme dispõe o art. 5º, LXXII, da CR/1988, bem como o art. 7º da Lei nº 9.507/1997: (a) conhecimento de informações relativas à pessoa do impetrante, constantes de registros ou bancos de dados de entidades governamentais ou de caráter público; (b) para a retificação de dados, quando não se prefira fazê-lo por processo sigiloso, judicial ou administrativo; e (c) anotação nos assentamentos do interessado, de contestação ou explicação sobre dado verdadeiro, mas justificável, e que esteja sob pendência judicial ou amigável.

Importante pontuar que a utilização do *habeas data* está condicionada à recusa de informações por parte da autoridade administrativa, conforme dispõe a Súmula nº 2 do STJ. Nesse sentido, o art. 8º, parágrafo único, da Lei nº 9.507/1997 dispõe que o *habeas data* depende da comprovação da recusa ao acesso das informações ou do decurso de mais de 10 (dez) dias sem decisão administrativa e, no caso de retificação ou anotação de informações, do decurso de mais de 15 (quinze) dias sem decisão da autoridade competente.

Atente-se que o fornecimento pela Administração de informações incompletas ou insuficientes equivale à recusa e justifica a impetração do *habeas data*.

Ação popular

A ação popular possui como **conceito** o fato de ser uma ação constitucional que pode ser proposta por todo e qualquer cidadão com o objetivo de invalidar atos e contratos administrativos considerados ilegais e lesivos ao patrimônio público, à moralidade administrativa, ao meio ambiente e ao patrimônio histórico-cultural.

A **legitimidade ativa** é do cidadão, ou seja, o indivíduo que se encontra no pleno gozo de seus direitos políticos ativos, isto é, que possui a capacidade de votar. O autor da ação, por isso, deve instruir a petição inicial com o título de eleitor, conforme dispõe o art. 1º, § 3º, da Lei nº 4.717/1965.

É importante pontuar que **não possuem legitimidade** para o ajuizamento da ação popular: (a) os **estrangeiros**, uma vez não possuírem capacidade eleitoral ativa, conforme previsão do art. 14, § 2º, da CR/1988, ressalvada a figura do português equiparado, nos termos do art. 12, § 1º, da CR/1988, que poderá propor a ação popular; (b) os **indivíduos com direitos políticos suspensos**, como o sujeito que foi condenado por ato de improbidade administrativa e teve a decisão aplicando essa sanção; (c) as **pessoas jurídicas**, conforme dispõe a Súmula nº 365 do STF; (d) o **Ministério Público.**

De acordo com o art. 6º, a ação popular será proposta contra as pessoas públicas ou privadas e as entidades referidas no art. 1º, contra as autoridades, os funcionários ou os administradores que houverem autorizado, aprovado, ratificado ou praticado o ato impugnado, ou que, por omissas, tiverem dado oportunidade à lesão, e contra os beneficiários diretos deste.

Assim, podem objetivamente estabelecer a **legitimidade passiva**: **(a) a Administração Pública direta**; **(b) a Administração Pública indireta**; **(c) autoridades, funcionários ou administradores** que houverem autorizado, aprovado, ratificado ou praticado o ato impugnado, ou que, por omissão, tiverem dado oportunidade à lesão; e **(d) beneficiários diretos do ato**.

Importante pontuar que a legitimidade passiva formará um **litisconsórcio passivo necessário**.

Também se faz necessário estudar a chamada **legitimidade bifronte da pessoa jurídica**. Por essa legitimidade bifronte, em caso de impugnação de ato de uma pessoa jurídica de direito público ou privado, esta poderá optar por não contestar o pedido ou atuar ao lado do autor, desde que isso se mostre útil ao interesse público, segundo o juízo do seu representante legal ou dirigente.

No entanto, para assumir o polo ativo e atuar ao lado do autor, a pessoa jurídica deve comprovar que tomou as medidas necessárias para regularização do ato impugnado.

Dessa forma, as três possíveis atitudes que a pessoa jurídica pode tomar diante de um pedido de impugnação são: contestá-lo, abster-se de contestá-lo ou passar para o polo ativo, atuando junto ao autor para buscar o ressarcimento ao erário.

No que se refere ao **objeto**, a ação popular tem por objetivo anular os atos e contratos, ilegais e lesivos ao patrimônio público, à moralidade administrativa, ao meio ambiente e ao patrimônio histórico e cultural, conforme dispõe o art. 5º, LXXIII, da CR/1988.

Ação civil pública

A Ação Civil Pública (ACP) é uma ação constitucional prevista no art. 129, III, da CR/1988. A ACP é um dos principais meios para o controle judicial da Administração Pública no que se refere aos direitos coletivos em sentido amplo, cuja lei disciplinadora é a Lei nº 7.347/1985.

De acordo com o art. 1º da lei, os **bens jurídicos tutelados** são: (i) o meio ambiente; (ii) o consumidor; (iii) bens e direitos de valor artístico, estético, histórico, turístico e paisagístico; (iv) qualquer outro interesse difuso ou coletivo; (v) a ordem econômica; (vi) a ordem urbanística; (vii) a honra e a dignidade de grupos raciais, étnicos ou religiosos; (viii) o patrimônio público e social.

Ademais, não será cabível ação civil pública para veicular pretensões que envolvam tributos, contribuições previdenciárias, o Fundo de Garantia do Tempo de Serviço (FGTS) ou outros fundos de natureza institucional cujos beneficiários podem ser individualmente determinados.

O STF admite o manejo da ACP para a tutela de interesses individuais homogêneos, desde que haja interesse social relevante, conforme decidido no RE-AgR 472.489/RS. Dessa forma, o Ministério Público possui legitimidade para ajuizar ACP em defesa dos interesses individuais homogêneos dos consumidores, conforme o AI-AgR 606.235/DF.

Atente-se que o STF já decidiu que o Ministério Público possui legitimidade para propor ACP buscando anular acordo de concessão de benefício fiscal, mesmo que de natureza tributária, quando evidenciada a possibilidade de lesão ao erário público, conforme o RE 576.155/DF. Também já se manifestou no sentido de que o Ministério Público tem legitimidade para a proposição de ACP em defesa de direitos sociais relacionados ao FGTS, consoante o RE 643.978/SE.

No que se refere aos **legitimados ativos**, o art. 5º estabelece que são: (i) o Ministério Público; (ii) a Defensoria Pública; (iii) a União, os estados, o Distrito Federal e os municípios; (iv) a autarquia, empresa pública, fundação ou sociedade de economia mista; (V) a associação que, concomitantemente: (a) esteja constituída há pelo menos 1 (um) ano nos termos da lei civil; (b) inclua, entre suas finalidades institucionais, a proteção ao patrimônio público e social, ao meio ambiente, ao consumidor, à ordem econômica, à livre concorrência, aos direitos de grupos raciais, étnicos ou religiosos ou ao patrimônio artístico, estético, histórico, turístico e paisagístico. Atente-se que o requisito da pré-constituição poderá ser dispensado pelo juiz, quando houver manifesto interesse social evidenciado pela dimensão ou característica do dano, ou pela relevância do bem jurídico a ser protegido.

Trata-se de uma **legitimidade concorrente e disjuntiva**, isto é, todos eles podem propor a ação de maneira independente.

O Ministério Público, se não intervier no processo como parte, atuará, obrigatoriamente, como fiscal da lei.

Fica facultado ao Poder Público e a outras associações legitimadas nos termos desse artigo habilitar-se como litisconsortes de qualquer das partes.

Em caso de desistência infundada ou abandono da ação por associação legitimada, o Ministério Público ou outro legitimado assumirá a titularidade ativa.

Admitir-se-á o litisconsórcio facultativo entre os ministérios públicos da União, do Distrito Federal e dos estados na defesa dos interesses e direitos de que cuida essa lei.

Os órgãos públicos legitimados poderão tomar dos interessados compromisso de ajustamento de sua conduta às exigências legais, mediante cominações, que terá eficácia de título executivo extrajudicial.

Atente-se que a legitimidade passiva refere-se a toda e qualquer pessoa que seja responsável pelo ato danoso.

Importante ainda pontuar que, de acordo com o STJ, o autor da ação civil **pública dá causa à nulidade processual** quando deixa de indicar no polo passivo as pessoas beneficiadas pelo procedimento e pelos atos administrativos inquinados, deixando de formar o litisconsórcio na hipótese em que homologado o resultado final do concurso, com as consequentes nomeação e posse dos aprovados.[4]

EM RESUMO:	
1. Controle da Administração Pública pelo Judiciário, Legislativo e Administrativo	**1. Conceito:** instrumentos legais e administrativos utilizados para fiscalizar e revisar as ações administrativas em todas as instâncias de poder.
	2. Finalidade: análise da atividade administrativa para que atos alcancem a finalidade pública a que se destinam (*princípio da supremacia do interesse público*).
	3. Instrumentalização do controle: poder de fiscalização, revisão e correção das condutas administrativas.

---

4   REsp 1.735.702-PR, Segunda Turma, Rel. Min. Mauro Campbell Marques, por unanimidade, j. 14.06.2022, *DJe* 20.06.2022.

2. Classificação

1. Quanto à natureza do controlador:

a. Controle administrativo: a Administração controla seus próprios atos.

– Pode atuar de ofício ou mediante provocação.

– Controle de legalidade e de mérito do ato administrativo.

b. Controle judicial: realizado pelo Poder Judiciário.

– Pode atuar somente mediante provocação.

– Apenas controle de legalidade do ato administrativo (vinculados e discricionários).

c. Controle legislativo: realizado pelo Poder Legislativo.

– Pode atuar de ofício ou mediante provocação.

– Controle delimitado pela Constituição Federal e realizado pelos tribunais de contas.

2. Quanto à extensão do controle:

a. Controle interno: realizado dentro do próprio órgão (corregedoria de um órgão controlando os atos dos seus servidores públicos).

b. Controle externo: realizado fora do próprio órgão controlado (controle do Tribunal de Contas sobre atos do Poder Judiciário e Executivo).

c. Controle social: realizado por meio da participação da população (ação popular, direito de petição, audiências e consultas públicas etc.).

3. Quanto à natureza do controle:

a. Controle de legalidade: análise de compatibilidade do ato editado com o ordenamento jurídico. Competência concorrente dos Poderes Judiciário, Legislativo e Executivo.

b. Controle de mérito: análise do juízo de conveniência e oportunidade do ato administrativo. Competência privativa da Administração.

4. Quanto à oportunidade:

a. Controle prévio (*a priori*): realizado antes da edição do ato.

– Natureza preventiva (ex.: Mandado de segurança preventivo).

b. Controle concomitante: realizado no decorrer da prática do ato.

– Natureza preventiva e repressiva (ex.: controle de obra pública).

2. Classificação	**c. Controle posterior (*a posteriori*)**: realizado posteriormente à edição do ato. – Natureza repressiva (ex.: ações judiciais).
3. Controle Administrativo	**1. Conceito:** controle interno realizado dentro da estrutura do poder. **2. Quem realiza:** Poder Executivo e órgãos administrativos dos Poderes Legislativo e Judiciário. **3. Instrumentos:** controle hierárquico, controle de vinculação e recursos administrativos. **4. Recursos Administrativos:** meios utilizados pelo interessado para postular a revisão de determinado ato administrativo (direito de petição, contraditório e ampla defesa, art. 5º, XXXIV e LV, da CF). **5. Classificação dos recursos:** **- próprios** (tramitam internamente no órgão) **e impróprios** (autoridade administrativa recorrida externa ao órgão que originou o ato impugnado). **– incidentais (no curso do processo) e recursos deflagradores (iniciam o processo).** **6. Espécies de recursos:** **– Representação:** pedido de apuração de ilegalidades e abusos de agentes públicos. Qualquer pessoa é legitimada (art. 74, § 2º, da CF). **– Reclamação:** pedido de revisão de ato que prejudica direito. Apenas o titular do direito violado é legitimado. **– Pedido de reconsideração:** pedido de reexame de ato dirigido à mesma autoridade administrativa que o praticou. **– Revisão:** pedido de reexame de revisão já proferida em processo administrativo. **– Recurso administrativo propriamente dito:** petição à autoridade superior para reexame de decisão proferida por agente público hierarquicamente inferior. **7. Especificidades dos recursos:** a. *Reformatio in pejus*: permitida apenas em caso de ilegalidade na decisão (art. 64 da Lei nº 9.784/1999). b. Exigência de garantia para interposição de recurso administrativo (art. 56, § 2º, Lei nº 9.784/1999) é inconstitucional: **Súmula Vinculante 21 do STF.**

3. Controle Administrativo	c. Exaustão da via administrativa: não é obrigatória (princípio da inafastabilidade do Poder Judiciário, art. 5º, XXXV, da CF). **Exceções:** Justiça desportiva (art. 217, § 1º, da CF); Reclamação no STF (art. 7º, § 1º, Lei nº 11.417/2006; e *habeas data* (Súmula nº 2 do STJ).
d. Efeitos: apenas efeito devolutivo. Possibilidade de efeito suspensivo se verificado justo receio de prejuízo de difícil ou incerta reparação decorrente da execução do ato (art. 61, Lei nº 9.784/1999).
e. Prescrição e decadência administrativa: art. 54, Lei nº 9.784/1999.
4. Controle Legislativo	**1. Conceito:** fiscalização política e financeira da Administração Pública pelo Poder Legislativo.
2. Espécies:
– controle político: fiscalização dos atos de organização do Executivo, Judiciário e da Administração. Pelo Congresso Nacional: art. 49, III, V, e X, art. 50, *caput*, CF; pelo Senado Federal: art. 52, I e II, da CF; por qualquer das Cassas ou em conjunto: art. 58, § 3º, CF (CPIs).
– controle financeiro: fiscalização das contas e recursos públicos do Executivo, Judiciário e da Administração. Pelo Congresso Nacional: art. 49, IX, da CF. Pelo Senado Federal: art. 52, VI, VII e VIII, da CF.
5. Controle Judicial	**1. Conceito:** fiscalização dos atos da Administração Pública pelo Poder Judiciário.
2. Sistemas de controle:
– Dualidade de Jurisdição (contencioso administrativo): função jurisdicional exercida de forma independente pela Justiça Administrativa e Poder Judiciário.
– Unidade de jurisdição: função jurisdicional exercida apenas Poder Judiciário.
3. Natureza: controle de legalidade somente. Proibição da análise do mérito do ato administrativo.
4. Instrumentos de controle:
– Meios inespecíficos: ações que não exigem a presença do Estado em um dos polos da relação processual (ações ordinárias).
– Meios específicos: ações que exigem a presença do Poder Público em um dos polos da demanda (mandado de segurança, a ação popular, o *habeas data* e a ação civil pública.

5. Controle Judicial	**a. Mandado de segurança:** cabível para proteção de direito líquido e certo não amparado por *habeas corpus* ou *habeas data*. a.1. Fundamento legal: Lei nº 12.016/2009. a.2. Tipos: mandado de segurança preventivo e repressivo; individual (legitimados: pessoa jurídica de direito público) e coletivo (legitimados: art. 21, Lei 12.016/2009). a.3. Não cabimento: art. 1º, § 2º e art. 5º, ambos da Lei 12.016/2009. STJ declarou o não cabimento em caso de **dilação probatória** na defesa do direito de candidato em concurso público a continuar concorrendo às vagas reservadas às pessoas pretas ou pardas, a.4. Prazo decadencial (entendimento STJ): termo inicial em caso de ausência de nomeação de candidatos em concursos públicos é a data de expiração da validade do certame. Se ato ilegal é praticado pela Administração após o decurso do prazo: termo inicial é a data do último ato administrativo reputado ilegal. a.5. Súmulas importantes: Súmula nº 629 do STF (impetração de mandado de segurança coletivo por entidade de classe) e Súmula nº 630 do STF (legitimação de entidade de classe para o mandado de segurança em caso de interesse limitado à parte de categoria). **b. Mandado de injunção:** cabível em caso de ausência de norma regulamentadora de forma total ou parcial, que torne inviável o exercício de algum direito (art. 5º, LXXI, da CF). b.1. Fundamento legal: Lei nº 13.300/2016. b.2. Tipos: individual (legitimados: art. 3º, Lei 13.300/2016, agem em nome próprio, defendendo interesse próprio) e coletivo (legitimados: art. 12, Lei 13.300/2016, agem em nome próprio, mas defendendo interesses alheios). b.3. Efeitos da decisão do mandado de injunção: – objetivo: divide-se em efeito não concretista (Poder Judiciário deve comunicar ao órgão ou à autoridade a omissão) e o concretista (Poder Judiciário deve editar a norma faltante ou determinar que seja aplicada ao caso concreto). – subjetivo: divide-se em **efeito individual** (decisão terá eficácia *inter partes)* **e geral** (decisão terá eficácia *erga omnes*). A Lei nº 13.300/2016 adota a **corrente concretista individual.**

5. Controle Judicial

c. Habeas data: cabível para assegurar o conhecimento, retificação ou anotação de informações relativas à pessoa do impetrante por parte da autoridade administrativa (art. 5º, LXXII, da CF).

c.1. Fundamento legal: Lei nº 9.507/1997.

c.2. Legitimação: ativa (qualquer pessoa, física ou jurídica, nacional ou estrangeira, agindo em nome próprio) e passiva (entidades governamentais ou de caráter público).

c.3. Requisito: comprovação da recusa de informações por parte da autoridade administrativa (Súmula nº 2 do STJ) ou do decurso de mais de 10 (dez) dias sem decisão administrativa (art. 8º, parágrafo único, da Lei nº 9.507/1997).

c.4. Objetivos: art. 5º, LXXII, da CF e art. 7º, Lei nº 9.507/1997.

d. Ação popular: cabível para invalidar atos e contratos administrativos ilegais e lesivos ao patrimônio público, à moralidade administrativa, ao meio ambiente e ao patrimônio histórico-cultural.

d.1. Fundamento legal: Lei nº 4.717/1965.

d.2. Legitimação: ativa (todo e qualquer cidadão; art. 1º, Lei nº 4.717/1965) e passiva (art. 6º, Lei nº 4.717/1965).

d.2.1. **Não possuem legitimidade: estrangeiros, indivíduos com direitos políticos suspensos, pessoas jurídicas** (Súmula nº 365 do STF) e **Ministério Público.**

d.3. Objetivos: anular atos e contratos ilegais e lesivos ao patrimônio público, à moralidade administrativa, ao meio ambiente e ao patrimônio histórico e cultural (art. 5º, LXXIII, da CF).

d.4. Particularidades: a legitimidade passiva formará um **litisconsórcio passivo necessário.**

e. Ação civil pública: cabível para a proteção do patrimônio público e social, do meio ambiente e de outros interesses difusos e coletivos (art. 129, III, da CF).

e.1. Fundamento legal: Lei nº 7.347/1985.

e.2. Bens jurídicos tutelados: art. 1º, Lei nº 7.347/1985.

e.3. Legitimação: ativa (art. 5º, Lei nº 7.347/1985) e passiva (toda e qualquer pessoa que seja responsável pelo ato danoso). A legitimação passiva **é concorrente e disjuntiva.**

e.4. Não cabimento: pretensões que envolvam tributos (**exceção:** ACP para anular acordo de concessão de benefício fiscal, se evidenciada a possibilidade de lesão

5. Controle Judicial	ao erário público), contribuições previdenciárias, FGTS ou outros fundos de natureza institucional cujos beneficiários podem ser individualmente determinados. e.5. Requisito processual: obrigatoriedade de indicação no polo passivo dos beneficiados pelo procedimento e pelos atos administrativos em questão sob pena de nulidade processual (entendimento STJ).

Capítulo 4

Responsabilidade Civil do Estado

1. COMENTÁRIOS INICIAIS

Acerca da temática da responsabilidade civil do Estado, é importante pontuar que o Estado pode ter uma **responsabilidade contratual e extracontratual**. A primeira decorre de um descumprimento estatal de cláusulas e obrigações constantes em um contrato formal celebrado entre a Administração e um particular. Por sua vez, a segunda consiste na responsabilidade estatal por um dano gerado a um particular, sem que haja qualquer vínculo formal entre as partes. Refere-se a essa segunda situação que o estudo seguirá.

O Estado responde civilmente por **atos ilícitos ou lícitos**. Dessa forma, a antijuridicidade do ato é prescindível para a responsabilidade do Estado. Um ato válido pode ensejar a responsabilização do Poder Público.

A regra para a responsabilidade civil do Estado é a prática de atos ilícitos danosos ao particular, de modo que o seu fundamento é o princípio da legalidade.

Para que o Estado seja responsabilizado por um ato lícito, o dano gerado ao particular deve ser: (1) anormal, (2) extraordinário e (3) específico.

A responsabilidade civil do Estado por atos lícitos encontra resguardo na teoria da repartição dos encargos sociais, que está associada ao princípio da isonomia.

Nesse sentido, os atos lícitos da Administração que gerem danos a determinados indivíduos devem ser suportados por toda a coletividade, haja vista que esses mesmos atos lícitos geram benefícios a toda a sociedade. Assim, a coletividade que se beneficia do ato lícito danoso tem o dever/ônus de ressarcir aqueles que sofreram com a conduta estatal. Isso ocorre no momento em que o Estado arca com essa indenização.

Portanto, a responsabilização do Estado por atos lícitos tem o objetivo evitar a socialização dos bônus e a privatização dos ônus decorrentes do ato estatal.

Exemplo clássico de aplicação desses fundamentos é a obra pública, que é um ato lícito do Estado. Imagina-se que é realizada uma obra pública em determinada rua, como recapeamento ou duplicação, não podendo transitar veículos ou pedestres.

Alguns indivíduos são impactados ao caminharem uma distância maior para pegar o ônibus, enquanto os lojistas perdem consumidores e acabam indo à falência. Nesse exemplo, existem dois tipos da danos: (ii) daqueles que têm que andar mais para pegar ônibus e (ii) dos lojistas que foram à falência. No entanto, apenas os lojistas foram vítimas de um **dano anormal, extraordinário e específico**, uma vez que a falência, decorrente da obra, é um dano expressivo. Pegar ônibus em um ponto mais distante é um dano corriqueiro; é um mero dissabor que não enseja indenização.

Ademais, de acordo com o STJ, a Administração Pública pode responder civilmente pelos danos causados por seus agentes, ainda que estes estejam amparados por causa excludente de ilicitude penal, como a legítima defesa.[1]

2. TEORIAS SOBRE RESPONSABILIDADE CIVIL

2.1. Teorias administrativas

2.1.1. *Teoria da culpa anônima ou culpa do serviço* (faute du service)

De acordo com essa teoria, o Estado responderá civilmente independentemente da identificação do agente causador do dano. Para que haja a responsabilização do Poder Público, deve-se comprovar que o serviço não funcionou, funcionou mal ou funcionou tardiamente. A teoria se chama de culpa anônima, pois não seria necessário identificar a figura do agente público, bastando, na verdade, comprovar a falha do serviço.

Para essa teoria, a responsabilidade do Estado será subjetiva, afinal resulta de uma premissa inicial de que houve negligência na prestação do serviço.

A teoria da culpa do serviço é aplicada na responsabilidade por omissão do Estado. Portanto, quando o Poder Público for omisso, sua responsabilidade será subjetiva.

Caso seja impossível a identificação do agente público responsável por um dano, o Estado será obrigado a reparar o dano provocado por atividade estatal, mas ficará inviabilizado de exercer o direito de regresso contra qualquer agente.

O STF se divide sobre a omissão. Há decisões que entendem a responsabilidade civil por omissão ora como objetiva, ora como subjetiva.

Todavia, o Supremo entendeu que, em casos de omissão específica (quando há o dever de agir no caso concreto), o Estado deve ser responsabilizado objetivamente. Ex.: juiz determinou que reforçasse a segurança de uma fazenda pela Polícia Federal. Esta não realizou o reforço e a fazenda foi invadida. O STF entende pela responsabilidade objetiva do Poder Público.

---

[1] STJ, REsp 1.266.517/PR, Segunda Turma, Rel. Min. Mauro Campbell Marques, j. 04.12.2012, *DJe* 10.12.2012.

Por outro lado, no que se refere à omissão genérica, o entendimento é de que a responsabilidade estatal será subjetiva.

2.1.2. Teoria do risco integral

Para essa teoria, o Estado passaria a ser um segurador universal, razão pela qual este sempre seria responsável por um dano ocorrido, em virtude de uma ação ou omissão.

Para essa teoria, não seria necessário sequer comprovar o nexo causal entre o fato e o dano, de modo que, quando a culpa fosse da própria vítima, o Estado responderia (CARVALHO FILHO, 2013. p. 553) Ex.: sujeito que se jogou, por sua liberalidade, à frente de uma viatura pública. O Estado teria que indenizá-lo.

Excepcionalmente, o Brasil adota essa teoria. Veja:

a) Danos nucleares – art. 21, XXIII, d, da CR/1988.

b) Dano ambiental – art. 225, § 3°, da CR/1988.

Especificamente acerca do dano ambiental, o STJ tem entendimento de que a responsabilidade civil por dano ambiental é objetiva e solidária. Ademais, nos casos em que o Poder Público concorre para o prejuízo por omissão, a sua responsabilidade solidária é de execução subsidiária (ou com ordem de preferência).

c) Danos causados por uma aeronave com matrícula no Brasil, por atentados terroristas ou atos de guerra no Brasil ou no exterior, nos termos da Lei n° 10.309/2001. De acordo com o art. 1° da Lei n° 10.309/2001, fica a União autorizada a assumir as responsabilidades civis perante terceiros no caso de danos a bens e pessoas no solo, provocados por atentados terroristas ou atos de guerra contra aeronaves de empresas aéreas brasileiras no Brasil ou no exterior.

A teoria do risco integral é de extrema importância no âmbito da responsabilidade civil e, mais especificamente, na teoria do risco social, que é uma de suas vertentes. Conforme essa teoria, o foco da responsabilidade civil é a vítima – e não o autor – do dano, e a reparação é de responsabilidade de toda a coletividade, resultando na socialização dos riscos. O objetivo é garantir que a vítima receba a devida reparação pelo dano sofrido.

2.1.3. Teoria do risco administrativo

A teoria do risco administrativo está presente no plano constitucional desde a Constituição de 1946 e confere fundamento doutrinário à responsabilização objetiva do Estado. Portanto, essa teoria é a aplicada, em regra, no ordenamento jurídico brasileiro. De acordo com essa teoria, o Estado responde objetivamente pelos danos causados ao terceiro independentemente de dolo ou culpa.

Nesse sentido, tem-se o art. 37, § 6°, da CR/1988, que estabelece que as pessoas jurídicas de direito público e as de direito privado prestadoras de serviços públicos responderão pelos danos que seus agentes, **nessa qualidade**, causarem a terceiros, assegurado o direito de regresso contra o responsável nos casos de dolo ou culpa.

Redação semelhante apresenta o art. 43 do CC/2002, segundo o qual as pessoas jurídicas de direito público interno são civilmente responsáveis por atos dos seus agentes que nessa qualidade causem danos a terceiros, ressalvado direito regressivo contra os causadores do dano, se houver, por parte destes, culpa ou dolo.

Essa teoria se difere da teoria do risco integral, uma vez que prevê **excludentes de responsabilidade do Estado**. São elas:

a) caso fortuito e força maior;

b) culpa exclusiva de terceiros;

c) culpa exclusiva da vítima.

O **caso fortuito e a força maior** são eventos naturais ou humanos, imprevisíveis ou previsíveis, mas inevitáveis, que causam danos a pessoas sem qualquer vínculo com a atuação do Estado, são exemplos de situações que excluem o nexo causal. Nesses casos, não será possível verificar uma relação de causa e efeito entre a conduta estatal e o dano sofrido pela vítima. Alguns exemplos incluem desastres naturais, como enchentes, tempestades, ou a queda de uma árvore sobre um veículo.

Já a **culpa exclusiva da vítima** é a hipótese de autolesão. Autolesão é a hipótese em que o dano é causado pela própria vítima. Por exemplo, quando uma pessoa se lança em frente a um carro oficial que estava na velocidade correta para a pista e dirigindo com segurança com o objetivo de tirar a sua própria vida. Nesses casos, não é possível responsabilizar o Estado, uma vez que não há nexo causal entre a conduta do Estado e o dano sofrido pelo particular. O dano foi causado pela conduta da própria vítima.

Por fim, a **culpa exclusiva de terceiro** refere-se ao dano causado por terceiro sem vínculo jurídico com o Estado. Também não gera nexo causal entre a conduta estatal e o dano sofrido pela vítima. Nesse caso, a responsabilização deve ser buscada em face do terceiro que causou o dano.

Além disso, importante observar que existe situação em que haverá uma redução da responsabilidade estatal. Trata-se da **culpa concorrente**. Nesta, isto é, tanto o Estado quanto a vítima participaram do resultado danoso, "a indenização devida pelo Estado deverá sofrer redução proporcional à extensão da conduta do lesado que também contribuiu para o resultado danoso" (CARVALHO FILHO, 2013. p. 562).

Da qualidade de agente público

O Estado é responsável pelos atos ou pelas omissões de seus agentes, de qualquer nível hierárquico, independentemente de terem agido ou não dentro de suas competências, ainda que, no momento do dano, estejam fora do horário de expediente. O art. 37, § 6º, da CR/1988, **não exige que o agente público tenha agido no exercício de**

suas funções, mas na qualidade de agente público. Foi o que se decidiu no caso do servidor público que, ao fazer uso da arma pertencente ao Estado, mesmo não estando em serviço, matou um menor na via pública (STF, RE 135.310); em hipótese de assalto praticado por policial fardado (STF, ARE 644.395 AgR); e no episódio de agressão praticada fora do serviço por soldado, com a utilização de arma da corporação militar (STF, RE 160.401).

Julgados relevantes acerca da responsabilidade civil do Estado

O primeiro julgado é o RE 580.252, segundo o qual, considerando que é dever do Estado, imposto pelo sistema normativo, manter em seus presídios os padrões mínimos de humanidade previstos no ordenamento jurídico, é de sua responsabilidade, nos termos do art. 37, § 6º, da Constituição, a obrigação de ressarcir os danos, inclusive morais, comprovadamente causados aos detentos em decorrência da falta ou insuficiência das condições legais de encarceramento.

O segundo é o RE 136.861, que estabelece que, para que fique caracterizada a responsabilidade civil do Estado por danos decorrentes do comércio de fogos de artifício, é necessário que exista a violação de um dever jurídico específico de agir, que ocorrerá quando for concedida a licença para funcionamento sem as cautelas legais ou quando forem de conhecimento do Poder Público eventuais irregularidades praticadas pelo particular.

Outro julgado que merece atenção é o ARE 884.325, que afirma ser imprescindível para o reconhecimento da responsabilidade civil do Estado em decorrência da fixação de preços no setor sucroalcooleiro a comprovação de efetivo prejuízo econômico, mediante perícia técnica em cada caso concreto.

Por sua vez, o RE 662.405 afirma que o Estado responde subsidiariamente por danos materiais causados a candidatos em concurso público organizado por pessoa jurídica de direito privado (art. 37, § 6º, da CR/1988) quando os exames são cancelados por indícios de fraude.

O STJ tem o REsp 1.869.046, que afirma aplicar igualmente ao Estado a prescrição do art. 927, parágrafo único, do Código Civil, de responsabilidade civil objetiva por atividade naturalmente perigosa, irrelevante seja a conduta comissiva ou omissiva. Entre as atividades de risco "por sua natureza", incluem-se as desenvolvidas em edifícios públicos, estatais ou não (p. ex., instituição prisional, manicômio, delegacia de polícia e fórum), com circulação de pessoas notoriamente investigadas ou condenadas por crimes, e aquelas outras em que o risco anormal se evidencia por contar o local com vigilância especial ou, ainda, com sistema de controle de entrada e de detecção de metal por meio de revista eletrônica ou pessoal.

Também relevante é o RE 1.209.429/SP, que propõe ser objetiva a responsabilidade Civil do Estado em relação a profissional da imprensa ferido por agentes policiais durante cobertura jornalística, em manifestações em que haja tumulto ou conflitos entre policiais e manifestantes. Todavia, caberia a excludente da responsabilidade da culpa exclusiva da vítima nas hipóteses em que o profissional de imprensa descumprir ostensiva e clara advertência sobre acesso a áreas delimitadas, em que haja grave risco à sua integridade física.

O REsp 1.708.325/RS afirma que o hospital que deixa de fornecer o mínimo serviço de segurança, contribuindo de forma determinante e específica para homicídio praticado em suas dependências, responde objetivamente pela conduta omissiva.

O Superior Tribunal de Justiça, alinhando-se ao entendimento do Excelso Pretório, firmou compreensão de que o Poder Público, inclusive por atos omissivos, responde de forma objetiva quando constatada a precariedade/vício no serviço decorrente da falha no dever legal e específico de agir.

A atividade exercida pelos hospitais, por sua natureza, inclui, além do serviço técnico-médico, o serviço auxiliar de estadia, e, por tal razão, está o ente público obrigado a disponibilizar equipe/pessoal e equipamentos necessários e eficazes para o alcance dessa finalidade. Afasta-se, portanto, o fato de terceiro.

Ainda, é importante analisar o ARE 1.382.159 AgR/RJ, segundo o qual, no caso de vítima atingida por projétil de arma de fogo durante uma operação policial, é dever do Estado, em decorrência de sua responsabilidade civil objetiva, provar a exclusão do nexo causal entre o ato e o dano, pois ele é presumido. No contexto de incursões policiais, comprovado o confronto armado entre agentes estatais e criminosos (ação), e a lesão ou morte de cidadão (dano) por disparo de arma de fogo (nexo), o **Estado deve comprovar a ocorrência de hipóteses interruptivas da relação de causalidade**. Para o STF, a atribuição desse ônus probatório é decorrência lógica do monopólio estatal do uso da força e dos meios de investigação. O Estado possui os meios para tanto – como câmeras corporais e peritos oficiais –, cabendo-lhe averiguar as externalidades negativas de sua ação armada, coligindo evidências e elaborando os laudos que permitam a identificação das reais circunstâncias da morte de civis desarmados dentro de sua própria residência.

Ademais, no ARE 1385315, o STF fixou a seguinte tese de repercussão geral:

1. O Estado é responsável, na esfera cível, por morte ou ferimento decorrente de operações de segurança pública, nos termos da Teoria do Risco Administrativo.

2. É ônus probatório do ente federativo demonstrar eventuais excludentes de responsabilidade civil.

3. A perícia inconclusiva sobre a origem de disparo fatal durante operações policiais e militares não é suficiente, por si só, para afastar a responsabilidade civil do Estado, por constituir elemento indiciário.

2.1.4. *Teoria da interrupção do nexo causal/Teoria da causalidade direta, imediata*

Essa teoria é aceita pelo STF. De acordo com ela, o Estado só deve responder direta e imediatamente após a ação estatal. Havendo um lapso temporal razoável, ocorreria o rompimento do nexo causal e o Estado não seria responsabilizado civilmente.

Ex.: preso que fugiu da cadeia e, quatro meses após a fuga, praticou algum crime. O Estado não responde.

Nesse sentido, o Supremo Tribunal Federal fixou a seguinte tese de repercussão geral: Nos termos do art. 37, § 6°, da Constituição Federal, não se caracteriza a responsabilidade civil objetiva do Estado por danos decorrentes de crime praticado por pessoa foragida do sistema prisional, quando não demonstrado o nexo causal direto entre o momento da fuga e a conduta praticada.[2]

Dessa forma, o STJ[3] entendeu pelo rompimento do nexo causal no caso de uma "bala perdida" disparada por menor evadido há uma semana de estabelecimento de recuperação.

3. ELEMENTOS CONFIGURADORES DA RESPONSABILIDADE CIVIL DO ESTADO

A configuração da responsabilidade objetiva do Estado é baseada em três elementos fundamentais que devem ser considerados. Em primeiro lugar, é necessário identificar a conduta estatal, que pode ser uma ação ou omissão cometida pelo Poder Público. Além disso, é preciso comprovar a existência de um dano sofrido pela parte prejudicada, que pode ser de natureza material ou moral. Por fim, é imprescindível estabelecer um nexo causal entre o fato administrativo e o dano causado, ou seja, demonstrar que a ação ou omissão do Estado foi diretamente responsável pela ocorrência do prejuízo. Ao cumprir esses três requisitos, é possível configurar a responsabilidade objetiva do Estado e garantir que as vítimas de seus atos sejam devidamente ressarcidas.

3.1. Conduta

A responsabilização estatal depende primeiramente da comprovação da conduta administrativa, que pode ser caracterizada pela atuação ou omissão dos agentes públicos. É fundamental demonstrar que o dano está diretamente relacionado ao exercício da função pública ou à omissão relevante desses agentes.

É importante ressaltar que não somente a conduta administrativa ilícita mas também a conduta lícita que causa danos desproporcionais podem acarretar a responsabilidade do Estado. Isso significa que, mesmo que a conduta seja legal, é necessário avaliar se os danos causados são justificáveis em relação aos fins buscados pela Administração Pública.

Assim, a comprovação da conduta administrativa é um elemento crucial para a responsabilização do Estado em casos de danos causados por seus agentes públicos. Tanto a conduta ilícita quanto a conduta lícita que causem danos desproporcionais

---

2   STF, RE 608.880, Rel. Min. Marco Aurélio, j. 08.09.2020.
3   STJ, REsp 858.511/DF, 1ª Turma, Rel. Min. Teori Zavascki, j. 19.08.2008.

podem levar à responsabilização do Estado, desde que haja relação direta com o exercício da função pública ou a omissão relevante dos agentes públicos.

3.2.   Dano

O segundo elemento fundamental para a responsabilização do Estado é a comprovação do dano, que pode ser definido como a lesão a um bem jurídico da vítima. Existem duas categorias de danos: material ou patrimonial, que afeta o patrimônio da vítima e pode ser dividido em dano emergente e lucro cessante, e o moral ou extrapatrimonial, que afeta os bens personalíssimos, como a honra e a reputação do lesado.

3.3.   Nexo causal

O nexo de causalidade se refere à relação de causa e efeito entre a conduta estatal e o dano sofrido pela vítima.

Em outras palavras, para que o Estado seja responsabilizado civilmente pelo prejuízo causado a alguém, é necessário que haja uma ligação direta entre a ação ou omissão estatal e o dano experimentado pela pessoa. O nexo causal é, portanto, um elemento fundamental na análise da responsabilidade civil do Estado, pois permite identificar se a conduta estatal foi ou não a causa do prejuízo sofrido pela vítima.

É importante destacar que a análise do nexo causal não se limita apenas a identificar se houve ou não uma relação direta entre a conduta estatal e o dano suportado pela vítima. Também é necessário avaliar se a conduta estatal foi a única causa do prejuízo, ou se houve contribuição de outros fatores para a ocorrência do dano. Nesse sentido, a análise do nexo causal requer uma análise cuidadosa e detalhada de todos os elementos envolvidos no caso em questão.

Existem três teorias que abordam o nexo causal, quais sejam **(1) a teoria da equivalência das condições (*conditio sine qua non*), (2) a teoria da causalidade adequada e (3) a teoria da causalidade direta**.

Teoria da equivalência das condições: Esta teoria considera que todas as ações que contribuíram para um resultado lesivo são igualmente responsáveis. A responsabilidade só é excluída se a remoção hipotética da conduta não alterar o resultado. Contudo, essa abordagem pode levar a um "regresso infinito" de causalidade, criando insegurança jurídica.

Teoria da causalidade adequada: Aqui, apenas a ação mais provável de causar o dano é considerada responsável. Esta teoria foca no antecedente com maior probabilidade de resultar em dano, mas pode levar a responsabilizações baseadas em meras probabilidades, sem certeza do nexo causal.

Teoria da causalidade direta e imediata: Esta teoria, também conhecida como a teoria da interrupção do nexo causal e incorporada no artigo 403 do Código Civil, estabelece que somente o evento diretamente e imediatamente ligado ao dano é considerado sua causa. O STJ, aplicando esta teoria, entendeu que não se pode responsabilizar um prefeito por custos associados à elaboração de um projeto de lei se o dano não está diretamente e imediatamente ligado à sua conduta. Mesmo que haja um custo econômico, este não é sinônimo de dano. Além disso, outros fatores ou ações de terceiros podem influenciar o resultado, desvinculando a conduta inicial do dano.

4. TEORIA DA DUPLA GARANTIA

De acordo com o STF, o art. 37, § 6º, da CR/1988 protege a vítima, em virtude de esta ter de ajuizar a ação contra o Estado, de maneira que este responderia de forma objetiva, prescindindo de comprovação de dolo ou culpa do agente.

Por outro lado, o dispositivo constitucional também protege o próprio agente causador do dano, uma vez que só responderia por meio de uma ação de regresso do Poder Público contra ele caso agisse com dolo ou culpa. Observe, portanto, que a vítima não pode ajuizar a ação diretamente contra o agente. Deve ajuizar contra o Poder Público.

Nesse sentido, o STF fixou a seguinte tese de repercussão geral: "A teor do disposto no art. 37, § 6º, da Constituição Federal, a ação por danos causados por agente público deve ser ajuizada contra o Estado ou a pessoa jurídica de direito privado prestadora de serviço público, sendo parte ilegítima para a ação o autor do ato, assegurado o direito de regresso contra o responsável nos casos de dolo ou culpa (RE 1.027.633)".

5. RESPONSABILIDADE ESTATAL NAS RELAÇÕES DE CUSTÓDIA

As doutrinas que se ocupam do tema da responsabilidade civil extracontratual do Estado foram construídas para lidar com as situações de sujeição geral dos administrados em relação ao Poder Público. Nesse prisma, tais regras de responsabilidade servem como garantia aos administrados submetidos ao império estatal, ou seja, é o contrapeso da supremacia geral que tem o Estado, no exercício do seu poder de polícia.

Casos há, todavia, em que o Estado mantém vínculos especiais com certas pessoas, tais como servidores públicos, alunos de escolas públicas, presos mantidos em cadeias e penitenciárias etc. São relações de supremacia especial, também chamadas de relações de custódia, submetidas a regime disciplinar mais rigoroso e que, por consequência, devem seguir parâmetros distintos de responsabilidade por parte do Estado.

Nessas vinculações diferenciadas, a responsabilidade do Estado é mais acentuada do que nas relações de sujeição geral, à medida que o ente público tem o dever de garantir a integridade das pessoas e bens custodiados. Por isso, **a responsabilidade estatal é objetiva, inclusive, quanto a atos de terceiros**. Os exemplos mais comuns são: o preso morto na cadeia por outro detento; a criança vítima de briga dentro de escola pública; bens privados danificados em galpão da Receita Federal. Em todas essas hipóteses, o Estado tem o dever de indenizar a vítima do dano, mesmo que a conduta lesiva não tenha sido praticada por agente público. Cabe, porém, advertir que a responsabilidade estatal é objetiva na modalidade do **risco administrativo**. De acordo com a jurisprudência do STF e do STJ, o preso que tenha se suicidado também ensejará a responsabilidade do Estado, em razão de o risco ser inerente ao meio no qual o detento foi inserido pelo próprio Estado.[4]

Assim, por exemplo, o preso assassinado na cadeia por outros detentos durante rebelião gera dever de o Estado indenizar a família. Entretanto, se a morte teve causas naturais (força maior), não há dever de indenizar. Quando ao fato de terceiro, não constitui excludente da responsabilidade nos casos de custódia, em razão do mais acentuado dever de vigilância e de proteção atribuído ao Estado nessas relações de sujeição especial.

É essencial destacar que o Estado também pode ser responsabilizado em casos de inércia, ou seja, quando ele não toma as medidas necessárias para evitar um dano. Por exemplo, se uma professora é ameaçada por um aluno e comunica isso à escola, mas esta não toma nenhuma providência e o aluno acaba agredindo a professora, o Estado poderá ser responsabilizado pelo dano causado, mesmo que o agressor seja o aluno e que o Estado não tenha tido culpa direta pelo ocorrido. Isso porque a omissão do Estado em tomar medidas para evitar a agressão configura uma falha no dever de proteção e segurança aos cidadãos, o que caracteriza a sua responsabilidade objetiva pelos danos causados.[5]

6. PRESCRIÇÃO

6.1. Ação de regresso – art. 37, § 5°, da CR/1988

Em relação a essa ação, há uma mudança no entendimento do STF; no RE 669.069/2016, o Supremo Tribunal Federal firmou tese de repercussão geral no sentido de que é prescritível a ação de reparação de danos à Fazenda Pública em decorrência de ilícito civil. No julgamento, discutiu-se o prazo de prescrição das ações de ressarcimento por danos causados ao erário. Contudo, observe que essa tese não alcança prejuízos que decorram de ato de improbidade administrativa, e, segundo o STF, a ação de regresso por atos dolosos de improbidade é imprescritível.

Acerca do prazo, embora haja divergência doutrinária, o STJ tem posicionamento de que o prazo é de 5 anos (e não de 3 anos), em razão do princípio da isonomia, uma vez que o prazo prescricional para que o particular busque indenização em face da Administração é também de 5 anos, de acordo com art. 1° do Decreto n° 20.910/1932.

---

4   STJ, AgRg no REsp 1.305.259-SC, Segunda Turma, Rel. Min. Mauro Campbell Marques, *DJe* 09.04.2013.

5   STJ, REsp 1.142.245, Rel. Min. Castro Meira, j. 05.10.2010.

Atente-se ainda que o STJ se posicionou que se aplica o prazo prescricional de 5 anos, nos termos do art. 1º do Decreto nº 20.910/1932, à ação de ressarcimento de benefício previdenciário pago indevidamente, quando comprovada a má-fé do beneficiário.[6]

Outro ponto importante refere-se ao posicionamento do STF[7] que entendeu ser imprescritível a pretensão de ressarcimento ao erário decorrente da exploração irregular do patrimônio mineral da União, porquanto indissociável do dano ambiental causado. Para a Corte, os danos ambientais não correspondem a mero ilícito civil, de modo que merecem destacada atenção em benefício de toda a coletividade. Assim, prevalecem os princípios constitucionais de proteção, preservação e reparação do meio ambiente.

6.2. Ação de indenização

6.2.1. Dano causado pelo regime militar

O STJ tem permitido a reparação desses danos em razão de entendê-los **imprescritíveis**. De acordo com essa corte, os atos danosos praticados pelo regime militar são considerados inexistentes, motivo pelo qual podem ser combatidos a qualquer momento.[8]

Nesse sentido, está a **Súmula nº 647 do STJ**, segundo a qual são imprescritíveis as ações indenizatórias por danos morais e materiais decorrentes de atos de perseguição política com violação de direitos fundamentais ocorridos durante o regime militar.

Outro ponto relevante refere-se à **anistia** regulada pela Lei nº 10.559/2002. Consoante o STJ,[9] o direito ao reconhecimento da condição de anistiado político, por violação de direitos fundamentais ocorridos durante a ditadura militar, é imprescritível. Todavia, a propositura de ação reparatória ou indenizatória prescreve em cinco anos. Portanto, de acordo com o STJ, embora o prazo para o reconhecimento da condição de anistiado político seja imprescritível, os efeitos patrimoniais decorrentes desse reconhecimento, considerados direitos disponíveis, estão sujeitos às regras de prescrição estabelecidas pelo Decreto nº 20.910/1932.

Nesses casos, para o STJ, o termo inicial do prazo prescricional seria a publicação da Lei nº 10.559/2002. Isso porque a jurisprudência do Superior Tribunal de Justiça é uníssona em reconhecer que houve renúncia tácita à prescrição, com o advento da Lei

---

[6]   AgInt no REsp 1.998.744-RJ, Segunda Turma, Rel. Min. Mauro Campbell Marques, por unanimidade, j. 06.03.2023.

[7]   RE 1.427.694/SC, Rel. Min. Presidente, julgamento finalizado no Plenário Virtual em 1º.09.2023.

[8]   **"Direito Administrativo. Imprescritibilidade da pretensão de indenização por dano moral decorrente de atos de tortura. É imprescritível a pretensão de recebimento de indenização por dano moral decorrente de atos de tortura ocorridos durante o regime militar de exceção.** Precedentes citados: AgRg no AG 1.428.635-BA, Segunda Turma, *DJe* 9/8/2012; e AgRg no AG 1.392.493-RJ, Segunda Turma, *DJe* 1/7/2011" (REsp 1.374.376-CE, Rel. Min. Herman Benjamin, j. 25.06.2013, *Informativo* 0523).

[9]   EDcl no AgRg nos Embargos à Execução em Mandado de Segurança 11.31-DF.

nº 10.559, de 13.11.2002, regulamentadora do art. 8º do Ato das Disposições Constitucionais Transitórias.

Todavia, o STF[10] entendeu que o termo inicial da prescrição, nesses casos, seria a promulgação da Constituição de 1988.

Ainda, para o STJ, o espólio possui legitimidade ativa para ajuizar ação postulando pelo pagamento de reparação econômica retroativa à data da concessão de anistia política, na hipótese em que a data do óbito do anistiado é posterior àquela. Afirma a corte superior que se trata de direitos patrimoniais transmissíveis aos herdeiros/sucessores do de cujus, razão pela qual o espólio é parte legítima para requerer o pagamento desse montante.[11]

Ademais, o STJ entende que, no tocante ao valor da reparação mensal devida aos anistiados políticos, a fixação do *quantum* indenizatório por pesquisa de mercado deve ser supletiva, utilizada apenas quando não há, por outros meios, como se estipular o valor da prestação mensal, permanente e continuada.[12]

Por fim, é igualmente importante pontuar que, de acordo com o STF, é inconstitucional lei estadual de iniciativa parlamentar que disponha sobre a concessão de anistia a infrações administrativas praticadas por policiais civis, militares e bombeiros. Para o STF, a Constituição da República reserva ao chefe do Poder Executivo a iniciativa de leis que tratem do regime jurídico de servidores desse poder ou que modifiquem a competência e o funcionamento de órgãos administrativos, conforme dispõe o art. 61, § 1º, II, *c* e *e*, no que se enquadra a legislação que concede anistia a infrações administrativas praticadas por servidores civis e militares de órgãos de segurança pública.[13]

6.2.2. Ação de responsabilidade civil

De acordo com a doutrina (ainda que haja divergência) e a jurisprudência, o prazo prescricional para a ação de responsabilidade civil é de 5 anos, conforme estabelecido pelo art. 1º do Decreto nº 20.910/1932.

Além disso, o Superior Tribunal de Justiça (STJ) entende que o termo inicial para ajuizar ação regressiva contra o ente público é o trânsito em julgado da condenação deste último. Isso significa que, caso o ente público tenha sido condenado em uma ação de responsabilidade civil e, posteriormente, tenha que arcar com o prejuízo causado, o prazo para que ele possa ajuizar ação regressiva para reaver o valor pago começa a contar a partir do momento em que a condenação transita em julgado.

---

[10]   AOE 27-DF, Rel. Min. Cármen Lúcia, j. 10.08.2011.

[11]   MS 28.276-DF, Primeira Seção, Rel. Min. Regina Helena Costa, por unanimidade, j. 10.08.2022, *DJe* 16.08.2022.

[12]   MS 24.508-DF, Primeira Seção, Rel. Min. Assusete Magalhães, por unanimidade, j. 12.05.2021.

[13]   ADI 4.928/AL, Rel. Min. Marco Aurélio, Red. do Acórdão Min. Alexandre de Moraes, julgamento virtual finalizado em 08.10.2021.

De acordo com o Enunciado nº 40 do CJF, nas ações indenizatórias ajuizadas contra a Fazenda Pública, aplica-se o prazo prescricional quinquenal previsto no Decreto nº 20.910/1932 (art. 1º), em detrimento do prazo trienal estabelecido no Código Civil de 2002 (art. 206, § 3º, V), por se tratar de norma especial que prevalece sobre a geral.

7. RESPONSABILIDADE DO ESTADO POR ATOS LEGISLATIVOS

É pacífico tanto na doutrina quanto na jurisprudência que, em regra, não há responsabilidade civil do Estado por atos legislativos. Isso ocorre porque as leis são atos de caráter geral e abstrato, que se aplicam a toda a sociedade ou a uma comunidade específica, sem produzir efeitos individualizados. Em outras palavras, as leis não são dirigidas a pessoas específicas, mas, sim, a um grupo ou à sociedade.

Nesse sentido, não é possível imputar responsabilidade civil ao Estado pelos efeitos decorrentes de uma lei, já que ela não foi criada com o intuito de prejudicar indivíduos ou grupos específicos. Entretanto, é importante destacar que existem exceções a essa regra, como nos casos em que a lei é editada com algum vício de constitucionalidade ou viola direitos fundamentais, ou, ainda, quando há má-fé ou negligência por parte do legislador na sua elaboração.

Todavia, é possível que a atividade legislativa ocasione dano aos particulares, de modo que seja possível perquirir indenização pelo Estado nas hipóteses expostas a seguir.

7.1. Leis de efeitos concretos

É uma lei que atinge um indivíduo específico ou a um grupo determinado de pessoas. É lei em sentido formal, mas, do ponto de vista material, é ato administrativo. A lei pode ser válida e constitucional, porém pode ensejar dano ao particular. Ex.: lei que proíbe veículos de circularem no centro da cidade. Essa lei causa danos a pessoas que possuem estacionamentos no centro.

A regra geral, como visto anteriormente, é a inexistência de responsabilidade do Estado por atos legislativos, em virtude da sua natureza geral e abstrata. No entanto, quando se trata de uma lei de efeitos concretos, a lei não possui as características da generalidade e da abstração, recaindo sobre uma situação individualizada e específica.

Dessa forma, a regra da não responsabilidade do Estado por atos legislativos não se aplica em casos de leis que afetem situações concretas e individuais.

7.2. Leis inconstitucionais

Para que a lei inconstitucional enseje a responsabilização do Estado, não basta comprovar a sua inconstitucionalidade. Faz-se necessário comprovar a existência de um dano, bem como que haja a declaração de inconstitucionalidade da lei, seja pelo controle difuso, seja pelo concentrado.[14]

7.3. Omissão inconstitucional quanto ao dever de legislar

Nessa hipótese, para que ocorra a responsabilidade civil do Estado, deve-se observar a razoabilidade. Caso o legislador seja omisso e não se manifeste em prazo razoável, não há que se falar em indenização para o particular. Contudo, se a omissão ultrapassa os padrões da razoabilidade, deve o Poder Público reparar eventuais prejudicados.[15]

Tipos de responsabilidade do Estado por atos legislativos	Características
Leis de efeitos concretos	Afetam situações concretas e individuais; tais leis não têm as características da generalidade e da abstração.
Leis inconstitucionais	É necessário comprovar a existência de um dano e que haja a declaração de inconstitucionalidade da lei.
Omissão inconstitucional quanto ao dever de legislar	É necessário observar a razoabilidade; caso a omissão ultrapasse os padrões da razoabilidade, deve o Poder Público reparar eventuais prejudicados.

8. RESPONSABILIZAÇÃO DO ESTADO POR ATOS DO PODER JUDICIÁRIO

A atividade judiciária[16] é um conjunto de atividades realizadas pelas pessoas que trabalham no Poder Judiciário com o objetivo de viabilizar a prestação jurisdicional. Essas atividades são consideradas "atos administrativos de apoio praticados no Judiciário", como as funções desempenhadas por motoristas, agentes de limpeza, escrivães e servidores. É importante destacar que a responsabilidade estatal recai sobre esses atos, nos termos do art. 37, § 6º, da Constituição Federal de 1988.

Já a atividade jurisdicional é aquela realizada pelo magistrado no exercício de sua função. Essa atividade compreende os despachos, as decisões interlocutórias e

[14] CARVALHO FILHO, José dos Santos. *Manual de Direito Administrativo*. 26. ed. rev., ampl. e atual. São Paulo: Atlas, 2013. p. 573.

[15] CARVALHO FILHO, José dos Santos. *Manual de Direito Administrativo*. 26. ed. rev., ampl. e atual. São Paulo: Atlas, 2013. p. 574.

[16] De acordo com Maria Sylvia Zanella Di Pietro "com relação a atos judiciais que não impliquem exercício de função jurisdicional, é cabível a responsabilidade do Estado, sem maior contestação, porque se trata de atos administrativos, quanto ao seu conteúdo" (DI PIETRO, Maria Sylvia Zanella. *Direito Administrativo*. 25. ed. São Paulo: Atlas, 2012).

as sentenças proferidas pelo juiz. É importante ressaltar que, diferentemente da atividade judiciária, a atividade jurisdicional é exclusiva do magistrado e é um dos pilares do estado democrático de direito, garantindo a proteção e a defesa dos direitos dos cidadãos.

Em relação aos atos jurisdicionais, deve-se fazer a análise da **independência funcional do magistrado** e da **possibilidade de interposição de recursos**. Desse modo, cada juiz pode julgar uma mesma causa de formas diferentes, e isso não pode ensejar a responsabilidade estatal. Ademais, quando o tribunal reforma a decisão de um magistrado, não quer dizer que ele errou. O tribunal apenas pensou de maneira diferente.

Outro ponto relevante para afastar a responsabilidade do Estado por atos jurisdicionais refere-se ao fato de o exercício da atividade jurisdicional concretizar uma atividade de **soberania** do Estado.

Há, no entanto, uma situação excepcional em que é possível a responsabilidade civil do Estado por ato jurisdicional: trata-se da situação prevista no art. 5º, LXXV, da Constituição Federal, que garante a todos os lesados em suas garantias constitucionais o direito à reparação pelo Estado, independentemente de culpa, nos casos de erro judiciário.

De acordo com o dispositivo constitucional, o Estado indenizará o condenado por erro judiciário, assim como o que ficar preso além do tempo fixado na sentença.

Dessa forma, há duas hipóteses previstas para que haja a responsabilidade do Estado por atos jurisdicionais, quais sejam: **(i) o erro judiciário e (ii) a prisão além do tempo fixado em sentença**.

A responsabilidade estatal decorrente de **erro judiciário** é um tema complexo e controverso na doutrina jurídica. Em linhas gerais, tal responsabilidade surge quando o Estado, por meio de seus agentes, comete um erro substancial e inescusável no exercício de sua função jurisdicional.

Entretanto, há divergência quanto à extensão dessa responsabilidade. Enquanto alguns defendem que ela se limita aos casos de erro judiciário no âmbito penal, outros sustentam que o Estado pode ser responsabilizado também por erros cometidos no processo civil. Entende esta obra que a responsabilidade estatal por erro judiciário deve alcançar tanto a esfera penal quanto a esfera cível.

Para que o Estado possa ser responsabilizado por erro judiciário, não basta apenas a comprovação da falha ocorrida no exercício da função jurisdicional. É necessário, ainda, que se proceda à desconstituição da coisa julgada, seja por meio de ação rescisória, seja por revisão criminal.

Essa exigência decorre do princípio da segurança jurídica, que impede que uma decisão judicial posterior, responsabilizando o Estado, entre em conflito com a sentença anterior submetida aos efeitos da coisa julgada.

Desse modo, é preciso que a ação rescisória ou a revisão criminal sejam propostas para que se possa questionar a decisão que se tornou definitiva. Somente após a desconstituição da coisa julgada é que o Estado poderá ser responsabilizado pelo erro judiciário cometido, desde que tenham sido preenchidos os demais requisitos para sua configuração.

Assim, a desconstituição da coisa julgada é um requisito fundamental para que se possa responsabilizar o Estado por erro judiciário, garantindo, ao mesmo tempo, a observância do princípio da segurança jurídica.

O segundo caso de responsabilidade do Estado por atos jurisdicionais consiste na **prisão além do tempo fixado na sentença**. É importante destacar que o descumprimento do prazo prisional pode decorrer tanto da atividade jurisdicional quanto da atividade prestada pelo Executivo na administração penitenciária.

Na primeira situação, a responsabilidade decorre de uma má prestação jurisdicional, configurando, em última análise, uma espécie de erro judiciário qualificado, com base no art. 5º, LXXV, da Constituição Federal. Por outro lado, na segunda situação, o erro foi cometido pela administração penitenciária, de modo que a responsabilidade estatal seria fundamentada também pelo art. 37, § 6º, da Constituição.

EM RESUMO:

1. Introdução	**1. Conceito:** responsabilidade estatal por dano gerado a um particular, sem que haja qualquer vínculo formal entre as partes, por atos **ilícitos ou lícitos.** **2. Responsabilização por ato ilícito**: é a regra (fundamento: princípio da legalidade). **3. Responsabilização por ato lícito:** dano gerado ao particular deve ser anormal, extraordinário e específico (fundamento: teoria da repartição dos encargos sociais). Ex.: obra pública em determinada rua; lojistas perdem consumidores e vão à falência).
2. Teorias sobre Responsabilidade Civil	**1. Teorias administrativas:** **a. Teoria da culpa anônima ou culpa do serviço (*faute du service*):** Estado responderá independentemente da identificação do agente causador do dano, mas deve comprovar falha no serviço (responsabilidade subjetiva do Estado por omissão). **b. Teoria do risco integral:** Estado responderá independentemente de comprovação do nexo causal entre o fato e o dano. Teoria adotada pelo Brasil nos casos de danos nucleares (art. 21, XXIII, *d*, da CF) e danos ambientais (art. 225, § 3º, da CF). **c. Teoria do risco administrativo:** É a teoria aplicada, em regra, no Brasil. Estado responde objetivamente pelos danos causados ao terceiro independentemente de dolo ou culpa (art. 37, § 6º, da CF).

2. Teorias sobre Responsabilidade Civil	– **Exceção:** casos de excludentes de responsabilidade do Estado: **caso fortuito e força maior, culpa exclusiva de terceiros e culpa exclusiva da vítima).** – **Redução da responsabilidade estatal:** casos de **culpa concorrente** (tanto o Estado quanto a vítima participaram do resultado danoso). **d. Teoria da interrupção do nexo causal/Teoria da causalidade direta, imediata:** O lapso temporal razoável romperia o nexo causal e o Estado não seria responsabilizado civilmente.
3. Elementos configuradores da responsabilidade civil do Estado	**Elementos de responsabilização do Estado:** conduta estatal, dano e nexo causal. **1. Conduta estatal:** comprovação da conduta administrativa, por meio da ação ou omissão cometida pelo Poder Público). Tanto a conduta ilícita quanto a conduta lícita que causem danos desproporcionais podem levar à responsabilização do Estado. **2. Dano:** comprovação do dano (lesão a um bem jurídico da vítima). Pode ser material ou patrimonial (dano emergente e lucro cessante), moral ou extrapatrimonial (afeta os bens personalíssimos, como a honra). **3. Nexo causal:** comprovação de ligação direta entre a ação ou omissão estatal e o dano sofrido pela vítima, bem como a existência de outros fatores para a ocorrência do dano. para reexame de decisão proferida por agente público hierarquicamente inferior. **3.1. Teorias do nexo causal: teoria da equivalência das condições** (todas as ações que contribuíram para um resultado lesivo são igualmente responsáveis), **teoria da causalidade adequada** (apenas a ação mais provável de causar o dano é considerada responsável) **e teoria da causalidade direta** (somente o evento diretamente e imediatamente ligado ao dano é considerado sua causa; teoria incorporada no art. 403 do Código Civil).
4. Teoria da Dupla Garantia	**1. Conceito:** Estado e agentes públicos são responsabilizados em diferentes níveis. O particular lesado não precisa ingressar com ação diretamente contra o agente público, mas sim contra o Poder Público. Ao Estado é assegurado o direito de regresso contra o agente público causador do dano em situações em que este tenha atuado com dolo ou culpa.
5. Responsabilidade Estatal nas Relações de Custódia	**1. Conceito:** a responsabilidade estatal **é objetiva, inclusive, quanto a atos de terceiros.** É mais acentuada nas relações de custódia (alunos de escolas públicas, presos mantidos em cadeias e penitenciárias etc.) à medida que o ente público tem o dever de garantir a integridade das pessoas e bens custodiados.

6. Prescrição	**1. Ação de regresso (art. 37, § 5°, da CF):** prazo prescricional é de 5 anos (entendimento do STJ), de acordo com art. 1° do Decreto n° 20.910/1932 (princípio da isonomia). – Divergência doutrinária: posicionamento Para STF no sentido de que a ação de regresso por atos dolosos de improbidade e a pretensão de ressarcimento ao erário decorrente da exploração irregular do patrimônio mineral da União são imprescritíveis. **2. Ação de indenização:** **2.1. Dano causado pelo regime militar:** – **Prazo prescricional para danos morais e materiais:** imprescritível **(Súmula n° 647 do STJ)** – **Prazo prescricional do direito ao reconhecimento da condição de anistiado político:** imprescritível mas efeitos patrimoniais decorrentes desse reconhecimento: **prescrição em cinco anos** (Dec. n° 20.910/1932) como termo inicial a publicação da Lei n° 10.559/2002 (para STJ) e a promulgação da Constituição de 1988 (para STF). **2.2. Ação de responsabilidade civil:** – **Prazo prescricional:** 5 anos (art. 1°, Dec. n° 20.910/1932). – **Termo inicial para ajuizar ação regressiva contra o ente público:** o trânsito em julgado da condenação deste último.
7. Responsabilidade do Estado por Atos Legislativos	– **Regra:** não há responsabilidade civil do Estado por atos legislativos porque as leis são atos de caráter geral e abstrato sem produzir efeitos individualizados. – **Exceções:**
8. Responsabilização do Estado por Atos do Poder Judiciário	**1. Hipóteses:** erro judiciário (art. 5°, LXXV, da CF) e **prisão além do tempo fixado em sentença (**art. 37, § 6°, da CF). **2. Divergência quanto à extensão da responsabilidade:** a. Limita-se aos casos de erro judiciário no âmbito penal. b. Pode alcançar tanto a esfera penal quanto a esfera cível. **3. Requisitos para responsabilização por erro judiciário:** a. Desconstituição da coisa julgada (ação rescisória ou revisão criminal). b. Comprovação da falha ocorrida no exercício da função jurisdicional.

Capítulo 5

Desapropriação

1. CONCEITO

O direito de propriedade é um direito fundamental garantido pela Constituição brasileira, conforme estabelecido no art. 5º, XXII. Contudo, o exercício desse direito deve estar em conformidade com sua função social, como estabelecido no art. 5º, XXIII, da CR/1988.

A desapropriação é o instrumento por meio do qual o Poder Público irá suprimir a propriedade do particular. Nesse sentido, a desapropriação é uma modalidade de **intervenção supressiva** na propriedade. Possui como fundamento o art. 5º, XXIII e XXIV, da CR/1988. De acordo com Carvalho Filho, "desapropriação é o procedimento de direito público pelo qual o Poder Público transfere para si a propriedade de terceiro, por razões de utilidade pública ou de interesse social, normalmente mediante o pagamento de indenização" (CARVALHO FILHO, 2013. p. 820).

Ademais, a desapropriação é uma modalidade de **aquisição originária** da propriedade. Assim, com a desapropriação, consideram-se extintos os direitos reais de terceiros sobre a coisa. O bem ingressa no patrimônio do Poder Público sem qualquer ônus em favor de terceiro.

Nesse sentido, o Superior Tribunal de Justiça entendeu que o ente desapropriante não responde por tributos incidentes sobre o imóvel desapropriado nas hipóteses em que o período de ocorrência dos fatos geradores é anterior ao ato de aquisição originária da propriedade.[1]

De acordo com o art. 31 do Decreto-lei nº 3.365/1941, ficam sub-rogados no preço quaisquer ônus ou direitos que recaiam sobre o bem expropriado. Em outras palavras, quer-se dizer que o credor terá o seu direito real substituído pelo preço total ou parcial da indenização.

Ex.: hipoteca sobre um bem desapropriado. O bem ingressa no patrimônio público sem a hipoteca. Contudo, o credor hipotecário terá direito a toda a indenização ou a parte dela, a depender do valor da hipoteca.

---

[1] REsp 1.668.058-ES, Rel. Min. Mauro Campbell Marques, j. 08.06.2017, *DJe* 14.06.2017.

A **competência para legislar sobre desapropriações é privativa da União**, nos termos do art. 22, II, da CR/1988. Por outro lado, todos os entes federados possuem competência para executar a desapropriação de utilidade pública. Há, conforme será visto, desapropriações que só poderiam ser executadas pela União (reforma agrária e o confisco) e pelos municípios (reforma urbanística).

2. MODALIDADES

a) Necessidade pública

b) Utilidade pública

c) Interesse social

d) Confiscatória/Expropriatória

2.1. Desapropriação por necessidade pública

Essa modalidade de desapropriação não possui nenhuma lei que a discipline.

2.2. Desapropriação por utilidade pública

Essa modalidade de desapropriação é regulada pelo Decreto-lei nº 3.365/1941, que foi recepcionado pela Constituição da República como a Lei Geral de Desapropriações. Essa desapropriação pode ser feita por qualquer ente federado.

Trata-se de uma espécie de **desapropriação ordinária**, com indenização em dinheiro.

O art. 5º do DL nº 3.365/1941 elenca os casos de utilidade pública.

2.3. Desapropriação por interesse social

2.3.1. Desapropriação por interesse social propriamente dita

Essa modalidade de desapropriação é regulada pela Lei nº 4.132/1962. O art. 2º da referida lei elenca os casos de interesse social. Trata-se de uma espécie de **desapropriação ordinária**, com indenização em dinheiro.

2.3.2. Interesse social para fins de reforma agrária

Essa é uma **desapropriação-sanção**, uma vez que possui caráter punitivo. Trata-se, assim, de uma **desapropriação extraordinária**. De acordo com o art. 184 da CR/1988, compete à União desapropriar por interesse social, para fins de reforma agrária, o imóvel rural **que não esteja cumprindo sua função social**, mediante prévia e justa indenização em títulos da dívida agrária, com cláusula de preservação do valor real, resgatáveis no prazo de até vinte anos, a partir do segundo ano de sua emissão, e cuja utilização será definida em lei.

Observe-se que, para proceder à desapropriação para fins de reforma agrária, é necessário que a propriedade não esteja cumprindo a sua função social, conforme dispõe o art. 186 da CR/1988, consoante o qual a função social é cumprida quando a propriedade rural atende, simultaneamente, segundo critérios e graus de exigência estabelecidos em lei, aos seguintes requisitos: (i) aproveitamento racional e adequado; (ii) utilização adequada dos recursos naturais disponíveis e preservação do meio ambiente; (iii) observância das disposições que regulam as relações de trabalho; (iv) exploração que favoreça o bem-estar dos proprietários e dos trabalhadores.

Importante observar que somente a terra nua e as benfeitorias voluptuárias serão pagas em Títulos da Dívida Agrária (TDAs). As benfeitorias necessárias e úteis serão indenizadas em dinheiro, de acordo com o art. 184, § 1º, da CR/1988.

O § 3º do mesmo artigo constitucional estabelece que caberá à lei complementar estabelecer procedimento contraditório especial, de rito sumário, para o processo judicial de desapropriação. Esse dispositivo é regulamentado pela Lei Complementar nº 76/1993.

Ainda, de acordo com o art. 184, § 5º, da CR/1988, são isentas de impostos federais, estaduais e municipais as operações de transferência de imóveis desapropriados para fins de reforma agrária. Atente-se que os bens desapropriados manterão sua condição de bens públicos enquanto não se der a sua transferência aos beneficiados.

Ademais, o art. 185 da CR/1988 estabelece as propriedades que são insuscetíveis de desapropriação para fins de reforma agrária, quais sejam: (1) a pequena e média propriedade rural, assim definida em lei, desde que seu proprietário não **possua** outra, e (2) a propriedade produtiva.

Acerca da produtividade da propriedade, o STF[2] entende que a Constituição exige, de forma inequívoca, o cumprimento da função social da propriedade produtiva como requisito simultâneo para a sua inexpropriabilidade. Assim, a Corte entendeu constitucionais os artigos 6º e 9º da Lei 8.629/1993.

Perceba-se, ainda, nos termos da Súmula nº 354 do STJ, que a invasão do imóvel é causa de suspensão do processo expropriatório para fins de reforma agrária.

A intervenção do Ministério Público nas ações de desapropriação de imóvel rural para fins de reforma agrária é obrigatória, porquanto presente o interesse público.

Interessante atentar para o fato de o estado-membro e municípios poderem realizar desapropriação de imóveis rurais, somente não podendo fazê-la alegando o motivo da reforma agrária. Devem, portanto, desapropriar imóvel rural por necessidade ou utilidade pública.

---

[2]   ADI 3.865/DF, Rel. Min. Edson Fachin, julgamento virtual finalizado em 1º.09.2023.

2.3.3. Interesse social para fins urbanísticos

Essa é outra modalidade de **desapropriação-sanção**, de competência do **município**. Trata-se, assim, de uma **desapropriação extraordinária**.

De acordo com o art. 182, § 4º, da CR/1988 é facultado ao Poder Público municipal, mediante lei específica para área incluída no plano diretor, exigir, nos termos da lei federal,[3] do proprietário do solo urbano não edificado, subutilizado ou não utilizado, que promova seu adequado aproveitamento, sob pena, **sucessivamente**, de:

I. parcelamento ou edificação compulsórios;

II. imposto sobre a propriedade predial e territorial urbana progressivo no tempo;

III. desapropriação com pagamento mediante títulos da dívida pública de emissão previamente aprovada pelo Senado Federal, com prazo de resgate de até dez anos, em parcelas anuais, iguais e sucessivas, assegurados o valor real da indenização e os juros legais.

Observe que a indenização da terra nua e das benfeitorias será paga em Títulos da Dívida Pública (TDPs).

2.4. Desapropriação confiscatória/Expropriação

A desapropriação em análise também é uma modalidade sancionatória, na qual não há o pagamento de nenhuma indenização. A desapropriação confiscatória está estabelecida no art. 243 da CR/1988 e é regulada pela Lei nº 8.257/1991.

De acordo com o art. 243 da CR/1988, as propriedades rurais e urbanas de qualquer região do País onde forem localizadas **culturas ilegais de plantas psicotrópicas** ou a **exploração de trabalho escravo** na forma da lei serão expropriadas e destinadas à reforma agrária e a programas de habitação popular, sem qualquer indenização ao proprietário e sem prejuízo de outras sanções previstas em lei.

Especificamente, no que se refere ao confisco acerca da exploração de trabalho escravo, atente-se que a Constituição estabeleceu que esse confisco ocorrerá "na forma da lei", o que significa dizer que se trata de uma norma de eficácia limitada, exigindo-se a edição da lei para que gere os seus plenos efeitos e possa ocorrer na prática. Como a norma ainda não foi editada, não é possível a expropriação no caso.

Casos de confisco constitucional
1) Culturas ilegais de plantas psicotrópicas
2) Exploração de trabalho escravo

---

3   É a Lei nº 10.257/2001 – Estatuto da Cidade.

Todo e qualquer bem de valor econômico apreendido em decorrência do tráfico ilícito de entorpecentes e drogas afins e da exploração de trabalho escravo será confiscado e reverterá a fundo especial com destinação específica, na forma da lei. Assim, conforme disposição constitucional, todo e qualquer bem de valor econômico será confiscado, o que significa dizer que não só o imóvel será expropriado, como também todos os móveis, instrumentos e demais bens apreendidos.

De acordo com o STF, toda a gleba deve ser desapropriada, e não somente o local da plantação.[4] Assim, se, em uma área maior, não há o cultivo de planta ilícitas psicotrópicas, mas apenas parte da área possui o cultivo, isso é irrelevante, pois toda a área será expropriada.

Por fim, a expropriação prevista no art. 243 da CR/1988 pode ser afastada, desde que o proprietário comprove que não incorreu em culpa, ainda que in vigilando ou in eligendo (RE 635.336).

3. FASES DA DESAPROPRIAÇÃO

1ª) Fase declaratória

2ª) Fase executória

3.1. Fase declaratória

A fase declaratória é aquela em que o desapropriante declara o bem de utilidade pública ou de interesse social para fins de desapropriação. Essa fase exterioriza um ato de soberania, um ato de império.

De acordo com o art. 2º do DL nº 3.365/1941, a declaração é de competência da União, dos estados, do Distrito Federal, dos municípios e dos territórios. Essa é a regra estabelecida para a declaração de desapropriação. Observe, contudo, que há algumas exceções, nas quais algumas autarquias poderão declarar um bem para fins de desapropriação, desde que possuam autorização legislativa.

Atente-se ao fato de o DNIT (Departamento Nacional de Infraestrutura de Transportes) poder declarar um bem para fins de desapropriação visando à implantação do Sistema Nacional de Viação – art. 82, IX, da Lei nº 10.233/2001.

A Aneel (Agência Nacional de Energia Elétrica) também possui a competência declaratória, com o objetivo de serem desapropriadas áreas para a instalação de concessionários e permissionários de energia elétrica – art. 10 da Lei nº 9.074/1995.

O particular não pode declarar o bem para fins de desapropriação, ainda que prestador de serviço público.

Observe que, de acordo com os arts. 6º e 8º do DL nº 3.365/1941, a declaração de utilidade pública pode ocorrer por meio de decreto dos chefes do Poder Executivo, ou

---

4   RE 543.974-MG, Pleno, Rel. Min. Eros Grau, j. 26.03.2009.

por meio de lei do Poder Legislativo. Esse decreto e essa lei são os chamados decreto e lei de efeitos concretos, uma vez que não possuem o caráter da generalidade e abstratividade. São decreto e lei em sentido formal, mas são atos administrativos em sentido material. Dessa forma, podem ser impugnados via mandado de segurança.

Atente-se ao Enunciado nº 4 do CJF, que afirma que o ato declaratório da desapropriação, por utilidade ou necessidade pública, ou por interesse social, deve ser motivado de maneira explícita, clara e congruente, não sendo suficiente a mera referência à hipótese legal.

3.1.1.   *Efeitos da declaração*

É importante destacar que a declaração de desapropriação não tem o condão de suprimir a propriedade do particular.

A declaração fixa o estado do bem

É com a declaração que se saberá o valor da indenização a ser paga pelo Poder Público.

De acordo com o art. 26, § 1º, do DL nº 3.365/1941, as benfeitorias necessárias serão indenizadas, ainda que feitas após a declaração de desapropriação. Por sua vez, as benfeitorias úteis serão indenizadas somente se autorizadas pelo Poder Público. Por fim, as benfeitorias voluptuárias não serão indenizadas.

Nesse sentido, a Súmula nº 23 do STF foi relativizada pelo Decreto-lei nº 3.365/1941. Conforme a súmula, verificados os pressupostos legais para o licenciamento da obra, não o impede a declaração de utilidade pública para desapropriação do imóvel, mas o valor da obra não se incluirá na indenização, quando a desapropriação for efetivada. A relativização ocorre, pois as benfeitorias necessárias serão indenizadas e as úteis serão indenizadas se forem autorizadas pelo Poder Público.

Ainda, o art. 2º, § 4º, da Lei nº 8.629/1993 afirma que, no caso de reforma agrária, não será considerada qualquer modificação introduzida ou ocorrida até 6 meses após a data da comunicação da desapropriação. As modificações poderão ocorrer após esses 6 meses.

Direito de ingresso – art. 7º do DL nº 3.365/1941

Declarada a utilidade pública, ficam as autoridades administrativas do expropriante ou seus representantes autorizados a ingressar nas áreas compreendidas na declaração, inclusive para realizar inspeções e levantamentos de campo, podendo recorrer, em caso de resistência, ao auxílio de força policial.

Ademais, em caso de dano por excesso ou abuso de poder ou originário das inspeções e levantamentos de campo realizados, cabe indenização por perdas e danos, sem prejuízo da ação penal.

O direito de ingresso não transfere a posse. O Poder Público entra, mas sai do bem, exatamente por não haver a posse. O ingresso ocorre para que o expropriante adentre no bem para realizar determinadas atividades.

Início do prazo decadencial para que a fase executória tenha início

A desapropriação deverá efetivar-se mediante acordo ou intentar-se judicial-mente, dentro de 5 anos, contados da data da expedição do respectivo decreto, e, findos os quais, este caducará. Nesse caso, somente decorrido um ano, poderá ser o mesmo bem objeto de nova declaração. Em outras palavras, tem-se o prazo de 5 anos da data da expedição do decreto para iniciar a fase executória. Passado o prazo, somente depois de 1 ano é que o bem poderá ser objeto de nova declaração. Isso de acordo com o art. 10 do DL nº 3.365/1941.

O prazo de 5 anos refere-se à declaração de utilidade pública. No caso de inte-resse social, o prazo de caducidade será de 2 anos, de acordo com o art. 2º da Lei nº 4.132/1962.

Preferência daquele ente que declara um bem para desapropriação em 1º lugar, quando dois entes de mesma hierarquia desejam desapropriar um bem móvel

Observe que a preferência ocorre somente do bem móvel, afinal, em relação ao bem imóvel, somente o ente em que este se situa poderá proceder com a declaração de desapropriação.

Imissão provisória na posse

Para que haja a imissão provisória na posse, é necessária a presença de dois re-quisitos, quais sejam: (1) a declaração de urgência e (2) que seja depositado o valor de acordo com o que a lei estabelecer, independentemente da citação do réu.[5]

Observe que, presentes ambos os requisitos, o expropriante tem direito subjetivo à imissão provisória na posse, não podendo o juiz indeferi-la.

A alegação de urgência, que não poderá ser renovada, obrigará o expropriante a requerer a imissão provisória dentro do prazo improrrogável de 120 (cento e vinte) dias. Excedido o prazo, não será concedida a imissão provisória.

No que tange ao depósito do valor, o STJ entende que a imissão provisória na posse do imóvel objeto de desapropriação, caracterizada pela urgência, prescinde de avaliação prévia ou de pagamento integral, exigindo apenas o depósito judicial nos termos do art. 15, § 1º, do Decreto-lei nº 3.365/1941.[6] Por outro lado, essa corte entende que o depósito judicial do valor simplesmente apurado pelo corpo técnico do ente pú-

---

[5] De acordo com o STF, por meio da Súmula nº 652, não há inconstitucionalidade nessa si-tuação.

[6] REsp 1.234.606/MG, Min. Herman Benjamin, 26.04.2011.

blico, sendo inferior ao valor arbitrado por perito judicial e ao valor cadastral do imóvel, não viabiliza a imissão provisória na posse.[7]

Ademais, o STJ entende que ausência do depósito para o deferimento de pedido de imissão provisória na posse veiculado em ação de desapropriação por utilidade pública não implica a extinção do processo sem resolução do mérito, mas tão somente o indeferimento da tutela provisória.[8]

A imissão provisória na posse será registrada no registro de imóveis competente.

Se houver concordância, reduzida a termo, do expropriado, a decisão concessiva da imissão provisória na posse implicará a aquisição da propriedade pelo expropriante com o consequente registro da propriedade na matrícula do imóvel.

A concordância escrita do expropriado não implica renúncia ao seu direito de questionar o preço ofertado em juízo.

Na hipótese desse artigo, o expropriado poderá levantar 100% (cem por cento) do depósito.

Do valor a ser levantado pelo expropriado devem ser deduzidos os valores dispostos nos §§ 1º e 2º do art. 32 do mencionado decreto-lei, bem como, a critério do juiz, aqueles tidos como necessários para o custeio das despesas processuais.

Após a apresentação da contestação pelo expropriado, se não houver oposição expressa com relação à validade do decreto desapropriatório, deverá ser determinada a imediata transferência da propriedade do imóvel para o expropriante, independentemente de anuência expressa do expropriado, e prosseguirá o processo somente para resolução das questões litigiosas.

Observe que a imissão é uma situação facultada ao expropriante. Não é obrigatório requerer a imissão provisória. Contudo, na desapropriação por reforma agrária, a imissão provisória é fase obrigatória, nos termos do art. 6º, I, da LC nº 76/1993.

Por fim, observe que o art. 1º do DL nº 1.075/1970, que versa sobre a desapropriação de prédio urbano residencial, possibilita também a imissão provisória na posse, mediante o depósito do preço oferecido. Esse depósito pode ser impugnado. Havendo a impugnação, o juiz fixará, em 48 horas, o valor provisório do imóvel. Quando o valor arbitrado for superior à oferta, o juiz só autorizará a imissão provisória na posse do imóvel, se o expropriante complementar o depósito para que este atinja a metade do valor arbitrado.

Informação	Resumo
Declaração fixa o estado do bem	A declaração estabelece o valor da indenização a ser paga pelo Poder Público. Benfeitorias necessárias serão indenizadas, benfeitorias úteis só se autorizadas e benfeitorias voluptuárias não serão indenizadas.

[7] REsp 181.407/SP, Segunda Turma, Rel. Min. João Otávio de Noronha, j. 15.02.2005.
[8] REsp 1.930.735-TO, Primeira Turma, Rel. Min. Regina Helena Costa, por unanimidade, j. 28.02.2023, DJe 02.03.2023.

Informação	Resumo
Direito de penetração	Autoridades administrativas podem entrar nos prédios compreendidos na declaração, podendo recorrer à força policial em caso de oposição.
Início do prazo decadencial	A fase executória deve iniciar-se em 5 anos, contados da data da expedição do decreto; caso contrário, o decreto caducará. Somente depois de 1 ano é que o mesmo bem poderá ser objeto de nova declaração. Para interesse social, o prazo de caducidade é de 2 anos.
Direito de preferência	Em caso de dois entes de mesma hierarquia desejarem desapropriar um bem móvel, aquele que declarou a desapropriação em primeiro lugar tem preferência.
Imissão provisória na posse	A imissão provisória na posse só ocorre se houver declaração de urgência e depósito do valor estabelecido por lei, independentemente da citação do réu. O expropriante tem direito subjetivo à imissão provisória na posse.

3.2. Fase executória

A fase executória envolve, de fato, os atos de transferência da propriedade. Essa competência vai desde a negociação com o proprietário até a finalização do processo judicial expropriatório, passando pelo próprio ajuizamento da ação de desapropriação.

Poderão promover (executar) a desapropriação os entes da Administração Direta, da Administração Indireta.

Também poderão promover a desapropriação, desde que autorizados em lei ou em contrato, os concessionários, inclusive aqueles contratados nos termos da Lei nº 11.079/2004, permissionários, autorizatários e arrendatários; as entidades públicas; as entidades que exerçam funções delegadas do poder público; o contratado pelo poder público para fins de execução de obras e serviços de engenharia sob os regimes de empreitada por preço global, empreitada integral e contratação integrada.

Em relação a este último, o edital deverá prever expressamente: o responsável por cada fase do procedimento expropriatório; o orçamento estimado para sua realização; e a distribuição objetiva de riscos entre as partes, incluído o risco pela variação do custo das desapropriações em relação ao orçamento estimado.

Observe que aquele que realiza a fase executória é quem irá pagar a indenização da desapropriação.

Os bens desapropriados para fins de utilidade pública e os direitos decorrentes da respectiva imissão na posse poderão ser alienados a terceiros, locados, cedidos, arrendados, outorgados em regimes de concessão de direito real de uso, de concessão comum ou de parceria público-privada e ainda transferidos como integralização de fundos de investimento ou sociedades de propósito específico.

Essa situação se aplica também nos casos de desapropriação para fins de execução de planos de urbanização, de renovação urbana ou de parcelamento ou reparcelamento do solo, desde que seja assegurada a destinação prevista no referido plano de urbanização ou de parcelamento do solo.

3.2.1. *Via administrativa*

A desapropriação efetivada por meio da via administrativa é aquela em que houve acordo entre o Poder Público e o proprietário. O que se pretende com o acordo é evitar a ação de desapropriação no Poder Judiciário. A doutrina denomina a desapropriação ocorrida na via administrativa de desapropriação amigável.

Importante observar que essa desapropriação amigável é, na verdade, um negócio jurídico bilateral, translativo e oneroso, retratando verdadeiro contrato de compra e venda.

3.2.2. *Via judicial*

Não havendo acordo na via administrativa, não resta outra solução senão o ajuizamento de uma ação para solucionar o conflito de interesses entre o Poder Público e o proprietário.

O art. 11 do Decreto-lei nº 3.365/1941 estabelece a competência para ajuizamento da ação. Nesse sentido, a ação, quando a União for autora, será proposta no Distrito Federal ou no foro da Capital do Estado onde for domiciliado o réu, perante o juízo privativo, se houver; sendo outro o autor, no foro da situação dos bens.

Por sua vez, o art. 12 afirma que somente os juízes que tiverem garantia de vitaliciedade, inamovibilidade e irredutibilidade de vencimentos poderão conhecer dos processos de desapropriação. Todavia, esse dispositivo não foi recepcionado pela Constituição da República, uma vez que restringe/condiciona a atuação do jurisdicional, o que não se admite.

O art. 13 estabelece que a petição inicial, além dos requisitos previstos no Código de Processo Civil, conterá a **oferta do preço** e será instruída com um exemplar do contrato, ou do jornal oficial que houver publicado o decreto de desapropriação, ou cópia autenticada deles, e a planta ou descrição dos bens e suas confrontações. Ainda, de acordo com o STJ, a demonstração do impacto orçamentário-financeiro da medida e da compatibilidade da indenização a ser paga com as leis orçamentárias é requisito a ser observado na petição inicial da ação de desapropriação.[9]

---

[9]   REsp 1.930.735/TO, Primeira Turma, Rel. Min. Regina Helena Costa, j. 28.02.2023, *DJe* 02.03.2023.

Já o art. 14 afirma que, ao despachar a inicial, o juiz designará um perito de sua livre escolha, sempre que possível, técnico, para proceder à avaliação dos bens, de modo que, nos termos do parágrafo único, o autor e o réu poderão indicar assistente técnico do perito.

Nesse sentido, a **prova pericial é obrigatória** na ação de desapropriação. No mesmo sentido está o STJ, segundo o qual, em se tratando de desapropriação, a prova pericial para a fixação do justo preço somente é dispensável quando há expressa concordância do expropriado com o valor da oferta inicial.[10] Em outro entendimento, o STJ diz que é possível ao juiz determinar a realização de perícia avaliatória, ainda que os réus tenham concordado com o valor oferecido pelo Estado.[11] Ademais, a revelia do desapropriado não implica aceitação tácita da oferta, não autorizando a dispensa da avaliação, conforme a Súmula nº 118 do extinto Tribunal Federal de Recursos.[12]

De acordo com o art. 9º do DL nº 3.365/1941, ao Poder Judiciário é vedado, no processo de desapropriação, decidir se se verificam ou não os casos de utilidade pública. Esse dispositivo deve ser entendido de modo que o Poder Judiciário pode verificar se há ou não os casos de utilidade pública. Contudo, deve fazê-lo em ação autônoma, e não no processo expropriatório.

Ademais, conforme o Enunciado nº 3 do CJF, não constitui ofensa ao art. 9º do Decreto-lei nº 3.365/1941 o exame por parte do Poder Judiciário, no curso do processo de desapropriação, da regularidade do processo administrativo de desapropriação e da presença dos elementos de validade do ato de declaração de utilidade pública.

Na contestação da ação de desapropriação, o réu somente poderá versar sobre vícios do processo judicial ou impugnação ao preço. Qualquer outra questão deverá ser decidida por ação direta. A expressão "vícios do processo" deve ser entendida como a carência das condições da ação e dos pressupostos processuais. Dessa forma, o réu pode alegar a ilegitimidade das partes, falta de interesse de agir, inépcia da inicial, litispendência, coisa julgada, entre outras situações.

Ainda, de acordo com o STJ, há violação aos limites das matérias que podem ser discutidas em desapropriação direta quando se admite o debate – e até mesmo indenização – de área diferente da verdadeiramente expropriada, ainda que vizinha.[13]

De acordo com o STJ,[14] a sentença judicial de desapropriação transitada em julgado deve ser levada a registro apenas após o efetivo pagamento em pecúnia ao particular desapropriado, não bastando a mera expedição do precatório.

---

[10] AgRg no AREsp 203.423/SE, Segunda Turma, Rel. Min. Eliana Calmon, j. 19.09.2013, *DJe* 26.09/2013.
[11] AgRg no AREsp 459.637/RJ, Segunda Turma, Rel. Min. Humberto Martins, j. 08.04.2014, *DJe* 14.04.2014.
[12] REsp 1.466.747/PE, Rel. Min. Humberto Martins, j. 24.02.2015, *DJe* 03.03.2015.
[13] REsp 1.577.047/MG, Primeira Turma, Rel. Min. Gurgel de Faria, j. 10.05.2022, *DJe* 25.05.2022.
[14] AgInt no AREsp 882.066/SP, Primeira Turma, Rel. Min. Benedito Gonçalves, j. 04.09.2018, *DJe* 10.09.2018.

Importante discussão refere-se à obrigatoriedade de participação do Ministério Público nas ações de desapropriação. Nesse sentido, consoante o STJ,[15] a ação de desapropriação direta ou indireta, em regra, não pressupõe automática intervenção do Ministério Público, exceto quando envolver, frontal ou reflexamente, proteção ao meio ambiente, interesse urbanístico ou improbidade administrativa. Por outro lado, o próprio STJ[16] já entendeu que a intervenção do Ministério Público nas ações de desapropriação de imóvel rural para fins de reforma agrária é obrigatória, porquanto presente o interesse público.

Por fim, de acordo com o art. 22, caso haja concordância entre as partes sobre o preço, o juiz o homologará por sentença no despacho saneador.

3.2.3.　Via arbitral

Após o oferecimento da indenização ao proprietário, caso este recuse a oferta apresentada, poderá ser feita a opção pela mediação ou pela via arbitral. Assim, o particular indicará um dos órgãos ou instituições especializados em mediação ou arbitragem previamente cadastrados pelo órgão responsável pela desapropriação.

A mediação seguirá as normas da Lei nº 13.140, de 26 de junho de 2015, e, subsidiariamente, os regulamentos do órgão ou da instituição responsável.

Poderá ser eleita câmara de mediação criada pelo Poder Público, nos termos do art. 32 da Lei nº 13.140, de 26 de junho de 2015.

A arbitragem, por sua vez, seguirá as normas da Lei nº 9.307, de 23 de setembro de 1996, e, subsidiariamente, os regulamentos do órgão ou da instituição responsável.

4.　DESAPROPRIAÇÃO DE BENS PÚBLICOS

Importante dizer que os bens públicos podem ser desapropriados, de acordo com o art. 2º, § 2º, do DL nº 3.365/1941. Para tanto, é necessário observar dois requisitos, quais sejam:

1.　autorização legislativa;
2.　"hierarquia federativa".

Será exigida autorização legislativa para a desapropriação dos bens de domínio dos Estados, dos Municípios e do Distrito Federal pela União e dos bens de domínio dos Municípios pelos Estados. Assim, caso a União desaproprie bem de um estado-membro, caberá ao Congresso Nacional editar a lei autorizativa.

Todavia, será dispensada a autorização legislativa quando a desapropriação for realizada mediante acordo entre os entes federativos, no qual serão fixadas as respec-

---

[15]　AgRg no AREsp 211.911/RJ, Segunda Turma, Rel. Min. Herman Benjamin, j. 11.03.2014.
[16]　AgRg no Resp 1.174.225/SC, Segunda Turma, Rel. Min. Humberto Martins, *DJe* 14.06.2013.

tivas responsabilidades financeiras quanto ao pagamento das indenizações correspondentes.

Atenção

Pode um município ou um estado desapropriar um bem uma empresa pública ou sociedade de economia mista federal?

RESPOSTA: Em regra, é vedada essa desapropriação. Contudo, se houver prévia autorização por decreto do Presidente da República, é possível que a desapropriação ocorra. Isso está de acordo com o art. 2º, § 3º, do DL nº 3.365/1941.

SÚMULA Nº 157 DO STF – é necessária prévia autorização do presidente da república para desapropriação, pelos estados, de empresa de energia elétrica.

5. DIREITO DE EXTENSÃO

É o direito que o proprietário possui na desapropriação parcial para o desapropriante incluir na desapropriação a área remanescente que se tornou insuscetível de qualquer exploração econômica. De acordo com Carvalho Filho,[17] o direito de extensão "é o direito de expropriado de exigir que a desapropriação e a indenização alcancem a totalidade do bem, quando o remanescente resultar esvaziado de seu conteúdo econômico".

O DL nº 3.365/1941 não traz qualquer dispositivo sobre o tema. Contudo, a melhor doutrina entende que há o direito de extensão baseado no Decreto nº 4.956/1903.

Conforme a jurisprudência do STJ, quando a área remanescente perde qualquer valor econômico, o que há é uma verdadeira desapropriação indireta. Portanto, haveria o direito de extensão e a indenização deve abarcar toda a área da propriedade.

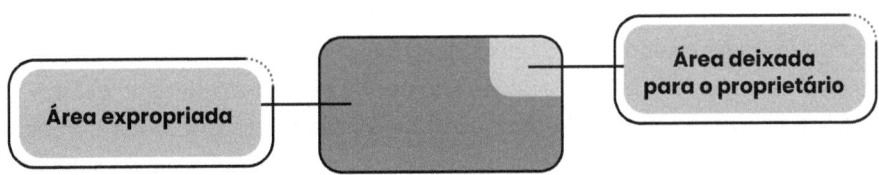

---

17 CARVALHO FILHO, José dos Santos. *Manual de Direito Administrativo*. 26. ed. rev., ampl. e atual. São Paulo: Atlas, 2013. p. 884.

6. DESISTÊNCIA DA DESAPROPRIAÇÃO

A desapropriação é um procedimento administrativo, ou seja, é um conjunto de atos administrativos destinados a um fim específico. Dessa forma, é possível que o desapropriante possa desistir da desapropriação, caso os motivos que provocaram a iniciativa do processo expropriatório desapareçam.

A desapropriação é feita em casos de necessidade pública, utilidade pública e interesse social. A partir do momento em que esses motivos deixam de existir, não há razão para que a desapropriação exista, e, por isso, a desistência da desapropriação é possível.

É possível a desistência da desapropriação, **a qualquer tempo, mesmo após o trânsito em julgad**o **da ação de desapropriação**, desde que:

1. não tenha ocorrido o pagamento integral do preço; e
2. não haja alteração substancial no imóvel (ou seja, que o bem desapropriado possa voltar ao seu status anterior. Caso o Poder Público tenha realizado obras, a desistência não poderá ocorrer).

A desistência é direito do expropriante e os fatos *supra* são fatos impeditivos da desistência. Além disso, é ônus do expropriado provar a existência desses fatos.

Importante ainda salientar que, de acordo com o STJ, na hipótese de desistência da ação de desapropriação por utilidade pública, o **ente desapropriante é o responsável pelo pagamento do ônus financeiro do processo**, com o ressarcimento de despesas eventualmente pagas pelo réu, a serem apuradas em momento próprio de liquidação ou de cumprimento de sentença, conforme inteligência do art. 90, *caput*, do CPC. Nesse sentido, em face da inexistência de condenação e de proveito econômico, os honorários advocatícios sucumbenciais observam o valor atualizado da causa.[18]

7. RETROCESSÃO

A retrocessão é um direito que o antigo proprietário possui de, no caso de tredestinação ilícita, exigir do desapropriante a retomada do bem ou o pagamento de uma indenização.

A tredestinação é a destinação desconforme com o plano inicialmente previsto. Dessa forma, a **tredestinação pode ser lícita ou ilícita**. A primeira é aquela que ocorre quando há uma destinação diversa da originariamente prevista, porém é mantida a finalidade/interesse público. Pode-se dar como exemplo a desapropriação em que se destinavam à construção de um hospital público, e o Estado decide construir uma escola pública. Contudo, observe que haverá situação em que a tredestinação, ainda

---

[18] REsp 1.834.024/MG, Segunda Turma, Rel. Min. Mauro Campbell Marques, j. 07.06.2022, *DJe* 17.06.2022.

que lícita, é vedada. É o caso do art. 5º, § 3º, do DL nº 3.365/1941, que afirma: "Ao imóvel desapropriado para implantação de parcelamento popular, destinado às classes de menor renda, não se dará outra utilização nem haverá retrocessão".

Por sua vez, a segunda forma de tredestinação é aquela em que há um desvio de finalidade, isto é, não há mais a perseguição ao interesse/finalidade pública. Há, na verdade, um interesse privado ou de terceiros sendo alcançado. Dessa forma, a desapropriação torna-se ilegítima. Pode-se dar como exemplo a desapropriação em que se destinavam à construção de um hospital público e, na verdade, houve a construção da casa do prefeito.

É em relação à tredestinação ilícita que a retrocessão se relaciona, de acordo com o STJ.

Atente-se que, de acordo com o art. 5º, § 6º, comprovada a inviabilidade ou a perda objetiva de interesse público em manter a destinação do bem prevista no decreto expropriatório, o expropriante deverá adotar uma das seguintes medidas, nesta ordem de preferência:

I. destinar a área não utilizada para outra finalidade pública; ou

II. alienar o bem a qualquer interessado, na forma prevista em lei, assegurado o direito de preferência à pessoa física ou jurídica desapropriada.

Veja que ainda é possível a chamada **adestinação**, isto é, a situação em que a Administração não dá nenhuma destinação ao bem. A doutrina diverge acerca da retrocessão na adestinação. Há quem aplique, por analogia, o art. 10 do DL nº 3.365/1941, de forma que, após cinco anos da declaração de utilidade pública, caso a Administração não dê nenhuma destinação pública para o bem, ficará configurada a tredestinação ilícita. Por outro lado, há quem entenda não se aplicar esse prazo do art. 10, pois não se poderia fixar prazo para a utilização do bem para fins de interesse público.

Por fim, há a **desdestinação**, que consiste no fato de o bem desapropriado deixar de ser utilizado para uma finalidade de interesse público para a qual foi destinado inicialmente. Nesse caso, não se aplica a retrocessão, uma vez que o bem já cumpriu sua finalidade social.

7.1. Natureza jurídica

Sobre a natureza jurídica da retrocessão, devem ser estudadas três correntes doutrinárias:

1ª Corrente – Direito Pessoal – é defendida pelo Professor José dos Santos Carvalho Filho e pelo art. 35 do DL nº 3.365/1941. De acordo com essa corrente, não há nenhum dispositivo no ordenamento jurídico assegurando o direito de retomada da propriedade pelo proprietário primitivo. De acordo com o art. 35 do referido decreto, qualquer ação julgada procedente resolver-se-á em perdas e danos.

2ª Corrente – Direito Real – é a defendida pelo Professor Pontes de Miranda. Conforme essa vertente, a retrocessão seria um instituto que defende o direito de retomada do bem, em razão da inconstitucionalidade da desapropriação, que não destinou um fim público ao bem. Em outras palavras, o que haveria, para essa corrente, é que o expropriante devolveria o bem, enquano o expropriado devolveria o valor da indenização devidamente atualizado. A situação voltaria ao *status quo ante*.

3ª Corrente – é defendida pelos professores Celso Antônio Bandeira de Mello e Maria Sylvia Zanella Di Pietro. Segundo essa corrente, a retrocessão, em regra, é um instituto de direito real, mas que, excepcionalmente, poderia ser exercido como um direito pessoal. Se não for possível ou for de interesse do expropriado, poderá este optar por pleitear perdas e danos.

Quanto ao posicionamento jurisprudencial, os tribunais brasileiros já proferiram decisões de que a retrocessão seria um instituto de direito real e pessoal. É certo que não há um posicionamento pacífico.

7.2. Prazo prescricional

O prazo prescricional da retrocessão vai variar, a depender da natureza jurídica do instituto. Para aqueles que defendem ser a retrocessão um instituto de direito pessoal, o prazo prescricional será de 5 anos, nos termos do DL nº 20.910/1932. Por sua vez, para aqueles que defendem ser a retrocessão um instituto de direito real, o prazo prescricional será de 10 anos, de acordo com o art. 205 do CC/2002.

O termo *a quo* (inicial) da ação de retrocessão irá iniciar quando o prazo para o expropriante dar a destinação ao bem se esgotar.

8. DESAPROPRIAÇÃO INDIRETA

A desapropriação indireta é o fato administrativo pelo qual o Poder Público se apropria de um bem particular, sem a observância dos requisitos da declaração e da indenização prévia.[19]

A expressão também se refere à supressão do direito de propriedade, uma vez que esvazia o conteúdo econômico da propriedade. Ademais, a expressão pode ser entendida como a ação a ser ajuizada pelo proprietário do bem esbulhado, requerendo uma indenização.

Importante observar que o direito do expropriado, quando acontece a desapropriação indireta, é somente a indenização. Isso está legislado no art. 35 do DL nº 3.365/1941. Em outras palavras, quer-se dizer que em nada afeta o direito de propriedade que tem o Estado sobre o bem expropriado. A sua propriedade se torna intangível.

---

[19] CARVALHO FILHO, José dos Santos. *Manual de Direito Administrativo*. 26. ed. rev., ampl. e atual. São Paulo: Atlas, 2013. p. 871.

O valor a ser pago a título de indenização pode ser considerado meramente estimativo. Dessa forma, pode o juiz condenar o Poder Público a pagar quantia a maior ao autor, ainda que este tenha requerido uma indenização de valor menor.[20]

Ademais, consoante o STJ, em ação de desapropriação indireta, é cabível reparação decorrente de limitações administrativas.[21]

Ainda de acordo com essa corte, não configura desapropriação indireta quando o Estado limita-se a realizar serviços públicos de infraestrutura em gleba cuja invasão por particulares apresenta situação consolidada e irreversível.[22]

8.1. Legitimidade para ação

A legitimidade ativa e passiva nesse tipo de ação é inversa à da ação de desapropriação. Observe que o autor da ação será sempre o ex-proprietário,[23] ao passo que a ré será a pessoa jurídica de direito público responsável pela incorporação do bem a seu patrimônio.

8.2. Foro

Por ser considerada uma **ação de natureza real**, a jurisprudência do STF[24] manifestou-se no sentido de a ação dever ser ajuizada no foro do local do imóvel. Não será no domicílio do réu.

Atente-se ao fato de a ação de desapropriação indireta ostentar natureza de ação real, de modo que, além do pagamento da indenização, a ação também se destinará à declaração do domínio do bem em nome do Poder Público. Exatamente por isso, o foro do local do imóvel é o foro competente para o ajuizamento da ação, e não o foro de domicílio do réu.

8.3. Prescrição

O prazo prescricional da ação de desapropriação indireta é de 10 anos, nos termos do art. 1.238 do CC/2002. De acordo com o entendimento doutrinário e jurisprudencial dominante, a ação de desapropriação indireta observará o mesmo prazo da usucapião.[25]

---

[20] CARVALHO FILHO, José dos Santos. *Manual de Direito Administrativo*. 26. ed. rev., ampl. e atual. São Paulo: Atlas, 2013. p. 875.

[21] STJ, REsp 1.653.169-RJ, Primeira Turma, Rel. Min. Regina Helena Costa, por unanimidade, j. 19.11.2019, *DJe* 11.12.2019.

[22] STJ, REsp 1.770.001-AM, Segunda Turma, Rel. Min. Mauro Campbell Marques, por unanimidade, j. 05.11.2019, *DJe* 07.11.2019.

[23] O STJ admite que o promissário comprador é parte legítima a ajuizar a ação, ainda que a promessa de compra e venda não tenha sido registrada no cartório imobiliário (STJ, REsp 1.204.923 – 2012). Ademais, sendo casado o autor, o STJ também exige a presença de ambos os cônjuges no polo ativo da ação (STJ, REsp 46.899-0).

[24] STF, RE 111.988, Primeira Turma, Rel. Min. Sidney Sanches, 04.06.2013.

[25] REsp 1.300.442-SC, Rel. Min. Herman Benjamin, j. 18.06.2013, *Informativo* 0523.

Esse é o entendimento correto, a despeito de a Súmula nº 119 do STJ entender que o prazo da desapropriação indireta é de 20 anos.

O Superior Tribunal de Justiça, no julgamento do EREsp 1.575.846-SC, entendeu que, de fato, o prazo prescricional para a ação indenizatória por desapropriação indireta é de 10 anos, em regra, salvo comprovação da inexistência de obras ou serviços públicos no local, caso em que o prazo passa a ser de 15 anos.

8.4. Acréscimos indenizatórios

Além do valor da indenização pela perda da propriedade, o ex-proprietário tem direito à percepção dos juros moratórios e juros compensatórios.

Os juros moratórios são aqueles devidos ao ex-proprietário, em razão de o Poder Público não ter pagado tempestivamente a indenização a que aquele tinha direito. O valor desses juros moratórios é de 6% ao ano, a despeito de o dispositivo legal estabelecer até 6% ao ano.[26]

Ademais, o termo inicial da contagem dos juros moratórios será dia 1º de janeiro do ano seguinte àquele em que o pagamento deveria ser efetuado.

Por fim, a base de cálculo será o valor da indenização fixado na sentença condenatória.

Por sua vez, os juros compensatórios são aqueles devidos, em razão de o Poder Público ter realizado a desapropriação sem observar a exigência de prévia indenização.

O termo inicial dos juros compensatórios será a partir da efetiva ocupação do imóvel pelo Estado. Em outras palavras, os juros compensatórios são devidos a partir do momento em que há a efetiva transferência do bem. Esse é o entendimento da Súmula nº 69 do STJ.

Atente-se que, de acordo com o STJ, em ação de desapropriação indireta é cabível reparação decorrente de limitações administrativas. Segundo a corte cidadã, nessa ação, devem ser observados os princípios da instrumentalidade das formas e da primazia da solução integral do mérito para reconhecer o interesse-adequação da ação para o requerimento de indenização.[27]

9. INDENIZAÇÃO[28]

Conforme o art. 26 do Decreto-lei nº 3.365/1941, o valor da indenização a ser paga em caso de desapropriação deve ser calculado com base no valor atual da propriedade,

---

[26] ADIMC 2.332-DF: o STF suspendeu a eficácia da expressão "até seis por cento".

[27] STJ, REsp 1.653.169-RJ, Primeira Turma, Rel. Min. Regina Helena Costa, por unanimidade, j. 19.11.2019, *DJe* 11.12.2019.

[28] De acordo com o STJ, a indenização não está sujeita à incidência do Imposto de Renda (REsp 1.116.460-SP).

ou seja, na data da avaliação judicial. Nesse sentido, é irrelevante a data em que ocorreu a imissão na posse ou a data em que se deu a vistoria do expropriante, como já foi decidido pelo STJ no REsp 1.274.005-MA.

Havia uma questão relevante em relação à indenização em casos de desapropriação, referente à divergência entre a área registrada no Registro Geral de Imóveis e a área real do imóvel. Nesse caso, o STJ[29] entendeu que se, em procedimento de desapropriação por interesse social, se constatar que a área medida do bem é maior do que a escriturada no Registro de Imóveis, o expropriado receberá indenização correspondente à área registrada, ficando a diferença depositada em juízo até que, posteriormente, se complemente o registro ou se defina a titularidade para o pagamento a quem de direito. A indenização devida deverá considerar a área efetivamente desapropriada, ainda que o tamanho real seja maior do que o constante da escritura, a fim de não se configurar enriquecimento sem causa em favor do ente expropriante.

Outra questão referia se seria necessária ou não a indenização ao particular pela área que possuía cobertura vegetal. Especificamente sobre esse caso, o STJ[30] entendeu que a indenização referente à cobertura vegetal deve ser calculada em separado do valor da terra nua quando comprovada a exploração dos recursos vegetais de forma lícita e anterior ao processo expropriatório.

Também importante considerar o Enunciado nº 31 do CJF, segundo o qual a avaliação do bem expropriado deve levar em conta as condições mercadológicas existentes à época da efetiva perda da posse do bem.

Igualmente relevantes são os acréscimos dos arts. 10-A e 10-B do Decreto-lei nº 3.365/1941, incluídos pela Lei nº 13.867/2019.

De acordo com o art. 10-A, o Poder Público deverá notificar o proprietário e apresentar-lhe oferta de indenização. A notificação conterá: (i) cópia do ato de declaração de utilidade pública; (ii) planta ou descrição dos bens e suas confrontações; (iii) valor da oferta; (iv) informação de que o prazo para aceitar ou rejeitar a oferta é de 15 (quinze) dias e de que o silêncio será considerado rejeição.

Aceita a oferta e realizado o pagamento, será lavrado acordo, o qual será título hábil para a transcrição no registro de imóveis.

Rejeitada a oferta, ou transcorrido o prazo sem manifestação, o Poder Público deverá proceder com a ação judicial.

Por sua vez, de acordo com o art. 10-B, feita a opção pela mediação ou pela via arbitral, o particular indicará um dos órgãos ou instituições especializados em mediação ou arbitragem previamente cadastrados pelo órgão responsável pela desapropriação.

A mediação seguirá as normas da Lei nº 13.140, de 26 de junho de 2015, e, subsidiariamente, os regulamentos do órgão ou da instituição responsável.

---

[29] STJ, REsp 1.466.747/PE, Rel. Min. Humberto Martins, j. 24.02.2015, *DJe* 03.03.2015.
[30] AgRg no REsp 1.336.913/MS, Rel. Min. Assusete Magalhães, *DJe* 05.03.2015.

Poderá ser eleita câmara de mediação criada pelo Poder Público, nos termos do art. 32 da Lei nº 13.140, de 26 de junho de 2015.

Já a arbitragem seguirá as normas da Lei nº 9.307, de 23 de setembro de 1996, e, subsidiariamente, os regulamentos do órgão ou da instituição responsável.

9.1.   Parcela do bem e das benfeitorias

Antes de qualquer estudo, deve-se ter em mente que o valor da indenização vai ocorrer com base na avaliação judicial, e não na administrativa.

O expropriante deve pagar o valor do bem e das benfeitorias – necessárias, úteis ou voluptuárias.

De acordo com o art. 26, § 1º, do DL nº 3.365/1941, após a declaração de desapropriação, somente serão indenizadas as benfeitorias necessárias e as úteis, quando feitas com autorização do expropriante. Dessa forma, as benfeitorias voluptuárias, feitas após a declaração, não serão indenizadas. Assim, aplica-se a Súmula nº 23 do STF, segundo a qual, verificados os pressupostos legais para o licenciamento da obra, não o impede a declaração de utilidade pública para desapropriação do imóvel, mas o valor da obra não se incluirá na indenização, quando a desapropriação for efetivada.

9.1.1.   Desapropriação de um terreno de marinha

Os terrenos de marinha são bens da União, mas um particular pode ser proprietário do domínio útil desses terrenos. Esse domínio útil pode ser desapropriado. De acordo com o art. 103, § 2º, do DL nº 9.760/1946, a indenização, nesse caso, será de 83% do domínio pleno. Observe que deve ser deduzida do valor total do bem a importância equivalente a 17% que corresponde ao valor do domínio direto (CARVALHO FILHO, 2013. p. 859).

9.1.2.   Desapropriação do fundo de comércio

Fundo de comércio é o conjunto de bens materiais e imateriais do empresário e da sociedade empresária indispensáveis ao exercício da empresa. Veja as seguintes situações:

a) Desapropriação de um restaurante explorado pelo próprio proprietário do imóvel. Observe que o dono do restaurante e o dono do imóvel são as mesmas pessoas. Nessa situação, o dano ao fundo de comércio deve ser incluído na indenização da própria propriedade.

b) Desapropriação de um imóvel em que funciona um restaurante. O restaurante é de um locatário. Observe que o dono do restaurante e o dono do imóvel são pessoas distintas. A desapropriação tem o poder de romper com o contrato de locação, em virtude de ser uma forma de aquisição originária da propriedade. Nessa situação, o expropriante deve indenizar o locatário (pela perda do fundo de comércio), assim como o proprietário (pela perda da propriedade). Note que, de acordo com o art. 26 do DL nº 3.365/1941, a indenização ao locatário será feita em uma ação autônoma.

9.2. Juros compensatórios

Os juros compensatórios são devidos ao proprietário em razão de este ter ficado impossibilitado de explorar o bem economicamente. Atente-se que os juros compensatórios observam o percentual vigente no momento de sua incidência.

Na desapropriação direta, os juros compensatórios são devidos a partir de quando o proprietário perde a posse, isto é, desde a imissão provisória na posse, conforme a Súmula nº 164 do STF. De acordo com o art. 100, § 12, da CR/1988, os juros compensatórios vão ocorrer desde a imissão provisória na posse até a emissão do precatório ou da requisição de pequeno valor. Por sua vez, na desapropriação indireta, nos termos da Súmula nº 69 do STJ, eles são devidos desde a efetiva ocupação do imóvel.

Os juros compensatórios destinam-se apenas a compensar danos correspondentes a lucros cessantes comprovadamente sofridos pelo proprietário, não incidindo nas indenizações relativas às desapropriações que tiverem como pressuposto o descumprimento da função social da propriedade, previstas no art. 182, § 4º, inciso III, e no art. 184 da Constituição.

Incidirão juros compensatórios nas ações ordinárias de indenização por apossamento administrativo ou por desapropriação indireta e às ações que visem à indenização por restrições decorrentes de atos do poder público, de modo que o poder público não será onerado por juros compensatórios relativos a período anterior à aquisição da propriedade ou da posse titulada pelo autor da ação.

A base de cálculo dos juros compensatórios será a diferença entre o valor do bem determinado na sentença e o valor levantado pelo proprietário do depósito feito para imissão provisória na posse (80% do valor depositado). Entenda com o exemplo a seguir:

O valor depositado para imissão provisória na posse foi R$ 600 mil. Posteriormente, o juiz determinou o valor do bem de R$ 1 milhão. Observe que o proprietário só pode levantar 80% do valor depositado. Nesse caso, R$ 480 mil. A diferença entre o valor determinado pelo juiz (R$ 1 milhão) e o valor levantando pelo proprietário (R$ 480 mil) é de R$ 520 mil. É sobre esse valor que os juros compensatórios irão incidir.

Atenção

Ainda que o valor depositado seja o de R$ 1 milhão, haverá a incidência de juros compensatórios, afinal o proprietário somente poderá levantar R$ 800 mil (80% do valor depositado). Dessa forma, os juros compensatórios incidirão sobre R$ 200 mil.

O art. 15-A do DL nº 3.365/1941 foi declarado, liminarmente, inconstitucional pelo STF, em sede cautelar na ADI 2.332/DF. Dessa forma, o STF havia fixado o entendimento de que o valor dos juros compensatórios seria o estabelecido pela Súmula nº 618 da própria corte, a qual prevê o valor de 12% ao ano. Contudo, seria necessário observar o texto da Súmula nº 408 do STJ, que assim afirma: "Nas ações de desapropriação, os juros compensatórios incidentes após a Medida Provisória nº 1.577, de 11/6/1997, devem ser fixados em 6% ao ano até 13/09/2001, e, a partir de então, em 12% ao ano, na forma da Súmula nº 618 do Supremo Tribunal Federal".

Todavia, a Súmula nº 408 do STJ foi cancelada, sendo fixada a tese de que o índice de juros compensatórios na desapropriação direta ou indireta é de 12% até 11.06.1997, data anterior à vigência da MP nº 1.577/1997.[31]

Em 2018, o Supremo Tribunal Federal voltou a enfrentar o tema, julgando o mérito da r. ADI, de modo que decidiu pela constitucionalidade do art. 15-A do Decreto-lei nº 3.365/1941. Assim, o percentual dos juros compensatórios voltou a ser de 6%.[32]

Atente-se que, em 2023, por meio da Lei nº 14.620, o Congresso Nacional alterou a redação do art. 15, *caput*, mantendo a expressão "até 6%". Esta obra entende que a expressão continua sendo inconstitucional, conforme declarado pelo STF na ADI 2332.

Juros compensatórios	Descrição
Cabimento	Juros devidos ao proprietário por perda econômica.
Desapropriação direta	Devidos desde a imissão provisória na posse, segundo a Súmula nº 164 do STF.
Desapropriação indireta	Devidos desde a efetiva ocupação do imóvel, segundo a Súmula nº 69 do STJ.
Base de cálculo	Diferença entre o valor determinado na sentença e o valor levantado pelo proprietário do depósito (80% do valor depositado).
Percentual	Voltou a ser de 6%.

9.3. Juros moratórios

Os juros moratórios são aqueles devidos em razão do atraso no pagamento da indenização. Conforme estabelecido pelo art. 100, § 5º, da Constituição Federal, os débitos

31   Pet 12.344-DF, Primeira Seção, Rel. Min. Og Fernandes, por unanimidade, j. 28.10.2020, *DJe* 13.11.2020.
32   STF, ADI 2.332/DF, Rel. Min. Roberto Barroso, 17.05.2018.

decorrentes de sentenças transitadas em julgado constantes de precatórios judiciais apresentados até 2 de abril devem ser quitados até o final do exercício seguinte, ou seja, até 31 de dezembro do ano subsequente.

Assim, apenas haverá mora do ente público caso o pagamento do precatório não ocorra no prazo estipulado pela Constituição. Todavia, importante pontuar que o STF[33] entende ser possível a incidência de juros da mora entre a data da realização dos cálculos e a da requisição ou do precatório.

Ponto relevante a ser debatido é o fato de poder haver ou não a cumulação dos juros moratórios com os juros compensatórios. Para fins de esclarecimentos, quando se fala em cumulação dos juros, não se está dizendo que ambos incidirão no mesmo processo. O que se quer dizer com cumulação de juros é o fato de se admitir a incidência de juros sobre juros. Nesse sentido, em um primeiro momento, o STJ, por meio da Súmula nº 12, entendeu que os juros moratórios e compensatórios podem se cumular. Na literalidade da Súmula nº 12 do STJ, não haveria *bis in idem*. Contudo, essa corte superior[34] já se posicionou que não há acumulação entre os juros moratórios e compensatórios, haja vista que eles incidem em momentos diferentes, embora possam incidir no mesmo processo.

Nessa linha, **os juros moratórios são devidos desde o atraso no pagamento do precatório**, ou seja, a partir de 1º de janeiro do exercício seguinte àquele em que o pagamento deveria ser feito. Isto, caso o expropriante seja a Fazenda Pública. No entanto, caso o expropriante não seja a Fazenda Pública (empresas públicas, sociedades de economia mista, concessionários e permissionários de serviço público), os juros moratórios irão incidir a partir do trânsito em julgado da sentença, nos termos da Súmula nº 70 do STJ. Por outro lado, como já se estudou, os juros compensatórios incidem, em regra, a partir da imissão provisória na posse até a prolação da sentença.

Embora o art. 15-A traga, em sua literalidade, o valor de até 6% ao ano, o valor correto dos juros moratórios será o de 6% ao ano, uma vez que o STF declarou inconstitucional a expressão "até 6%".

De acordo com a Súmula nº 416 do STF, pela demora do pagamento do preço da desapropriação não cabe indenização complementar além dos juros.

EM RESUMO:

1. Conceito	1. **Direito de propriedade:** direito fundamental (art. 5º, XXII, CF), **absoluto, exclusivo e perpétuo.** 2. **Conceito:** instrumento por meio do qual o Poder Público transfere para si a propriedade de terceiro, por razões de **necessidade pública, utilidade pública** ou de **interesse social**, mediante pagamento de indenização.

[33] RE 579.431, Rel. Min. Marco Aurélio, 19.04.2017.
[34] AgRg no REsp 1.446.098/SE, Segunda Turma, Rel. Ministro Herman Benjamin, *DJe* 18.08.2014.

1. Conceito	3. **Fundamento legal:** art. 5°, XXIII e XXIV, da CF. 4. **Modalidade de aquisição originária** da propriedade (extinção dos direitos reais de terceiros sobre a coisa). 5. **Competência para legislar sobre desapropriação: privativa da União** (art. 22, II, da CF). 6. **Competência para executar a desapropriação** de utilidade pública: todos os entes federados.
2. Modalidades	**1. Desapropriação por necessidade pública.** **2. Desapropriação por utilidade pública:** – **Fundamento legal:** Decreto-lei n° 3.365/1941. – **Legitimados:** qualquer ente federado. – **Hipóteses:** art. 5°, Decreto-lei n° 3.365/1941. **3. Desapropriação por interesse social:** *a. Desapropriação por interesse social propriamente dita:* – **Fundamento legal:** Lei n° 4.132/1962. – **Hipóteses:** art. 2°, Lei n° 4.132/1962. – **Modalidade:** des**apropriação ordinária.** – **Pagamento:** indenização em dinheiro. *b. Interesse social para fins de reforma agrária:* – **Fundamento legal:** art. 184 da CF. – **Hipóteses (função social):** art. 186 da CF. – **Exceções:** art. 185 da CF. – **Modalidade:** des**apropriação extraordinária (desapropriação-sanção).** – **Pagamento:** prévia e justa indenização em títulos da dívida agrária, resgatáveis no prazo de até vinte anos. *c. Interesse social para fins urbanísticos:* – **Fundamento legal:** art. 182, § 4°, da CF. – **Hipóteses** art. 182, § 2°, da CF. – **Modalidade:** des**apropriação extraordinária (desapropriação-sanção).** – **Pagamento:** títulos da dívida pública, com prazo de resgate de até dez anos. **4. Desapropriação confiscatória/Expropriação:** – **Fundamento legal:** art. 243 da CF e Lei n° 8.257/1991. – **Hipóteses:** culturas ilegais de plantas psicotrópicas e exploração de trabalho escravo. – **Modalidade:** des**apropriação** confiscatória.

2. Modalidades	– **Pagamento:** sem indenização e sem prejuízo de sanções previstas em lei. – **Não incidência:** prova pelo proprietário que não incorreu em culpa (entendimento STF).
3. Fases da Desapropriação	**1. Fase declaratória** – **Conceito:** desapropriante declara o bem de utilidade pública ou de interesse social. – **Competência concorrente:** art. 2º do DL nº 3.365/1941. – **Efeitos:** **2. Fase executória** – **Conceito:** atos de transferência da propriedade. – **Competência:** entes da Administração Direta e Indireta e entes autorizados em lei ou em contrato. – **Pagamento:** deve ser feito por aquele que realiza a fase executória. – **Modalidades:** vias administrativa, judicial (art. 11 do Decreto-lei nº 3.365/1941) e arbitral (Lei nº 13.140/2015).
4. Desapropriação de Bens Públicos	**1. Fundamento legal:** art. 2º, § 2º, do DL nº 3.365/1941. **2. Requisitos:** autorização legislativa e "hierarquia federativa".
5. Desapropriação por zona e de núcleo urbano informal	**1. Conceito:** área contígua necessária ao desenvolvimento da obra a que se destina e zonas que se valorizam extraordinariamente. – Áreas devem ser especificadas na declaração de utilidade pública. **2. Legitimados:** art. 3º do DL nº 3.365/1941.
6. Direito de Extensão	**1. Conceito:** direito de expropriado de exigir que a desapropriação e indenização alcancem a totalidade do bem, quando a área remanescente perde valor econômico. **2. Fundamento legal:** Decreto nº 4.956/1903 (entendimento da doutrina).
7. Desistência da Desapropriação	**1. Regra:** possível **a qualquer tempo, mesmo após o trânsito em julgado da ação de desapropriação, desde que cumpridos os requisitos.** **2. Requisitos:** não ter ocorrido o pagamento integral do preço e não ter havido alteração substancial no imóvel. **3. Custas processuais: responsabilidade do ente desapropriante.**

8. Retrocessão	**1. Conceito:** direito que o antigo proprietário possui de exigir do desapropriante a retomada do bem ou o pagamento de uma indenização, em caso de *tredestinação ilícita* (desapropriação com destinação diversa ao bem à finalidade de interesse público para a qual foi destinado inicialmente). **2. Tipos:** – **Adestinação:** Administração não dá nenhuma destinação ao bem (divergência da doutrina acerca da retrocessão). – **Desdestinação:** bem desapropriado deixa de ser utilizado para uma finalidade de interesse público para a qual foi destinado inicialmente. Não se aplica a retrocessão, pois bem já cumpriu sua finalidade social. **3. Natureza jurídica: três correntes →** direito pessoal (35 do DL nº 3.365/1941), direito real ou direito real excepcionalmente exercido como direito pessoal. **4. Prazo prescricional:** varia de acordo com natureza jurídica do instituto. a. se direito pessoal: 5 anos (DL nº 20.910/1932). b. se direito real: 10 anos (art. 205 do CC/2002).
9. Desapropriação Indireta	**1. Conceito:** Poder Público se apropria de um bem particular, sem a observância dos requisitos da declaração e da indenização prévia. **2. Pagamento:** somente a indenização (art. 35 do DL nº 3.365/1941). **3. Legitimidade para ação:** ativa (ex-proprietário) e passiva (pessoa jurídica de direito público responsável pela incorporação do bem a seu patrimônio). **4. Foro:** local do imóvel (ação de natureza real). **5. Prescrição:** 10 anos (art. 1.238 do CC/2002: entendimento doutrinário e jurisprudencial). **6. Acréscimos indenizatórios:** ex-proprietário tem direito à percepção dos *juros moratórios* e *compensatórios*.
10. Indenização	**1. Valor:** calculado com base na data da avaliação judicial (art. 26 do DL nº 3.365/1941). **2. Pagamento:** valor do bem e das benfeitorias (indenização apenas das necessárias e as úteis e se feitas com autorização do expropriante, art. 26, § 1º, do DL nº 3.365/1941). **3. Avaliação do bem:** deve ser levada em conta condições mercadológicas à época da perda da posse do bem (Enunciado nº 31 do CJF).

10. Indenização	**4. Procedimento judicial:** notificação do proprietário com oferta de indenização e prazo de 15 dias (art. 10-A do DL n° 3.365/1941). **5. Procedimento extrajudicial:** art. 10-B do DL n° 3.365/1941 → mediação (Lei n° 13.140/2015) ou arbitragem (Lei n° 9.307/1996). **6. Desapropriação de um terreno de marinha:** indenização para particular proprietário do terreno: art. 103, § 2°, DL n° 9.760/1946. **7. Desapropriação do fundo de comércio:** indenização ao locatário será feita em uma ação autônoma (art. 26 do DL n° 3.365/1941). **8. Juros compensatórios:** desapropriação pelo Poder Público sem prévia indenização. **9. Juros moratórios:** atraso no pagamento da indenização (art. 100, § 5°, da CF). **10. Cabimento dos juros moratórios:** devidos a partir do trânsito em julgado da sentença, segundo a Súmula n° 70 do STJ.

Capítulo 6

Agentes Públicos

1. CONCEITO

Agente público é a expressão mais ampla, utilizada para se referir a toda pessoa física vinculada, definitiva ou transitoriamente, com ou sem remuneração, ao exercício de uma função pública.

Observe que agente público é uma pessoa física, portanto exclui as pessoas jurídicas.[1]

2. CLASSIFICAÇÃO DOS AGENTES PÚBLICOS

2.1. Agente político

Embora não haja uma uniformidade do conceito de agente político, a doutrina majoritária tem adotado um conceito mais restrito quanto aos agentes políticos, de modo que estes seriam os titulares dos cargos estruturais à organização política do País, ou seja, são os ocupantes dos cargos que compõem o arcabouço constitucional do Estado e, portanto, o esquema fundamental do poder. Sua função é de formadores da vontade superior do Estado.

Dessa forma, a doutrina costuma elencar as seguintes características para os agentes políticos:

1) **investidura** no cargo por **eleição** ou **nomeação** por agentes eleitos;
2) **caráter transitório** na função pública exercida;
3) **decisões políticas** relacionadas, essencialmente, à alocação de recursos orçamentários e à elaboração de políticas públicas.

---

[1] JUSTEN FILHO, Marçal. *Curso de Direito Administrativo*. 9. ed. rev., atual. e ampl. São Paulo: Ed. RT, 2013. p. 871.

2.2. Servidores públicos

Servidores públicos são indivíduos que mantêm um vínculo empregatício com o Estado ou entidades da Administração Indireta, oferecendo serviços em troca de remuneração financiada pelo erário público.

Perceba que essa expressão é espécie de agentes públicos, mas é gênero em relação às categorias a seguir.

2.2.1. Servidores estatutários

São pessoas físicas ocupantes **de cargo** público, contratadas sob o **regime estatutário**.

Nesse sentido, faz-se relevante o art. 37, V, da CR/1988, segundo o qual as funções de confiança, exercidas exclusivamente por servidores ocupantes de cargo efetivo, e os cargos em comissão, a serem preenchidos por servidores de carreira nos casos, condições e percentuais mínimos previstos em lei, destinam-se apenas às atribuições de direção, chefia e assessoramento.

A seguir, uma estruturação acerca do dispositivo constitucional:

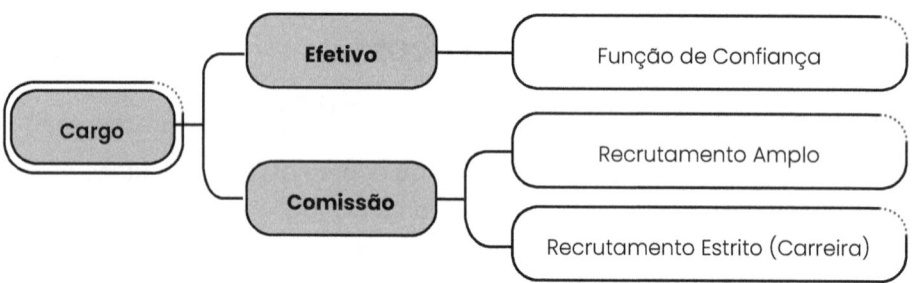

De acordo com o art. 37, V, da CR/1988, há duas categorias de servidores públicos estatutários: os **efetivos e os comissionados**. Os servidores efetivos têm um vínculo permanente com a Administração, de natureza profissional e prazo indeterminado, pois desempenham atividades permanentes de interesse público.

Para se tornar um servidor público efetivo, é necessário ser aprovado em concurso público, seja de provas, seja de provas e títulos, além de preencher os requisitos estabelecidos pela Constituição e pelas leis específicas de cada ente.

É importante destacar que **não existe direito adquirido a um regime jurídico específico**, conforme entendimento do STF. Portanto, durante o vínculo jurídico com o Estado, a relação com o servidor pode ser alterada por meio de lei, desde que obedecidas as disposições constitucionais. Consequentemente, os direitos estabelecidos pelo estatuto dos servidores públicos não são incorporados ao patrimônio desses agentes.

Por sua vez, os cargos comissionados podem ser providos por um **recrutamento amplo ou por um recrutamento estrito**. Para o cargo em comissão de recrutamento amplo, o servidor é selecionado externamente à Administração, sendo designado como "servidor titular de cargo exclusivamente em comissão" pela Constituição. Dessa forma, o indivíduo não tem vínculos prévios com a Administração e passa a ocupar um cargo comissionado.

Quanto ao cargo em comissão no recrutamento estrito, por seu turno, o servidor já ocupa um cargo efetivo e é escolhido para ocupar um cargo em comissão dentro da mesma Administração.

Esses servidores possuem o regime estatutário, aquele estabelecido em uma lei de cada ente federado. Por exemplo, o estatuto da União é a Lei nº 8.112/1990.

Quando nomeados, os servidores estatutários adentram em uma situação jurídica previamente definida, isto é, não há a possibilidade de alteração das normas aplicadas por meio de contrato, mesmo que haja concordância do servidor e da Administração Pública. Em outras palavras, as normas a eles aplicadas são normas de ordem pública, cogentes (obrigatórias), não podendo ser derrogadas pelas partes.

2.2.2. *Empregados públicos*

São pessoas físicas ocupantes de **emprego público** contratadas sob o **regime celetista**, "assim qualificados porque as regras disciplinadoras de sua relação de trabalho são as constantes da Consolidação das Leis do Trabalho" (CARVALHO FILHO, 2013. p. 598).

Perceba-se, portanto, que as regras aplicáveis a esses servidores são as mesmas aplicadas aos empregados da iniciativa privada, salvo as regras necessariamente aplicadas pelo Poder Público, como o concurso público, nos termos do art. 37, II, da CR/1988.

Acerca desses servidores, faz-se importante pontuar o art. 37, § 12, da CR/1988, segundo o qual a aposentadoria concedida com a utilização de tempo de contribuição decorrente de cargo, emprego ou função pública, inclusive do Regime Geral de Previdência Social (RGPS), acarretará o rompimento do vínculo que gerou o referido tempo de contribuição.

Nesse sentido, o STF[2] entendeu que a natureza do ato de demissão de empregado público é constitucional-administrativa e não trabalhista, o que atrai a competência da Justiça comum para julgar a questão. A concessão de aposentadoria aos empregados públicos inviabiliza a permanência no emprego, nos termos do art. 37, § 14, da CR/1988, salvo para as aposentadorias concedidas pelo RGPS até a data de entrada em vigor da Emenda Constitucional (EC) 103/09, nos termos do que dispõe seu art. 6º.

---

[2]   RE 655.283/DF, Rel. Min. Marco Aurélio, Rel. Min. Dias Toffoli, 28.09.2022.

2.2.3. Servidores temporários

Os servidores temporários são aqueles previstos no art. 37, IX, da CR/1988, segundo o qual a lei estabelecerá os casos de contratação por tempo determinado para atender à **necessidade temporária de excepcional interesse público**.

Esses servidores exercem função pública, sem estarem vinculados a cargo ou emprego público. A contratação deles **ocorre por meio de um Processo Seletivo Simplificado** (PSS), que deve observar os princípios da moralidade e da impessoalidade, de acordo com o STF.[3]

Observe que esses servidores são contratados para exercer funções temporárias, por meio de um regime jurídico especial disciplinado em lei de cada ente federado.

Perceba-se que, da leitura do texto constitucional, há o caráter de excepcionalidade de tais agentes públicos. Ademais, de acordo com o STF, na tese de repercussão geral fixada no RE 1.066.677, os servidores temporários não fazem jus a décimo terceiro salário e férias remuneradas acrescidas do terço constitucional, salvo:

I.   expressa previsão legal e/ou contratual em sentido contrário; ou

II. comprovado desvirtuamento da contratação temporária pela Administração Pública, em razão de sucessivas e reiteradas renovações e/ou prorrogações.

Reafirma-se, para fins de repercussão geral, a jurisprudência do STF no sentido de que a contratação por tempo determinado para atendimento de necessidade temporária de excepcional interesse público realizada em desconformidade com os preceitos do art. 37, IX, da CR/1988 **não gera quaisquer efeitos jurídicos válidos em relação aos servidores contratados**, *com exceção do direito à percepção dos salários referentes ao período trabalhado e, nos termos do art. 19-A da Lei nº 8.036/1990, ao levantamento dos depósitos efetuados no FGTS.*[4]

Assim, o STF confirma sua jurisprudência ao entender que não tem direito à indenização de férias-prêmio o servidor estadual cujo vínculo com a Administração Pública, decorrente de lei inconstitucional, foi declarado nulo, por inobservância dos princípios constitucionais que regem o ingresso no serviço público.[5]

O conteúdo jurídico do art. 37, IX, da CR/1988 pode ser resumido, ratificando-se, dessa forma, o entendimento da corte suprema de que, para que se considere válida a contratação temporária, é preciso que: (a) os casos excepcionais estejam previstos em lei; (b) o prazo de contratação seja predeterminado; (c) a necessidade seja temporária; (d) o interesse público seja excepcional; (e) a necessidade de contratação seja indispensável, sendo vedada a contratação para os serviços ordinários permanentes do Estado, e que devam estar sob o espectro das contingências normais da Administração.[6]

---

[3]   RE 635.648. Rel. Min. Edson Fachin, 14.06.2017.

[4]   RE 765.320 RG, Rel. Min. Teori Zavascki, j. 15.09.2016, *DJe* 23.09.2016, Tema 916.

[5]   RE 1.400.775/MG, julgamento finalizado no Plenário Virtual em 15.12.2022.

[6]   RE 658.026, Rel. Min. Dias Toffoli, j. 09.04.2014, *DJe* 31.10.2014, Tema 612.

De acordo com o STF,[7] é inconstitucional norma estadual que, de maneira genérica e abrangente, permite a convocação temporária de servidores sem prévio vínculo com a Administração Pública para suprir vacância de cargo público efetivo. O STF entendeu que a lei do ente federativo regulamentando o art. 37, IX, da CR/1988 não poderá prever hipóteses abrangentes e genéricas de contratações temporárias sem concurso público. Além disso, essa lei deverá especificar a contingência fática que caracteriza a situação de emergência.

Outro entendimento do STF é de que é constitucional que a lei de contratação temporária estabeleça um período de quarentena para a recontratação de um profissional para prestar um mesmo serviço.[8]

O STJ[9] também tem entendimento relevante acerca dos servidores temporários. De acordo com a corte cidadã, a contratação temporária de terceiros para o desempenho de funções do cargo de enfermeiro, em decorrência da pandemia causada pelo vírus Sars-CoV-2, e determinada por decisão judicial, não configura preterição ilegal e arbitrária nem enseja, portanto, direito a provimento em cargo público em favor de candidato aprovado em cadastro de reserva.

Ainda de acordo com o STJ, a norma de edital que impede a participação de candidato em processo seletivo simplificado em razão de anterior rescisão de contrato por conveniência administrativa fere o princípio da razoabilidade. Para a corte, impedir que o candidato participe do processo seletivo simplificado porque, há alguns anos, seu contrato foi rescindido por conveniência administrativa, equivale a impedir, hoje, a sua participação na seleção por mera conveniência administrativa, o que viola o princípio da isonomia e da impessoalidade. A participação de determinado candidato em concurso ou seleção pública não se insere no âmbito da discricionariedade do gestor.[10]

2.3. Militar

Os militares são as pessoas físicas que prestam serviços às Forças Armadas, isto é, à Marinha, ao Exército e à Aeronáutica, além daqueles que prestam serviços às polícias militares e aos corpos de bombeiro dos estados. Estes são os chamados militares dos estados, do Distrito Federal e dos territórios.

De acordo com o art. 42 da CR/1988, os membros das polícias militares e dos corpos de bombeiros militares, instituições organizadas com base na hierarquia e disciplina, são militares dos estados, do Distrito Federal e dos territórios.

---

[7] ADI 5.267/MG, Rel. Min. Luiz Fux, 15.04.2020.

[8] No RE 635.648, o STF fixou a seguinte tese: É compatível com a Constituição Federal a previsão legal que exija o transcurso de 24 (vinte e quatro) meses, contados do término do contrato, antes de nova admissão de professor temporário anteriormente contratado.

[9] RMS 65.757/RJ, Segunda Turma, Rel. Min. Mauro Campbell Marques, j. 04.05.2021, *DJe* 10.05.2021.

[10] RMS 67.040-ES, Segunda Turma, Rel. Min. Herman Benjamin, por unanimidade, j. 23.11.2021.

Importante observar que a Constituição estendeu aos militares estaduais o direito de seu tempo de contribuição federal, estadual ou municipal ser contado para efeito de aposentadoria e o tempo de serviço correspondente para efeito de disponibilidade.

Ademais, o art. 142, § 3º, da CR/1988 estabelece que os membros das Forças Armadas são denominados militares, aplicando-se-lhes, além das que vierem a ser fixadas em lei, as seguintes disposições:

a) O militar em atividade que tomar posse em cargo ou emprego público civil permanente, ressalvada a hipótese prevista no art. 37, XVI, *c*, será transferido para a reserva, nos termos da lei.

b) Ao militar são proibidas a sindicalização e a greve.

c) Aplicam-se ao militar as regras do teto remuneratório.

d) Aplica-se também a vedação a vinculação ou equiparação de quaisquer espécies remuneratórias para o efeito de remuneração de pessoal do serviço público.

e) Ademais, aplica-se a regra constitucional que afirma que os acréscimos pecuniários percebidos por servidor público não serão computados nem acumulados para fins de concessão de acréscimos ulteriores.

2.4. Particulares em colaboração com o Poder Público

2.4.1. Agentes honoríficos

São aqueles que exercem **função pública relevante (múnus público)**, em caráter transitório, convocados, designados ou nomeados para cumprir objetivos cívicos, culturais, educacionais, recreativos ou de assistência social, como o mesário eleitoral, o jurado e os conscritos.

2.4.2. Agentes delegados

São os destinatários de **função específica**, realizando-a em nome próprio, tal como ocorre com os serventuários da Justiça em serventias (cartórios) extrajudiciais. Ademais, são agentes delegados os leiloeiros, os tradutores juramentos e os intérpretes públicos.

2.4.3. Gestores de negócios públicos

São aqueles que, espontaneamente, assumem determinada função pública em momento de calamidades públicas ou emergências.

2.4.4. Agentes credenciados

São aqueles que recebem a incumbência de representar a Administração em determinado evento ou na prática de determinada atividade, mediante remuneração. Ex.: advogado estrangeiro que representa a União em um processo no exterior.

Existe, ainda, a classificação dos **agentes de fato**, os quais, mesmo sem serem investidos na função pública de forma regular, exercem uma função pública.

Os agentes de fato "são particulares que não possuem vínculos válidos com o Estado, mas desempenham funções públicas com a intenção de satisfazer o interesse público. São os particulares que exercem função pública sem a investidura prévia e válida" (OLIVEIRA, 2017. p. 678).

Por óbvio, tais agentes desempenham uma função pública de caráter excepcional, sem qualquer enquadramento legal, mas possível de ocorrer na Administração.

Perceba-se que os agentes de fato não se confundem com a usurpação de função pública, uma vez que aqueles exercem a função pública de boa-fé, ao passo que, na usurpação, há a má-fé do sujeito.

Podem ser divididos em dois grupos:

a) agentes necessários;

b) agentes putativos.

Os primeiros, conforme Carvalho Filho, "são aqueles que praticam atos e executam atividades em situações excepcionais, como, por exemplo, as de emergência, em colaboração com o Poder Público". Por sua vez, os segundos, consoante o mesmo autor, "são os que desempenham uma atividade pública na presunção de que há legitimidade, embora não tenha havido investidura dentro do procedimento legalmente exigido" (CARVALHO FILHO, 2013. p. 593).

Em relação aos efeitos dos atos praticados pelos agentes putativos, existe grande divergência na doutrina. Há quem afirme que os atos produzidos por esses agentes são válidos perante 3º de boa-fé. Contudo, existe doutrina que afirma que são atos inexistentes, afinal há a chamada usurpação de função pública, considerada crime nos termos do art. 328 do Código Penal.[11]

Tipos de agentes de fato	Descrição
Agentes necessários	São particulares que desempenham atividades públicas em situações excepcionais, como em casos de emergência, em colaboração com o Poder Público.
Agentes putativos	São particulares que desempenham atividades públicas na presunção de que há legitimidade, embora não tenha havido investidura dentro do procedimento legalmente exigido.

---

[11] Art. 328 – Usurpar o exercício de função pública:
Pena – detenção, de três meses a dois anos, e multa.
Parágrafo único – Se do fato o agente aufere vantagem:
Pena – reclusão, de dois a cinco anos, e multa.

2.5. Notários e registradores

Os serviços extrajudiciais são considerados serviços públicos e são fiscalizados pelo Poder Judiciário de cada estado-membro. São exercidos em caráter privado por meio de delegação do Poder Público, e apenas pessoas físicas aprovadas em concurso público de provas e títulos podem assumir essas funções.

O profissional que exerce atividades de notas e de protesto de títulos recebe a denominação de tabelião ou notário, enquanto o profissional que atua em serviços de registro é chamado de oficial de registro ou registrador. Ambos são considerados profissionais do direito e têm fé pública, pois são responsáveis pelo exercício da atividade notarial e de registro.

Para ingressar nessas carreiras, é necessário ser aprovado em concurso público, e a investidura como titular de serviço de notas ou de registros sem prévia aprovação em concurso é nula, conforme estabelece o art. 236, § 3º, da CR/1988.

3. ARTIGOS CONSTITUCIONAIS IMPORTANTES

Art. 37, I a VIII

I – Os cargos, empregos e funções públicas são acessíveis aos brasileiros que preencham os requisitos estabelecidos em lei, assim como aos estrangeiros, na forma da lei

Acerca desse dispositivo, importante a decisão do STF, segundo a qual editais de concurso público não podem estabelecer restrição a pessoas com tatuagem, salvo situações excepcionais, em razão de conteúdo que viole valores constitucionais, como aquelas que prejudiquem a disciplina e a boa ordem, sejam extremistas, racistas, preconceituosas ou que atentem contra a instituição. A cláusula de edital que estabeleça a restrição de tatuagens violaria os princípios constitucionais da isonomia e da razoabilidade.[12]

A Lei nº 8.112/1990, em seu art. 5º, I, afirma que a nacionalidade brasileira é requisito para provimento para cargo público. Contudo, a própria lei estabelece que professores de universidades federais podem ser estrangeiros. Nesse sentido, o STF fixou tese de repercussão geral no sentido de "o candidato estrangeiro tem direito líquido e certo à nomeação em concurso público para provimento de cargos de professor, técnico e cientista em universidades e instituições de pesquisa científica e tecnológica federais, nos termos do art. 207, § 1º, da Constituição Federal, salvo se a restrição da nacionalidade estiver expressa no edital do certame com o exclusivo objetivo de preservar o interesse público e desde que, sem prejuízo de controle judicial, devidamente justificada".

---

[12] STF, RE 898.450, Rel. Min. Luiz Fux, 17.08.2016.

Ponto relevante acerca das exigências de requisitos para nomeação refere-se ao entendimento do STJ.[13] De acordo com a corte, a exigência dos requisitos previstos em edital para nomeação em cargo público não pode ser afastada por legislação posterior mais benéfica ao candidato. Nesse sentido, imagine que uma secretaria estadual tenha lançado edital para a abertura de concurso público destinado ao provimento de cargo que tinha os seus requisitos disciplinados por lei estadual, exigindo bacharelado superior, em qualquer curso de nível devidamente complementado com especialização em administração ou em gestão pública.

Contudo, sobreveio lei estadual que reestruturou a carreira, modificando tanto a nomenclatura desse cargo quanto os seus requisitos mínimos, passando a exigir meramente uma graduação em geral, suplementada por Curso de Especialização em Administração ou Gestão Pública.

De acordo com o STJ, a Administração Pública, ao publicar o edital do concurso, baseando-se na lei à época vigente, para seleção de candidatos, anuncia a existência de vagas disponíveis, expõe os requisitos que devem ser cumpridos pelos candidatos – podendo estipular critérios de diferenciação entre os participantes, desde que previstos em lei, e cláusulas de barreira, para classificação ou para eliminação de candidatos –, criando expectativas a serem satisfeitas, em caso de aprovação, e descreve as regras e os procedimentos que serão adotados durante o processo de seleção.

Assim, a entrada em vigor de nova legislação, em momento posterior ao edital do certame e à homologação do concurso, não pode ter aplicabilidade ao concurso público já realizado e homologado, seja para prejudicar, seja para beneficiar o candidato, em face da isonomia entre os participantes, só podendo a novel legislação ser aplicada aos concursos abertos após a sua vigência.

II – A investidura em cargo ou emprego público depende de aprovação prévia em concurso público de provas ou de provas e títulos, de acordo com a natureza e a complexidade do cargo ou emprego, na forma prevista em lei, ressalvadas as nomeações para cargo em comissão declarado em lei de livre nomeação e exoneração

É importante observar que não existe concurso público somente de título. É necessário que ocorra PROVA.

Ainda, vale pontuar entendimentos sumulados do STF e do STJ. De acordo com a **Súmula Vinculante nº 43** do STF, é inconstitucional toda modalidade de provimento que propicie ao servidor investir-se, sem prévia aprovação em concurso público destinado ao seu provimento, em cargo que não integra a carreira na qual anteriormente investido. Nesse sentido, aplicando a súmula, o STF também entendeu ser inconstitu-

---

[13] AgInt no RMS 61.658-RS, Segunda Turma, Rel. Min. Mauro Campbell Marques, por unanimidade, j. 10.05.2022.

cional a equiparação de carreira de nível médio a outra de nível superior, de modo que constituiria ascensão funcional, vedada pelo art. 37, II, da CR/1988.[14]

Ademais, enfrentando o dispositivo constitucional, a corte suprema entendeu que a mudança de regime celetista para estatutário antes da CR/1988 não viola a Súmula Vinculante nº 43, uma vez que a ausência de prévia submissão a concurso, antes do advento da Constituição Federal de 1988, não impede a modificação do regime a que está subordinado o servidor nessa situação.[15]

Por outro lado, o STF tem entendimento de que a exigência de diploma de nível superior, promovida por legislação estadual, para determinado cargo – que anteriormente tinha o nível médio como requisito de escolaridade – não viola o princípio do concurso público, previsto no art. 37, II, da CR/1988, nem as normas constitucionais sobre competência legislativa, nos termos dos arts. 22, I, e 24, XVI e § 4º, da CR/1988.[16]

Também relevante é a **Súmula Vinculante nº 44 do STF**, segundo a qual só por lei se pode sujeitar a exame psicotécnico a habilitação de candidato a cargo público.

A **Súmula nº 683 do STF**, por seu turno, afirma que o limite de idade para a inscrição em concurso público só se legitima em face do art. 7º, XXX, da Constituição, quando possa ser justificado pela natureza das atribuições do cargo a ser preenchido. Especificamente, é preciso ainda diferenciar o momento de comprovação da idade mínima e da idade máxima que podem ser exigidas em concurso. A **idade mínima** deve ser comprovada no momento da **posse**. Por outro lado, a **idade máxima** deve ser comprovada no momento da **inscrição** do concurso.

Ademais, a **Súmula nº 14 do STF** estabelece não ser admissível, por ato administrativo, restringir, em razão da idade, inscrição em concurso para cargo público.

Já a **Súmula nº 684** do STF entende que é inconstitucional o veto não motivado à participação de candidato a concurso público.

Por sua vez, a **Súmula nº 266 do STJ** entende que o diploma ou habilitação legal para o exercício do cargo deve ser exigido na posse, e não na inscrição para o concurso público.

Contudo, observe que, recentemente, o STF, em julgado publicado no *Informativo* 821, afirma que a comprovação do triênio de atividade jurídica exigida para o ingresso no cargo de juiz substituto, nos termos do art. 93, I, da CR/1988, deve ocorrer no momento da inscrição definitiva no concurso público.

Além disso, importante analisar o caso de uma servidora gestante ocupante de cargo em comissão. Como se sabe, o cargo em comissão é de livre nomeação e exoneração, mas a gestante tem direito à estabilidade provisória. Diante desse conflito,

---

[14] STF, ADI 3.199, Tribunal Pleno, Rel. Min. Roberto Barroso, j. 20.04.2020, processo eletrônico *DJe*-117 divulg. 11.05.2020, public. 12.05.2020.

[15] Rcl 31.953, Rel. Min. Gilmar Mendes, dec. monocrática, j. 24.09.2018, *DJe* 204 26.09.2018.

[16] ADI 7.081/BA, Rel. Min. Edson Fachin, julgamento virtual finalizado em 21.09.2022.

o STF ponderou e concluiu que a Administração Pública não pode exonerar servidora gestante, ainda que esta ocupe cargo exonerável *ad nutum*.[17]

Outro ponto relevante consiste no fato de a nomeação tardia de candidatos aprovados em concurso público, por meio de ato judicial, à qual atribuída eficácia retroativa, não gerar direito às promoções ou às progressões funcionais que alcançariam caso houvesse ocorrido, a tempo e modo, a nomeação.[18]

Nesse mesmo sentido, o candidato nomeado tardiamente por força de decisão judicial não tem direito à contagem retroativa do tempo de serviço e aos demais efeitos funcionais ou previdenciários a partir da data em que deveria ter sido nomeado. A investidura no cargo, por meio da nomeação, seguida da posse e do efetivo exercício, é que gera o direito às prerrogativas funcionais inerentes ao cargo público, sob pena de enriquecimento ilícito.[19]

Mais um ponto essencial a ser estudado é a possibilidade de realização das etapas de concurso em datas e horários distintos, por razões religiosas. O STF, no RE 611.874.

Ademais, o mesmo entendimento foi fixado pelo STF no que tange à fixação de critérios alternativos para regular o exercício dos deveres funcionais de servidores, em razão de questões religiosas.

Importante ainda pontuar que, de acordo com o STF, é inconstitucional norma que prevê isenção de taxa de inscrição para servidores públicos em concurso público.

A igualdade não se limita apenas à igualdade perante a lei mas também inclui uma dimensão material de justiça social. No entanto, a isenção da taxa de inscrição em concursos públicos estaduais é concedida somente aos servidores públicos, criando uma disparidade. Isso não visa fornecer acesso igualitário a pessoas desfavorecidas economicamente. Ao conceder a isenção aos servidores públicos, o Estado amplia a desvantagem daqueles que não podem pagar a taxa, restringindo o acesso ao concurso público. A porta de entrada para o concurso público deve ser igualmente acessível a todos, e medidas que promovam a igualdade de acesso são válidas. A categoria beneficiada não é impedida pelo pagamento da taxa, e essa medida não visa promover a igualdade substancial ou mitigar desigualdades na sociedade.[20]

Por outro lado, o STF,[21] enfrentando a legislação do estado de Santa Catarina, Lei nº 11.289/1999, entendeu que isenção da taxa de inscrição em concursos públicos para candidatos de baixa renda não viola o princípio da isonomia à diferenciação entre os candidatos, para fins de pagamento da contraprestação financeira para participação no certame, com fundamento em sua renda declarada.

[17] STF, RE 420.839/DF, Rel. Min. Dias Toffoli, j. 26.04.2012.
[18] STF, RE 629.392, Rel. Min. Marco Aurélio, j. 08.06-2017, *DJe* 01.02.2018, Tema 454.
[19] STF, RE 655.265-AgR, Rel. Min. Luiz Fux, j. 05.04.2019, *DJe* 02.05.2019.
[20] ADI 3.918, Rel. Min. Dias Toffoli, j. 16.05.2022, *DJe* 09.06.2022.
[21] STF, ADI 2.177/SC, Rel. Min. Gilmar Mendes, j. 04.10.2019.

Outro entendimento relevante do STF refere-se ao fato de que **não ofende o princípio do concurso público a mera mudança da denominação do cargo público efetivo, quando ausente efetiva transformação ou transposição de um cargo no outro**. Assim, entende o STF que, para que a reestruturação de cargos seja considerada adequada diante do princípio do concurso público, **é necessária a presença simultânea de três requisitos fundamentais**: (i) a similitude entre as atribuições dos cargos envolvidos; (ii) a identidade dos requisitos de escolaridade entre os cargos; e (iii) a equivalência salarial entre eles.[22]

Nesse sentido, o STF fixou, nesse mesmo julgado, o entendimento de que é constitucional a instituição de órgãos, funções ou carreiras especiais para consultoria e assessoramento jurídicos do Poder Legislativo ou do Poder Judiciário estaduais, admitindo-se a representação judicial extraordinária apenas nos casos em que o Poder estadual correspondente precise defender em juízo, em nome próprio, sua autonomia, prerrogativas e independência em face dos demais poderes.[23]

Outro julgado relevante do STF refere-se à transposição de emprego público para o quadro estatutário sem prévia aprovação em concurso público. Para a corte, **é inconstitucional** dispositivo de Constituição estadual que permite transposição, absorção ou aproveitamento de empregado público no quadro estatutário da Administração Pública estadual sem prévia aprovação em concurso público, nos termos do art. 37, II, da Constituição Federal. Nesse sentido, a exigência de realização de concurso público encontra seu fundamento no postulado da isonomia de acesso a cargos públicos e na concretização dos princípios da moralidade administrativa e da impessoalidade.[24]

Também se faz importante pontuar que, de acordo com o STF,[25] "É inconstitucional – por violar regra expressa no art. 236, § 3º,[26] da CR/1988 – norma que estabelece a mo-

---

[22] ADI 6.433/PR, Rel. Min. Gilmar Mendes, julgamento virtual finalizado em 31.03.2023.

[23] O STF reconhece a validade da estruturação de órgãos e carreiras especiais voltados à consultoria e ao assessoramento jurídicos de assembleias legislativas e tribunais de justiça estaduais, bem assim a possibilidade de instituição de carreiras especiais para a representação judicial dos aludidos entes despersonalizados nas situações em que precisem praticar em juízo, em nome próprio, atos processuais na defesa de sua autonomia, prerrogativas e independência em face dos demais poderes (1). Nas hipóteses em que admitida, a atividade de representação judicial extraordinária a ser desempenhada pelos órgãos, funções ou carreiras especiais deve permanecer devidamente apartada da atividade-fim do poder estadual ao qual vinculados. A constitucionalidade da prática pressupõe o atendimento de normas de procedimento destinadas a garantir a efetiva observância do regramento constitucional da advocacia pública, sobretudo o princípio da moralidade administrativa (art. 37 da CR/1988) e as normas que regem o exercício da advocacia de Estado (arts. 131 a 133 da CR/1988). Nesse sentido, para evitar potenciais conflitos de interesse incompatíveis com a administração da Justiça, os estados devem observar a diretriz do art. 28, IV, da Lei 8.906/1994 (Estatuto da OAB), segundo a qual a advocacia é incompatível com as atividades desenvolvidas pelos ocupantes de cargos ou funções vinculadas à atividade jurisdicional do Poder Judiciário.

[24] RE 1.232.885/AP, Rel. Min. Nunes Marques, julgamento virtual finalizado em 12.04.2023.

[25] ADC 14/DF, Rel. Min. Rosa Weber, julgamento virtual finalizado em 1º.09.2023.

[26] "§ 3º O ingresso na atividade notarial e de registro depende de concurso público de provas e títulos, não se permitindo que qualquer serventia fique vaga, sem abertura de concurso de

dalidade de concurso de remoção na titularidade dos serviços notariais e de registro apenas por avaliação de títulos".

III – O prazo de validade do concurso público será de até dois anos, prorrogável uma vez, por igual período

Acerca desse dispositivo, atente-se que a prorrogação é ato discricionário da autoridade competente. Ademais, importante salientar que, de acordo com o STF,[27] não é possível a nomeação de candidato após expirado o prazo de validade do concurso.

IV – Durante o prazo improrrogável previsto no edital de convocação, aquele aprovado em concurso público de provas ou de provas e títulos será convocado com prioridade sobre novos concursados para assumir cargo ou emprego, na carreira

A expressão "prazo improrrogável" deve ser interpretada extensivamente, de acordo com o STF.[28] Dessa forma, será entendida como o prazo dentro do qual o concurso público tem validade. Nesse sentido, conforme o STF,[29] o direito do candidato aprovado em concurso público de provas, ou de provas e títulos, ostenta duas dimensões: (1) o implícito direito de ser recrutado segundo a ordem descendente de classificação de todos os aprovados (concurso é sistema de mérito pessoal) e durante o prazo de validade do respectivo edital de convocação (que é de dois anos, prorrogável, apenas uma vez, por igual período); (2) o explícito direito de precedência que os candidatos aprovados em concurso anterior têm sobre os candidatos aprovados em concurso imediatamente posterior, contanto que não escoado o prazo daquele primeiro certame, ou seja, desde que ainda vigente o prazo inicial ou o prazo de prorrogação da primeira competição pública de provas, ou de provas e títulos.

V – As funções de confiança, exercidas exclusivamente por servidores ocupantes de cargo efetivo, e os cargos em comissão, a serem preenchidos por servidores de carreira nos casos, condições e percentuais mínimos previstos em lei, destinam-se apenas às atribuições de direção, chefia e assessoramento

A Emenda Constitucional nº 19/1988 trouxe clareza ao determinar que apenas servidores efetivos podem exercer funções de confiança e que a lei deve estabelecer os casos, as condições e os percentuais mínimos dos cargos em comissão a serem preenchidos por servidores de carreira.

O STF estabeleceu, no RE 1.041.210, parâmetros para a criação de cargos em comissão. Observe a tese de repercussão geral fixada:

a) A criação de cargos em comissão somente se justifica para o exercício de funções de direção, chefia e assessoramento, não se prestando ao desempenho de atividades burocráticas, técnicas ou operacionais.

---

provimento ou de remoção, por mais de seis meses".

27   ARE 899.816 AgR, Segunda Turma, Rel. Min. Dias Toffoli, j. 07.03.2017, *DJe* 24.03.2017.
28   RE 192.568, Rel. Min. Marco Aurélio. 23/04/1996.
29   ADI 2.931, Rel. Min. Ayres Britto, j. 24.02.2005, *DJ* 29.09.2006.

b) Tal criação deve pressupor a necessária relação de confiança entre a autoridade nomeante e o servidor nomeado.

c) O número de cargos comissionados criados deve guardar proporcionalidade com a necessidade que eles visam suprir e com o número de servidores ocupantes de cargos efetivos no ente federativo que os criar.

d) As atribuições dos cargos em comissão devem estar descritas, de forma clara e objetiva, na própria lei que os instituir.

VI – É garantido ao servidor público civil o direito à livre associação sindical

A Constituição da República garante aos servidores públicos civis o direito à sindicalização, enquanto, aos servidores públicos militares, há vedação expressa, conforme dispõe o art. 142, § 3º, IV, da CR/1988.

VII – O direito de greve será exercido nos termos e nos limites definidos em lei específica

O direito de greve está estabelecido em uma norma constitucional de eficácia limitada, ou seja, precisa da edição de uma lei para gerar os seus plenos efeitos. Contudo, como é sabido, a lei de greve da iniciativa pública não existe. A despeito disso, os servidores públicos podem realizar o direito de greve, pois irão utilizar, por analogia, a lei de greve da iniciativa privada. Nesse momento, o STF adotou a teoria concretista geral.

Ainda, sobre o direito de greve, observe que, de acordo com o STF,[30] o seu exercício não caracteriza abandono de cargo, pois não configura falta injustificada.

O Supremo Tribunal Federal também fixou entendimento de que a Justiça Comum Federal ou estadual é competente para julgar a abusividade de greve de servidores públicos celetistas da Administração direta, das autarquias e das fundações de direito público.[31]

Outro ponto importante consiste na possibilidade de desconto dos dias não trabalhados em razão da greve. Em recente julgamento, no RE 693.456/2016, o STF ratificou entendimento de que a Administração Pública deve proceder ao desconto dos dias de paralisação decorrentes do exercício do direito de greve pelos servidores públicos, em virtude da suspensão do vínculo funcional que dela decorre, permitida a compensação em caso de acordo. O desconto será, contudo, incabível se ficar demonstrado que a greve foi provocada por conduta ilícita do Poder Público.

Nesse sentido, o Supremo Tribunal Federal afirmou que o gestor é obrigado a descontar os dias de paralisação, não havendo margem de discricionariedade. Trata-se, portanto, de ato vinculado. Caso não haja o desconto dos dias paralisados, isso representará enriquecimento sem causa dos servidores que não trabalharam; violação ao princípio da indisponibilidade do interesse público; violação ao princípio da legalidade.

---

30 STF, ADI 3.235/2010, Rel. Min. Carmén Lúcia, 13.06.2018.

31 STF, RE 846.854, Rel. p/ o Ac. Min. Alexandre de Moraes, j. 01.08.2017, *DJe* 07.02.2018, Tema 544.

Ademais, a compensação dos dias e das horas paradas ou mesmo o parcelamento dos descontos poderão ser objeto de negociação, uma vez que se encontram dentro das opções discricionárias do administrador. Ressalte-se, entretanto, que não há uma obrigatoriedade de a Administração aceitar a compensação. Trata-se, portanto, de ato discricionário.

Por sua vez, o STJ, no RMS 49.339-SP, **afirmou que** não se mostra razoável a possibilidade de desconto em parcela única sobre a remuneração do servidor público dos dias parados e não compensados provenientes do exercício do direito de greve.

Na verdade, trata-se de tema que deve ser entendido com ponderações. De acordo com o STJ, há a necessidade de ser verificada a razoabilidade e a proporcionalidade do ato que determina o desconto em parcela única desses dias na remuneração, principalmente diante do pedido do servidor para que o desconto seja feito de forma parcelada. Portanto, pode ser possível, diante do caso concreto, o desconto em parcela única, desde que haja razoabilidade nesse ato.

A respeito dos descontos, o STJ[32] ainda possui entendimento de que a impossibilidade de obtenção dos registros acerca dos dias não trabalhados ou das horas compensadas não pode se tornar um óbice para descontar os dias não trabalhados pelos servidores públicos em decorrência de greve.

Ainda, consoante o STF, o exercício do direito de greve, sob qualquer forma ou modalidade, é vedado aos policiais civis e a todos os servidores públicos que atuem diretamente na área de segurança pública. É obrigatória a participação do Poder Público em mediação instaurada pelos órgãos classistas das carreiras de segurança pública, nos termos do art. 165 do CPC, para vocalização dos interesses da categoria.[33]

Outro julgado relevante do STF refere-se à possibilidade de Decreto regular ações da Administração diante da greve de servidores. De acordo com o STF, o decreto do Poder Executivo que regula as ações a serem tomadas pelos órgãos desse poder diante de greves dos servidores públicos não viola a Constituição Federal. Essas ações podem incluir convocação para que os grevistas retornem ao trabalho, instauração de processo disciplinar, desconto na remuneração e contratação temporária de servidores. É importante destacar que esse tipo de regulamentação não diz respeito ao direito de greve, que deve ser regulamentado por lei federal, mas, sim, à atuação da própria Administração Pública.

O STF ainda reforça que o decreto do governador, que disciplina as consequências administrativas, disciplinares ou não, da paralisação, com base na premissa de ilegalidade da greve devido à falta de lei complementar federal, não viola a competência privativa da União para regulamentar, por meio de lei complementar, os termos

---

[32]   Pet 12.329-DF, Rel. Min. Francisco Falcão, Primeira Seção, por unanimidade, j. 27.09.2023, publicado em 02.10.2023.

[33]   STF, ARE 654.432, Rel. p/ o Ac. Min. Alexandre de Moraes, j. 05.04.2017, *DJe* 11.06.2018, Tema 541.

e os limites do direito de greve e do que é considerado indispensável para o exercício legítimo desse direito.

Ademais, o STF[34] entende que são constitucionais o compartilhamento, mediante convênio, com estados, Distrito Federal ou municípios, da execução de atividades e serviços públicos federais essenciais, e a adoção de procedimentos simplificados para a garantia de sua continuidade em situações de greve, paralisação ou operação de retardamento promovidas por servidores públicos federais. De acordo com o STF, nessa hipótese, não se criam cargos nem se autoriza contratação temporária. Tampouco se delegam atribuições de servidores públicos federais a servidores públicos estaduais, ou se autoriza a investidura em cargo público federal sem a aprovação prévia em concurso público. O que se tem é o compartilhamento da execução da atividade ou serviço para garantia da continuidade do serviço público em situações excepcionais ou temporárias, motivo pelo qual a medida será encerrada ao término daquelas circunstâncias.

VIII – A lei reservará percentual dos cargos e empregos públicos para as pessoas portadoras de deficiência e definirá os critérios de sua admissão

Nesse sentido, importantes são as Súmulas nº 377 e nº 552, ambas do STJ. De acordo com a Súmula nº 377, o **portador de visão monocular tem direito de concorrer**, em concurso público, **às vagas reservadas** aos deficientes.

Por sua vez, a Súmula nº 552 estabelece que o **portador de surdez unilateral não se qualifica como pessoa com deficiência** para o fim de disputar as vagas reservadas em concursos públicos. No que se refere à surdez unilateral, importante observar a publicação da Lei nº 14.768 de 22 de dezembro de 2023, que considerou como deficiência a deficiência auditiva a limitação de longo prazo da audição, unilateral total ou bilateral parcial ou total, a qual, em interação com uma ou mais barreiras, obstrui a participação plena e efetiva da pessoa na sociedade, em igualdade de condições com as demais pessoas. Dessa forma, há a superação da Súmula nº 552 do STJ.

O STF decidiu que não será possível reservar vagas para pessoas com deficiência em concursos com poucas vagas, em que não seja possível alcançar os percentuais máximo e mínimo definidos em lei.[35]

Outro ponto a ser aqui discutido, embora se trate de cotas para negros e pardos, é o julgamento da ADC nº 41/DF, no qual o STF declarou a constitucionalidade dos critérios de autodeclaração e heteroidentificação para o reconhecimento do direito de disputar vagas reservadas pelo sistema de cotas. Entretanto, lê-se, no voto do relator, Ministro Roberto Barroso, que esses dois critérios serão legítimos, uma vez que viabilizem o controle de dois tipos possíveis de fraude que, se verificados, comprometem a

---

[34]   ADI 4.857/DF, Rel. Min. Carmén Lúcia, 17.03.2022.
[35]   STF, MS 26.310/DF, Rel. Min. Marco Aurélio, 20.09.2007.

política afirmativa de cotas: dos "candidatos que, apesar de não serem beneficiários da medida, venham a se autodeclarar pretos ou pardos apenas para obter vantagens no certame"; e também da "própria Administração Pública, caso a política seja implementada de modo a restringir o seu alcance ou a desvirtuar os seus objetivos". Também aduziu, em seu voto, que "devem ser garantidos os direitos ao contraditório e à ampla defesa, caso se entenda pela exclusão do candidato".

Depreende-se que, nos procedimentos destinados a selecionar quem tem ou não direito a concorrer às vagas reservadas, tanto as declarações dos candidatos quanto os atos dos entes que promovem a seleção devem se sujeitar a algum tipo de controle.

A autodeclaração é controlada pela Administração Pública mediante comissões preordenadas para realizar a heteroidentificação daqueles que se lançam na disputa; o reexame da atividade administrativa poderá ser feito pelos meios clássicos de controle administrativo, como a reclamação, o recurso administrativo e o pedido de reconsideração.

Assim, deve-se entender, em consonância com a orientação que se consolidou no Supremo, que a exclusão do candidato pelo critério da heteroidentificação, seja pela constatação de fraude, seja pela aferição do fenótipo, seja por qualquer outro fundamento, exige o franqueamento do contraditório e da ampla defesa.[36]

O STF decidiu a favor da reserva de vagas para negros em concursos públicos, com base na necessidade de superar o racismo estrutural e institucional na sociedade brasileira e garantir a igualdade material. A medida não viola os princípios do concurso público e da eficiência, pois a reserva de vagas para negros não os isenta da aprovação no concurso público. A reserva observa o princípio da proporcionalidade em sua tríplice dimensão. Além de atender à igualdade formal e material, atende a uma terceira dimensão da igualdade: a igualdade como forma de reconhecimento. A ideia de ter símbolos de sucesso, ascensão e acesso a cargos importantes para as pessoas pretas e pardas tem o papel de influenciar a autoestima das comunidades negras. O pluralismo e a diversidade também tornam qualquer ambiente melhor e mais rico.

Outro ponto fundamental é a decisão do STF na ADI 6.476/DF. Fixou a suprema corte que: (i) é inconstitucional a interpretação que exclui o direito de candidatos com deficiência à adaptação razoável em provas físicas de concursos públicos; (ii) é inconstitucional a submissão genérica de candidatos com e sem deficiência aos mesmos critérios em provas físicas, sem a demonstração da sua necessidade para o exercício da função pública.

De acordo com o STF, a exclusão da previsão de adaptação das provas físicas para candidatos com deficiência viola o bloco de constitucionalidade composto da Constituição Federal e da Convenção Internacional sobre os Direitos das Pessoas com

---

36   STJ, RMS 62.040-MG, Segunda Turma, Rel. Min. Herman Benjamin, por unanimidade, j. 17.12.2019, *DJe* 27.02.2020.

Deficiência (CDPD) – Decreto Legislativo 186/2008 –, incorporada à ordem jurídica brasileira com o status de Emenda Constitucional, na forma do art. 5º, § 3º, da CR/1988.[37]

4. APOSENTADORIA

Em relação ao regime de aposentadoria dos servidores públicos, é preciso observar que existem dois regimes de aposentadoria, quais sejam, o Regime Geral de Previdência Social (RGPS) e o Regime Próprio de Previdência Social (RPPS).

O RGPS aplicar-se-á aos empregados pertencentes, em regra, à iniciativa privada e regidos pela CLT. Ademais, em termos de Direito Administrativo, os servidores estatutários ocupantes exclusivamente de cargo em comissão, os empregados públicos e os servidores temporários, inclusive mandato eletivo, estarão sujeitos ao Regime Geral de Previdência Social, nos termos do art. 40, § 13, da CR/1988.

Nesse sentido, de acordo com o STF,[38] viola o art. 40, *caput* e § 13, da Constituição Federal a instituição, por meio de lei estadual, de um regime previdenciário específico para os agentes públicos não titulares de cargos efetivos. Para o STF, é competência concorrente da União, dos estados e do Distrito legislar sobre previdência social, nos termos do art. 24, XII, da CR/1988. Aos estados e ao Distrito Federal compete legislar sobre previdência social dos seus respectivos servidores, no âmbito de suas respectivas competências e especificamente para os servidores titulares de cargo efetivo, sempre em observância às normas gerais editadas pela União.

Por sua vez, o RPPS aplicar-se-á aos servidores titulares de cargos efetivos e aos servidores titulares de cargo em comissão do recrutamento estrito. Nesse sentido, o art. 40 da CR/1988 estabelece que o regime próprio de previdência social dos servidores titulares de cargos efetivos terá *caráter contributivo e solidário*, mediante contribuição do respectivo ente federativo, de *servidores ativos, de aposentados e de pensionistas*, observados critérios que preservem o equilíbrio financeiro e atuarial.

Nesse sentido, o **caráter contributivo** refere-se ao fato de o RPPS ser mantido por meio de contribuições feitas pelos servidores ativos, os aposentados, os pensionistas e o próprio ente público instituidor do Regime Próprio. Por sua vez, "a solidariedade em relação ao regime está a indicar que a contribuição previdenciária não se destina apenas a assegurar benefício ao contribuinte e à sua família, mas, ao contrário, assume objetivo também de caráter social, exigindo-se que pessoas já beneficiadas pelo regime continuem tendo a obrigação de pagar a contribuição previdenciária, agora não mais para o exercícios de direito próprio, mas sim em favor do sistema do qual são integrantes, ainda que já tenham conquistado seu direito pessoal" (CARVALHO FILHO, 2013. p. 690).

---

[37]   ADI 6.476/DF, Rel. Min. Roberto Barroso, julgamento virtual finalizado em 03.09.2021.
[38]   STF, ADI 7.198/PA, Plenário, Rel. Min. Alexandre de Moraes, j. 28.10.2022, *Info* 1.074.

4.1. Modalidades de aposentadoria

Nos termos do art. 40, §§ 1º e 4º, da CR/1988, admitem-se quatro modalidades de aposentadoria, quais sejam:

a) por incapacidade permanente;

b) compulsória;

c) voluntária;

d) especial.

4.1.1. Aposentadoria por incapacidade permanente

De acordo com o art. 40, § 1º, I, da CR/1988, a aposentadoria em questão ocorre por incapacidade permanente para o trabalho, no cargo em que o servidor estiver investido, quando insuscetível de readaptação, hipótese em que será obrigatória a realização de avaliações periódicas para verificação da continuidade das condições que ensejaram a concessão da aposentadoria, na forma de lei do respectivo ente federativo.

4.1.2. Aposentadoria compulsória

Essa modalidade de aposentadoria ocorrerá quando o servidor atingir a **idade de 70 anos, ou aos 75 anos de idade, na forma da lei complementar**. Essa lei complementar é a Lei Complementar nº 152, de 3 de dezembro de 2015.

Perceba que não há escolha ao servidor nem à Administração, de forma que, completado o requisito de idade, deve haver a aposentadoria compulsória, de modo que os proventos serão proporcionais ao tempo de contribuição.

Importante entendimento do STJ de que **não é aplicável a regra da aposentadoria compulsória por idade na hipótese de servidor público que ocupe exclusivamente cargo em comissão**. Com efeito, a regra prevista no art. 40, § 1º, II, da CR/1988, cujo teor prevê a aposentadoria compulsória do septuagenário, destina-se a disciplinar o regime jurídico dos servidores efetivos, não se aplicando aos servidores em geral. Assim, ao que ocupa exclusivamente cargo em comissão, aplica-se, conforme determina o § 13 do art. 40 da CR/1988, o regime geral de previdência social, no qual não é prevista a aposentadoria compulsória por idade.[39]

Por sua vez, de acordo com o STF, a aposentadoria compulsória não se aplica aos notários e registradores, conforme a Ação Direta de Inconstitucionalidade nº 2.602.

---

[39] STJ, RMS 36.950-RO, Rel. Min. Castro Meira, *DJe* 26.04.2013, *Informativo* 523.

4.1.3. Aposentadoria voluntária

No âmbito da União, a aposentadoria voluntária ocorrerá:

- se mulher, aos 62 (sessenta e dois) anos;
- se homem, aos 65 (sessenta e cinco) anos.

No âmbito dos estados, do Distrito Federal e dos municípios, na idade mínima estabelecida mediante emenda às respectivas constituições e leis orgânicas, observados o tempo de contribuição e os demais requisitos estabelecidos em lei complementar do respectivo ente federativo, conforme dispõe o art. 40, § 1º, III, da CR/1988.

Ademais, de acordo com o art. 40, § 19, da CR/1988, observados critérios a serem estabelecidos em lei do respectivo ente federativo, o servidor titular de cargo efetivo que tenha completado as exigências para a aposentadoria voluntária e que opte por permanecer em atividade poderá fazer jus a um **abono de permanência** equivalente, no máximo, ao valor da sua contribuição previdenciária, até completar a idade para aposentadoria compulsória.

Os ocupantes do cargo de professor terão idade mínima reduzida em 5 (cinco) anos em relação às idades, desde que comprovem tempo de efetivo exercício das funções de magistério na educação infantil e no ensino fundamental e médio fixado em lei complementar do respectivo ente federativo, conforme dispõe o art. 40, § 5º, da CR/1988.

Observe que o STF, por meio da Súmula nº 726, entendeu que não se computará o tempo de serviço prestado fora da sala de aula. Contudo, a Lei de Diretrizes e Bases da Educação (Lei nº 9.394/1996) estabeleceu que as atribuições de direção de unidade escolar e as de coordenação e assessoramento pedagógico também fazem jus ao benefício constitucional, e o próprio STF entendeu correta essa interpretação.

4.1.4. Aposentadoria especial

Nos termos do art. 40, § 4º, da CR/1988, é vedada a adoção de requisitos ou critérios diferenciados para concessão de benefícios em regime próprio de previdência social, ressalvado o disposto nos §§ 4º-A, 4º-B, 4º-C e 5º.

Assim, os requisitos diferenciados poderão ser estabelecidos por **lei complementar** do respectivo ente federativo, como idade e tempo de contribuição diferenciados para aposentadoria:

- de servidores com deficiência, previamente submetidos a avaliação biopsicossocial realizada por equipe multiprofissional e interdisciplinar;
- de ocupantes do cargo de agente penitenciário, de agente socioeducativo ou de policial;
- de servidores cujas atividades sejam exercidas com efetiva exposição a agentes químicos, físicos e biológicos prejudiciais à saúde, ou associação desses agentes, vedada a caracterização por categoria profissional ou ocupação.

Nesse sentido, o STF entende que é formalmente constitucional lei complementar – cujo processo legislativo teve origem parlamentar – que contenha regras de caráter nacional sobre a aposentadoria de policiais. Para a corte, não há que se falar em violação das alíneas do art. 61, § 1º, II, da CR/1988, pois "a iniciativa reservada, por constituir matéria de direito estrito, não se presume e nem comporta interpretação ampliativa, na medida em que, por implicar limitação ao poder de instauração do processo legislativo, deve necessariamente derivar de norma constitucional expressa e inequívoca". Assim, é constitucional a adoção – mediante lei complementar – de requisitos e critérios diferenciados em favor dos policiais para a concessão de aposentadoria voluntária.[40]

Modalidade de aposentadoria	Requisitos
Incapacidade permanente	Incapacidade permanente para o trabalho, no cargo em que o servidor estiver investido, quando insuscetível de readaptação.
Compulsória	Servidor atingir a idade de 70 anos ou 75 anos, na forma da lei complementar.
Voluntária	– Mulher: 62 anos de idade. – Homem: 65 anos de idade. Estado/DF/municípios – observados o tempo de contribuição e os demais requisitos estabelecidos em lei complementar do respectivo ente federativo.
Especial	Requisitos diferenciados poderão ser estabelecidos por lei complementar do respectivo ente federativo: – Servidores com deficiência, previamente submetidos a avaliação biopsicossocial realizada por equipe multiprofissional e interdisciplinar. – Ocupantes do cargo de agente penitenciário, de agente socioeducativo ou de policial. – Servidores cujas atividades sejam exercidas com efetiva exposição a agentes químicos, físicos e biológicos prejudiciais à saúde, ou associação desses agentes, vedada a caracterização por categoria profissional ou ocupação.

5. REGIME REMUNERATÓRIO

5.1. Regimes remuneratórios em espécie

Os regimes remuneratórios em espécie são: (1) a remuneração; (2) os vencimentos; e (3) o subsídio.

---

[40] ADI 5.241/DF, Rel. Min. Gilmar Mendes, julgamento virtual finalizado em 27.08.2021.

A expressão **remuneração** é entendida em sentido amplo, como toda e qualquer forma remuneratória paga a um servidor público.

Por sua vez, os **vencimentos** referem-se ao vencimento-base, acrescido de vantagens pecuniárias. Nesse ponto, faz-se necessário estudar o inciso XIV do art. 37 da Constituição, segundo o qual os acréscimos pecuniários percebidos por servidor público não serão computados nem acumulados para fins de concessão de acréscimos ulteriores.

No contexto dos vencimentos, importante pontuar as Súmulas Vinculantes nº 16 e nº 15 do STF. De acordo com a Súmula Vinculante nº 16, os arts. 7º, IV, e 39, § 3º (redação da EC 19/1998), da Constituição referem-se ao total da remuneração percebida pelo servidor público. Nesse sentido, o que a súmula propõe é que o total da remuneração do servidor não pode ser inferior ao salário mínimo. O vencimento-base pode ser inferior ao salário mínimo desde que o total não o seja.

Por sua vez, a Súmula Vinculante nº 15 estabelece que o cálculo de gratificações e outras vantagens do servidor público não incide sobre o abono utilizado para se atingir o salário mínimo. Trata-se da mesma ideia de que os acréscimos pecuniários não serão computados nem acumulados para fins de acréscimos ulteriores – o cálculo de acréscimos e outras vantagens não recairá sobre o abono caso seja usado o abono para ser atingido o salário mínimo.

O **subsídio** é a remuneração paga aos **agentes políticos** e aos **membros de poder** consistente numa **parcela única** na qual é **vedado** o acréscimo de qualquer outra *parcela remuneratória*. Todavia, ao subsídio é possível acrescer as parcelas de **caráter indenizatório**, bem como também é possível acrescer alguns direitos constitucionais, como décimo terceiro salário e terço de férias.

Nesse sentido, o STF já se posicionou que o art. 39, § 4º, da CR/1988 não é incompatível com o pagamento de terço de férias e o décimo terceiro salário. Isso porque o regime de subsídio é incompatível apenas com o pagamento de outras parcelas remuneratórias de natureza mensal, o que não é o caso do décimo terceiro e das férias, que são verbas pagas a todos os trabalhadores e servidores, com periodicidade anual. Por outro lado, a verba de representação não poderá ser paga a quem perceba subsídio, pois tem natureza remuneratória, independentemente de a lei atribuir-lhe nominalmente natureza indenizatória.[41] O STF também já legitimou o pagamento de horas extras realizadas que ultrapassem a quantidade remunerada pela parcela única.[42]

Em outro julgado relevante, o STF[43] decidiu pela constitucionalidade de uma lei estadual que previa o pagamento de gratificação aos servidores que realizarem atividades além de suas funções ordinárias, em adição ao subsídio que já recebem.

---

[41] RE 650.898, Rel. p/ o Ac. Min. Roberto Barroso, j. 01.02.2017, *DJe* 24.08.2017, Tema 484.
[42] ADI 5.404/DF, Rel. Min. Roberto Barroso, julgamento virtual finalizado em 03.03.2023.
[43] STF, ADI 4.941/AL, Plenário, *Informativo* 947.

Essas atividades envolvem um conteúdo ocupacional estranho ao cargo e, portanto, poderiam ser remuneradas com uma gratificação sem violar o art. 39, § 4º, da Constituição Federal de 1988. Contudo, caso haja um duplo pagamento pelo exercício das mesmas funções normais do cargo, essa gratificação seria considerada inconstitucional.

Para o STF,[44] é inconstitucional – por violar o art. 39, § 4º, da CR/1988, haja vista o caráter de indevido acréscimo remuneratório – norma estadual que prevê adicional de "auxílio-aperfeiçoamento profissional" aos seus magistrados.

Passada a análise dos regimes remuneratórios em espécie, faz-se importante analisar entendimentos do STF. De acordo com essa corte, a ausência de critérios mínimos e razoáveis para concessão do benefício, especialmente a incorporação da vantagem, decorrente da continuidade do pagamento após o exercício da função, caracteriza concessão graciosa de vantagem remuneratória e, consequentemente, privilégio injustificado, que, além de não atender ao interesse público, é inconciliável com o ideal republicano e a moralidade.[45]

Outra importante decisão do STF fixou o entendimento de que o art. 7º, XVII, da CR/1988 assegura ao trabalhador o gozo de férias anuais remuneradas com, pelo menos, um terço a mais do que o salário normal, sem limitar o tempo da sua duração, razão pela qual esse adicional deve incidir sobre todo o tempo de descanso previsto em lei. Nesse sentido, o direito também se estende ao servidor público por força do art. 39, § 3º, da CR/1988. Nesse contexto, caso a legislação garanta 45 dias de férias anuais para os respectivos professores, o acréscimo de 1/3 há de incidir sobre o valor pecuniário a ele correspondente, sendo incabível sua restrição ao período de apenas 30 (trinta) dias, em respeito ao princípio da legalidade. Assim, fixou o STF que o **adicional de 1/3 (um terço) previsto no art. 7º, XVII, da Constituição Federal incide sobre a remuneração relativa a todo período de férias**.[46]

Também se faz necessário o estudo de alguns dispositivos constitucionais. O art. 39, § 8º, da CR/1988 prevê que servidores organizados em carreira **podem** perceber subsídio.

Igualmente importante o art. 39, § 9º, da CR/1988, que estabelece ser **vedada a incorporação** de vantagens de caráter temporário ou vinculadas ao exercício de função de confiança ou de cargo em comissão à remuneração do cargo efetivo.

O art. 37, XII, estabelece que os **vencimentos do Poder Judiciário e do Poder Legislativo não poderão ser superiores aos pagos pelo Poder Executivo**, exceto nos casos de cargos idênticos ou assemelhados. Já o art. 37, XIII, **veda a vinculação ou equiparação** de quaisquer espécies remuneratórias para o efeito de remuneração de pessoal.

---

[44] ADI 5.407/MG, Rel. Min. Alexandre de Moraes, julgamento finalizado em 30.06.2023.
[45] STF, ADI 2.821, Rel. Min. Alexandre de Moraes, j. 20.12.2019, *DJe* 26.02.2020.
[46] RE 1.400.787/CE, julgamento finalizado no Plenário Virtual em 15.12.2022.

A vinculação ocorre quando se condiciona o aumento de uma carreira inferior ao de uma carreira superior, enquanto a equiparação acontece entre cargos de mesma hierarquia, mas de estruturas diferentes, como cargos técnicos em tribunais regionais do trabalho e tribunais regionais eleitorais.

Nesse contexto, o STF entendeu que a vinculação do valor do subsídio dos deputados estaduais ao *quantum* estipulado pela União aos deputados federais é incompatível com o princípio federativo e com a autonomia dos entes federados, conforme dispõe o art. 18, *caput*, da CR/1988. Assim, fixou a corte que o subsídio dos deputados estaduais deve ser fixado por lei em sentido formal, nos termos do art. 27, § 2º, da CR/1988.[47]

Além disso, a Súmula Vinculante nº 42 do Supremo Tribunal Federal estabelece que é inconstitucional a vinculação do reajuste de vencimentos de servidores estaduais ou municipais a índices federais de correção monetária. Essa medida impede que a remuneração dos servidores seja atrelada a índices que não consideram a realidade econômica local.

É inconstitucional – tendo em vista a vedação expressa do art. 37, XIII, da CF/1988, a autonomia federativa e a exigência de lei específica para reajustes – a vinculação ou equiparação entre agentes públicos de entes federativos distintos para obtenção de efeitos remuneratórios.[48] Nesse sentido, normas estaduais que vinculam os subsídios de seus magistrados, membros do Ministério Público e do Tribunal de Contas àqueles pagos aos ministros do STF está em desacordo com a jurisprudência do STF. Entretanto, é possível interpretar as normas no sentido de que a referência a 90,25% do subsídio do ministro do STF, para fins de cálculo do subsídio, corresponde a um valor fixo resultante da incidência desse percentual sobre o valor do subsídio mensal dos ministros do STF vigente à época da publicação da lei, vedando-se a extensão automática de reajustes posteriores concedidos no âmbito da União. Por outro lado, a mera sistematização da hierarquia salarial entre classes de uma mesma carreira, através do escalonamento vertical de seus subsídios, não configura vinculação ou equiparação.

Também é preciso enfrentar a jurisprudência consolidada do STF de que cargos de caráter temporário e transitório não podem fazer jus a benefícios de caráter permanente. Nesse sentido, o STF entende que a **concessão de pensão vitalícia à viúva, à companheira e a dependentes de prefeito, vice-prefeito e vereador, falecidos no exercício do mandato, não é compatível com a Constituição Federal**. Para a Corte, os cargos políticos do Poder Legislativo e do Poder Executivo municipal têm caráter temporário e transitório, motivo pelo qual **não se justifica a concessão de qualquer benefício a ex-ocupante do cargo de forma permanente**, sob pena de afronta aos princípios da impessoalidade, da moralidade pública e da responsabilidade com gastos públicos.[49]

---

[47] ADI 6.437/MT, Rel. Min. Rosa Weber, julgamento virtual finalizado em 28.05.2021.
[48] ADI 7.264/TO, Rel. Min. Roberto Barroso, julgamento virtual finalizado em 19.05.2023.
[49] ADPF 764/CE, Rel. Min. Gilmar Mendes, julgamento virtual finalizado em 27.08.2021.

5.2. Princípios do regime remuneratório

5.2.1. Princípio da estrita legalidade (art. 37, X, da CR/1988)

A remuneração e os subsídios somente **podem ser alterados ou fixados por lei específica**.

Nesse sentido, importante a Súmula Vinculante nº 37 do STF, que dispõe que não cabe ao Poder Judiciário, que não tem função legislativa, aumentar vencimentos de servidores públicos sob o fundamento de isonomia.

Essa súmula vale tanto para verba de caráter remuneratório quanto para verbas de caráter indenizatório.

Ademais, atente-se que o STF fixou tese de que não cabe ao Poder Judiciário, sob o fundamento de isonomia, conceder retribuição por substituição a advogados públicos federais em hipóteses não previstas em lei.[50]

Não ofende a Constituição a correção monetária no pagamento com atraso dos vencimentos de servidores públicos, nos termos da Súmula nº 682 do STF.

Por fim, a fixação de vencimentos dos servidores públicos não pode ser objeto de convenção coletiva, conforme dispõe a Súmula nº 679, também do STF.

5.2.2. Princípio da revisão anual (art. 37, X, da CR/1988)

Anualmente, na mesma data e sem distinção de índices, os servidores terão direito a uma revisão geral das suas remunerações.

Para que essa revisão anual aconteça, é necessária também uma lei específica. O objetivo da revisão geral anual é proteger a remuneração do servidor contra a inflação.

A revisão geral anual da remuneração dos servidores públicos, de acordo com o STF,[51] depende, cumulativamente, de dotação na Lei Orçamentária Anual e de previsão na Lei de Diretrizes Orçamentárias.

Importante questão sobre o tema é a decisão do Supremo Tribunal Federal, no RE 565.089, que fixou, em tese de repercussão geral, que o não encaminhamento de projeto de lei de revisão anual dos vencimentos dos servidores públicos, previsto no inciso X do art. 37 da Constituição Federal de 1988, não gera direito subjetivo a indenização. Deve o Poder Executivo, no entanto, se pronunciar, de forma fundamentada, acerca das razões pelas quais não propôs a revisão.

5.2.3. Princípio da irredutibilidade das remunerações

De acordo com a Constituição Federal de 1988, as remunerações são irredutíveis, exceto em casos específicos, como o desconto do imposto de renda, da contribuição sindical, da contribuição previdenciária, entre outros.

---

[50]   ADI 5.519/DF, Rel. Min. Roberto Barroso, julgamento virtual finalizado em 17.02.2023.

[51]   STF, RE 905.357, Rel. Min. Edson Fachin, Rel. p/ Acórdão Min. Teori Zavascki, *DJe* 27.11.2015.

No entanto, é importante destacar que a irredutibilidade prevista na Constituição é nominal, ou seja, o número da remuneração não pode ser reduzido. Em outras palavras, o valor real da remuneração não é protegido pela Constituição, levando em conta o poder de compra da moeda. Essa interpretação foi estabelecida pelo Supremo Tribunal Federal.

Relevante discussão realizada no STF (RE 1.237.867) se referiu ao direito à redução da jornada de trabalho do servidor público que tenha filho ou dependente com deficiência. Para o STF, é plenamente legítima a aplicação do art. 98, §§ 2º e 3º, da Lei nº 8.112/1990 aos servidores de estados e municípios, diante do princípio da igualdade substancial, previsto na Constituição Federal e na Convenção Internacional sobre o Direito das Pessoas com Deficiência.

Em outra importante decisão, o STF, na ADI 2.238, declarou inconstitucional qualquer interpretação de dispositivos da Lei de Responsabilidade Fiscal (Lei Complementar nº 101/2000) que permita a redução de vencimentos de servidores públicos para a adequação de despesas com pessoal.

5.3. Teto remuneratório

O conceito de teto remuneratório para os agentes públicos refere-se ao máximo que pode ser pago a eles. No entanto, existem **verbas que não incidem no teto**, ou seja, não são contabilizadas para o cálculo do limite salarial. Entre essas verbas, estão as de **caráter indenizatório**, como o auxílio-moradia, **o salário de empresas públicas e sociedades de economia mista que não recebam verbas públicas para pagamento de despesa de pessoal e para o custeio em geral**,[52] bem como **os direitos constitucionais**, como o terço de férias e as horas extras.

É importante ressaltar que, em relação às verbas indenizatórias, não é suficiente que a lei apenas estabeleça expressamente o pagamento como tal. É necessário que haja a natureza de indenização ao agente público no exercício do cargo. Portanto, mesmo que a lei defina uma verba como indenizatória, se ela tiver natureza remuneratória, haverá a sua inclusão no teto remuneratório.

Os tetos remuneratórios em espécie estão definidos no art. 37, XI, da Constituição Federal de 1988. O teto geral, que é o teto para a União, é o subsídio mensal em espécie pago aos ministros do Supremo Tribunal Federal. Por sua vez, o teto para os municípios é o subsídio mensal em espécie pago aos prefeitos. Para os estados, o teto remuneratório varia de acordo com o poder. No Poder Executivo, é o subsídio mensal em espécie pago ao governador; no Poder Legislativo, é o subsídio mensal em espécie pago ao deputado estadual; e, no Poder Judiciário, é o subsídio mensal em espécie pago ao desembargador, que será de até 90,25% do teto do STF.

---

[52] ADI 6.584/DF, Rel. Min. Gilmar Mendes, j. 21.05.2021: o teto constitucional remuneratório não incide sobre os salários pagos por empresas públicas e sociedades de economia mista, e suas subsidiárias, que não recebam recursos da Fazenda Pública.

Especialmente, no que tange ao teto dos desembargadores do TJ, há o entendimento do STF que afastou a limitação dos "até 90,25% do que percebe o ministro do STF" para o desembargador do TJ porque, de acordo com o STF, o Poder Judiciário é uno, de modo que o teto do desembargador do TRF pode ser de até 100% do que percebe o ministro do STF. Dessa forma, não há razão para diferenciar o teto do desembargador do TJ e do TRF.

Importante também pontuar o entendimento de que **é incompatível com a Constituição da República Emenda à Constituição estadual que institui, como limite remuneratório único dos servidores públicos estaduais, o valor do subsídio dos ministros do STF**. Para a Corte, de acordo com o modelo constitucional vigente, os estados-membros devem observar o sistema dos subtetos aplicáveis no âmbito de cada um dos Poderes ou optar por instituir um limite remuneratório único para os servidores estaduais, que será o do desembargador do TJ.[53]

Ainda, cabe ressaltar que membros do Ministério Público, defensores públicos e procuradores também estão sujeitos ao teto do desembargador do TJ. Nesse ponto, conforme o STF, a expressão "Procuradores", contida na parte final do inciso XI do art. 37 da Constituição da República, compreende os procuradores municipais, uma vez que estes se inserem nas funções essenciais à Justiça, estando, portanto, submetidos ao teto de 90,25% (noventa inteiros e vinte e cinco centésimos por cento) do subsídio mensal, em espécie, dos ministros do STF.[54]

Vale observar, igualmente, o art. 37, § 12, da CR/1988, segundo qual emenda à Constituição do estado ou à Lei Orgânica do Distrito Federal **poderá estabelecer como teto único** o subsídio mensal em espécie pago ao desembargador, que não se aplicaria ao deputados estaduais e aos vereadores.

Outro entendimento fundamental refere-se à ADI 6.811/PE, que estabelece que o teto remuneratório aplicável aos servidores municipais, excetuados os vereadores, é o subsídio do prefeito municipal. Esse julgado não supera o entendimento fixado para o teto dos procuradores municipais, uma vez que, para os procuradores, o Supremo entendeu que também é o teto do desembargador do TJ. Ao enfrentar essa ADI e falar que o teto remuneratório aplicado aos servidores municipais é o subsídio do prefeito, o Supremo está se referindo aos servidores em geral, excetuando os vereadores que têm teto próprio (que é o teto dos deputados estaduais, de acordo com o número de habitantes) e os procuradores, com base no julgado anterior.

O STF ainda tem entendimento segundo o qual é constitucional, **desde que observado o teto remuneratório**, norma estadual que destina aos procuradores estaduais honorários advocatícios incidentes na hipótese de quitação de dívida ativa em decorrência da utilização de meio alternativo de cobrança administrativa ou de protesto de título.[55]

---

[53] ADI 6.746/RO, Rel. Min. Rosa Weber, julgamento virtual finalizado em 28.05.2021.
[54] STF, RE 663.696/MG, Plenário, Rel. Min. Luiz Fux, j. 28.02.2019, *Info* 932.
[55] ADI 5.910/RO, Rel. Min. Dias Toffoli, julgamento virtual finalizado em 27.05.2022.

5.4. Acumulação remunerada

O acúmulo remunerado[56] de cargos é **vedado** pela Constituição Federal, **exceto** em algumas situações específicas. Nos termos do art. 37, XVI, são exceções permitidas para o exercício acumulado: (1) dois cargos de professor; (2) um cargo de professor somado a outro técnico ou científico; e (3) dois cargos de profissionais da área da saúde, desde que tenham profissões regulamentadas.

Outra exceção permitida constitucionalmente refere-se ao cargo de vereador em conjunto com um cargo ou emprego público.

Perceba-se que a Constituição trata do chamado cargo técnico ou científico. Para o STJ, cargo técnico ou científico é aquele que exige conhecimento especializado na área de atuação do profissional, seja de nível superior, seja profissionalizante. Dessa forma, o STJ entendeu possível a acumulação de um cargo público de professor com outro de intérprete e tradutor da Língua Brasileira de Sinais (Libras).

Para que seja possível essa acumulação remunerada, a Constituição exige o **respeito ao teto remuneratório**, bem como que haja **compatibilidade de horários**.

No que se refere ao respeito ao teto remuneratório, o STF entende que, nos casos autorizados constitucionalmente de acumulação de cargos, empregos e funções, a incidência do art. 37, XI, da Constituição Federal pressupõe consideração de cada um dos vínculos formalizados, afastada a observância do teto remuneratório quanto ao somatório dos ganhos do agente público.[57] Por outro lado, o STF fixou, no RE 602.584, em tese de repercussão geral que, ocorrida a morte do instituidor da pensão em momento posterior ao da Emenda Constitucional nº 19/1998, o teto constitucional previsto no inciso XI do art. 37 da Constituição Federal incide sobre o somatório de remuneração ou provento e pensão percebida por servidor.

Assim, perceba que, quando houver acumulação de remuneração ou de proventos de aposentadoria, o teto será analisado individualmente, e não pelo somatório. Entretanto, quando a acumulação for de remuneração ou proventos com pensão por morte, o teto remuneratório incidirá pelo somatório.

Por sua vez, no que se refere à compatibilidade de horários, o STF[58] e o STJ[59] têm entendimentos consolidados no sentido de que, havendo compatibilidade de horários, verificada no caso concreto, a existência de norma infraconstitucional limitadora de jornada semanal de trabalho não constitui óbice ao reconhecimento da cumulação

[56] O STJ (AgInt no Recurso Especial 1.672.212-SE) entendeu que a acumulação remunerada de cargo de dedicação exclusiva com atividade remunerada configuraria ato de improbidade administrativa que violaria princípios. Todavia, com a superveniência da Lei nº 14.230/21, esse entendimento está superado.

[57] STF, RE 612.975/MT e RE 602.043/MT, Plenário, Rel. Min. Marco Aurélio, j. 26 e 27.04.2017, repercussão geral, *Info* 862.

[58] STF, ARE 1.246.685 RG, Plenário, Rel. Min. Dias Toffoli, j. 19.03.2020, Tema 1.081, repercussão geral.

[59] REsp 1.746.784/PE, Segunda Turma, Rel. Min. Og Fernandes, j. 23.08.2018, *DJe* 30.08.2018.

de cargos. Logo, de acordo com o STF, não há que se analisar o somatório de carga horária semanal, mas, sim, compatibilidade fática acerca do exercício de dois cargos.

A proibição de acumular estende-se a empregos e funções e abrange autarquias, fundações, empresas públicas, sociedades de economia mista, suas subsidiárias, e sociedades controladas, direta ou indiretamente, pelo Poder Público, conforme o art. 37, XVII, da CR/1988.

Veja o esquema a seguir:

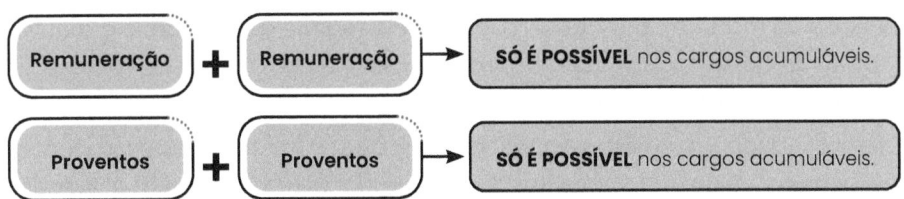

De acordo com o art. **40, § 6°, da CR/1988**, ressalvadas as aposentadorias decorrentes dos cargos acumuláveis na forma dessa Constituição, é vedada a percepção de mais de uma aposentadoria à conta do regime próprio de previdência.

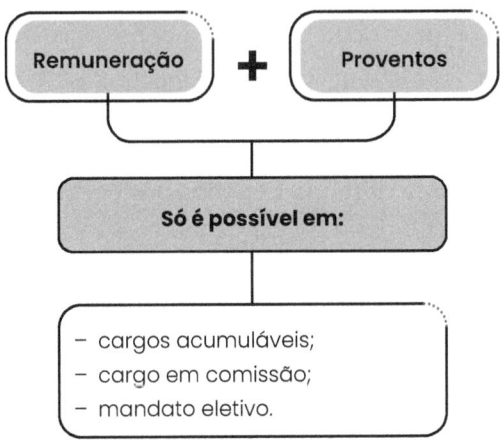

Nesse sentido, consoante o art. 37, § 10, da CR/1988, é vedada a percepção simultânea de proventos de aposentadoria decorrentes do art. 40 ou dos arts. 42 e 142 com a remuneração de cargo, emprego ou função pública, ressalvados os cargos acumuláveis na forma dessa Constituição, os cargos eletivos e os cargos em comissão declarados em lei de livre nomeação e exoneração.

Importante atentar ao caso de um servidor público aposentado submetido ao regime próprio de previdência social. Nesse caso, uma vez aposentado, se esse sujeito passar em concurso público sob o vínculo previdenciário do regime geral de previdência social, não poderá exercer a função vinculada ao regime geral e receber cumulativamente aposentadoria do regime próprio, por ausência de autorização constitucional.

Por outro lado, um servidor público aposentado sob o regime geral que passa em um concurso sob o vínculo do regime próprio vai poder exercer a função e receber cumulativamente os vencimentos do regime geral.

Ainda, é imprescindível pontuar o art. 11 da EC nº 20/1998, segundo o qual a vedação prevista no art. 37, § 10, da Constituição Federal, não se aplica aos membros de poder e aos inativos, servidores e militares, que, até a publicação dessa emenda, tenham ingressado novamente no serviço público por concurso público de provas ou de provas e títulos, e pelas demais formas previstas na Constituição Federal, sendo-lhes proibida a percepção de mais de uma aposentadoria pelo regime de previdência a que se refere o art. 40 da Constituição Federal, aplicando-se-lhes, em qualquer hipótese, o limite de que trata o § 11 deste mesmo artigo.

Exemplificando, um sujeito se aposenta como juiz e faz concurso e vira procurador da república. Logo, é um juiz aposentado e procurador da República em atividade. Com a EC nº 20/1998, isso se torna uma situação vedada, em que não cabe em nenhuma das exceções do § 10. Contudo, essa regra prevista no art. 11 da EC nº 20/1998 permite que esse indivíduo continue desempenhando a função de procurador da República, mesmo após o advento da proibição. Essa permissão é apenas para que o sujeito continue desempenhando aquela função na atividade, pois ele não pode, posteriormente, aposentar-se como procurador da República e receber duas aposentadorias.

Outro ponto relevante refere-se ao entendimento do STF de que, em se tratando de cargos constitucionalmente acumuláveis, descabe aplicar a vedação de acumulação de aposentadorias e pensões contida na parte final do art. 11 da Emenda Constitucional nº 20/1998, porquanto destinada apenas aos casos de que trata, ou seja, aos reingressos no serviço público por meio de concurso público antes da publicação da referida emenda e que envolvam cargos inacumuláveis. Em outras palavras, não há qualquer obstáculo ao recebimento acumulado de dois benefícios de pensão por morte se eles decorrerem de cargos acumuláveis, expressamente previstos no art. 37, XVI, da Constituição Federal.[60]

6. CONCURSO PÚBLICO E SUAS DIVERSAS POLÊMICAS NA JURISPRUDÊNCIA DO STF E DO STJ

6.1. O controle judicial sobre a correção de questões em concurso público

O STF[61] entende que não cabe controle judicial referente à correção das questões em concurso público, uma vez que isso seria controle de mérito, que não pode ser feito pelo Poder Judiciário.

---

[60]   RE 658.999/SC, Rel. Min. Dias Toffoli, julgamento virtual finalizado em 16.12.2022.
[61]   RE 632.853-CE, Rel. Min. Gilmar Mendes.

Cabe apenas controle para se verificar se a matéria cobrada na questão está ou não no programa do edital do concurso, por se tratar, aqui, de controle de legalidade.

Por outro lado, o STJ[62] já decidiu que, mesmo que a banca não tenha anulado a questão, um erro grave no enunciado de uma prova dissertativa constitui uma flagrante ilegalidade que pode ensejar a nulidade da questão.

6.2. O direito subjetivo à nomeação do candidato aprovado dentro do número de vagas e o Cadastro de Reservas

RE 598.099 – Candidato aprovado dentro do número de vagas possui direito subjetivo à nomeação. A Administração Pública está vinculada ao número de vagas previstas no edital. Esse julgado respeita o princípio da segurança jurídica e seu subprincípio da confiança legítima.

No entanto, o STF entendeu que devem ser levadas em conta "situações excepcionalíssimas" que justifiquem soluções diferenciadas devidamente motivadas de acordo com o interesse público. Segundo ele, tais situações devem apresentar as seguintes características: *superveniência* – eventuais fatos ensejadores de uma situação excepcional devem ser necessariamente posteriores à publicação de edital do certame público; *imprevisibilidade* – a situação deve ser determinada por circunstâncias extraordinárias à época da publicação do edital; *gravidade* – os acontecimentos extraordinários e imprevisíveis devem ser extremamente graves, implicando onerosidade excessiva, dificuldade ou mesmo impossibilidade de cumprimento efetivo das regras do edital; crises econômicas de grandes proporções; guerras; fenômenos naturais que causem calamidade pública ou comoção interna; *necessidade* – a Administração somente pode adotar tal medida quando não existirem outros meios menos gravosos para lidar com a situação excepcional e imprevisível.

Todavia, o STJ, no RMS 66.316-SP, entendeu que, para a recusa à nomeação de aprovados dentro do número de vagas em concurso público, devem ficar comprovadas as situações excepcionais elencadas pelo Supremo Tribunal Federal no RE 598.099/MS, **não sendo suficiente a alegação de estado das coisas** – pandemia, crise econômica, limite prudencial atingido para despesas com pessoal –, tampouco o alerta da corte de contas acerca do chamado limite prudencial.

6.3. O direito subjetivo à nomeação e o surgimento de novas vagas durante o prazo de validade

Sobre esse tema, a jurisprudência dos tribunais superiores está longe de um posicionamento pacífico. Veja a seguir os diversos julgados e contradições dos tribunais.

---

[62] RMS 49.896/RS, Segunda Turma, Rel. Min. Og Fernandes, j. 20.04.2017.

6.3.1. RE 837.311/PI, Rel. Min. Luiz Fux, 14.10.2015

O STF destaca que a Administração Pública tem a discricionariedade de avaliar a conveniência e oportunidade de novas convocações durante a validade do concurso. O surgimento de novas vagas durante o prazo de validade de um concurso não gera, automaticamente, o direito à nomeação dos candidatos aprovados fora das vagas do edital. O provimento dos cargos dependerá da análise discricionária da Administração Pública, que deve ser exercida com base na boa-fé e nos princípios da eficiência, da impessoalidade, da moralidade e da proteção da confiança. A aprovação em concurso público só gera direito subjetivo à nomeação em casos específicos, por exemplo, quando ocorre dentro do número de vagas previstas no edital, há preterição na nomeação por inobservância da ordem de classificação ou surgem novas vagas durante a validade do concurso e a Administração Pública deixa o prazo escoar para nomear candidatos de concurso superveniente, o que não ocorreu no caso em questão.

6.3.2. Direito Administrativo. Desistência de candidato aprovado em concurso público dentro ou fora do número de vagas

O candidato aprovado fora do número de vagas previstas no edital de concurso público tem direito subjetivo à nomeação quando o candidato imediatamente anterior na ordem de classificação, aprovado dentro ou fora do número de vagas, for convocado e manifestar desistência. O posicionamento do STJ induz à conclusão de que o candidato constante de cadastro de reserva, ou, naqueles concursos em que não se utiliza essa expressão, aprovado fora do número de vagas previsto no edital, só terá direito à nomeação nos casos de comprovada preterição, seja pela inobservância da ordem de classificação, seja por contratações irregulares. Contudo, deve-se acrescentar e destacar que a desistência de candidatos aprovados dentro do número de vagas previsto no edital do certame é hipótese diversa e resulta em direito do próximo classificado à convocação para a posse ou para a próxima fase do concurso, conforme o caso. É que, nessa hipótese, a necessidade e o interesse da Administração no preenchimento dos cargos ofertados estão estabelecidos no edital de abertura do concurso, e a convocação do candidato que, logo após, desiste, comprova a necessidade de convocação do próximo candidato na ordem de classificação (AgRg no ROMS 48.266-TO, Rel. Min. Benedito Gonçalves, j. 18.08.2015, *DJe* 27.08.2015).

6.3.3. A desistência e a nomeação precisam ocorrer dentro do prazo de validade do concurso

Inexiste direito líquido e certo à nomeação quando a desistência ocorre fora do prazo de validade do concurso. No caso enfrentado pelo STJ, o prazo de validade do concurso findou em 30.06.2019. Nesse passo, verifica-se que as desistências dos dois candidatos mais bem classificados se operaram após o prazo de validade do concurso, visto que ambos foram nomeados em 29.06.2019, e os atos de nomeação foram tornados sem efeito apenas em agosto e setembro de 2019.

6.3.4. Nos casos de preterição de candidato na nomeação em concurso público, o termo inicial do prazo prescricional quinquenal recai na data em que foi nomeado outro servidor no lugar do aprovado no certame

A controvérsia cinge-se a definir acerca do prazo prescricional aplicável, e seu termo *a quo*, nos casos de preterição de nomeação de candidato aprovado em concurso público.

De início, as normas previstas na Lei nº 7.144/1983 aplicam-se meramente a atos concernentes ao concurso público, nos quais não se insere a preterição ao direito público subjetivo de nomeação para o candidato aprovado e classificado dentro do número de vagas ofertadas no edital de abertura, hipótese na qual se aplica o prazo prescricional de cinco anos do Decreto nº 20.910/1932.

Ademais, havendo preterição de candidato em concurso público, o termo inicial do prazo prescricional recai na data em que foram nomeados outros servidores no lugar dos aprovados na disputa.

6.3.5. Inclusão de candidatos aprovados por decisão da Justiça não altera número de vagas em concurso

De acordo com o STJ, a decisão judicial que manda incluir certo candidato ou um grupo de candidatos entre os aprovados em concurso público não implica alteração do número de vagas oferecidas no certame, o qual continua sendo aquele estabelecido no edital, de modo que não há direito à nomeação de outros candidatos que alegariam direito à nomeação.

Entenda a partir do exemplo: O edital do concurso para um cargo previa 20 vagas para nomeação imediata e outras 40 para o cadastro de reserva, sendo uma dessas para pessoa com deficiência. Imagine que cinco candidatos foram incluídos na lista dos aprovados por força de decisões judiciais.

Alegam os candidatos classificados do 61º ao 64º lugar no concurso que o número de vagas teria subido de 60 para 65 após as decisões judiciais. Como quatro candidatos em posição superior à deles foram convocados, mas desistiram de tomar posse, os impetrantes teriam direito à nomeação nessas vagas, pois estariam entre os primeiros 65 colocados da lista.

Todavia, o STJ entende que não há que se falar em direito à nomeação desses candidatos.

6.4. Concurso público e segunda chamada em teste de aptidão física

Os candidatos em concurso público não têm direito a uma segunda chamada nos testes de aptidão física, exceto se houver disposição contrária no edital. No entanto, é considerada constitucional a remarcação do teste físico para candidatas grávidas, mesmo que o edital do concurso não preveja essa possibilidade. A decisão se baseia no entendimento de que a maternidade e a família são direitos fundamentais que vão além dos interesses individuais, e a proteção à gravidez tem respaldo constitucional reforçado. A gravidez não pode causar prejuízo às candidatas, em respeito aos princípios da igualdade e da razoabilidade. O direito ao planejamento familiar é uma decisão livre do casal e está relacionado à privacidade e à intimidade. Dado o longo tempo de duração dos concursos públicos e sua escassez, muitas vezes não é possível conciliar os interesses em jogo. Portanto, a solução adequada é permitir a continuidade do concurso e remarcar o teste físico para as candidatas grávidas em data posterior, reservando o número necessário de vagas. Se a candidata for aprovada, ela deve ser empossada; caso contrário, o candidato subsequente na lista de classificação será empossado.[63]

6.5. Dever de intimar o candidato pessoalmente

STJ, RMS 22.508 e RMS 21.554

A Administração Pública tem o dever de intimar o candidato, pessoalmente, quando há o decurso de tempo razoável entre a homologação do resultado e a data da nomeação, em atendimento aos princípios constitucionais da publicidade e da razoabilidade. Observe que a mesma situação deverá acontecer ainda que no edital não haja norma prevendo a intimação pessoal de candidato.

6.6. Alteração do edital de concurso no decorrer do certame

A jurisprudência do Supremo Tribunal Federal firmou-se no sentido de que **os editais de concursos públicos são inalteráveis no decorrer dos certames, salvo quando alguma alteração se fizer necessária por imposição de lei ou para sanar erro material contido no texto. Permite-se ainda a correção de ambiguidade textual**, nos termos da jurisprudência firmada acerca dos erros meramente materiais, desde que o sentido adotado tenha por base deliberação tomada prévia e publicamente pela comissão organizadora, em momento anterior ao início do próprio certame.

6.7. Direito Administrativo. Posse em cargo público por menor de idade

Ainda que o requisito da idade mínima de 18 anos conste em lei e no edital de concurso público, é possível que o candidato menor de idade aprovado no concurso tome posse no cargo de auxiliar de biblioteca no caso em que ele, possuindo 17 anos e 10 meses na data da sua posse, já havia sido emancipado voluntariamente por seus pais há 4 meses. De fato, o STF consolidou sua jurisprudência quanto à constituciona-

---

[63] RE 1.058.333, Rel. Min. Luiz Fux, j. 23.11.2018, *Informativo* 924, Tema 973.

lidade de limites etários na Súmula n° 683, segundo a qual "O limite de idade para a inscrição em concurso público só se legitima em face do art. 7°, XXX, da Constituição, quando possa ser justificado pela natureza das atribuições do cargo a ser preenchido". No caso em análise, o requisito da idade mínima de 18 anos deve ser flexibilizado pela natureza das atribuições do cargo de auxiliar de biblioteca, tendo em vista que a atividade desse cargo é plenamente compatível com a idade de 17 anos e 10 meses do candidato que já havia sido emancipado voluntariamente por seus pais há 4 meses. Além disso, o art. 5°, parágrafo único, do CC, ao dispor sobre as hipóteses de cessação da incapacidade para os menores de 18 anos – entre elas, a emancipação voluntária concedida pelos pais (caso em análise) e o exercício de emprego público efetivo –, permite o acesso do menor de 18 anos ao emprego público efetivo (REsp 1.462.659-RS, Rel. Min. Herman Benjamin, j. 01.12.2015, *DJe* 04.02.2016).

6.8. Condenados aprovados em concursos públicos podem ser nomeados e empossados

O entendimento firmado pelo Supremo Tribunal Federal, no RE 1.282.553, no que tange à possibilidade de nomeação e posse de condenados em concursos públicos, representa uma interpretação teleológica e sistemática da Constituição Federal e de outros diplomas normativos, como a Lei de Execuções Penais (Lei n° 7.210/1984). O posicionamento do STF evidencia a preocupação em harmonizar os princípios da dignidade da pessoa humana, do valor social do trabalho e da função ressocializadora da pena.

Análise

Direitos Políticos x Direitos Civis e Sociais: segundo o Min. Alexandre de Moraes, a suspensão de direitos políticos não atinge automaticamente os direitos civis e sociais. Nesse sentido, a Constituição Federal, em seu art. 15, III, estabelece que a suspensão dos direitos políticos em decorrência de condenação criminal transitada em julgado restringe-se ao direito de votar e de ser votado.

Dignidade da Pessoa Humana: o art. 1°, III, da Constituição Federal elenca a dignidade da pessoa humana como um dos fundamentos da República Federativa do Brasil. O emprego é uma manifestação dessa dignidade, uma vez que permite ao indivíduo contribuir para a sociedade e para o seu próprio desenvolvimento.

Valor Social do Trabalho: outro fundamento constitucional é o valor social do trabalho, conforme o art. 1°, IV. O trabalho não só possui uma dimensão econômica, mas também uma dimensão social e dignificante.

Ressocialização: o art. 1° da Lei de Execuções Penais determina que a execução penal tem por objetivo efetivar as disposições de sentença ou decisão criminal e proporcionar condições para a harmônica integração social do condenado. Esse objetivo seria mais plenamente alcançado se o condenado tivesse a oportunidade de exercer uma atividade laboral.

Condicionantes: importante notar que o STF estabelece condicionantes para o efetivo exercício do cargo, que estão submetidos à análise do Juízo de Execuções e ao regime da pena. Portanto, o direito à nomeação e posse não é absoluto, mas ponderado em face das circunstâncias.

Conclusão

A decisão do STF é paradigmática no sentido de reforçar uma concepção garantista e humanista do Direito Penal e da execução da pena, em conformidade com os princípios e os fundamentos constitucionais. Além disso, ela pode ter efeitos práticos relevantes no processo de ressocialização dos condenados e na efetivação dos direitos fundamentais.

6.9. É inconstitucional a fixação de critério de desempate em concursos públicos que favoreça candidatos que pertencem ao serviço público de determinado ente federativo[64]

Critério que se revela ilegítimo, pois não assegura a seleção do candidato mais capacitado ou experiente, já que favorece o servidor estadual, em detrimento de servidores federais, municipais e de trabalhadores da iniciativa privada que tenham tempo superior de exercício profissional, além de desvinculado das aptidões necessárias ao cargo a ser provido.

Violação dos princípios constitucionais da isonomia e da impessoalidade. Afronta ao disposto no art. 19, III, da CR/1988, que veda à União, aos estados, ao Distrito Federal e aos municípios a criação de distinções entre brasileiros ou preferências entre si.

7. MAIS JURISPRUDÊNCIA SOBRE AGENTES PÚBLICOS

7.1. Proibição de tatuagem a candidato de concurso público é inconstitucional – RE 898.450/2016

O Supremo Tribunal Federal (STF) decidiu, por maioria, que a proibição de tatuagens a candidatos a cargo público em concursos públicos é inconstitucional, exceto em casos excepcionais que violem valores constitucionais. O relator do caso ressaltou que criar barreiras arbitrárias para o acesso a cargos públicos fere os princípios da isonomia e da razoabilidade. Segundo o ministro, a tatuagem é uma forma de liberdade de expressão e não pode ser considerada uma transgressão aos bons costumes. No entanto, tatuagens que prejudiquem a disciplina, incitem crimes ou violem a ordem podem ser coibidas. As Forças Armadas também vetam tatuagens que transmitam mensagens contrárias à lei e à ordem.

---

[64] ADI 5.358, Rel. Min. Roberto Barroso, j. 30.11.2020, *DJe* 15.12.2020.

7.2. Restituição ao erário dos valores indevidamente recebidos por servidor público

Acerca desse ponto, há diversos julgados do STJ e do STF. A Primeira Seção do STJ, no julgamento do Recurso Especial Representativo da Controvérsia 1.244.182/PB, firmou o entendimento de que não é devida a restituição de valores pagos a servidor público de boa-fé, por força de interpretação errônea ou má aplicação da lei por parte da Administração.

O STJ, no REsp 1.769.306/AL, fixou o entendimento de que os pagamentos indevidos aos servidores públicos **decorrentes de erro administrativo (operacional ou de cálculo)**, não embasado em interpretação errônea ou equivocada da lei pela Administração, **estão sujeitos à devolução**, ressalvadas as hipóteses em que o servidor, diante do caso concreto, comprova sua boa-fé objetiva, sobretudo com demonstração de que não lhe era possível constatar o pagamento indevido.

Outro entendimento da jurisprudência do STJ está no sentido de que, em virtude da natureza alimentar, não é devida a restituição dos valores que, por força de decisão transitada em julgado, foram recebidos de boa-fé, ainda que posteriormente tal decisão tenha sido desconstituída em ação rescisória.

Também se deve perceber que *é devida a restituição ao erário dos valores de natureza alimentar pagos pela Administração Pública a servidores públicos em cumprimento a decisão judicial precária posteriormente revogada*. Não é possível, em tais casos, aplicar o entendimento de que a restituição não seria devida, sob o argumento de que o servidor encontrava-se de boa-fé, porquanto sabedor da fragilidade e provisoriedade da tutela concedida.[65]

Por fim, a jurisprudência do STF[66] afirma a desnecessidade de restituição de parcelas recebidas por decisão judicial posteriormente revogada em razão de mudança da jurisprudência. A orientação ampara-se: (i) na confiança legítima que tinham os beneficiários de a pretensão ser acolhida; e (ii) no lapso temporal transcorrido entre o deferimento da liminar e a sua revogação.

7.3. Informações obtidas por monitoramento de e-mail corporativo de servidor público

As informações obtidas por monitoramento de e-mail corporativo de servidor público não configuram prova ilícita quando relacionadas com aspectos "não pessoais" e de interesse da Administração Pública e da própria coletividade, especialmente quando exista, nas disposições normativas acerca do seu uso, expressa menção da sua destinação somente para assuntos e matérias afetas ao serviço, bem como advertên-

---

[65] EAREsp 58.820-AL, Rel. Min. Benedito Gonçalves, j. 08.10.2014.

[66] STF, MS 32.185 ED, Primeira Turma, Rel. Min. Marco Aurélio, Rel. p/ Acórdão Min. Roberto Barroso, j. 24.10.2017, processo eletrônico *DJe*-169, divulg. 02.08.2019, public. 05.08.2019.

cia sobre monitoramento e acesso ao conteúdo das comunicações dos usuários para cumprir disposições legais ou instruir procedimento administrativo.[67]

7.4. Instauração de PAD (Processo Administrativo Disciplinar) de servidor cedido

A instauração de um processo disciplinar contra um servidor efetivo cedido deve ocorrer, preferencialmente, no órgão em que a suposta irregularidade tenha sido cometida. No entanto, o julgamento e a aplicação de sanção, após o término do período de cessão e com o retorno do servidor ao órgão de origem, devem ser realizados apenas no órgão ao qual o servidor público federal está vinculado. O órgão onde a irregularidade ocorreu tem competência para iniciar o processo disciplinar, facilitando a coleta de provas e a investigação dos fatos. No entanto, uma vez encerrada a cessão e finalizada a relação com o órgão cessionário, cabe ao órgão de origem a aplicação de qualquer penalidade. O órgão cessionário deve rescindir o contrato de cessão e devolver o servidor, enquanto o julgamento e a aplicação da sanção são responsabilidade do órgão de origem. É importante destacar que o julgamento e a aplicação da sanção são considerados um único ato, realizado pela autoridade competente e devidamente publicado de acordo com as disposições do Regime Jurídico Único (RJU).

7.5. Restrição do direito de férias de servidores municipais

No exercício da autonomia legislativa municipal, não pode o município, ao disciplinar o regime jurídico de seus servidores, restringir o direito de férias a servidor em licença-saúde de maneira que inviabilize o gozo de férias anuais previsto no art. 7º, XVII, da Constituição Federal de 1988.

Nesse sentido, de acordo com o STF, lei municipal não pode limitar o direito fundamental de férias do servidor público que gozar, em seu período aquisitivo, de mais de dois meses de licença médica.

O direito ao gozo de férias anuais remuneradas é constitucionalmente assegurado aos trabalhadores urbanos e rurais, nos termos do art. 7º, XVII, da CR/1988 e extensível aos servidores públicos, conforme dispõe o art. 39, § 3º, da CR/1988.

Não é possível inferir ou extrair do texto da Constituição Federal qualquer limitação ao exercício desse direito, de modo que a legislação infraconstitucional não pode fazê-lo.

Portanto, embora a autonomia municipal também seja protegida por disposição constitucional expressa, de acordo com os arts. 18 e 30 da CR/1988, o município não pode, mesmo sob o pretexto de disciplinar o regime jurídico de seus servidores, tornar irrealizável direito fundamental a eles conferido.

---

[67]   STJ, RMS 48.665-SP, Segunda Turma, Rel. Min. Og Fernandes, j. 15.09.2015, *Info* 576.

7.6. Impedimento da aposentadoria voluntária e da exoneração a pedido de servidor estadual que responde a processo administrativo disciplinar[68]

É constitucional norma estadual que impede a exoneração a pedido e a aposentadoria voluntária de servidor que responde a Processo Administrativo Disciplinar (PAD). Contudo, é possível conceder a aposentadoria ao investigado quando a conclusão do PAD não observa prazo razoável.

A Administração Pública não tem o poder de escolher não aplicar penalidades disciplinares quando os fatos se enquadram nas normas nem de estender desproporcionalmente o prazo para a conclusão do processo administrativo. É permitido impor múltiplas sanções quando necessário para cumprir o princípio democrático. A indisponibilidade de bens para ressarcimento do dano ou a possibilidade de inelegibilidade justificam a previsão legal que replica as penalidades aplicáveis aos servidores demitidos. No entanto, o tempo de espera para a conclusão do processo administrativo pode afetar o direito à aposentadoria. Nesses casos, é necessário analisar o motivo real da demora, considerando se ocorreu devido à negligência, à complexidade do caso ou à necessidade de produção de provas, entre outras possibilidades, avaliando o contexto específico.

EM RESUMO:	
1. Conceito	Toda **pessoa física** vinculada, definitiva ou transitoriamente, com ou sem remuneração, ao exercício de uma função pública.
2. Teorias	**1. Teoria do mandato:** agente público exerceria suas funções por meio de um mandato. **2. Teoria da representação:** agente púbico seria um representante do Estado. **3. Teoria do órgão (teoria adotada pelo ordenamento jurídico brasileiro):** agente público faz parte do Estado; onde estiver presente o agente, estará presente o Estado.
3. Classificação dos Agentes Públicos	**1. Agente político:** titulares dos cargos estruturais à organização política. **– Características (doutrina):** **a. investidura** no cargo por **eleição** ou **nomeação** por agentes eleitos;

[68] ADI 6.591/DF, Rel. Min. Edson Fachin, julgamento virtual finalizado em 02.05.2023.

b. caráter transitório na função pública exercida;

c. decisões políticas relacionadas à alocação de recursos orçamentários e elaboração de políticas públicas.

2. Servidores públicos: pessoas físicas com vínculo empregatício com o Estado ou entidades da Administração Indireta, oferecendo serviços em troca de remuneração financiada pelo erário público.

a. Servidores estatutários (art. 37, V, da CF): pessoas físicas ocupantes de cargo público, contratadas sob o **regime estatutário**. Podem ser efetivos ou comissionados.

b. Empregados públicos: pessoas físicas ocupantes de **emprego público** contratadas sob o **regime celetista.**

Servidores temporários (art. 37, IX, da CF): contratação por tempo determinado para atender a **necessidade temporária de excepcional interesse público** (regime jurídico especial disciplinado em lei de cada ente federado).

3. Militar (art. 42 da CF): são os membros das Forças Armadas. Aplica-se a eles as disposições do art. 142, § 3º, da CF.

4. Particulares em colaboração com o Poder Público.

a. Agentes honoríficos: exercem **função pública relevante** em caráter transitório (ex.: mesário eleitoral, jurados).

b. Agentes delegados: destinatários de **função específica**, realizando-a em nome próprio (ex.: leiloeiros, tradutores juramentos e intérpretes públicos).

c. Gestores de negócios públicos: assumem espontaneamente determinada função pública em momento de calamidades públicas ou emergências.

d. Agentes credenciados: recebem a incumbência de representar a Administração em determinado evento ou atividade, mediante remuneração (ex.: advogado estrangeiro que representa a União em um processo no exterior).

e. Agentes de fato: particulares que não possuem vínculos com o Estado, mas desempenham funções públicas com a intenção de satisfazer o interesse público.

5. Notários e registradores (art. 236, § 3º, da CF): exercidos em caráter privado por meio de delegação do Poder Público. Apenas pessoas físicas aprovadas em concurso público podem assumir essas funções.

1. Art. 37, I: a nacionalidade brasileira é requisito para provimento para cargo público mas lei estabelece que professores de universidades federais podem ser estrangeiros.

3. Classificação dos Agentes Públicos

4. Artigos Constitucionais Importantes	**2. Art. 37, II:** a. É inconstitucional provimento que propicie ao servidor investir-se, sem prévia aprovação em concurso público, em cargo que não integra a carreira na qual anteriormente investido **(Súmula Vinculante nº 43 do STF).** b. Só por lei se pode sujeitar a exame psicotécnico a habilitação de candidato a cargo público **(Súmula Vinculante nº 44 do STF)**. c. O limite de idade para a inscrição em concurso público só se legitima se justificado pela natureza das atribuições do cargo a ser preenchido (art. 7º, XXX, da CF), não sendo admissível restringir inscrição em concurso para cargo público em razão da idade via ato administrativo **(Súmula nº 14 do STF).** **3. Art. 37, III:** Prorrogação do **prazo de validade do concurso público** é **ato discricionário** da autoridade competente. Não é possível a nomeação de candidato após expirado o prazo de validade do concurso (STF). **4. Art. 37, IV:** candidato aprovado em concurso público tem direito implícito de ser recrutado segundo a ordem descendente de classificação de aprovados e durante o prazo de validade do edital e direito explícito de precedência em relação aos candidatos aprovados em concurso imediatamente posterior. **5. Art. 37, V:** apenas servidores efetivos podem exercer funções de confiança. **6. Art. 37, VI:** garantia aos servidores públicos civis do direito à sindicalização (vedado aos servidores públicos militares). **7. Art. 37, VII:** o exercício do direito de greve não caracteriza abandono de cargo, pois não configura falta injustificada, mas há possibilidade de desconto dos dias não trabalhados em razão da greve (entendimentos do STF). **8. Art. 37, VIII:** o **portador de visão monocular tem direito de concorrer**, em concurso público, **às vagas reservadas** aos deficientes (Súmula nº 377 STJ), mas o **portador de surdez unilateral não se qualifica como pessoa com deficiência** para o fim de disputar as vagas reservadas (Súmula nº 552 STJ).
5. Estabilidade	**1. Conceito:** direito do servidor de exercer suas atribuições sem perturbações externas. **2. Requisitos (art. 41, CF):** a. três anos de efetivo exercício; b. cargo de provimento efetivo; c. proveniência de concurso público;

5. Estabilidade	d. aprovação em uma avaliação ESPECIAL de desempenho; e. habilitação em estágio probatório (requisito legal). **3. Perda do cargo pelo servidor estável:** a. Em virtude de sentença judicial transitada em julgado: é possível a cassação de aposentadoria de servidor público pela prática, na atividade, de falta disciplinar punível com demissão, segundo STJ – *hipótese de demissão.* b. Mediante processo administrativo em que lhe seja assegurada ampla defesa – *hipótese de demissão.* c. Mediante procedimento de avaliação periódica de desempenho, assegurada ampla defesa – *hipótese de exoneração.* d. Mediante adequação das despesas de pessoal aos limites fixados na Lei de Responsabilidade Fiscal (LC nº 101/2000) – *hipótese de exoneração.* **4. Ato de exoneração do servidor:** meramente declaratório, podendo ocorrer após o prazo de três anos fixados para o estágio probatório (jurisprudência do STF). **5. Estabilização:** servidores que não tenham sido admitidos por meio de concurso público em exercício na data da promulgação da Constituição há pelo menos cinco anos continuados são considerados estáveis no serviço público (art. 19 do ADCT), mas não possuem direito às vantagens exclusivas dos ocupantes de cargo efetivo (STF). **6. Particularidades:** a. Demissão do servidor estável invalidada por sentença judicial acarreta a sua reintegração, e o eventual ocupante da vaga é reconduzido ao cargo de origem, sem direito a indenização, aproveitado em outro cargo ou posto em disponibilidade com remuneração proporcional ao tempo de serviço. b. Extinto o cargo, o servidor estável ficará em disponibilidade, com remuneração proporcional ao tempo de serviço, até seu adequado aproveitamento em outro cargo.
6. Aposentadoria	**1. Regimes:** **a. Regime Geral de Previdência Social (RGPS):** aplicado aos empregados regidos pela CLT. **b. Regime Próprio de Previdência Social (RPPS):** aplicado aos servidores titulares de cargos efetivos e de cargo em comissão do recrutamento estrito (art. 40, CF). **2. Modalidades de aposentadoria (art. 40, §§ 1º e 4º, CF):** **a. Aposentadoria por incapacidade permanente:** incapacidade permanente para o trabalho, no cargo em que o servidor estiver investido, quando insuscetível de readaptação.

6. Aposentadoria	**b. Aposentadoria compulsória:** quando o servidor atingir a **idade de 70 anos, ou aos 75 anos de idade, na forma da lei complementar.** **c. Aposentadoria voluntária:** se mulher, aos 62 anos e se homem, aos 65 anos. **d. Aposentadoria especial:** requisitos diferenciados para: – Servidores com deficiência, previamente submetidos a avaliação biopsicossocial. – Ocupantes do cargo de agente penitenciário, de agente socioeducativo ou de policial. – Servidores em atividades com efetiva exposição a agentes químicos, físicos e biológicos prejudiciais à saúde. **2. Previdência complementar:** aplicado ao servidor que tiver ingressado no serviço público, mediante sua prévia e expressa opção, até a data da publicação do ato de instituição do correspondente regime de previdência complementar. **3. Contribuição dos aposentados e pensionistas:** o servidor inativo e o pensionista irão contribuir nos mesmos moldes do servidor ativo.
7. Regime Remuneratório	**1. Espécies:** **a. Remuneração:** toda e qualquer forma remuneratória paga a um servidor público. **b. Vencimentos**: vencimento-base, acrescido de vantagens pecuniárias (O vencimento-base do servidor pode ser inferior ao salário mínimo desde que o total não o seja - Súmula Vinculante nº 16 do STF). **c. Subsídio:** remuneração paga aos **agentes políticos** e aos **membros de poder** em **parcela única, vedado** o acréscimo de qualquer outra *parcela remuneratória (mas* é possível acrescer as parcelas de **caráter indenizatório** e décimo terceiro salário e terço de férias). **2. Vedações:** a. É **vedada a incorporação** de vantagens de caráter temporário ou vinculadas ao exercício de função de confiança ou de cargo em comissão à remuneração do cargo efetivo. b. Os **vencimentos do Poder Judiciário e do Poder Legislativo não poderão ser superiores aos pagos pelo Poder Executivo.** c. É inconstitucional a vinculação do reajuste de vencimentos de servidores estaduais ou municipais a índices federais de correção monetária (Súmula Vinculante nº 42 do STF).

7. Regime Remuneratório	**3. Princípios do regime remuneratório:** **a. Princípio da estrita legalidade (art. 37, X, da CF):** a remuneração e os subsídios somente **podem ser alterados ou fixados por lei específica.** **b. Princípio da revisão anual (art. 37, X, da CF):** os servidores terão direito a uma revisão geral das suas remunerações anualmente, na mesma data e sem distinção de índices (o não encaminhamento de projeto de lei de revisão anual dos vencimentos dos servidores públicos não gera direito subjetivo a indenização, segundo STF). **c. Princípio da irredutibilidade das remunerações:** as remunerações são irredutíveis, exceto em casos específicos (desconto do imposto de renda, contribuição sindical, contribuição previdenciária). **3. Teto remuneratório (art. 37, XI, da CF):** **a. Conceito:** máximo que pode ser pago aos agentes públicos. **b. Particularidade:** existem **verbas que não incidem no teto (**não são contabilizadas para o cálculo do limite salarial), como as de **caráter indenizatório,** como o auxílio-moradia e também o terço de férias e as horas extras. **4. Acumulação remunerada de cargos:** **a. Regra: vedada** pela Constituição Federal. **b. Exceções:** art. 37, XVI, CF. **c. Requisitos: respeito ao teto remuneratório e compatibilidade de horários.** **d. Vedação (art. 40, § 6°, CF):** é vedada a percepção de mais de uma aposentadoria à conta do regime próprio de previdência, ressalvadas as aposentadorias decorrentes dos cargos acumuláveis.
8. Concurso público e suas diversas polêmicas na jurisprudência do STF e do STJ	**1.** Não cabimento do controle judicial sobre a correção de questões em concurso público (STF). **2.** Direito subjetivo à nomeação do candidato aprovado dentro do número de vagas e o Cadastro de Reservas (princípio da segurança jurídica), mas existem "situações excepcionalíssimas" que podem justificar soluções diferenciadas (STF). **3.** Direito subjetivo à nomeação e o surgimento de novas vagas durante o prazo de validade: Administração Pública tem a discricionariedade de avaliar a conveniência e oportunidade (STF). **4.** Admissibilidade de posse em concurso público por medida judicial precária e "fato consumado" para STJ, mas não para STF. **5.** Não cabimento de segunda chamada em teste de aptidão física em concurso público (STF). **6.** Impossibilidade de participação de mulheres em concurso público apenas se demonstradas a fundamentação proporcional e a legalidade da imposição (STF).

8. Concurso público e suas diversas polêmicas na jurisprudência do STF e do STJ	**7.** É dever da Administração Pública intimar o candidato pessoalmente quando há o decurso de tempo razoável entre a homologação do resultado e a data da nomeação.
	8. Impossibilidade de alteração do edital de concurso no decorrer do certame, salvo se **necessária por imposição de lei ou para sanar erro material e/ou ambiguidade textual contido no texto (STF).**
	9. Constitucionalidade da cláusula de reserva de barreira.
	10. Possibilidade de posse em cargo público por menor de idade emancipado.
	11. Ilegitimidade de cláusula de edital de concurso público que restrinja a participação de candidato pelo fato de responder a inquérito ou ação penal (necessidade de ponderação: necessidade de condenação por órgão colegiado ou condenação definitiva e existência de incompatibilidade entre a natureza do crime e as atribuições do cargo).
	12. Condenados aprovados em concursos públicos podem ser nomeados e empossados.
	13. É inconstitucional a fixação de critério de desempate em concursos públicos que favoreça candidatos que pertencem ao serviço público de determinado ente federativo.
9. Mais jurisprudência sobre agentes públicos	**1.** Proibição de tatuagem a candidato de concurso público é inconstitucional.
	2. Nomeação tardia para cargo público em razão de decisão judicial não dá direito à indenização por danos materiais.
	3. O espólio não possui legitimidade passiva *ad causam* na ação de ressarcimento de remuneração indevidamente paga após a morte de ex-servidor e recebida por seus herdeiros.
	4. Cabimento de restituição ao erário dos valores indevidamente recebidos por servidor público (STJ) mas para o STF não há necessidade de devolução.
	5. Informações obtidas por monitoramento de e-mail corporativo de servidor público não configuram prova ilícita quando relacionadas com aspectos "não pessoais" e de interesse da Administração Pública e da própria coletividade.
	6. A teoria do fato consumado não pode ser usada para validar a remoção de um servidor público que deseja acompanhar o cônjuge, quando essa remoção não está de acordo com a legalidade estrita.
	7. A instauração de um processo disciplinar contra um servidor efetivo cedido deve ocorrer no órgão em que a suposta irregularidade tenha sido cometida, mas o julgamento e a aplicação de sanção devem ser realizados apenas no órgão ao qual o servidor público federal está vinculado.

9. Mais jurisprudência sobre agentes públicos	**8.** Restrições à promoção ou participação em manifestações por policiais civis é adequada, necessária e proporcional porque manifestações podem afetar a ordem pública, segurança e a hierarquia da corporação. **9.** Não cabimento de restrição do direito de férias de servidores municipais que gozam licença médica em seu período aquisitivo. **10.** Constitucionalidade de norma que impede a **exoneração a pedido** e a aposentadoria voluntária de servidor estadual que responde a processo administrativo disciplinar.

Capítulo 7

Serviço Público

1. CONCEITO

Serviço público refere-se à atividade material designada por lei ao Estado para realização direta ou através de delegados, visando atender as necessidades coletivas, sob um regime jurídico integral ou parcialmente público. Além disso, a noção de "serviço público" enquadra-se como uma categoria de atividade econômica em um sentido amplo, caracterizando-se pela distribuição de bens e serviços aos consumidores finais. É importante destacar, no entanto, que esta conceituação de serviço público não se equipara à atividade econômica no sentido estrito.

2. CLASSIFICAÇÃO

2.1. Serviços delegáveis e indelegáveis

Os serviços delegáveis são aqueles que podem ser executados pelo Estado ou também por particulares colaboradores (CARVALHO FILHO, 2013. p. 327). Pode-se dar como exemplo os serviços de transporte coletivo e energia elétrica.

Por sua vez, os serviços indelegáveis são aqueles que somente serão prestados pelo Estado diretamente, por meio de seus órgãos e agentes. Pode-se dar como exemplo os serviços de defesa nacional, segurança pública.

2.2. Serviços administrativos e de utilidade pública

São serviços administrativos aqueles que o Poder Público executa para compor melhor sua organização. Têm por objetivo direto atender às necessidades internas da Administração Pública. Observe que os serviços administrativos visam beneficiar indiretamente a coletividade. Pode-se dar como exemplo os serviços da imprensa oficial.

Diferentemente, os serviços de utilidade pública são aqueles que se destinam diretamente aos indivíduos, ou seja, são serviços que visam beneficiar diretamente a coletividade. Pode-se dar como exemplo os serviços de energia elétrica, fornecimento de gás.

2.3. Serviços coletivos e singulares

Serviços coletivos (*uti universi*) são aqueles prestados a um número indeterminado de indivíduos. Em outras palavras, os serviços coletivos são aqueles em que não se consegue precisar quem são os beneficiários do serviço público, bem como não se consegue determinar a parcela do serviço usufruída pelos usuários. Ex.: iluminação pública, pavimentação de ruas.

Eles são prestados de acordo com a discricionariedade administrativa, de modo que não possuem direito subjetivo para a sua obtenção.

Ademais, os serviços coletivos serão remunerados, em regra, por impostos pagos pelos contribuintes, haja vista serem serviços indivisíveis.

De outro lado, os serviços singulares (*uti singuli*) são aqueles serviços destinados a pessoas individualizadas, sendo mensurável a utilização por cada um dos indivíduos. Ex.: energia elétrica e uso de linha telefônica.

São serviços singulares aqueles que são remunerados por tarifa (regime contratual) e por taxa (regime tributário). Exemplo desta última forma de remuneração de serviço público é a coleta domiciliar de lixo.

Os serviços singulares criam direito subjetivo para a sua prestação, caso os indivíduos se mostrem em condições técnicas de recebê-los.

Atenção

Taxa	Tarifa
Tributo	Não é tributo
Estabelecida por lei	Estabelecida contratualmente
Utilizada por serviços compulsórios	Utilizada por serviços facultativos
Em caso de inadimplemento, não há interrupção	Em caso de inadimplemento, há interrupção do serviço

Já que a taxa é tributo e vale para serviços compulsórios, se o particular deixar de pagar, o poder público não poderá deixar de prestar o serviço e terá que realizar a cobrança judicialmente por execução fiscal.

Súmula 545, STF. *Preços de serviços públicos e taxas não se confundem, porque estas, diferentemente daqueles, são compulsórias e têm sua cobrança condicionada à prévia autorização orçamentária, em relação à lei que as instituiu.*

2.4. Serviços próprios e impróprios

Serviços próprios são os que atendem a necessidades da sociedade, de forma que a titularidade é exclusiva do Estado e este executa esses serviços direta ou indiretamente, por meio dos delegatários de serviço público.

Por sua vez, serviços impróprios são aqueles que satisfazem necessidades coletivas, contudo, não são assumidos e realizados pelo Estado, que somente os regula e fiscaliza. Na verdade, conclui-se que são atividades privadas. O que esta corrente chama de serviços públicos nessa classificação, em verdade, corresponde a atividades econômicas no campo da ordem econômica, ou seja, são atividades privadas que vão receber impropriamente o nome de serviços público por atenderem a necessidades de interesse geral. Nesse sentido, são atividades exercidas por particulares, só que, por satisfazerem a necessidades coletivas, sofrem uma ingerência muito maior do poder de polícia do Estado em razão da sua relevância. Ex.: serviço de guarda particular de estabelecimentos e residências; serviço de saúde prestados por particulares.

3. PRINCÍPIOS

3.1. Princípio da generalidade

O princípio da generalidade pode ser entendido como o princípio que exige que os serviços públicos sejam prestados com a maior amplitude possível, ou seja, deve beneficiar o maior número de pessoas possível. Ademais, esse princípio pode ser entendido como princípio da impessoalidade, uma vez que os serviços públicos devem ser prestados sem discriminação entre os beneficiários que estejam nas mesmas condições técnicas e jurídicas para fruição (CARVALHO FILHO, 2013. p. 335).

3.2. Princípio da continuidade

De acordo com esse princípio, os serviços públicos não devem sofrer interrupções, isto é, a prestação do serviço deve ser contínua, a fim de evitar que a interrupção "provoque colapso nas múltiplas atividades particulares" (CARVALHO FILHO, 2013. p. 335).

É por esse princípio que se legitima a existência de institutos como a suplência, a delegação e a substituição para ocupar as funções públicas que estejam temporariamente vagas.

Embora vigore o princípio da continuidade, faz-se necessário o estudo da suspensão do serviço público. De acordo com o art. 6º, § 3º, da Lei nº 8.987/1995, não se caracteriza como descontinuidade do serviço a sua interrupção em situação de emergência ou após prévio aviso, quando:

I.   motivada por razões de ordem técnica ou de segurança das instalações; e,

II. por inadimplemento do usuário, considerado o interesse da coletividade.

No que tange ao não pagamento pelo usuário do serviço, deve-se diferenciar os serviços compulsórios dos facultativos. No caso destes, o particular pode ou não requerer a prestação. Dessa forma, em razão da facultatividade do serviço, o Poder Público poderá suspender-lhe a prestação se não houver pagamento. Ex.: suspensão do serviço de fornecimento de energia elétrica,[1] bem como os serviços de uso de linha telefônica. Àqueles, por sua vez, não serão permitidas a suspensão, afinal o Estado o impôs coercitivamente ao particular. Ademais, é motivo pela impossibilidade de interrupção do serviço ser ele remunerado por taxa, uma vez que a Fazenda Pública tem mecanismos privilegiados para a cobrança da dívida. Ex.: taxa de incêndio, taxa de coleta de lixo.

Portanto, é de se concluir que serviços remunerados por taxa não podem ser suspensos, ao passo que os remunerados por tarifa podem ser suspensos.

Atenção

1.) É possível a **interrupção de serviços públicos essenciais** quando o inadimplente é o particular.

O corte no fornecimento de serviços públicos é fundamentado em diversos princípios que visam garantir o interesse público e a continuidade do serviço para a coletividade.

O primeiro fundamento é o princípio da supremacia do interesse público sobre o privado, que estabelece a relação vertical entre o particular (administrado) e a Administração Pública. Com base nesse princípio, a Administração pode interromper o serviço do particular inadimplente, em favor do interesse público.

O segundo fundamento é o princípio da continuidade dos serviços públicos para a coletividade. Sob a ótica da coletividade, é necessário garantir a continuidade dos serviços públicos, evitando que a prestação do serviço sem a contraprestação do usuário inadimplente prejudique o atendimento dos demais usuários, podendo até inviabilizar o serviço público.

O terceiro fundamento é a vedação ao enriquecimento sem causa por parte do usuário inadimplente, que não deve usufruir do serviço público sem arcar com os custos.

Por fim, o princípio da isonomia estabelece que todos devem receber o mesmo tratamento, com base em seu comportamento em relação ao pagamento pelo serviço.

Portanto, o corte no fornecimento de serviços públicos é uma medida necessária para garantir a continuidade e a viabilidade do serviço público, sempre respeitando os princípios fundamentais da Administração Pública.

---

[1] STJ, REsp 510.478-PB, Rel. Min. Franciulli Netto, j. 10.06.2003.

Importante ainda o posicionamento do STJ, segundo o qual é ilegítimo o corte no fornecimento de energia elétrica em razão de débito irrisório, por configurar abuso de direito e ofensa aos princípios da proporcionalidade e da razoabilidade, sendo cabível a indenização ao consumidor por danos morais.[2]

É igualmente importante o entendimento de que é ilegítimo o corte no fornecimento de serviços públicos essenciais quando o débito decorre de irregularidade no hidrômetro ou no medidor de energia elétrica, apurada unilateralmente pela concessionária.[3]

2) A **suspensão do serviço só é admissível no caso de débitos atuais**, isto é, aqueles que provêm do próprio mês de consumo ou, ao menos, dos anteriores próximos. Quando se fala em débitos pretéritos não deve o concessionário suspender o serviço. Na verdade, deve-se utilizar das ações de cobrança a que fizer direito.[4]

Ademais, o novo usuário não pode sofrer a suspensão do serviço por débito de usuário antecedente. O serviço remunerado por tarifa gera uma obrigação de natureza pessoal, e não *propter rem*.[5-6]

3) Há decisões judiciais que entendem inadmissível a suspensão do serviço público, mesmo pago por tarifa, quando o usuário é o Poder Público.

De acordo com o STJ, é legítimo o corte no fornecimento de serviços públicos essenciais quando inadimplente pessoa jurídica de direito público, desde que precedido de notificação e a interrupção não atinja as unidades prestadoras de serviços indispensáveis à população.[7]

4) A jurisprudência do STJ também tem julgado no sentido de que não é possível a interrupção no fornecimento do serviço público que coloque em risco a vida do usuário. Ex.: pessoa que depende de energia elétrica para manter máquina que mantenha função vital. Mesmo que essa pessoa não pague a conta, o direito à vida, em virtude da ponderação de interesses, prevaleceria ao direito de crédito.

5) Sobre o dano moral em razão do corte indevido de serviço público, a jurisprudência do STJ[8] possui precedente indicando que esse dano moral também é presumido.

---

[2] REsp 811.690/RR, Primeira Turma, Rel. Min. Denise Arruda, j. 18.05.2006, *DJ* 19.06.2006.

[3] AgRg no AREsp 346.561/PE, Primeira Turma, Rel. Min. Sérgio Kukina, j. 25.03.2014, *DJe* 01.04.2014.

[4] STJ, REsp 1.336.889/RS, Min. Eliana Calmon, 04.06.2013.

[5] CARVALHO FILHO, José dos Santos. *Manual de Direito Administrativo*. 26. ed. rev., ampl. e atual. São Paulo: Atlas, 2013. p. 337.

[6] STJ, AgRg no Ag 1.399.175/RJ, 10.10.2012.

[7] AgRg no AgRg no AREsp 152.296/AP, Segunda Turma, Rel. Min. Mauro Campbell Marques, j. 15.08.2013, *DJe* 11.12.2013.

[8] Nesse ponto, vale trazer a ementa do AgRg no AREsp 239.749/RS: Administrativo. Agravo regimental no agravo em recurso especial. Impossibilidade de corte por débitos pretéritos. Suspensão ilegal do fornecimento. Dano *in re ipsa*. Agravo regimental desprovido. 1. Esta Corte Superior pacificou o entendimento de que não é lícito à concessionária interromper o fornecimento do serviço em razão de débito pretérito; o corte de água ou energia pressupõe o

6) A divulgação da suspensão no fornecimento de serviço de energia elétrica por meio de emissoras de rádio, dias antes da interrupção, satisfaz a exigência de aviso prévio, prevista no art. 6º, § 3º, da Lei nº 8.987/1995.[9]

7) De acordo com o art. 6º, § 4º, da Lei nº 8.987/1995, é vedada a interrupção dos serviços prestados em sextas-feiras, sábados, domingos, feriados ou no dia anterior a estes, uma vez que tais dias não são considerados úteis. Dessa forma, caso ocorra a suspensão dos serviços, estes só serão retomados no próximo dia útil.

Princípio da modicidade

Para esse princípio, "os serviços públicos devem ser remunerados a preços módicos, devendo o Poder Público avaliar o poder aquisitivo do usuário para que, por dificuldades financeiras, não seja ele alijado do universo de beneficiários do serviço" (CARVALHO FILHO, 2013. p. 340).

Importante observar o que está legislado no art. 11 da Lei nº 8.987/1995, que assim afirma: no atendimento às peculiaridades de cada serviço público, poderá o poder concedente prever, em favor da concessionária, no *edital de licitação*, a possibilidade de outras fontes provenientes de receitas alternativas, complementares, acessórias ou de projetos associados, com ou sem exclusividade, com vistas a favorecer a modicidade das tarifas.

Ademais, de acordo com o art. 18, VI, da Lei nº 8.987/1995, o edital de licitação será elaborado pelo poder concedente, observados, no que couber, os critérios e as normas gerais da legislação própria sobre licitações e contratos e conterá, especialmente: as possíveis fontes de receitas alternativas, complementares ou acessórias, bem como as provenientes de projetos associados.

Ponto importante se refere à possibilidade de cobrança pelo uso da faixa de domínio de rodovia. O STF, no julgamento do Tema nº 261[10] de repercussão geral, concluiu pela impossibilidade de o ente público realizar cobrança de taxa pelo uso de espaços públicos municipais por parte das concessionárias de serviço público. Dessa forma, a suprema corte possui orientação consolidada segundo a qual **é vedada a cobrança de valores ao concessionário de serviço público pelo uso de faixas de domínio de rodovia quando tal exigência emana do próprio poder concedente**, tendo em vista que: (a) a utilização, nesse caso, se reverte em favor da sociedade – razão pela qual não

---

inadimplemento de dívida atual, relativa ao mês do consumo, sendo inviável a suspensão do abastecimento em razão de débitos antigos. 2. A suspensão ilegal do fornecimento do serviço dispensa a comprovação de efetivo prejuízo, uma vez que o dano moral nesses casos opera-se *in re ipsa*, em decorrência da ilicitude do ato praticado. 3. Agravo Regimental da AES Sul Distribuidora Gaúcha de Energia S/A desprovido (AgRg no AREsp 239.749/RS, Primeira Turma, Rel. Min. Napoleão Nunes Maia Filho, j. 21.08.2014, *DJe* 01.09.2014).

[9]   REsp 1.270.339-SC, Rel. Min. Gurgel de Faria, por unanimidade, j. 15.12.2016, *DJe* 17.02.2017.

[10] RE 581.947/RO, Pleno, Rel. Min. Eros Grau, *DJe* 21.05.2010.

cabe a fixação de preço público; e (b) a natureza do valor cobrado não é de taxa, pois não há serviço público prestado ou poder de polícia exercido.

Por outro lado, o STJ entende que **as concessionárias de serviço público podem efetuar a cobrança pela utilização de faixas de domínio de rodovia, mesmo em face de outra concessionária, desde que haja previsão editalícia e contratual**. Para a corte cidadã, a situação é diferente da enfrentada pelo STF. No caso enfrentado pela suprema corte, poder concedente autoriza concessionária de serviço público, com base no art. 11 da Lei nº 8.987/1995, a efetuar cobrança pela utilização de faixas de domínio de rodovia, mesmo em face de outra concessionária, desde que haja previsão editalícia e contratual.

No mesmo sentido, o STJ ainda reafirmou sua jurisprudência e entende que as concessionárias de serviço público podem efetuar a cobrança pela utilização de faixas de domínio por outra concessionária que explora serviço público diverso, desde que haja previsão no contrato de concessão.[11]

Todavia, o STJ entendeu **que é indevida a cobrança promovida por concessionária de rodovia, em face de autarquia prestadora de serviços de saneamento básico**, pelo uso da faixa de domínio da via pública concedida.[12]

Ainda, é preciso pontuar o entendimento do STF, segundo o qual é inconstitucional norma estadual que onere contrato de concessão de energia elétrica pela utilização de faixas de domínio público adjacentes a rodovias estaduais ou federais. Isso porque a União, por ser titular da prestação do serviço público de energia elétrica, conforme dispõem os arts. 21, XII, *b*, e 22, IV, da CR/1988, detém a prerrogativa constitucional de estabelecer o regime e as condições da prestação desse serviço por concessionárias, o qual não pode sofrer ingerência normativa dos demais entes políticos.[13]

4. CONCESSÕES E PERMISSÕES DE SERVIÇOS PÚBLICOS

As concessões de serviço público se dividem em concessão comum e concessão especial. Aquela é regulada pela Lei nº 8.987/1995, ao passo que esta é regulada pela Lei nº 11.079/2004.

Nesse ponto, serão estudados apenas as concessões comuns. Mais à frente as concessões especiais serão alvo de análise.

4.1. Concessões comuns – Lei nº 8.987/1995

A Lei nº 8.987/1995 consiste na Lei Geral de Serviços Públicos. Por ela, são regulamentadas as concessões e permissões de serviço público.

---

[11] AREsp 1.510.988-SP, Segunda Turma, Rel. Min. Assusete Magalhães, por unanimidade, j. 08.02.2022, *DJe* 10.02.2022.
[12] REsp 1.817.302-SP, Primeira Seção, Rel. Min. Regina Helena Costa, por unanimidade, j. 08.06.2022.
[13] ADI 3.763/RS, Rel. Min. Cármen Lúcia, julgamento virtual finalizado em 07.04.2021.

A competência da União para legislar sobre normas gerais de licitações e contratos, prevista no art. 22, XXVII, da Constituição Federal, foi exercida por meio da edição da Lei nº 8.987/1995, que possui caráter nacional e vincula todos os entes federados. Essa lei atende à hipótese prevista no art. 175, parágrafo único, I, da CR/1988, que dispõe sobre o regime das empresas concessionárias e permissionárias de serviços públicos, bem como o caráter especial de seus contratos e prorrogações.

Vale destacar que os estados, o Distrito Federal e os municípios possuem competência para editar normas específicas sobre o tema, desde que não contrariem a lei nacional. Ademais, a União também editou a Lei nº 9.074/1995, que estabelece normas gerais sobre concessões e permissões de serviços públicos, complementando a Lei nº 8.987/1995.

De acordo com a Lei nº 8.987/1995, a concessão comum divide-se em: (1) concessão de serviço público e (2) concessão de serviço público precedida de obra pública.

A concessão de serviço público, conforme o art. 2º, II, da Lei nº 8.987/1995, é a delegação de sua prestação, feita pelo poder concedente, mediante licitação, na modalidade concorrência ou diálogo competitivo, a pessoa jurídica ou consórcio de empresas que demonstre capacidade para seu desempenho, por sua conta e risco e por prazo determinado.

Observe que o Estado delega o serviço público ao particular, mas mantém consigo o poder de fiscalização. Ademais, na concessão simples, a remuneração das concessionárias vai ocorrer com a utilização do serviço pelos usuários.

Por sua vez, nos termos do art. 2º, III, da mesma lei, a concessão de serviço público precedida da execução de obra pública é a construção, total ou parcial, conservação, reforma, ampliação ou melhoramento de quaisquer obras de interesse público, delegada pelo poder concedente, mediante licitação, na modalidade concorrência ou diálogo competitivo, a pessoa jurídica ou consórcio de empresas que demonstre capacidade para a sua realização, por sua conta e risco, de forma que o investimento da concessionária seja remunerado e amortizado mediante a exploração do serviço ou da obra por prazo determinado.

Observe que, nessa hipótese, há uma duplicidade de objetos na relação contratual. O primeiro deles é a execução de obra pública. O poder concedente delega ao concessionário a realização de uma obra pública. O segundo objeto é a transferência para o concessionário da exploração dessa obra. Em outras palavras, há a transferência do serviço público de exploração da obra pública, de modo que aqueles que usufruírem dessa obra realizarão o pagamento da tarifa.

Apesar de a Lei Federal nº 8.987/1995 definir que qualquer concessão será executada por "conta e risco do concessionário", e de boa parte da doutrina entender que, ao executar o serviço, o concessionário assume todos os riscos do empreendimento, esse entendimento não converge com o Direito Administrativo mais atual e com as boas práticas nos contratos de concessão.

Dessa forma, a melhor interpretação do termo "por sua conta e risco" não pode importar em transferência ao concessionário de todos os riscos inerentes ao empreendimento, uma vez que todo risco é precificado na proposta de qualquer licitante.

Se o poder concedente alocar todos os riscos da concessão sob a responsabilidade do concessionário, eles serão considerados, entre outras situações, para o cálculo da tarifa, aumentando-a, ou para o cálculo do valor da outorga, diminuindo-a, a ser ofertada, o que, na prática, acabará sendo desfavorável ao próprio interesse público e ao sucesso do empreendimento.

Assim, a melhor interpretação do termo "por sua conta e risco" importa na transferência ao concessionário dos riscos de acordo com o que foi estabelecido no contrato.

4.2. Subcontratação

Conforme o art. 25, § 1º, da Lei nº 8.987/1995, a concessionária poderá contratar com terceiros o desenvolvimento de atividades inerentes, acessórias ou complementares ao serviço concedido, bem como a implementação de projetos associados.

Ademais, os contratos celebrados entre a concessionária e os terceiros reger-se-ão pelo direito privado, não se estabelecendo qualquer relação jurídica entre os terceiros e o poder concedente, nos termos do art. 25, § 2º, da mesma lei.

A execução das atividades contratadas com terceiros pressupõe o cumprimento das normas regulamentares da modalidade do serviço concedido, como previsto no art. 25, § 3º, da Lei de Concessões.

4.3. Subconcessão

De acordo com o art. 26, é possível que a concessionária realize uma subconcessão. Para isso, haverá necessidade de previsão no contrato de concessão e expressa autorização do poder concedente.

A outorga de subconcessão será sempre precedida de concorrência, como afirma o art. 26, § 1º. Acerca desse ponto, há divergência na doutrina sobre quem deveria ser o responsável para realizar a licitação. Há quem entenda que a licitação deva ser realizada pelo poder concedente, como também há entendimento no sentido de ser a própria concessionária a realizar o procedimento.

O subconcessionário se sub-rogará todos os direitos e obrigações da subconcedente dentro dos limites da subconcessão, nos termos do art. 26, § 2º.

4.4. Transferência da concessão

A transferência da concessão, bem como do controle societário da concessionária, necessitará, para acontecer, de prévia anuência do poder concedente. Caso não haja essa anuência, o art. 27 da Lei nº 8.987/1995 estabelece que ocorrerá a caducidade do contrato de concessão.

Para que haja a anuência do poder concedente, o pretendente deverá: (1) atender às exigências de capacidade técnica, idoneidade financeira e regularidade jurídica e fiscal necessárias à assunção do serviço; e (2) comprometer-se a cumprir todas as cláusulas do contrato em vigor.

Na jurisprudência do STF, considera-se **constitucional** a transferência da concessão e do controle societário das concessionárias de serviços públicos, mediante anuência do poder concedente.[14]

No sistema jurídico brasileiro, o que interessa à Administração é, sobretudo, a seleção da proposta mais vantajosa, independentemente da identidade do particular contratado ou dos atributos psicológicos ou subjetivos de que disponha. Em regra, as características pessoais, subjetivas ou psicológicas são indiferentes para o Estado. No tocante ao particular contratado, basta que tenha comprovada capacidade para cumprir as obrigações assumidas no contrato. Nesse sentido, de acordo com o STF, não se constata a burla à exigência constitucional de prévia licitação para a concessão de serviços públicos, constante do art. 175 da CR/1988, a qual é devidamente atendida com o certame levado a cabo para sua outorga inicial e cujos efeitos jurídicos são observados e preservados no ato de transferência mediante a anuência administrativa. Também não se pode cogitar afronta aos princípios constitucionais da isonomia e da impessoalidade. No procedimento licitatório, a isonomia se concretiza ao se proporcionar a todos os particulares interessados em contratar com a Administração a faculdade de concorrerem em situação de igualdade. A impessoalidade, por sua vez, decorre da observância de regras objetivas e predefinidas na lei e no edital do certame para a seleção da proposta mais vantajosa, bem como para o escrutínio das características inerentes ao futuro contratado. Não faz sentido exigir que o ato de transferência do art. 27 da Lei nº 8.987/1995 observe os princípios da isonomia e da impessoalidade. A anuência é matéria reservada ao Administrador e pressupõe o atendimento de requisitos bem específicos. A par disso, a operação empresarial sobre a qual incide a anuência é, tipicamente, um negócio jurídico entre particulares e, como tal, é disciplinada pelo direito privado. O concessionário, como agente econômico que é, pode decidir sobre seus parceiros empresariais conforme critérios próprios. Não há, portanto, espaço para aplicação dos princípios da isonomia e da impessoalidade, os quais são típicos da relação verticalizada que possui uma entidade estatal em um dos polos.

De acordo com o STF, mesmo com a transferência da concessão ou do controle acionário, a base objetiva do contrato continuará intacta. Permanecem o mesmo objeto contratual, as mesmas obrigações contratuais e a mesma equação econômico-financeira. O que ocorre é apenas uma modificação subjetiva, seja pela substituição do contratado, seja em razão da sua reorganização empresarial (e isso nada importa ao Poder Público).

---

[14] ADI 2.946, Rel. Min. Dias Toffoli, j. 09.03.2022, *DJe* 18.05.2022; art. 27 da Lei nº 8.987/1995; STF, ADI 2.946/DF, Plenário, Rel. Min. Dias Toffoli, j. 08.03.2022, *Info* 1046.

	Concessionária pode contratar terceiros para atividades inerentes, acessórias ou complementares ao serviço concedido.
Subcontratação	Contratos com terceiros regem-se pelo direito privado e não estabelecem relação jurídica entre terceiros e poder concedente.
	Execução das atividades contratadas com terceiros deve seguir normas regulamentares da modalidade do serviço concedido.
Subconcessão	Concessionária pode realizar subconcessão com previsão no contrato de concessão e autorização expressa do poder concedente.
	Outorga de subconcessão é precedida de concorrência.
	Divergência sobre quem deve realizar licitação.
	Subconcessionário se sub-roga direitos e obrigações da subconcedente dentro dos limites da subconcessão.
Transferência da concessão	Transferência da concessão e do controle societário da concessionária depende de anuência do poder concedente.
	Pretendente deve atender às exigências de capacidade técnica, idoneidade financeira e regularidade jurídica e fiscal.
	Pretendente deve comprometer-se a cumprir todas as cláusulas do contrato em vigor.
	Transferência considerada constitucional pela jurisprudência do STF.

4.5. Extinção da concessão

É uma das partes mais relevantes da Lei nº 8.987/1995, cujas hipóteses estão previstas no art. 35, não se tratando, porém, de rol taxativo, mas, sim, de **rol meramente exemplificativo**.

Embora o art. 35 não preveja expressamente o distrato, que é a extinção por acordo entre as partes, tal possibilidade pode ser admitida como causa de extinção da concessão. Considerando que o contrato é um negócio jurídico bilateral estabelecido por acordo de vontades das partes, é evidente que o acordo entre elas pode conduzir à extinção do contrato.

Pelo art. 35, extingue-se a concessão por:

I. advento do termo contratual;

II. encampação;

III. caducidade;

IV. rescisão;

V. anulação; e

VI. falência ou extinção da empresa concessionária e falecimento ou incapacidade do titular, no caso de empresa individual.

4.5.1. *Advento do termo*

Essa é a forma natural de extinção de um contrato de concessão de serviço público, prevista no art. 35, I, da Lei de Concessões. Observe que os efeitos dessa extinção são *ex nunc*. Dessa forma, somente após o termo final é que haverá a reversão à concedente, bem como o concessionário se desvincula de suas obrigações contratuais e legais (CARVALHO FILHO, 2013. p. 406).

Importante observar o art. 36, que dispõe que a reversão no advento do termo contratual far-se-á com a indenização das parcelas dos investimentos vinculados a bens reversíveis, ainda não amortizados ou depreciados, que tenham sido realizados com o objetivo de garantir a continuidade e atualidade do serviço concedido.

Em relação a essa situação, necessário faz-se pontuar que a extinção pelo advento do termo não está condicionada ao pagamento da indenização. Essa situação será discutida *a posteriori*.[15]

4.5.2. *Encampação*

Considera-se encampação, nos termos do art. 37, a retomada do serviço pelo poder concedente durante o prazo da concessão, por motivo de interesse público, mediante lei autorizativa específica e após prévio pagamento de indenização.

4.5.3. *Caducidade*

A inexecução[16] total ou parcial do contrato acarretará a declaração de caducidade da concessão. Ainda, de acordo com o art. 27 da Lei de Concessões, a caducidade também ocorrerá quando houver a transferência da concessão ou do controle societário da concessionária sem prévia autorização do poder concedente.

---

[15] STJ, REsp 1.059.137-SC, Rel. Min. Francisco Falcão, 29.10.2008.

[16] De acordo com o art. 38, § 1º, da Lei nº 8.987/1995, várias são as formas de inadimplemento do concessionário.

A declaração da caducidade da concessão, de acordo com o art. 38, § 2º, deverá ser precedida da verificação da inadimplência da concessionária em processo administrativo, assegurado o direito de ampla defesa e contraditório, nos termos do art. 5º, LV e LIV da CR/1988. Dessa forma, não ocorrendo o procedimento administrativo, haverá violação ao devido processo legal.

Contudo, observe que precederá à instauração do processo administrativo de inadimplência um comunicado à concessionária, detalhando os descumprimentos contratuais, dando-lhe um prazo para corrigir as falhas e transgressões apontadas e para o enquadramento, nos termos contratuais. Somente após abrir essa possibilidade ao concessionário é que o procedimento administrativo será instaurado, conforme previsto no art. 38, § 3º, da Lei de Concessões.

Instaurado o processo administrativo e comprovada a inadimplência, a caducidade será declarada por decreto do poder concedente, independentemente de indenização prévia, nos termos do art. 38, § 4º, da Lei de Concessões.

Declarada a caducidade, não resultará para o poder concedente qualquer espécie de responsabilidade em relação a encargos, ônus, obrigações ou compromissos com terceiros ou com empregados da concessionária, de acordo com o art. 38, § 6º, da Lei nº 8.987/1995.

4.5.4. *Rescisão*

A rescisão, prevista no art. 39 da Lei de Concessões, poderá ser feita pelo concessionário, caso haja o descumprimento das normas contratuais pelo poder concedente. Observe que o concessionário necessitará ajuizar uma ação judicial para esse fim.

Ademais, mesmo após a propositura da ação judicial, o serviço prestado pela concessionária não poderá ser paralisado até que haja uma decisão transitada em julgado. Dessa forma, **não há aplicação da exceção do contrato não cumprido** (MELLO, 2008. p. 789).

4.5.5. *Anulação*

A anulação, por óbvio, será declarada quando o contrato firmado possuir vícios de legalidade. Como toda anulação, os seus efeitos são *ex tunc*.

4.5.6. *Falência ou extinção da empresa, falecimento ou incapacidade do titular, no caso de empresa individual*

Há, aqui, uma forma de extinção da concessão pelo perecimento do sujeito que executa o contrato.

Advento do termo	Extinção natural do contrato de concessão de serviço público, após o prazo estabelecido.
Encampação	Retomada do serviço pelo poder concedente durante o prazo da concessão, por motivo de interesse público, mediante lei autorizativa específica e após prévio pagamento de indenização.
Caducidade	Declaração de extinção da concessão em caso de inexecução total ou parcial do contrato ou transferência da concessão ou do controle societário da concessionária sem prévia autorização do poder concedente.
Rescisão	Extinção do contrato de concessão pelo concessionário em caso de descumprimento das normas contratuais pelo poder concedente. Necessita de ação judicial.
Anulação	Declaração de nulidade do contrato por vícios de legalidade.
Falência ou extinção da empresa, falecimento ou incapacidade do titular, no caso de empresa individual	Extinção da concessão por perecimento do sujeito que executa o contrato.

4.6. Reversão

A reversão, de acordo com Carvalho Filho, "é a transferência dos bens do concessionário para o patrimônio do concedente em virtude da extinção do contrato" (CARVALHO FILHO, 2013. p. 411).

O fundamento da reversão é o **princípio da continuidade dos serviços públicos**, já que os bens, necessários à prestação do serviço, deverão ser utilizados pelo poder concedente, após o fim do término do prazo de concessão, sob pena de interrupção da prestação do serviço.

Os bens reversíveis devem ser indicados no edital e no contrato de concessão (arts. 18, X e XI, e 23 da Lei nº 8.987/1995).

A reversão está prevista no art. 35, § 1º, da Lei de Concessões, que estabelece que, extinta a concessão, retornam ao poder concedente todos os bens reversíveis, direitos e privilégios transferidos ao concessionário conforme previsto no edital e estabelecido no contrato.

Ademais, a reversão pode ser onerosa ou gratuita. Aquela acontecerá quando o poder concedente tiver o dever de indenizar o concessionário, uma vez que este adquiriu os bens com seu exclusivo capital. Por seu turno, a reversão será gratuita quando a tarifa já tiver levado em conta o ressarcimento do concessionário pelos recursos que empregou na aquisição dos bens, nos termos do art. 36 da Lei nº 8.987/1995.

5. CONCESSÕES ESPECIAIS

5.1. Conceitos importantes

A Parceria Público-Privada (PPP) é regulada pela Lei nº 11.079/2004, que afirma ser aplicável aos órgãos da Administração Pública direta dos Poderes Executivo e Legislativo, aos fundos especiais, às autarquias, às fundações públicas, às empresas públicas, às sociedades de economia mista e às demais entidades controladas direta ou indiretamente pela União, pelos estados, pelo Distrito Federal e pelos municípios.

Observe, portanto, que há uma exclusão expressa da celebração das PPPs no âmbito do Poder Judiciário.

Veja que a legislação e a doutrina permitem a utilização de parcerias público-privadas somente quando não é viável a delegação convencional de serviços, conforme previsto na Lei nº 8.987/1995. Essa viabilidade está relacionada à capacidade do projeto de se sustentar por si só, sem necessidade de subsídios governamentais. Dessa forma, a utilização dos mecanismos de PPP se restringe aos casos em que o projeto requer algum tipo de subsídio, como é o caso da conservação de presídios. Por outro lado, projetos financeiramente viáveis, como os pedágios, são delegados por meio das concessões comuns previstas na Lei nº 8.987/1995.

De acordo com o art. 2º da Lei nº 11.079/2004, considera-se parceria público-privada o contrato administrativo de concessão, na modalidade patrocinada ou administrativa. A PPP patrocinada, nos termos do § 1º do mesmo artigo legal, é a concessão de serviços públicos ou de obras públicas de que trata a Lei nº 8.987/1995, quando envolve, adicionalmente à tarifa cobrada dos usuários, contraprestação pecuniária do parceiro público ao parceiro privado.

Diante do conceito legal, observe que a PPP patrocinada é a concessão comum, prevista na Lei nº 8.987/1995, à qual é adicionada a contraprestação pecuniária do parceiro público. Note que, de acordo com o art. 2º, § 3º, da Lei nº 11.079/2004, não será PPP patrocinada, quando não houver a contraprestação pecuniária do parceiro público ao parceiro privado.

Ademais, consoante o art. 7º, a contraprestação da Administração Pública será, obrigatoriamente, precedida da disponibilização do serviço objeto do contrato de parceria público-privada. Dessa forma, o pagamento feito pela Administração não pode ocorrer antes da disponibilização do serviço, sob pena de ilegalidade da medida.

A contraprestação da Administração Pública nos contratos de parceria público-privada poderá ser feita por:

I. ordem bancária;

II. cessão de créditos não tributários;

III. outorga de direitos em face da Administração Pública;

IV. outorga de direitos sobre bens públicos dominicais;

V. outros meios admitidos em lei.

Pode-se dar como exemplo de concessões patrocinadas a concessão de uma linha de metrô e de um estacionamento.

Por sua vez, a PPP administrativa é o contrato de prestação de serviços de que a Administração Pública seja a usuária direta ou indireta, ainda que envolva execução de obra ou fornecimento e instalação de bens.

Observe que essa PPP administrativa vai residir em áreas como segurança pública, habitação e saneamento básico. Dessa forma, pode-se dar como exemplo a concessão para remoção de lixo, bem como a construção e o gerenciamento de presídios.

5.2. Vedações legais

Importante artigo da Lei nº 11.079/2004 é o art. 2º, § 4º, o qual estabelece:

É vedada a celebração de contrato de parceria público-privada:

I. cujo valor do contrato seja inferior a R$ 10.000.000,00 (dez milhões de reais);

II. cujo período de prestação do serviço seja inferior a 5 (cinco) anos; ou

III. que tenha como objeto único o fornecimento de mão de obra, o fornecimento e instalação de equipamentos ou a execução de obra pública.

Desse modo, faz-se importante observar que o valor mínimo de uma PPP é R$ 10 milhões. A duração do contrato deve ser de 5 a 35 anos, incluindo eventual prorrogação, nos termos do art. 5º, I, da Lei de PPP.

Ademais, não pode haver uma PPP que tenha como objeto único o fornecimento de mão de obra e de instalação de equipamentos, bem como não pode haver uma PPP cujo objeto seja uma execução de obra pública. Em outras palavras, o objeto de uma PPP deve ser complexo, isto é, caso haja uma obra ou outra atividade, é preciso que esteja atrelada à prestação de um serviço público. Nesse sentido, o STF entendeu ser inconstitucional – por invadir a competência privativa da União para legislar sobre normas gerais de licitação e contrato (art. 22, XXVII, da CR/1988) – norma municipal que autoriza a celebração de contrato de parcerias público-privadas para a execução de obra pública desvinculada de qualquer serviço público ou social. Isso porque a Lei nº 11.079/2004 veda expressamente a celebração desse tipo de contrato quando o único objeto é a execução de obra pública sem vinculação à prestação de serviço público ou social.[17]

5.3. Diretrizes legais

As diretrizes para uma PPP estão previstas no art. 4º da Lei nº 11.079/2004, que assim estabelece:

---

[17] ADPF 282/RO, Rel. Min. Gilmar Mendes, julgamento virtual finalizado em 12.05.2023.

Art. 4º Na contratação de parceria público-privada serão observadas as seguintes diretrizes:

I – eficiência no cumprimento das missões de Estado e no emprego dos recursos da sociedade;

II – respeito aos interesses e direitos dos destinatários dos serviços e dos entes privados incumbidos da sua execução;

III – indelegabilidade das funções de regulação, jurisdicional, do exercício do poder de polícia e de outras atividades exclusivas do Estado;

IV – responsabilidade fiscal na celebração e execução das parcerias;

V – transparência dos procedimentos e das decisões;

VI – repartição objetiva de riscos entre as partes;

VII – sustentabilidade financeira e vantagens socioeconômicas dos projetos de parceria.

Algumas dessas diretrizes merecem comentários mais detalhados.

Observe o previsto no inciso VI do referido artigo. Ele estabelece o compartilhamento dos riscos. O que a lei propôs é que o parceiro público se solidarize com o parceiro privado, em eventual prejuízo, mesmo que decorrido de caso fortuito, força maior, fato do príncipe e álea econômica, conforme o art. 5º, III.

Atente-se também para o inciso III, que estabelece a indelegabilidade das funções exclusivas de Estado, como a função jurisdicional e o exercício do poder de polícia. Tais atividades não podem ser delegadas ao particular.

Ademais, perceba o Enunciado nº 34 do CJF: "Nos contratos de concessão e PPP, o reajuste contratual para reposição do valor da moeda no tempo é automático e deve ser aplicado independentemente de alegações do Poder Público sobre descumprimentos contratuais ou desequilíbrio econômico-financeiro do contrato, os quais devem ser apurados em processos administrativos próprios para este fim, nos quais serão garantidos ao parceiro privado os direitos ao contraditório e à ampla defesa".

5.4. Garantias

De acordo com o art. 8º da Lei nº 11.079/2004, as obrigações pecuniárias contraídas pela Administração Pública em contrato de parceria público-privada poderão ser garantidas mediante:

I. vinculação de receitas, observado o disposto no inciso IV do art. 167 da Constituição Federal;

II. instituição ou utilização de fundos especiais previstos em lei;

III. contratação de seguro-garantia com as companhias seguradoras que não sejam controladas pelo Poder Público;

IV. garantia prestada por organismos internacionais ou instituições financeiras;

V. garantias prestadas por fundo garantidor ou empresa estatal criada para essa finalidade;

VI. outros mecanismos admitidos em lei.

5.5. Dos contratos de PPPs

De acordo com o art. 5º, as cláusulas dos contratos de parceria público-privada atenderão ao disposto no art. 23 da Lei nº 8.987/1995, no que couber, devendo também prever:

I. o prazo de vigência do contrato, compatível com a amortização dos investimentos realizados, não inferior a 5 (cinco), nem superior a 35 (trinta e cinco) anos, incluindo eventual prorrogação;

II. as penalidades aplicáveis à Administração Pública e ao parceiro privado em caso de inadimplemento contratual, fixadas sempre de forma proporcional à gravidade da falta cometida, e às obrigações assumidas;

III. a repartição de riscos entre as partes, inclusive os referentes a caso fortuito, força maior, fato do príncipe e álea econômica extraordinária;

IV. as formas de remuneração e de atualização dos valores contratuais;

V. os mecanismos para a preservação da atualidade da prestação dos serviços;

VI. os fatos que caracterizem a inadimplência pecuniária do parceiro público, os modos e o prazo de regularização e, quando houver, a forma de acionamento da garantia;

VII. os critérios objetivos de avaliação do desempenho do parceiro privado;

VIII. a prestação, pelo parceiro privado, de garantias de execução suficientes e compatíveis com os ônus e riscos envolvidos, observados os limites dos §§ 3º e 5º do art. 56 da Lei nº 8.666, de 21 de junho de 1993, e, no que se refere às concessões patrocinadas, o disposto no inciso XV do art. 18 da Lei nº 8.987, de 13 de fevereiro de 1995;

IX. o compartilhamento com a Administração Pública de ganhos econômicos efetivos do parceiro privado decorrentes da redução do risco de crédito dos financiamentos utilizados pelo parceiro privado;

X. a realização de vistoria dos bens reversíveis, podendo o parceiro público reter os pagamentos ao parceiro privado, no valor necessário para reparar as irregularidades eventualmente detectadas.

XI. o cronograma e os marcos para o repasse ao parceiro privado das parcelas do aporte de recursos, na fase de investimentos do projeto e/ou após a disponibilização dos serviços, sempre que verificada a hipótese do § 2º do art. 6º da Lei.

Atente-se que o § 1º estabelece que as cláusulas contratuais de atualização automática de valores baseadas em índices e fórmulas matemáticas, quando houver, serão aplicadas sem necessidade de homologação pela Administração Pública, exceto se esta publicar, na imprensa oficial, onde houver, até o prazo de 15 (quinze) dias após apresentação da fatura, razões fundamentadas na lei ou no contrato para a rejeição da atualização.

Ademais, pelo § 2°, os contratos poderão prever adicionalmente:

I. os requisitos e as condições em que o parceiro público autorizará a transferência do controle ou a administração temporária da sociedade de propósito específico aos seus financiadores e garantidores com quem não mantenha vínculo societário direto, com o objetivo de promover a sua reestruturação financeira e assegurar a continuidade da prestação dos serviços, não se aplicando para este efeito o previsto no inciso I do parágrafo único do art. 27 da Lei n° 8.987/1995;

Nesse ponto, importante o art. 5°-A, que estabelece que se considera (1) o controle da sociedade de propósito específico a propriedade resolúvel de ações ou quotas por seus financiadores e garantidores que atendam aos requisitos do art. 116 da Lei n° 6.404/1976, bem como (2) a administração temporária da sociedade de propósito específico, pelos financiadores e garantidores quando, sem a transferência da propriedade de ações ou quotas, forem outorgados os seguintes poderes: (a) indicar os membros do Conselho de Administração, a serem eleitos em Assembleia Geral pelos acionistas, nas sociedades anônimas ou administradores, a serem eleitos pelos quotistas, nas demais sociedades; (b) indicar os membros do Conselho Fiscal, a serem eleitos pelos acionistas ou quotistas controladores em Assembleia Geral; (c) exercer poder de veto sobre qualquer proposta submetida à votação dos acionistas ou quotistas da concessionária, que representem, ou possam representar, prejuízos; (d) outros poderes que se fizer necessário.

Atente-se que a administração temporária autorizada pelo poder concedente não acarretará responsabilidade aos financiadores e garantidores em relação a tributação, encargos, ônus, sanções, obrigações ou compromissos com terceiros, inclusive com o poder concedente ou empregados, de modo que o poder concedente disciplinará sobre o prazo da administração temporária.

II. a possibilidade de emissão de empenho em nome dos financiadores do projeto em relação às obrigações pecuniárias da Administração Pública;

III. a legitimidade dos financiadores do projeto para receber indenizações por extinção antecipada do contrato, bem como pagamentos efetuados pelos fundos e empresas estatais garantidores de parcerias público-privadas.

5.6. Remuneração variável e aporte de recursos

O art. 6°, § 1°, estabelece que o contrato poderá prever o pagamento ao parceiro privado de **remuneração variável vinculada ao seu desempenho**, conforme metas e padrões de qualidade e disponibilidade definidos no contrato.

Por sua vez, o art. 6°, § 2°, da Lei n° 11.079/2004 estabelece que o contrato poderá prever o **aporte de recursos** em favor do parceiro privado para a realização de obras e aquisição de bens reversíveis, desde que haja autorização no edital de licitação.

Atente-se que esses aportes, na prática, permitiriam reduzir os custos financeiros do projeto. Há uma combinação mais adequada entre os recursos públicos e privados.

O valor do aporte de recursos realizado nos termos do § 2º poderá ser excluído da determinação:

I.   do lucro líquido para fins de apuração do lucro real e da base de cálculo da Contribuição Social sobre o Lucro Líquido (CSLL);

II. da base de cálculo da Contribuição para o PIS/Pasep e da Contribuição para o Financiamento da Seguridade Social (Cofins);

III. da base de cálculo da Contribuição Previdenciária sobre a Receita Bruta (CPRB) devida pelas empresas referidas nos arts. 7º e 8º da Lei nº 12.546, de 14 de dezembro de 2011, a partir de 1º de janeiro de 2015.

Por ocasião da extinção do contrato, o parceiro privado não receberá indenização pelas parcelas de investimentos vinculados a bens reversíveis ainda não amortizadas ou depreciadas, quando tais investimentos houverem sido realizados com valores provenientes do aporte de recursos.

Atente-se, por fim, que o aporte de recursos, quando realizado durante a fase dos investimentos a cargo do parceiro privado, deverá guardar proporcionalidade com as etapas efetivamente executadas.

EM RESUMO:	
1. Conceito	– **Atividade designada por lei** ao Estado, visando atender as necessidades coletivas, sob um regime jurídico integral ou parcialmente público.
2. Classificação	**1. Serviços delegáveis e indelegáveis:** – **Delegáveis:** podem ser executados pelo Estado ou por particulares colaboradores (serviços de transporte coletivo e energia elétrica). – **Indelegáveis:** somente serão prestados pelo Estado diretamente (serviços de defesa nacional, segurança pública). **2. Serviços administrativos e de utilidade pública:** – **Serviços administrativos:** destinam-se a atender às necessidades internas da Administração Pública, beneficiando indiretamente a coletividade (ex.: serviços da imprensa oficial). – **Serviços de utilidade pública:** destinam-se diretamente aos indivíduos (ex.: serviços de energia elétrica, fornecimento de gás). **3. Serviços coletivos e singulares:** – **Coletivos (*uti universi*):** prestados a um número indeterminado de indivíduos, e por isso, imensuráveis (ex.: iluminação pública, pavimentação de ruas). Remunerados por impostos pagos pelos contribuintes.

2. Classificação	– **Singulares (uti singuli):** prestados a pessoas individualizadas, e por isso, mensuráveis. Remunerados por tarifa (regime contratual, ex.: energia elétrica e uso de linha telefônica) e por taxa (regime tributário, ex.: coleta domiciliar de lixo). **4. Serviços próprios e impróprios:** – **Próprios:** atendem a necessidades da sociedade e são de titularidade exclusiva do Estado. – **Impróprios:** atividades econômicas privadas que atendem a necessidades de interesse geral. Não são realizados pelo Estado, que somente os regula e fiscaliza (ex.: serviço de guarda particular de estabelecimentos e residências).
3. Princípios	**1. Princípio da generalidade:** exige que os serviços públicos sejam prestados com a maior amplitude possível para beneficiar o maior número de pessoas possível. **2. Princípio da continuidade:** os serviços públicos não devem sofrer interrupções. – **Exceção:** possibilidade de suspensão do serviço público se motivada por razões de ordem técnica ou de segurança das instalações e por inadimplemento do usuário, considerado o interesse da coletividade. Há decisões judiciais que entendem inadmissível a suspensão do serviço público. **3. Princípio da modicidade:** os serviços públicos devem ser remunerados a preços módicos (possibilidade do poder concedente prever, no edital de licitação, fontes provenientes de receitas alternativas, com vistas a favorecer a modicidade das tarifas, de acordo com art. 11 da Lei nº 8.987/1995). – Discussão acerca da possibilidade de cobrança pelo uso da faixa de domínio de rodovia.
4. Concessões e Permissões de Serviços Públicos	**1. Tipos:** *concessão comum* (Lei nº 8.987/1995) e *concessão especial* (Lei nº 11.079/2004). **2. Concessões comuns** – **Fundamento legal:** Lei nº 8.987/1995 e Lei nº 9.074/1995. – **Modalidades:** a. concessão de serviço público (art. 2º, II, da Lei nº 8.987/1995); b. concessão de serviço público precedida de obra pública (art. 2º, III, da Lei nº 8.987/1995). **3. Subcontratação** (art. 25, § 1º, da Lei nº 8.987/1995): a. Concessionária pode contratar terceiros para atividades inerentes, acessórias ou complementares ao serviço concedido. b. Contratos com terceiros regem-se pelo direito privado (art. 25, § 2º, Lei nº 8.987/1995).

c. Execução das atividades contratadas com terceiros deve seguir normas regulamentares da modalidade do serviço concedido (art. 25, § 3º, Lei nº 8.987/1995).

4. Subconcessão:

a. Realizada pela concessionária desde que previsão no contrato de concessão e autorização expressa do poder concedente.

b. Outorga é precedida de concorrência (art. 26, § 1º, Lei nº 8.987/1995).

c. Divergência sobre quem deve realizar licitação.

d. Subconcessionário se sub-roga direitos e obrigações da subconcedente (art. 26, § 2º, Lei nº 8.987/1995).

5. Transferência da concessão:

a. Depende de anuência do poder concedente.

b. Pretendente deve atender às exigências de capacidade técnica, idoneidade financeira e regularidade jurídica e fiscal.

c. Pretendente deve comprometer-se a cumprir todas as cláusulas do contrato em vigor.

d. É considerada constitucional pela jurisprudência do STF.

4. Concessões e Permissões de Serviços Públicos

6. Extinção da concessão (art. 35 da Lei nº 8.987/1995): **rol exemplificativo.**

a. Advento do termo contratual (art. 35, I): extinção natural do contrato de concessão de serviço público. Efeitos *ex nunc*.

b. Encampação (art. 35, II): retomada do serviço pelo poder concedente durante o prazo da concessão, por motivo de interesse público.

c. Caducidade (arts. 27 e 35, III): declaração de extinção da concessão em caso de inexecução total ou parcial do contrato transferência da concessão ou do controle societário da concessionária sem prévia autorização do poder concedente.

d. Rescisão (arts. 35, IV e 39): extinção do contrato de concessão pelo concessionário em caso de descumprimento das normas contratuais pelo poder concedente.

e. Anulação (art. 35, V): declaração de nulidade do contrato por vícios de legalidade. Efeitos *ex tunc*.

f. Falência ou extinção da empresa concessionária e falecimento ou incapacidade do titular, no caso de empresa individual (art. 35, VI): extinção da concessão por perecimento do sujeito que executa o contrato.

7. Reversão:

– Conceito: transferência dos bens do concessionário para o patrimônio do concedente em virtude da extinção do contrato **(princípio da continuidade dos serviços públicos).**

4. Concessões e Permissões de Serviços Públicos	– **Fundamento legal:** art. 35, § 1º, da Lei nº 8.987/1995. – **Modalidades:** onerosa (poder concedente tiver o dever de indenizar o concessionário, uma vez que este adquiriu os bens com seu capital) ou gratuita (quando a tarifa já tiver levado em conta o ressarcimento do concessionário pelos recursos que empregou na aquisição dos bens).
5. Concessões Especiais	**1. Linhas gerais das PPPs:** – **Conceito:** contrato administrativo de concessão. – **Modalidades:** a. patrocinada (art. 2º, § 1 º, Lei nº 11.079/2004): concessão comum (Lei nº 8.987/1995), adicionada a contraprestação pecuniária do parceiro público (ex.: concessão de linha de metrô). b. administrativa (art. 2º, § 2 º, Lei nº 11.079/2004): contrato de prestação de serviços de que a Administração Pública seja a usuária direta ou indireta (ex.: concessão para construção de presídios). – **Aplicabilidade:** art. 1º, parágrafo único, da Lei nº 11.079/2004. Exclusão expressa da celebração das PPPs no âmbito do Poder Judiciário. **2. Requisitos para celebração** (art. 2º, § 4º, da Lei nº 11.079/2004): a. Valor mínimo de uma PPP é R$ 10 milhões. b. Duração do contrato deve ser de 5 a 35 anos. c. Objeto de uma PPP deve estar sempre atrelado à prestação de um serviço público. **3. Diretrizes legais:** art. 4º da Lei nº 11.079/2004. **4. Garantias:** art. 8º da Lei nº 11.079/2004. **5. Dos contratos de PPPs:** as cláusulas dos contratos de parceria público-privada devem atender aos requisitos do art. 23 da Lei nº 8.987/1995 e do art. 5º da Lei nº 11.079/2004. **6. Remuneração variável e aporte de recursos** (art. 6º, §§ 1º e 2º, da Lei nº 11.079/2004): o contrato poderá prever tanto o pagamento ao parceiro privado de **remuneração variável vinculada ao seu desempenho quanto** o **aporte de recursos** em favor do parceiro privado para a realização de obras e aquisição de bens reversíveis, desde que autorizado pelo edital.

Capítulo 8

Improbidade Administrativa

1. COMENTÁRIOS INICIAIS

A improbidade administrativa é uma imoralidade qualificada, isto é, uma situação de enorme gravidade.

O conceito jurídico de ato de improbidade administrativa, por estar no campo do direito sancionador, é inelástico, isto é, não pode ser ampliado para abranger situações que não tenham sido contempladas no momento da sua definição. Nesse sentido, o referencial da Lei nº 8.429/1992 é o ato do agente público diante da coisa pública a que foi chamado a administrar. Portanto, não há improbidade administrativa, por exemplo, na prática de eventuais abusos perpetrados por agentes públicos durante abordagem policial, caso os ofendidos pela conduta sejam particulares que não estavam no exercício de função pública. Esse é o entendimento da doutrina, chancelado pela jurisprudência do STJ.[1]

Contudo cabe observar que o próprio STJ entendeu que a tortura de preso custodiado em delegacia praticada por policial constitui ato de improbidade administrativa que **atenta contra os princípios da Administração Pública**.[2] Todavia, importante pontuar que o rol de casos elencados como violação a princípios, nos termos do art. 11, com redação dada pela Lei nº 14.230/2021, passou a ser taxativo. Assim, todos os entendimentos do STJ que não se enquadrem em uma das hipóteses dos incisos do art. 11 não são mais atos de improbidade administrativa.

O art. 37, § 4º, da Constituição Federal de 1988 é o dispositivo constitucional que consagra a improbidade administrativa e segundo o qual os atos de improbidade administrativa importarão a suspensão dos direitos políticos, a perda da função pública, a indisponibilidade dos bens e o ressarcimento ao erário, na forma e gradação previstas em lei, sem prejuízo da ação penal cabível. Ademais, observe-se que, no caso concreto, o juiz não precisa aplicar todas as sanções previstas constitucionalmente. Ainda, a Lei nº 8.429/1992, que regula a improbidade administrativa, elenca outras sanções.

---

[1] STJ, REsp 1.558.038-PE, Rel. Min. Napoleão Nunes Maia Filho, j. 27.10.2015, *DJe* 09.11.2015, *Informativo* 573.

[2] STJ, REsp 1.177.910-SE, Rel. Min. Herman Benjamin, j. 26.08.2015, *DJe* 17.02.2016.

A Lei de Improbidade não é aplicada a fatos ocorridos anteriores a sua edição, conforme entendimento do STJ.[3]

Observe-se, inclusive, que **a ação de improbidade administrativa não configura uma ação penal**. Sempre se pontuou que a ação de improbidade era uma ação civil, o que foi confirmado pelo STF em julgamentos que envolvem as alterações promovidas pela Lei nº 14.230/2021. Ademais, o art. 17-D estabelece que a ação seria repressiva, de caráter sancionatório.

De toda forma, assim como já vigorava anteriormente, não há que se falar em foro por prerrogativa de função nessas ações. Isso ocorre pelo fato de que Constituição Federal de 1988 prevê foro apenas para as ações penais, como se depreende da leitura dos arts. 102 e 105.[4]

> ### Atenção
>
> Posicionamento do STJ – Ação Civil de perda de cargo de Promotor de Justiça cuja causa de pedir não esteja vinculada a ilícito capitulado na Lei nº 8.429/1992 deve ser julgada pelo Tribunal de Justiça[5] (STJ, REsp 1.737.900-SP, 2ª Turma, Rel. Min. Herman Benjamin, j. 19.11.2019, *Info* 662.

Nos termos do art. 1º da Lei nº 8.429/1992, o sistema de responsabilização por atos de improbidade administrativa tutelará a probidade na organização do Estado e no exercício de suas funções, como forma de assegurar a integridade do patrimônio público e social.

Por fim, é preciso pontuar a aplicação retroativa da Lei nº 14.230/2021 aos fatos ocorridos anteriormente a sua vigência, no que tange aos aspectos benéficos que a nova legislação incrementou, embora a lei tenha sido silente quanto ao ponto.

O art. 1º, § 4º, da Lei nº 8.429/1992 afirma que se aplicam ao sistema da improbidade os princípios constitucionais do Direito Administrativo sancionador.

Dessa forma, haveria aplicação retroativa dos aspectos benéficos da Lei nº 14.230/2021? Para responder a essa perguntar, faz-se necessário enfrentar o ARE 843.989, julgado pelo STF em tese de repercussão geral.

De acordo com o STF, **é necessária a comprovação de responsabilidade subjetiva** para a tipificação dos atos de improbidade administrativa, exigindo-se, nos arts. 9º, 10 e 11 da LIA, a presença do elemento subjetivo **dolo**. Todavia, importante destacar que, com a introdução da nova lei, o agente público que causar danos ao erário por culpa própria não será mais responsabilizado por improbidade administrativa. Contudo, vale

[3]   STJ, REsp 1.129.121/GO, Rel. Min. Eliana Calmon, Segunda Turma, j. 03.05.2012.
[4]   STF, Pet 3.240/DF, Plenário, Rel. para Acórdão Min. Roberto Barroso, j. 10.05.2018.
[5]   STJ, REsp 1.737.900-SP, Segunda Turma, Rel. Min. Herman Benjamin, por unanimidade, j. 19.11.2019, *DJe* 19.12.2019.

ressaltar que ele ainda poderá ser responsabilizado civil e administrativamente pelo ato ilícito cometido.

Outro ponto fixado pelo STF se refere à aplicação retroativa ou não da revogação da modalidade culposa. Assim, de acordo com essa corte, a norma benéfica da Lei nº 14.230/2021, revogação da modalidade culposa do ato de improbidade administrativa, é irretroativa, em virtude do art. 5º, XXXVI, da Constituição Federal, não tendo incidência em relação à eficácia da coisa julgada, tampouco durante o processo de execução das penas e seus incidentes.

Por outro lado, de acordo com o STF, a nova Lei nº 14.230/2021 aplica-se aos atos de improbidade administrativa culposos praticados na vigência do texto anterior, porém sem condenação transitada em julgado, em virtude da revogação expressa do tipo culposo, devendo o juízo competente analisar eventual dolo por parte do agente.

Por fim, o STF ainda se pronunciou sobre o novo regime prescricional. Para a corte, o novo regime prescricional previsto na Lei nº 14.230/2021 é irretroativo, aplicando-se os novos marcos temporais a partir da publicação da lei.

2. SUJEITO PASSIVO

A legitimidade passiva do ato de improbidade administrativa é da pessoa vítima dos atos ímprobos. O art. 1º, § 5º, da LIA estabelece quem são os sujeitos passivos do ato de improbidade, violando o seu patrimônio público e social: Poder Executivo, Legislativo, Judiciário, bem como das administrações direta e indiretas, no âmbito da União, dos estados, dos municípios e do Distrito Federal.

Também serão considerados sujeitos passivos, nos termos do art. 1º, § 6º, a entidade privada que receba subvenção, benefício ou incentivo, fiscal ou creditício, de entes públicos ou governamentais.

Por sua vez, o art. 1º, § 7º, estabelece que são igualmente considerados sujeitos passivos secundários aqueles que, independentemente de integrar a Administração indireta, são entidades privadas para cuja criação ou custeio o Erário haja concorrido ou concorra no seu patrimônio ou receita atual.

Nesse caso, limitando-se o ressarcimento de prejuízos à repercussão do ilícito sobre a contribuição dos cofres públicos.

Atenção

Não há mais a diferença se a contribuição estatal foi superior ou inferior a 50% do patrimônio ou da receita atual da entidade.

Pode-se dar como exemplo dos sujeitos passivos secundários as universidades privadas que recebem benefícios públicos e as organizações sociais e organizações da sociedade civil de interesse público.

3. SUJEITO ATIVO

O sujeito ativo é aquele que pratica o ato de improbidade administrativa ou aquele que concorre para sua prática ou dele se beneficia, nos termos dos arts. 2º e 3º da LIA. Inclusive, importante observar que o art. 2º estabelece um conceito amplo de agente público.

Assim, de acordo com o art. 2º, reputa-se agente público o agente político, o servidor público e todo aquele que exerce, ainda que **transitoriamente ou sem remuneração**, por eleição, nomeação, designação, contratação ou qualquer outra forma de investidura ou vínculo, mandato, cargo, emprego ou função públicos.

A grande novidade foi a previsão expressa do agente político. Trata-se de concretização da jurisprudência do STF e do STJ, além de estar de acordo com o Direito Administrativo sancionador moderno, pois constitucionaliza este último ao trazer uma leitura pautada no princípio da legalidade no afastamento dos tipos sancionadores abertos.

Importante pontuar que o STF[6] entendeu constitucional o conceito legal ampliado trazido pela Lei nº 14.230/2021, ao abarcar o agente político.

Ademais, nos termos do parágrafo único, também será considerado sujeito e se submeterá às sanções legais, no tocante a recursos de origem pública, o particular, pessoa física ou jurídica, que celebrar com a Administração Pública convênio, contrato de repasse, contrato de gestão, termo de parceria, termo de cooperação ou ajuste administrativo equivalente.

Ainda, faz-se necessário pontuar que o particular pode responder por atos de improbidade administrativa, conforme prevê o art. 3º, segundo o qual aquele que, mesmo não sendo agente público, induza ou concorra **dolosamente** para a prática do ato de improbidade, responderá pelos atos ímprobos praticados.

Atente-se que "induzir" refere-se àquele que faz nascer a vontade no autor, ao passo que "concorrer" refere-se às figuras de partícipe e coautor.

Por sua vez, o § 1º do art. 3º afirma que sócios, cotistas, diretores e colaboradores de pessoa jurídica de direito privado não respondem pelo ato de improbidade que venha a ser imputado à pessoa jurídica, salvo se, comprovadamente, houver participação e benefícios diretos, hipótese em que responderão nos limites da sua participação.

Já o § 2º afirma que as sanções de improbidade não se aplicarão à pessoa jurídica, caso o ato de improbidade administrativa seja também sancionado como ato lesivo à Administração Pública de que trata a Lei nº 12.846, de 1º de agosto de 2013 (Lei Anticorrupção).

---

6   ADI 4.295/DF, Rel. Min. Marco Aurélio, j. 21.08.2023.

Importante

1. Importante observar o que afirma o STJ sobre a responsabilidade dos sujeitos ativos: "É inviável a propositura de ação civil de improbidade administrativa exclusivamente contra o particular, sem a concomitante presença de agente público no polo passivo da demanda".[7] Por outro lado, faz-se necessário se atentar ao fato de que não há litisconsórcio passivo necessário entre o agente público e o particular, conforme já decidido no STJ.[8]

Atente-se, ainda, que o STJ[9] fixou entendimento de que é viável o prosseguimento de ação de improbidade administrativa exclusivamente contra particular quando há pretensão de responsabilizar agentes públicos pelos mesmos fatos em outra demanda conexa. No caso enfrentado pelo STJ, houve o ajuizamento de duas ações de improbidade, uma pelo Ministério Público Federal, outra pelo DNIT. Os agentes públicos envolvidos na idêntica trama factual narrada nas duas demandas foram excluídos da ação ajuizada pelo *parquet*, restando nesta apenas o particular acionado. Assim, não é o caso de aplicar a jurisprudência do STJ, segundo a qual os particulares não podem ser responsabilizados com base na LIA sem que figure no polo passivo um agente público responsável pelo ato questionado, pois houve a devida pretensão de responsabilizar os agentes públicos em outra demanda conexa.

Ainda, atente-se que, de acordo com o art. 17-C, § 2º, na hipótese de litisconsórcio passivo, a condenação ocorrerá no limite da participação e benefícios diretos, vedada qualquer solidariedade.

2. Atente-se que, de acordo com o STJ,[10] **dirigente de entidade privada que administra recursos públicos pode responder sozinho por improbidade**. O fato de receber recursos públicos é circunstância que equipara o dirigente da referida ONG a agente público para os fins de improbidade administrativa.

3. Outro ponto relevante é firmar posição de que a pessoa jurídica também pode ser sujeito ativo do ato de improbidade, de acordo com o entendimento do STJ.[11] Esse posicionamento do STJ foi positivado de maneira expressa na Lei nº 8.429/1992, por meio da Lei nº 14.230/2021.

---

[7]   STJ, AgRg no AREsp 574.500/PA, Segunda Turma, Rel. Min. Humberto Martins, j. 02.06.2015, *DJe* 10.06.2015.

[8]   STJ, AgRg no REsp 1.421.144/PB, Primeira Turma, Rel. Min. Benedito Gonçalves, j. 26.05.2015, *DJe* 10.06.2015.

[9]   AREsp 1.402.806-TO, Primeira Turma, Rel. Min. Manoel Erhardt (Desembargador convocado do TRF da 5ª Região), por unanimidade, j. 19.10.2021.

[10] AgInt no REsp 1.845.674/DF, Primeira Turma, Rel. Min. Napoleão Nunes Maia Filho, Rel. p/ Acórdão Min. Gurgel de Faria, j. 01.12.2020, *DJe* 18.12.2020.

[11] STJ, REsp 970.393/CE, Primeira Turma, Rel. Min. Benedito Gonçalves, j. 21.06.2012.

4. Não comete ato de improbidade administrativa o médico que cobra honorários por procedimento realizado em hospital privado que também seja conveniado à rede pública de saúde, desde que o atendimento não seja custeado pelo próprio sistema público de saúde. Isso porque, nessa situação, o médico não age na qualidade de agente público, e, consequentemente, a cobrança não se enquadra como ato de improbidade.[12]

5. Observe que os empregados e dirigentes de concessionários e permissionários de serviços públicos não se sujeitam à LIA, uma vez que retiram sua remuneração da exploração do serviço público. O Estado, geralmente, não destina aos delegatários de serviço público benefícios, auxílios ou subvenções. Contudo, caso o Poder Público destine-lhes algum benefício, a LIA, certamente, incidirá.

6. Igualmente importante é saber se agentes públicos com atribuição consultiva, aqueles que elaboram os pareceres, estão sujeitos às penalidades da LIA. Conforme a melhor doutrina, o parecer, por si só, não é suficiente para legitimar o parecerista a praticar atos de improbidade administrativa, haja vista que do parecer extrai-se apenas a opinião pessoal e técnica daquele que o produz. Contudo, o parecerista pode ser sujeito ativo de improbidade administrativa, caso aja com dolo ou erro grave ou inescusável.

7. A Segunda Turma do STJ[13] afirma que "o estagiário que atua no serviço público, ainda que transitoriamente, remunerado ou não, está (SIM) sujeito a responsabilização por ato de improbidade administrativa (Lei 8.429/1992)".

> **Atenção**
>
> É inviável a propositura de ação civil de improbidade administrativa exclusivamente contra o particular, sem a concomitante presença de agente público no polo passivo da demanda (*STJ, REsp 1.171.017-PA, 1ª Turma, Rel. Min. Sérgio Kukina, j. 25.02.2014*, Info 535). Não há litisconsórcio passivo necessário entre o agente público e o particular (*AREsp 1.579.273/SP (2019/0270948-5)*).

4. AGENTES POLÍTICOS

Os agentes políticos, com exceção do presidente da República, encontram-se sujeitos a um duplo regime sancionatório e se submetem tanto à responsabilização civil pelos atos de improbidade administrativa quanto à responsabilização político-administrativa por crimes de responsabilidade.

---

[12] STJ, REsp 1.414.669-SP, Rel. Min. Napoleão Nunes Maia Filho, j. 20.02.2014.
[13] REsp 1.352.035-RS, Rel. Min. Herman Benjamin, j. 18.08.2015, *DJe* 08.09.2015, *Informativo* 568.

Conforme jurisprudência do STF,[14] é possível o duplo regime sancionatório de agentes políticos, à exceção do Presidente da República.

Ainda, faz-se importante o estudo do RE 976.566, pelo qual o STF fixou a seguinte tese de repercussão geral "O processo e o julgamento de prefeito municipal por crime de responsabilidade (Decreto-lei 201/67) não impede sua responsabilização por atos de improbidade administrativa previstos na Lei 8.429/1992, em virtude da autonomia das instâncias".

5. TIPOLOGIA DE IMPROBIDADE

De acordo com o art. 1º, § 1º, da Lei nº 8.429/1992, consideram-se atos de improbidade administrativa as condutas dolosas tipificadas nos arts. 9º (enriquecimento ilícito), 10 (lesão ao erário) e 11 (violação a princípios) da lei, ressalvados tipos previstos em leis especiais.

Importante pontuar que o dolo é elemento necessário para a configuração de qualquer dos três atos de improbidade administrativa, a fim de não mais se admitir a figura da culpa, como era possível no caso de lesão ao erário. Nesse sentido, o art. 1º, § 2º, afirma que se considera dolo a vontade livre e consciente de alcançar o resultado ilícito tipificado nos arts. 9º, 10 e 11, não bastando a voluntariedade do agente.

Trata-se da figura do dolo específico. Consoante o STF, o dolo específico é a "vontade de praticar a conduta típica, adicionada de uma especial finalidade".

> **Atenção**
>
> Não há mais ato de improbidade administrativa na modalidade CULPOSA. Todos os atos exigem o **DOLO**.

Ademais o art. 1º, § 3º, propõe que o mero exercício da função ou desempenho de competências públicas, sem comprovação de ato doloso com fim ilícito, afasta a responsabilidade por ato de improbidade administrativa.

Outro ponto relevante é que, nos termos do art. 1º, § 8º, não configurará improbidade a ação ou omissão decorrente de divergência interpretativa da lei, baseada em jurisprudência, ainda que não pacificada, mesmo que não venha a ser posteriormente prevalecente nas decisões dos órgãos de controle ou dos tribunais do Poder Judiciário.

> **Atenção**
>
> Art. 1º, § 8º. Não configura improbidade a ação ou omissão decorrente de divergência interpretativa da lei, baseada em jurisprudência, ainda que não pacificadas, mesmo que não venha a ser posteriormente prevalecente nas decisões dos órgãos de controle ou dos tribunais do Poder Judiciário.

---

[14] ADI 4.295/DF, Rel. Min. Marco Aurélio, j. 21.08.2023.

A. ENRIQUECIMENTO ILÍCITO

De acordo com o art. 9º da LIA, constitui ato de improbidade administrativa importando enriquecimento **ilícito auferir, mediante a prática de ato doloso, qualquer tipo de vantagem patrimonial indevida** em razão do exercício de cargo, mandato, função, emprego ou atividade nas entidades sujeitas a sofrer atos de improbidade.

Atente-se para o fato de que o *caput* estabelece a conduta genérica. Os incisos, por sua vez, retratam as condutas específicas, sendo apenas um rol exemplificativo.

Observe que a LIA se preocupou em preservar aquele que se enriquece licitamente. A este não há qualquer ato de improbidade. O que a lei proíbe é o enriquecimento ilícito, isto é, aquele que ofende a moralidade e a probidade administrativa.

O art. 9º estabelece, ainda, como pressuposto exigível a percepção de vantagem patrimonial ilícita. Dessa forma, o pressuposto dispensável é o dano ao erário. O que se quer dizer é que, caso haja o enriquecimento ilícito, independe de dano ao erário. Ex.: servidor que recebe propina de terceiros para conferir-lhe vantagem indevida.

Importante observar que o art. 9º exige que o agente público atue com **dolo**. Assim, caso o agente público esteja sofrendo uma ação de improbidade administrativa com base no art. 9º da LIA, ele deve, necessariamente, ter agido com o dolo. Caso tenha agido com culpa, será excluída sua responsabilidade.

A conduta prevista no art. 9º é uma conduta comissiva, isto é, uma ação.

B. DANO AO ERÁRIO

De acordo com o art. 10 da LIA, constitui ato de improbidade administrativa que causa lesão ao erário qualquer ação ou omissão **dolosa**, que **enseje efetiva e comprovadamente**, perda patrimonial, desvio, apropriação, malbaratamento ou dilapidação dos bens ou haveres das entidades que possam sofrer atos de improbidade.

Atente-se que, novamente, o *caput* estabelece a conduta genérica, e os incisos, por sua vez, retratam as condutas específicas, configurando um rol exemplificativo.

O que o art. 10 pretende proteger é o **patrimônio público**.

O pressuposto exigível, nessa conduta, é o dano ao patrimônio público. Caso a conduta não acarrete a lesão ao patrimônio público, possivelmente acarretará um ato de improbidade por violação dos princípios administrativos, nos termos do art. 11 da LIA. Por sua vez, o pressuposto dispensável é o enriquecimento ilícito. A conduta pode gerar dano ao patrimônio público, sem, contudo, ocasionar o enriquecimento do agente público.

Atenção

O ato de lesão ao erário somente poderá ocorrer na modalidade **DOLOSA**, não sendo mais admissível a modalidade culposa desse ato.

A conduta aqui estudada é uma conduta comissiva ou omissiva, de acordo com o próprio art. 10, *caput*, da LIA.

Outra alteração do *caput* do mesmo dispositivo que chama atenção é a exigência da efetiva e comprovada perda patrimonial do ente público. Trata-se de alteração para se alinhar ao entendimento do STJ.[15]

Por sua vez, das alterações dos incisos do art. 10, chama-se atenção para o inciso VIII, que, em sua parte final, exige a perda patrimonial efetiva no caso de frustração de processo licitatório ou de processo seletivo para celebração de parcerias.

Isso porque a jurisprudência do STJ[16] estabelecia que, especificamente, na fraude à licitação, haveria um dano *in re ipsa* ao patrimônio público. Dessa forma, a alteração legislativa é uma clara superação do entendimento do STJ.

Atenção

Exige-se a efetiva e comprovada perda patrimonial do ente público, inclusive nos casos de fraude à licitação.

Ademais, de acordo com o art. 10, § 1º, nos casos em que a inobservância de formalidades legais ou regulamentares não implicar perda patrimonial efetiva, não ocorrerá imposição de ressarcimento, vedado o enriquecimento sem causa das entidades referidas no art. 1º.

Por fim, o § 2º do art. 10 afirma que a mera perda patrimonial decorrente da atividade econômica não acarretará improbidade administrativa, salvo se comprovado ato doloso praticado com essa finalidade.

C. VIOLAÇÃO A PRINCÍPIOS

De acordo com o art. 11 da LIA, constitui ato de improbidade administrativa que atenta contra os princípios da Administração Pública qualquer ação ou omissão dolosa que viole os deveres de honestidade, imparcialidade, legalidade e lealdade às instituições.

Importa se atentar para o fato de que o *caput* também estabelece a conduta genérica e os incisos, por sua vez, retratam as condutas específicas e estabelecem **um rol taxativo**. Trata-se de grande mudança comparada à versão original da Lei nº 8.429/1992, assim como em relação aos demais tipos de improbidade.

---

[15] AgInt no REsp 1.542.025/MG, Primeira Turma, Rel. Min. Benedito Gonçalves, j. 05.06.2018, *DJe* 12.06.2018.

[16] AgRg nos EDcl no AREsp 419.769/SC, Segunda Turma, Rel. Min. Herman Benjamin, j. 18.10.2016, *DJe* 25.10.2016; REsp 728.341/SP, Segunda Turma, Rel. Min. Og Fernandes, j. 14.03.2017, *DJe* 20.03.2017.

Observe-se que o art. 11 listou alguns princípios administrativos. Contudo, há apenas um rol exemplificativo de princípios. "O legislador disse menos do que queria" (CARVALHO FILHO, 2013. p. 1086). Dessa forma, o que a LIA protege são os princípios constitucionais.

O pressuposto exigível é a violação dos princípios administrativos, exigindo-se lesividade relevante ao bem jurídico aqui tutelado. Por outro lado, é dispensável qualquer elemento de enriquecimento ilícito ou dano ao erário, nos termos do art. 11, § 5º.

O art. 11 exige como elemento subjetivo o **dolo específico**. Nesse sentido, o STJ entende que a contratação de servidores públicos temporários sem concurso público, mas baseada em legislação local, por si só, não configura a improbidade administrativa prevista no art. 11 da Lei nº 8.429/1992, por estar ausente o elemento subjetivo (dolo) necessário para a configuração do ato de improbidade violador dos princípios da administração pública.[17]

A conduta ensejadora de improbidade, no caso em análise, é tanto a conduta comissiva quanto a omissiva.

Nos termos do art. 11, § 1º, somente haverá improbidade administrativa, no caso de violação a princípios, quando, na conduta funcional do agente público, for comprovado o fim de obter um proveito ou benefício indevido para si mesmo ou para outra pessoa ou entidade. Essa disposição também se aplicará a todo e qualquer ato de improbidade, previstos na Lei nº 8.429/1992, bem como em qualquer outra que institua ato de improbidade, conforme dispõe o art. 11, § 2º.

O enquadramento de conduta funcional pressupõe a demonstração objetiva da prática de ilegalidade no exercício da função pública, indicando-se as normas constitucionais, legais ou infralegais violadas, nos termos do art. 11, § 3º.

Os atos de improbidade aqui tratados exigem lesividade relevante ao bem jurídico tutelado, para serem passíveis de sancionamento, e independem do reconhecimento da produção de danos ao erário e de enriquecimento ilícito dos agentes públicos, nos termos do art. 11, § 4º.

Na análise da hipótese prevista no inciso XI do art. 11, isto é, de nomeação de parentes, não se configurará improbidade a mera nomeação ou indicação política por parte dos detentores de mandatos eletivos, sendo necessária a aferição de dolo com finalidade ilícita por parte do agente.

Atenção

Atente-se às seguintes hipóteses:

1) Art. 10, VIII *vs.* **Art. 11, V**

Frustrar a licitude de processo licitatório ou de processo seletivo para celebração de parcerias com entidades sem fins lucrativos, ou dispensá-los indevidamente, acarre-

---

[17] REsp 1.913.638-MA, Primeira Seção, Rel. Min. Gurgel de Faria, por unanimidade, j. 11.05.2022, Tema 1.108.

tando perda patrimonial efetiva, é ato de improbidade que configura dano ao erário. Por sua vez, frustrar, em ofensa à imparcialidade, o caráter concorrencial de concurso público, chamamento ou procedimento licitatório, visando à obtenção de benefício próprio, direto ou indireto, ou de terceiros, é ato de improbidade que viola princípios.

2) Art. 9º, IV *vs.* **Art. 10, XIII**

Utilizar, em obra ou serviço particular, qualquer bem móvel, de propriedade ou à disposição de qualquer das entidades mencionadas no art. 1º dessa lei, bem como o trabalho de servidores, empregados ou terceiros contratados por essas entidades, é ato de improbidade que configura enriquecimento ilícito. No entanto, permitir que se utilizem, em obra ou serviço particular, veículos, máquinas, equipamentos ou material de qualquer natureza, de propriedade ou à disposição de qualquer das entidades mencionadas no art. 1º dessa lei, bem como o trabalho de servidor público, empregados ou terceiros contratados por essas entidades, é ato de improbidade que configura dano ao erário.

D. QUADRO COMPARATIVO ENTRE OS TIPOS DE IMPROBIDADE

Tipo de improbidade	Enriquecimento ilícito (art. 9º)	Prejuízo ao erário (art. 10)	Violação de princípios (art. 11)
Conduta	Ação	Ação ou omissão	Conduta: ação ou omissão
Elemento subjetivo	Dolo	Dolo	Dolo
Pressuposto exigível	Enriquecimento ilícito	Efetivo dano ao erário	Violação a princípios
Pressuposto dispensável	Dano ao erário	Enriquecimento ilícito	Enriquecimento ilícito e dano ao erário
Rol	Exemplificativo	Exemplificativo	Taxativo

6. SANÇÕES

As sanções aplicáveis no caso de improbidade administrativa estão previstas no art. 12, I a III, da LIA.

Independentemente do ressarcimento integral do dano patrimonial, se efetivo, e das sanções penais comuns e de responsabilidade, civis e administrativas previstas na legislação específica, está o responsável pelo ato de improbidade sujeito às seguintes cominações, que podem ser aplicadas isolada ou cumulativamente, de acordo com a gravidade do fato:

Enriquecimento ilícito	Prejuízo ao erário	Violação de princípios
Perda dos bens ou valores acrescidos ilicitamente ao patrimônio	Perda dos bens ou valores acrescidos ilicitamente ao patrimônio, se concorrer essa circunstância	–
Perda da função pública	Perda da função pública	–
Suspensão dos direitos políticos até 14 anos	Suspensão dos direitos políticos até 12 anos	–
Pagamento de multa civil equivalente ao valor do acréscimo patrimonial	Pagamento de multa civil equivalente ao valor do dano	Pagamento de multa civil de até 24 vezes o valor da remuneração percebida pelo agente
Proibição de contratar com o Poder Público ou receber benefícios, pelo prazo não superior a 14 anos	Proibição de contratar com o Poder Público ou receber benefícios, pelo prazo não superior a 12 anos	Proibição de contratar com o Poder Público ou receber benefícios, pelo prazo não superior a 4 anos

A. COMENTÁRIOS IMPORTANTES

1. As sanções previstas no art. 12 possuem caráter extrapenal.

2. A **sanção de perda da função atinge apenas o vínculo de mesma qualidade e natureza que o agente público ou político detinha com o Poder Público na época do cometimento da infração**, podendo o magistrado, na hipótese de enriquecimento ilícito, e em caráter excepcional, estender aos demais vínculos, considerando-se as circunstâncias do caso e a gravidade da infração (art. 12, § 1º).

Trata-se de uma superação do entendimento do Superior Tribunal de Justiça, que compreende, anteriormente à alteração da Lei nº 8.429/1992, que o agente público perde a função pública que estiver ocupando no momento do trânsito em julgado, ainda que seja diferente daquela que ocupava no momento da prática do ato de improbidade.[18]

Todavia, o STF,[19] por meio de medida cautelar, suspendeu a eficácia desse dispositivo legal. De acordo com o Ministro Alexandre de Moraes, "(...) o art. 12, § 1º, da nova LIA, traça uma severa restrição ao mandamento constitucional de defesa da probidade administrativa, que impõe a perda de função pública como sanção pela prática de

---

[18]   STJ, RMS 32.378/SP, Segunda Turma, Rel. Min. Humberto Martins, j. 05.05.2015.
[19]   Medida Cautelar na ADI 7.236/DF, Rel. Min. Alexandre de Moraes, j. 27.12.2022.

atos ímprobos independentemente da função ocupada no momento da condenação com trânsito em julgado".

Trata-se, assim, de uma situação desarrazoada, de modo que a simples troca de cargos ensejaria a impossibilidade de sancionamento ao agente ímprobo.

3. Ponto relevante também se refere à possibilidade de aplicação da sanção de cassação de aposentadoria. Em outras palavras, o que se quer saber é se a expressão "perda de cargo" abarcaria a sanção de cassação de aposentadoria. Nesse sentido, há posicionamento do Supremo Tribunal Federal, no ARE 1.321.655, segundo o qual é viável a conversão da perda de cargo em cassação de aposentadoria no âmbito da improbidade administrativa.

Por outro lado, o Superior Tribunal de Justiça,[20] em entendimento anterior ao firmado do STF, assentou que o magistrado não tem competência para aplicar a sanção de cassação de aposentadoria a servidor condenado judicialmente por improbidade administrativa. Para o colegiado, apenas a autoridade administrativa possui poderes para decidir sobre a cassação.

4. A multa pode ser aumentada até o dobro, se o juiz considerar que, em virtude da situação econômica do réu, o valor calculado é ineficaz para reprovação e prevenção do ato de improbidade (art. 12, § 2º).

5. Na responsabilização da pessoa jurídica, deverão ser considerados os efeitos econômicos e sociais das sanções, a fim de viabilizar a manutenção de suas atividades (art. 12, § 3º).

6. Em caráter excepcional e por motivos relevantes devidamente justificados, a pena de proibição de contratação com o Poder Público pode extrapolar o ente público lesado pelo ato de improbidade, devendo-se sempre observar os impactos econômicos e sociais das sanções, a fim de preservar a função social da pessoa jurídica (art. 12, § 4º).

7. Em se tratando de atos de menor ofensa aos bens jurídicos tutelados pela lei, a sanção se limitará à aplicação de multa, sem prejuízo do ressarcimento do dano e da perda dos valores obtidos, quando for o caso (art. 12, § 5º).

8. Ocorrendo lesão ao patrimônio público, a reparação do dano deve deduzir o ressarcimento ocorrido nas instâncias criminal, cível e administrativa tendo por objeto os mesmos fatos (art. 12, § 6º).

9. As sanções aplicadas a pessoas jurídicas com base nessa lei e na Lei nº 12.846, de 1º de agosto de 2013, deverão observar o princípio constitucional do *non bis in idem* (art. 12, § 7º).

10. A sanção de proibição de contratação com o Poder Público deverá constar no Cadastro Nacional de Empresas Inidôneas e Suspensas (Ceis) de que trata a Lei nº

---

[20] STJ, EREsp 1.496.347, 1ª S., rel. Min. Herman Benjamin, j. 24.02.2021.

12.846, de 1º de agosto de 2013, observando-se as limitações territoriais contidas em decisão judicial (art. 12, § 8º).

11. As sanções de improbidade só podem ser executadas com o trânsito em julgado da sentença condenatória, nos termos do art. 12, § 9º. Trata-se de nítida alteração se comparada à redação anterior da Lei nº 8.429/1992, segundo a qual apenas a perda da função e a suspensão dos direitos políticos se efetivariam com trânsito em julgado da decisão.

Atenção

Com a Lei nº 14.230/2021, TODAS as sanções de improbidade só podem ser executadas com o trânsito em julgado da sentença condenatória.

12. Para efeitos de contagem do prazo da sanção de suspensão dos direitos políticos, computar-se-á retroativamente o intervalo de tempo entre a decisão colegiada e o trânsito em julgado da sentença condenatória (art. 12, § 10).

Todavia, esse dispositivo teve sua eficácia suspensa pelo STF.[21] Importante destacar que a suspensão dos direitos políticos não se confunde com a inelegibilidade prevista no art. 1º, I, *l*, da LC nº 64/1990. Uma hipótese tem como fundamento o art. 15 da Constituição Federal, referente à suspensão dos direitos políticos, enquanto a outra se baseia no § 9º do art. 14 do mesmo texto constitucional, que abrange apenas uma situação específica de inelegibilidade, a qual ocorre após o término da suspensão dos direitos políticos.

Embora sejam previsões complementares, essas medidas apresentam diferenças significativas em termos de fundamentos e consequências, pois são institutos de natureza distinta. Além disso, é importante destacar que elas permitem a cumulação de inelegibilidades e a suspensão de direitos políticos.

13. Observe-se que o juiz não precisa aplicar todas as penalidades. Ele irá analisar o caso concreto para aplicar as penalidades. Ademais, o *caput* do art. 12 da LIA estabelece que as penas podem ser aplicadas de forma isolada ou cumulativa.

14. A LIA aumenta as sanções previstas no art. 37, § 4º, da CR/1988. Contudo não há qualquer inconstitucionalidade na previsão legal, do que se conclui que a atual Constituição Federal apenas estabeleceu uma relação mínima.

15. Em relação à gravidade das sanções, certamente, as previstas para os casos de enriquecimento ilícito (art. 9º) são mais severas que as previstas para os casos de prejuízo ao erário (art. 10), que, consequentemente, são mais severas que as previstas para os casos de violação de princípios (art. 11).

---

[21]   Medida Cautelar na ADI 7.236/DF, Rel. Min. Alexandre de Moraes, j. 27.12.2022.

16. A autoridade judicial competente poderá determinar o afastamento do agente público do exercício do cargo, emprego ou função, sem prejuízo da remuneração, quando a medida se fizer necessária à instrução processual ou para evitar a iminente prática de novos ilícitos.

O afastamento será de até 90 dias, prorrogáveis uma única vez por igual prazo, mediante decisão motivada. (art. 20, §§ 1º e 2º).

17. O STJ tem mitigado o princípio da congruência (juiz atrelado ao pedido), ou seja, o juiz poderá aplicar sanção distinta daquela pedida na ação. Todavia, a Lei nº 14.230/2021 trouxe o art. 17, § 10-F, segundo o qual será nula a decisão de mérito total ou parcial da ação de improbidade administrativa que condenar o requerido por tipo diverso daquele definido na petição inicial. Assim, há superação do entendimento do STJ.[22]

Não é possível a fixação das penas aquém do mínimo legal, de acordo com o STJ.[23]

18. Uma só conduta pode ofender, simultaneamente, os arts. 9º, 10 e 11 da LIA. Quando isso acontecer, deverá o aplicador da sanção se utilizar do princípio da subsunção, de modo que a conduta e a sanção mais graves absorvam as de menor gravidade.[24]

19. A **posse e o exercício** de agente público ficam condicionados à apresentação de declaração de imposto de renda e proventos de qualquer natureza, que tenha sido apresentada à Secretaria da Receita Federal, a fim de ser arquivada no serviço de pessoal competente (art. 13, *caput*).

Para o STF,[25] essa exigência é constitucional, pois visa assegurar mecanismos de fiscalização do patrimônio de agentes públicos, com o objetivo de resguardar a moralidade e o erário.

20. A declaração de bens será atualizada anualmente e na data em que o agente público deixar o exercício do mandato, cargo, emprego ou função (art. 13, § 2º).

21. Será apenado com a pena de demissão, sem prejuízo de outras sanções cabíveis, o agente público que se recusar a prestar declaração dos bens, dentro do prazo determinado, ou que a prestar falsa (art. 13, § 3º).

22. A apuração e a sanção de atos de improbidade administrativa podem ser efetuadas pela via administrativa, não se exigindo a via judicial, em razão da independência das instâncias civil, penal e administrativa.[26]

23. Outro ponto relevante concerne ao ressarcimento ao erário. De acordo com o STJ, **não configura** *bis in idem* a coexistência de título executivo extrajudicial (acórdão do TCU) e sentença condenatória em ação civil pública de improbidade administrativa

---

22   STJ, REsp 324.282, Primeira Turma, Rel. Min. Humberto Gomes de Barros.

23   STJ, REsp 1582014/CE, Segunda Turma, Rel. Min. Humberto Martins, j. 07.04.2016, *DJe* 15.04.2016.

24   DI PIETRO, Maria Sylvia Zanella. *Direito Administrativo*. 25. ed. São Paulo: Atlas, 2012. p. 730.

25   ADI 4.295/DF, Rel. Min. Marco Aurélio, redator do acórdão Ministro Gilmar Mendes, julgamento virtual finalizado em 21.08.2023.

26   STJ, MS 15.054-DF, STJ, *Informativo* 474, 23.05.2011.

que determinam o ressarcimento ao erário e se referem ao mesmo fato, **desde que seja observada a dedução do valor da obrigação que primeiramente foi executada no momento da execução do título remanescente.**[27]

24. De acordo com o STJ,[28] são cabíveis medidas executivas atípicas de cunho não patrimonial no cumprimento de sentença proferida em ação de improbidade administrativa. Exemplo dessas medidas é a apreensão da carteira de habilitação e/ou do passaporte de um devedor.

25. É possível a condenação em danos morais coletivos?

Existem divergências doutrinárias sobre a possibilidade de condenação em danos morais coletivos. Alguns entendem que o dano moral é personalíssimo e, portanto, não poderia ser aplicado a situações coletivas. No entanto, outros argumentam que seria possível aplicar o microssistema de ações coletivas e que a indeterminabilidade dos prejudicados não seria um impedimento para a condenação em danos morais coletivos.

O STJ raramente aborda esse tema, pois envolve uma questão de fato que não pode ser apreciada em sede de recurso especial. Em casos raros, o STJ reconheceu a possibilidade de condenação por danos morais coletivos, mas destacou que o fato transgressor deve ser de razoável significância e desborde os limites da tolerabilidade, a ponto de produzir verdadeiros sofrimentos, intranquilidade social e alterações relevantes na ordem extrapatrimonial coletiva. Por exemplo, o desvio de verba pública para a aquisição de vacinas ou a construção de uma creche pode ser considerado um caso que justifica a condenação por danos morais coletivos.

Em relação à indenização, os valores fixados devem ser destinados ao fundo de reparação de bens lesados, a fim de beneficiar a coletividade indeterminada em casos de danos difusos.

26. Atente-se, ainda, que, de acordo com o STF,[29] a proibição do responsável pelo ato de improbidade de contratar com o Poder Público, ainda que por intermédio de pessoa jurídica, não viola o princípio da incomunicabilidade das punições, pois, ao atuar ostensivamente no controle e direcionamento da atividade empresarial, evita fraude à sanção imposta.

> **Atenção**
>
> Não há que se falar em perda do cargo e suspensão dos direitos políticos nos atos de improbidade que violem princípios.

---

[27] STJ, REsp 1.413.674-SE, Primeira Turma, j. 17.05.2016.
[28] STJ, REsp 1.929.230-MT, Rel. Min. Herman Benjamin, 04.05.2021.
[29] ADI 4.295/DF, Rel. Min. Marco Aurélio, redator do acórdão Ministro Gilmar Mendes, julgamento virtual finalizado em 21.08.2023.

7. DO PROCEDIMENTO JUDICIAL

7.1. Comentários iniciais

O procedimento judicial está regulado nos arts. 17 a 18-A da LIA.

Nos termos do art. 17, a **ação de improbidade será proposta pelo Ministério Público** e seguirá o procedimento comum previsto no Código de Processo Civil. Todavia, o Supremo Tribunal Federal declarou esse dispositivo inconstitucional, restabelecendo a legitimidade ativa concorrente entre o Ministério Público e a Fazenda Pública.

Nas ADIs 7.042 e 7.043, o STF se posicionou no sentido de declarar a inconstitucionalidade parcial, sem redução de texto, do *caput* e dos §§ 6º-A e 10-C do art. 17, assim como do *caput* e dos §§ 5º e 7º do art. 17-B, da Lei nº 8.429/1992, na redação dada pela Lei nº 14.230/2021, a fim de restabelecer a existência de legitimidade ativa concorrente e disjuntiva entre o Ministério Público e as pessoas jurídicas interessadas para a propositura da ação por ato de improbidade administrativa e para a celebração de acordos de não persecução civil.

Portanto, observe-se que o STF, além de declarar a legitimidade ativa da Fazenda Pública para o ajuizamento da ação de improbidade, permitiu que a Fazenda celebre o acordo de não persecução civil.

Nesse ponto, faz-se importante pontuar o entendimento do STF acerca da autorização de governador ou de procurador-geral para que haja ajuizamento da ação de improbidade por parte da Fazenda Pública. De acordo com o STF, a exigência da autorização do procurador-geral do Estado para o ajuizamento de ação de improbidade não ofende a Constituição Federal. Por outro lado, a exigência de autorização do governador do estado afronta o princípio da impessoalidade, previsto no art. 37, *caput*, da Constituição. Quando o interesse público demanda a atuação da procuradoria, não pode a vontade do governador impedir essa atuação.[30]

Atente-se, pois, que a ação de improbidade deverá ser proposta perante o foro do local onde ocorrer o dano ou de domicílio da pessoa jurídica prejudicada.

A propositura da ação prevenirá a competência do juízo para todas as ações posteriormente intentadas que possuam a mesma causa de pedir ou o mesmo objeto.

A petição inicial observará o seguinte: **(I)** o autor deverá individualizar a conduta do réu, apontando os elementos probatórios mínimos que demonstrem a ocorrência das hipóteses dos arts. 9º a 11 da lei, e de sua autoria, salvo impossibilidade devidamente fundamentada; **(II)** será instruída com documentos ou justificação que contenham indícios suficientes da veracidade dos fatos e do dolo imputado ou com razões fundamentadas da impossibilidade de apresentação de qualquer dessas provas, observada a legislação vigente, inclusive as disposições inscritas nos arts. 77 e 80 do CPC.

---

[30] ARE 1.165.456, Primeira Turma, Red. do Ac. Min. Roberto Barroso, j. 01.09.2020, *DJe* 05.11.2020.

A petição inicial será rejeitada nos casos do art. 330 do CPC, bem como quando não preenchidos os requisitos *supra*, ou ainda quando manifestamente inexistente o ato de improbidade imputado. Nesse sentido, o STJ entende que a decisão de recebimento da petição inicial da ação de improbidade não pode limitar-se ao fundamento de *in dubio pro societate*. A decisão de recebimento da petição inicial, incluída a hipótese de rejeição, deve ser adequada e especificamente motivada pelo magistrado, com base na análise dos elementos indiciários apresentados, em cotejo com a causa de pedir delineada pelo Ministério Público. Essa postura é inclusive reforçada, atualmente, pelos arts. 489, § 3º, e 927 do CPC/2015. Nessa linha, convém anotar que a decisão de recebimento da inicial da ação de improbidade não pode limitar-se à invocação do *in dubio pro societate*, devendo, antes, ao menos, tecer comentários sobre os elementos indiciários e a causa de pedir, ao mesmo tempo que, para a rejeição, deve bem delinear a situação fático-probatória que lastreia os motivos de convicção externados pelo órgão judicial.[31]

Estando a inicial em devida forma, o juiz mandará autuá-la e ordenará a citação dos requeridos para que a contestem no prazo comum de 30 dias, iniciando-se o prazo na forma do art. 231 do CPC.

Assim, observe que não há mais a defesa prévia, que estava prevista no antigo art. 17, § 7º, da Lei nº 8.429/1992.

Da decisão que rejeita questões preliminares suscitadas pelo réu em sua contestação, cabe agravo de instrumento.

Havendo a possibilidade de solução consensual, poderão as partes requerer ao juiz a interrupção do prazo para a contestação, por prazo não superior a 90 (noventa) dias.

Oferecida a contestação e, se for o caso, ouvido o autor, o juiz: **(I)** procederá ao julgamento conforme o estado do processo, levando em conta a eventual manifesta inexistência do ato de improbidade; **(II)** poderá desmembrar o litisconsórcio, visando otimizar a instrução processual.

Proferida a decisão, as partes serão intimadas a especificar as provas que pretendem produzir.

Para cada ato de improbidade administrativa, deverá necessariamente ser indicado apenas um tipo dentre aqueles previstos nos arts. 9º, 10 ou 11 da lei.

Será nula a decisão de mérito total ou parcial da ação de improbidade administrativa que:

I.   condena o requerido por tipo diverso daquele definido na petição inicial;

II. condene o requerido sem a produção das provas por ele tempestivamente especificadas.

Em qualquer momento do processo, verificada a inexistência do ato de improbidade, o juiz julgará a demanda improcedente.

---

[31] REsp 1.570.000-RN, Primeira Turma, Rel. Min. Sérgio Kukina, Rel. Ac. Min. Gurgel de Faria, por maioria, j. 28.09.2021.

Sem prejuízo da citação dos réus, intimar-se-á a pessoa jurídica interessada para, querendo, intervir no processo.

Se a imputação envolver a desconsideração de pessoa jurídica, serão observadas as regras previstas nos arts. 133 a 137 do CPC.

A qualquer momento, identificando o magistrado a existência de ilegalidades ou irregularidades administrativas a serem sanadas sem que estejam presentes todos os requisitos para a imposição das sanções aos agentes incluídos no polo passivo da demanda, poderá, em decisão motivada, converter a ação de improbidade administrativa em ação civil pública, regulada pela Lei nº 7.347/1985.

Da decisão que converter a ação de improbidade em ação civil pública caberá agravo de instrumento.

Ao réu será assegurado o direito de ser interrogado sobre os fatos de que trata a ação, e a recusa ou o silêncio não implicará a confissão.

Não se aplicam na ação de improbidade administrativa (art. 17, § 19):

I. a presunção de veracidade dos fatos alegados pelo autor em caso de revelia;

II. a imposição de ônus da prova ao réu, na forma do art. 373, §§ 1º e 2º, do CPC;

III. o ajuizamento de mais de uma ação de improbidade administrativa pelo mesmo fato, competindo ao Conselho Nacional do Ministério Público dirimir conflitos de atribuições entre membros de Ministérios Públicos distintos;

IV. o reexame obrigatório da sentença de improcedência ou de extinção sem resolução de mérito.

A assessoria jurídica que emitiu o parecer atestando a legalidade prévia dos atos administrativos praticados pelo administrador público ficará obrigada a defendê-lo judicialmente, caso este venha a responder ação por improbidade administrativa, até que a decisão transite em julgado (art. 17, § 20).

Todavia, esse dispositivo teve sua declaração de inconstitucionalidade parcial declarada pelo STF nas ADIs 7.042 e 7.043. De acordo com o STF, declara-se a inconstitucionalidade parcial, com redução de texto, do § 20 do art. 17 da Lei nº 8.429/1992, incluído pela Lei nº 14.230/2021, no sentido de que não existe "obrigatoriedade de defesa judicial"; havendo, porém, a possibilidade de os órgãos da Advocacia Pública autorizarem a realização dessa representação judicial, por parte da assessoria jurídica que emitiu o parecer atestando a legalidade prévia.

Das decisões interlocutórias cabe agravo de instrumento, inclusive da decisão que rejeita questões preliminares suscitadas pelo réu em sua contestação (art. 17, § 21).

7.2. Não persecução civil e colaboração premiada

A natureza jurídica do acordo de não persecução cível consiste em um negócio bilateral e sui generis, isto é, o acordo se concretiza através da manifestação de vontade em direções opostas: de um lado, o Ministério Público ou a Fazenda Pública, após avaliar a gravidade do ato ímprobo, elaboram a proposta que inclui a necessidade de reparação do dano, juntamente com uma ou mais sanções abstratamente previstas na Lei de Improbidade Administrativa. Do outro lado, o autor do ato ímprobo tem a opção de aceitar as propostas apresentadas ou apresentar contrapropostas para efetivar esse acordo jurídico.

O caráter *sui generis* se justifica porque, apesar das restrições na autonomia das partes envolvidas, devido à proporção das sanções em relação à gravidade do ato ímprobo, ainda assim, configura-se como um negócio jurídico bilateral. Isso significa que, por um lado, os legitimados ativos não são obrigados a propor o acordo, e, por outro, o autor do ato ímprobo não detém um direito subjetivo à obtenção da proposta.

De acordo com o art. 17-B, o Ministério Público poderá, conforme as circunstâncias do caso concreto, celebrar acordo de não persecução civil, desde que advenham, ao menos, os seguintes resultados:

I.   o integral ressarcimento do dano;

II. a reversão à pessoa jurídica lesada da vantagem indevida obtida, ainda que oriunda de agentes privados.

É importante relembrar da legitimidade que a Fazenda Pública possui para celebrar o acordo de não persecução civil.

A celebração do acordo dependerá, cumulativamente:

I.   da oitiva do ente federativo lesado, em momento anterior ou posterior à propositura da ação;

II. de aprovação, no prazo de até 60 (sessenta) dias, pelo órgão do Ministério Público competente para apreciar as promoções de arquivamento de inquéritos civis, se anterior ao ajuizamento da ação;

III. de homologação judicial, independentemente de o acordo ocorrer antes ou depois do ajuizamento da ação de improbidade administrativa.

É importante pontuar que, com a decisão do STF de restabelecer a legitimidade ativa da Fazenda Pública, quando esta propuser o ANPC, entende esta obra que se deve ouvir o Ministério Público. Não se trata de uma deferência ou obediência ao parquet, mas uma questão de equidade ao outro legitimado para propor o ANPC. Outro ponto é que a aprovação do órgão do Ministério Público competente para apreciar as promoções de arquivamento de inquéritos civis não será exigida quando a Fazenda propuser o ANPC. Essa exigência somente ocorrerá quando for o próprio MP a propor o acordo.

Acerca da homologação judicial, alguns comentários merecem ser tecidos. Qual seria o papel do magistrado ao homologar o acordo celebrado? Duas perspectivas precisam ser analisadas. A primeira, de que o juíz apenas faria uma aferição, exclusiva, da regularidade formal da avença, consistiria apenas numa análise do preenchimento dos requisitos formais. Trata-se de posição minoritária.

Já a segunda perspectiva, prevalecente na doutrina, consistiria no controle do próprio conteúdo do ajuste.

Não há razão para exigir a participação do juiz se não desejasse um efetivo controle sobre o conteúdo da avença.

Ademais, a lei exige a oitiva da pessoa jurídica envolvida. Assim, a lei não deseja uma atuação vazia, meramente formal do magistrado.

Em qualquer caso, a celebração do acordo levará em conta a personalidade do agente, a natureza, as circunstâncias, a gravidade e a repercussão social do ato de improbidade, bem como as vantagens, para o interesse público, na rápida solução do caso.

Para fins de apuração do valor do dano a ser ressarcido, deverá ser realizada a oitiva do Tribunal de Contas competente, para que se manifeste com indicação de parâmetros, no prazo de 90 dias. Todavia, esse dispositivo teve sua eficácia suspensa pelo STF,[32] pois, segundo a corte, a norma condicionaria "o exercício da atividade-fim do Ministério Público à atuação da Corte de Contas, transmudando-a em uma espécie de ato complexo apto a interferir indevidamente na autonomia funcional constitucionalmente assegurada ao órgão ministerial".

O acordo poderá ser celebrado no curso das investigações de apuração do ilícito, no curso da ação de improbidade ou quando da execução da sentença condenatória.

O acordo poderá contemplar a adoção de mecanismos e procedimentos internos de integridade, auditoria e incentivo à denúncia de irregularidades e a aplicação efetiva de códigos de ética e de conduta no âmbito da pessoa jurídica, se for o caso, bem como de outras medidas em favor do interesse público e de boas práticas administrativas.

Em caso de descumprimento do acordo, o investigado ou demandado ficará impedido de celebrar novo acordo pelo prazo de 5 (cinco) anos, contados do conhecimento pelo Ministério Público do efetivo descumprimento. Importante pontuar que, com o restabelecimento da legitimidade ativa da Fazenda Pública, o prazo de 5 anos também será contado a partir do seu conhecimento acerca do descumprimento do acordo.

Importante ainda pontuar a decisão do STF[33] que legitimou a utilização da colaboração premiada no âmbito da ação de improbidade.

Para a Corte, é constitucional a utilização da colaboração premiada, nos termos da Lei 12.850/2013, no âmbito civil, em ação civil pública por ato de improbidade administrativa movida pelo Ministério Público, observando-se as seguintes diretrizes:

---

[32]   Medida Cautelar na ADI 7.236/DF, Rel. Min. Alexandre de Moraes, 27.12.2022.

[33]   STF, ARE 1175650, Rel. Min. Alexandre de Moraes, 06.07.2023.

1. Realizado o acordo de colaboração premiada, serão remetidos ao juiz, para análise, o respectivo termo, as declarações do colaborador e cópia da investigação, devendo o juiz ouvir sigilosamente o colaborador, acompanhado de seu defensor, oportunidade em que analisará os seguintes aspectos na homologação: regularidade, legalidade e voluntariedade da manifestação de vontade, especialmente nos casos em que o colaborador está ou esteve sob efeito de medidas cautelares, nos termos dos §§ 6º e 7º do art. 4º da referida Lei 12.850/2013;

2. As declarações do agente colaborador, desacompanhadas de outros elementos de prova, são insuficientes para o início da ação civil por ato de improbidade;

3. A obrigação de ressarcimento do dano causado ao erário pelo agente colaborador deve ser integral, não podendo ser objeto de transação ou acordo, sendo válida a negociação em torno do modo e das condições para a indenização;

4. O acordo de colaboração deve ser celebrado pelo Ministério Público, com a interveniência da pessoa jurídica interessada e devidamente homologado pela autoridade judicial;

5. Os acordos já firmados somente pelo Ministério Público ficam preservados até a data deste julgamento, desde que haja previsão de total ressarcimento do dano, tenham sido devidamente homologados em Juízo e regularmente cumpridos pelo beneficiado.

7.3. Da sentença de improbidade

De acordo com art. 17-C, a sentença proferida nos processos de improbidade deverá, além de observar o contido no art. 489 do CPC:

I – indicar de modo preciso os fundamentos que demonstram os elementos a que se referem os arts. 9º a 11 da Lei, que não podem ser presumidos;

II – considerar as consequências práticas da decisão, sempre que decidir com base em valores jurídicos abstratos;

III – considerar os obstáculos e as dificuldades reais do gestor e as exigências das políticas públicas a seu cargo, sem prejuízo dos direitos dos administrados e das circunstâncias práticas que houverem imposto, limitado ou condicionado a ação do agente;

IV – considerar, para a aplicação das sanções, de forma isolada ou cumulativa:

a) os princípios da proporcionalidade e da razoabilidade;

b) a natureza, a gravidade e o impacto da infração cometida;

c) a extensão do dano causado;

d) o proveito patrimonial obtido pelo agente;

e) as circunstâncias agravantes ou atenuantes;

f) a atuação do agente em minorar os prejuízos e consequências advindas de sua conduta omissiva ou comissiva;

g) os antecedentes do agente.

V – levar em conta na aplicação das sanções a dosimetria das sanções relativas ao mesmo fato já aplicadas ao agente;

VI – na fixação das penas relativamente ao terceiro, quando for o caso, tomar em vista a sua atuação específica, não sendo admissível a sua responsabilização por ações e omissões para as quais não tiver concorrido ou das quais não tiver obtido vantagens patrimoniais indevidas;

VII – indicar, na apuração da ofensa a princípios, critérios objetivos que justifiquem a imposição da sanção.

Ademais, de acordo com o art. 18, a sentença que julgar procedente a ação fundada nos arts. 9º e 10 da lei condenará ao ressarcimento dos danos e à perda ou à reversão dos bens e valores ilicitamente adquiridos, conforme o caso, em favor da pessoa jurídica prejudicada pelo ilícito.

Havendo a necessidade de liquidação do dano, a pessoa jurídica prejudicada procederá a essa determinação e ao ulterior procedimento para cumprimento da sentença referente ao ressarcimento do patrimônio público ou à perda ou à reversão dos bens.

Caso a pessoa jurídica prejudicada não adote as providências *supra*, no prazo de seis meses a contar do trânsito em julgado da sentença de procedência, caberá ao Ministério Público proceder à respectiva liquidação do dano e ao cumprimento da sentença, sem prejuízo de eventual responsabilização pela omissão verificada.

Para fins de apuração do valor do ressarcimento, deverão ser descontados os serviços efetivamente prestados.

O juiz poderá autorizar o parcelamento do débito resultante de condenação pela prática de improbidade administrativa se o réu demonstrar incapacidade financeira de saldá-lo de imediato, em até 48 (quarenta e oito) parcelas mensais, corrigidas monetariamente.

Por sua vez, o art. 18-A estabelece que, a requerimento do réu, na fase de cumprimento da sentença, o juiz unificará eventuais sanções aplicadas com outras já impostas em outros processos, tendo em vista a eventual continuidade de ilícito ou a prática de diversas ilicitudes:

I. no caso de continuidade de ilícito, o juiz promoverá a maior sanção aplicada, aumentando-a de um terço, ou a soma das penas aplicando-se a solução mais benéfica ao réu;

II. no caso de prática de novos atos ilícitos pelo mesmo sujeito, as sanções serão somadas.

Por fim, nos termos do parágrafo único, as sanções de suspensão de direitos políticos e proibição de contratar ou receber incentivos fiscais ou creditícios do Poder Público observarão o limite máximo de 20 (vinte) anos.

8. PRESCRIÇÃO

De acordo com o art. 23 da LIA, a ação para a aplicação das sanções dos atos de improbidade administrativa prescreve em 8 anos, contados a partir da ocorrência do fato ou, no caso de infrações permanentes, do dia em que cessou a permanência.

A instauração de inquérito civil ou processo administrativo para apuração dos ilícitos referidos nessa lei suspende o curso do prazo prescricional, por, no máximo, 180 dias corridos, recomeçando a correr após a sua conclusão ou, caso não concluído o processo, esgotado o prazo de suspensão.

O inquérito civil para apuração do ato de improbidade será concluído no prazo de 365 dias corridos, podendo ser prorrogado uma única vez por igual período, mediante ato fundamentado, submetido à revisão da instância competente do órgão ministerial, conforme dispuser a respectiva lei orgânica.

Encerrado o prazo de 365 dias, e não sendo o caso de arquivamento do inquérito civil, a ação deverá ser proposta no prazo de 30 dias.

A prescrição será interrompida:

I. pelo ajuizamento da ação de improbidade administrativa;

II. pela publicação da sentença condenatória;

III. pela publicação de decisão ou acórdão de Tribunal de Justiça ou Tribunal Regional Federal confirmando sentença condenatória ou reformando sentença de improcedência;

IV. pela publicação de decisão ou acórdão do Superior Tribunal de Justiça confirmando acórdão condenatório ou reformando acórdão de improcedência;

V. pela publicação de decisão ou acórdão do Supremo Tribunal Federal confirmando acórdão condenatório ou reformando acórdão de improcedência.

Interrompida a prescrição, o prazo recomeça a correr, do dia da interrupção, pela metade do prazo de 8 anos.

A suspensão e a interrupção da prescrição produzem efeitos relativamente a todos os que concorreram para a prática do ato de improbidade.

Nos atos de improbidade conexos, que sejam objeto do mesmo processo, estendem-se aos demais a suspensão e a interrupção relativas a qualquer deles.

O juiz ou o tribunal, depois de ouvido o Ministério Público, deverá, de ofício ou a requerimento da parte interessada, reconhecer a prescrição intercorrente da pretensão sancionadora e decretá-la de imediato caso, entre os marcos interruptivos, transcorra o prazo de 4 anos.

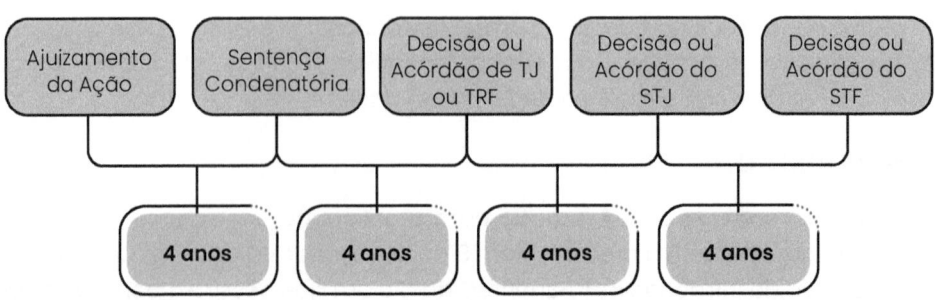

O STF reafirmou essa imprescritibilidade estabelecendo a seguinte tese de repercussão geral: "São imprescritíveis as ações de ressarcimento ao erário fundadas na prática de ato doloso tipificado na Lei de Improbidade Administrativa".[34]

Ações de ressarcimento por atos dolosos	Ações de ressarcimento por atos culposos
IMPRESCRITÍVEL	PRESCRITÍVEL

Ademais, o STJ entende que **o termo inicial da prescrição em improbidade administrativa em relação a particulares que se beneficiam de ato ímprobo é idêntico ao do agente público que praticou a ilicitude**.[35] Trata-se de entendimento firmado pela Súmula nº 634 do STJ. Todavia, com as alterações promovidas pela Lei nº 14.230/2021, a r. súmula perde o seu sentido, pois o termo inicial do prazo prescricional não varia mais conforme o sujeito que pratica o ato de improbidade.

EM RESUMO:

1. Comentários iniciais	**1. Conceito:** imoralidade qualificada; ato do agente público diante da coisa pública a que foi chamado a administrar. Não pode ser ampliado para abranger situações que não tenham sido contempladas no momento da sua definição. **2. Sanções dos atos de improbidade:** art. 37, § 4º, da CF. **3. Ação de improbidade administrativa: não configura uma ação penal e** não há foro por prerrogativa de função. **4. Responsabilidade subjetiva nos atos de improbidade: necessária a comprovação** do **dolo** (art. 9º, 10 e 11 da LIA) para STF. Agente público que causar danos ao erário por culpa própria não será mais responsabilizado por improbidade administrativa.
2. Sujeito passivo	Pessoa vítima dos atos ímprobos (art. 1º, §§ 5º, 6º e 7º da LIA).
3. Sujeito ativo	**1. Conceito:** Pessoa que pratica o ato de improbidade administrativa ou que concorre para sua prática ou dele se beneficia (arts. 2º e 3º da LIA). **2. Regra:** agente público (inserção do agente político considerado constitucional pelo STF).

[34] Recurso Extraordinário (RE) 852.475, j. 08.08.2018.
[35] STJ, AgRg no REsp 1.510.589/SE, Primeira Turma, Rel. Min. Benedito Gonçalves, j. 26.05.2015, *DJe* 10.06.2015.

3. Sujeito ativo	**3. Exceção (art. 3º):** particular que induza ou concorra **dolosamente** para a prática do ato. **4. Novidade trazida pela Lei nº 14.230/2021:** pessoa jurídica também pode ser sujeito ativo do ato de improbidade. **5. Impossibilidade de particular figurar sozinho no polo passivo da ação:** entendimento do STJ. Mas não há litisconsórcio passivo necessário entre o agente público e o particular. **Exceção: dirigente de entidade privada que administra recursos públicos pode responder sozinho por improbidade porque** equiparado a agente público.
4. Agentes políticos	**1. Regra:** sujeição ao duplo regime sancionatório (responsabilização civil pelos atos de improbidade administrativa e político-administrativa por crimes de responsabilidade). **2. Exceção:** Presidente da República.
5. Responsabilidade sucessória	**1. Conceito:** sucessor ou herdeiro de quem causa dano ao erário ou se enriquece ilicitamente está sujeito à repará-lo até o limite do valor da herança ou do patrimônio transferido (art. 8º da LIA). **2. Novidade trazida pela Lei nº 14.230/2021:** aplicação da responsabilidade sucessória na hipótese de alteração contratual, transformação, incorporação, fusão ou cisão societária (art. 8º-A).
6. Tipologia de improbidade	**1. Fundamento legal:** art. 1º, § 1º, da Lei nº 8.429/1992. **2. Condutas:** arts. 9º (enriquecimento ilícito), 10 (lesão ao erário) e 11 (violação a princípios). **3. Elemento necessário:** todos os atos de improbidade administrativa exigem o **dolo.** **4. Especificidades:** a. Não existe ato de improbidade administrativa na modalidade CULPOSA. b. Exige-se a efetiva e comprovada perda patrimonial do ente público, inclusive nos casos de fraude à licitação. **5. Quadro comparativo dos tipos de improbidade:**
7. Sanções	**1. Fundamento legal:** art. 12, I a III, da LIA. **2. Caráter extrapenal** **3. Multa:** possibilidade de ser aumentada até o dobro (art. 12, § 2º, da LIA). **4. Aplicação das penalidades (art. 12 da LIA):** podem ser aplicadas isolada ou cumulativamente.

7. Sanções	**5. Execução das sanções de improbidade:** só podem ser executadas com o trânsito em julgado da sentença condenatória **(art. 12, § 9º).** **6. Atos de improbidade que violem princípios:** não se aplica a perda do cargo e suspensão dos direitos políticos. **7. Atos de menor ofensa aos bens jurídicos tutelados pela lei:** sanção se limita à aplicação de multa + ressarcimento do dano e da perda dos valores quando for o caso (art. 12, § 5º). **8. Reparação dos atos de lesão ao patrimônio público:** deve deduzir o ressarcimento ocorrido nas instâncias criminal, cível e administrativa tendo por objeto os mesmos fatos (art. 12, § 6º). **9. Sanções aplicadas a pessoas jurídicas (Leis nº 8.429/1992 e nº 12.846/2013):** respeito ao princípio do *non bis in idem* (art. 12, § 7º). **10. Sanções em espécie:**
8. Do procedimento judicial	**1. Fundamento legal:** arts. 17 a 18-A da LIA. **2. Legitimidade ativa**: concorrente entre o Ministério Público e a Fazenda Pública (art. 17 da LIA declarado inconstitucional pelo STF). **3. Competência para propositura:** foro do local onde ocorrer o dano ou de domicílio da pessoa jurídica prejudicada (art. 17, § 4º da LIA). **4. Acordo de não persecução civil e colaboração premiada:** – **Natureza jurídica:** negócio bilateral e *sui generis* (MP ou Fazenda Pública e autor do ato ímprobo). – **Requisitos:** art. 17-B da LIA. – **Homologação judicial:** papel do magistrado é de controle do próprio conteúdo (posição majoritária). – **Descumprimento do acordo:** impedimento de celebração de novo acordo pelo prazo de 5 anos, a contar do conhecimento pelo Ministério Público do efetivo descumprimento. **5. Da sentença de improbidade:** – **Requisitos:** arts. 489 do CPC e 17-C da LIA. – **Condenação (art. 18 da LIA):** ressarcimento dos danos e à perda ou à reversão dos bens e valores ilicitamente adquiridos.
9. Prescrição	**1. Fundamento legal:** art. 23 da LIA. **2. Prescrição:** 8 anos, contados a partir da ocorrência do fato ou, no caso de infrações permanentes, do dia em que cessou a permanência. **3. Suspensão do prazo prescricional:** máximo de 180 dias corridos da instauração de inquérito civil ou processo administrativo.

9. Prescrição	**4. Prazo para conclusão do inquérito civil**: 365 dias corridos, prorrogável uma única vez por igual período.
	5. Prazo para propositura de ação: 30 dias, a contar do encerramento do prazo do inquérito civil.
	6. Hipóteses de interrupção da prescrição: art. 23, § 4° da LIA. Após, o prazo recomeça a correr, do dia da interrupção, pela metade do prazo de 8 anos.
	7. Efeitos da suspensão ou interrupção da prescrição: alcançam a todos que concorreram para a prática do ato de improbidade.
	8. Prescrição nas ações de ressarcimento (entendimento STF):
	– **Ações de ressarcimento por atos dolosos:** imprescritíveis.
	– **Ações de ressarcimento por atos culposos:** prescritíveis.
	9. Termo inicial do prazo prescricional em improbidade administrativa em relação a particulares que se beneficiam de ato ímprobo: perda da sentido da Súmula n° 634 com as alterações promovidas pela Lei n° 14.230/2021.

Capítulo 9

Bens Públicos

1. CONCEITO

O conceito de bem público precisa ser estudado sob os prismas legal e doutrinário. Nesse sentido, de acordo com o **Código Civil** de 2002, em seu art. 98, são **públicos os bens do domínio nacional pertencentes às pessoas jurídicas de direito público interno**; todos os outros são particulares, seja qual for a pessoa a que pertencerem. Assim, o conceito adotado pelo legislador tem o foco da titularidade, isto é, o legislador adotou o **critério subjetivo** para conceituar os bens públicos.

Observe, porém, que, para a doutrina, esse conceito estaria incompleto. Nesse sentido, a doutrina entende que são **públicos também os bens afetados à prestação do serviço público** das pessoas jurídicas de direito privado prestadoras de serviço público. Trata-se aqui de uma **concepção material ou funcionalista**.

A posição do Superior Tribunal de Justiça acompanha o legislador, porém estende aos bens de pessoas jurídicas de direito privado afetados à prestação do serviço público a proteção pública. Assim, afirma o STJ que os bens integrantes do acervo patrimonial de sociedades de economia mista sujeitos a uma destinação pública equiparam-se a bens públicos, sendo, portanto, insuscetíveis de serem adquiridos por meio de usucapião.[1]

2. CLASSIFICAÇÃO

2.1. Quanto à destinação

2.1.1. Bens de uso comum do povo

Esses bens são aqueles que se destinam à utilização geral pelos indivíduos. Em regra, os bens de uso comum do povo são utilizados por todos os integrantes da coletividade. Contudo, nada impede o Poder Público de restringir ou impedir o uso desses bens,

---

[1] AgInt no REsp 1.719.589/SP, Quarta Turma, Rel. Min. Luis Felipe Salomão, j. 06.11.2018, *DJe* 12.11.2018.

como o pagamento de pedágio para utilização de estradas, fechamento de ruas para eventos comemorativos.

Nesse sentido está o art. 103 do CC/2002, segundo o qual o uso comum dos bens públicos pode ser gratuito ou retribuído, conforme for estabelecido legalmente pela entidade a cuja administração pertencerem.

Atente-se que o bem de uso comum do povo pode ter uma utilização normal (ordinária) ou anormal (extraordinária). A primeira consiste no fato de o bem ser utilizado na sua finalidade principal, para a qual se destina. Pode-se dar como exemplo o uso de uma rua pelos carros e calçadas por pedestres. Por outro lado, a segunda se refere ao uso do bem de uso comum de forma diversa da sua finalidade principal ou ao uso condicionado, como o fechamento de uma rua para o carnaval.

Os bens de uso comum do povo são bens indisponíveis, isto é, não ostentam caráter patrimonial, e, por isso mesmo, as pessoas a que pertencem não podem deles dispor. Isso vale enquanto os bens de uso comum do povo mantiverem essa destinação.

Importante pontuar que o STJ entende que a construção ou atividade irregular em bem de uso comum do povo revela *dano in re ipsa*, dispensada prova de prejuízo *in concreto*, impondo-se imediata restituição da área ao estado anterior. Demolição e restauração às expensas do transgressor, ressalvada hipótese de o comportamento impugnado contar com inequívoca e proba autorização do órgão legalmente competente.[2]

São exemplos dos bens de uso comum do povo ruas, praças, mares, praias, rios, estradas.

2.1.2. Bens de uso especial

Os bens de uso especial, por sua vez, são aqueles que visam à execução dos serviços administrativos e dos serviços públicos em geral.

Quanto ao uso, pode-se dizer que cabe ao Poder Público a sua utilização primordial. Contudo, os particulares também podem utilizá-los, uma vez que precisam estar presentes nas repartições estatais.

Observe que os bens de uso especial podem ser móveis ou imóveis.

Ex.: escolas e universidades públicas, hospitais públicos, prédios do Executivo, do Legislativo e do Judiciário, quartéis, cemitérios públicos, aeroportos, museus, mercados públicos, terras reservadas aos indígenas, veículos oficiais, navios militares.

Os bens de uso especial são bens patrimoniais indisponíveis, isto é, "possuem caráter patrimonial, porque, mesmo sendo indisponíveis, admitem em tese uma correlação de valor, sendo, por isso, suscetíveis de avaliação pecuniária. São indisponíveis, entretanto, porque utilizados efetivamente pelo Estado para alcançar os seus fins" (CARVALHO FILHO, 2013. p. 1148).

---

[2] REsp 1.457.851/RN, Segunda Turma, Rel. Min. Herman Benjamin, j. 26.05.2015.

2.1.3. Bens dominicais/dominiais

Os bens dominicais possuem um caráter residual, ou seja, serão aqueles que não se situam como de uso comum do povo ou de uso especial. Dessa forma, são bens dominicais aqueles sem destinação pública específica, como os prédios públicos desativados, os bens móveis inservíveis e a dívida ativa.

Esses bens são bens patrimoniais disponíveis, isto é, possuem caráter patrimonial e podem ser alienados nas condições estabelecidas pela lei.

3. AFETAÇÃO E DESAFETAÇÃO

Um **bem público afetado** é aquele que está sendo utilizado para determinado fim público. Pode-se exemplificar uma praça sendo utilizada naturalmente pelos indivíduos daquela região. Os bens de uso comum do povo e os de uso especial são bens públicos afetados. A afetação também pode ganhar o nome de consagração.

A afetação pode ocorrer de três formas, quais sejam: lei, ato administrativo ou fato administrativo.

Ao contrário, pode-se dizer que um **bem público desafetado** é aquele que não está sendo utilizado para determinado fim público. Pode-se exemplificar um prédio público desativado, uma viatura policial alocada em um depósito público. Os bens dominicais são bens públicos desafetados. A desafetação também pode ganhar o nome de desconsagração.

Dessa forma, o instituto da afetação é o fato administrativo pelo qual se atribui ao bem público uma destinação pública específica. Por sua vez, o instituto da desafetação é o fato administrativo pelo qual um bem público é desativado, deixando de servir à finalidade pública a que se destinava.

Os bens de uso comum do povo e de uso especial são bens afetados, ao passo que os bens dominicais são bens desafetados.

A afetação e a desafetação podem ser formais, isto é, podem ocorrer de maneira expressa, assim como podem ser materiais, o que quer dizer que podem ocorrer de maneira tácita.

Atente-se que, se a afetação for formal, a desafetação também deverá ser formal e observará a mesma forma do bem afetado. Em outras palavras, se um bem é afetado por lei, a desafetação, por simetria, só poderá ser por lei.

4. REGIME JURÍDICO – CARACTERÍSTICAS

4.1. Impenhorabilidade

Os bens públicos não podem ser penhorados, ou seja, não podem sofrer uma constrição judicial para satisfazer crédito de um credor da Administração. Dessa forma, não podem ser utilizados para o pagamento das dívidas públicas. Isso decorre do estabelecido pelo art. 100 da CR/1988, o qual estabelece que o Poder Público paga suas dívidas por precatórios ou Requisição de Pequeno Valor (RPV).

Uma das razões da impenhorabilidade é a continuidade do serviço público.

Importante discussão refere-se ao conflito entre o art. 100 e a proteção da vida/saúde da pessoa. De acordo com o STJ, é legítimo o bloqueio das contas da Fazenda Pública para compras de remédios. Afirma a corte cidadã que é possível ao julgador determinar o bloqueio de verba pública para garantir o cumprimento da obrigação do Poder Público de fornecer medicamentos para portadores de doença grave, havendo, nos autos, comprovação de que o Estado não esteja cumprindo essa obrigação, sobretudo quando a desídia do ente estatal implicar grave lesão à saúde ou mesmo risco à vida do paciente. Isso porque, diante das circunstâncias do caso concreto, cabe ao magistrado aferir o modo mais adequado para tornar efetiva a tutela, tendo em vista o fim da norma. Não se deve olvidar também a prevalência da tutela ao direito subjetivo à saúde sobre o interesse público, que, no caso, se consubstancia na preservação da saúde em detrimento dos princípios do Direito Financeiro ou Administrativo. Deve-se concluir que, em situações de inconciliável conflito entre o direito fundamental à saúde e o da impenhorabilidade dos recursos da Fazenda Pública, prevalece o primeiro sobre o segundo.[3]

4.2. Imprescritibilidade

Os bens públicos não estão sujeitos à prescrição aquisitiva, isto é, à usucapião. Assim dispõem os arts. 183, § 3º, e 191, parágrafo único, ambos da CR/1988, o art. 102 do Código Civil e a Súmula nº 340 do STF.

Atente-se que inclusive os bens dominicais são insuscetíveis de usucapião.

4.3. Não onerosidade

Os bens públicos não se sujeitam aos institutos de direitos reais, como o penhor, a hipoteca e a anticrese. Em outras palavras, os bens públicos não podem ser dados como garantias para um credor no caso de inadimplemento de uma obrigação.

4.4. Alienabilidade condicionada

Os bens públicos podem ser alienados, desde que estejam desafetados. Contudo, observe que o art. 100 do Código Civil estabelece que os bens de uso comum do povo e os de uso especial são inalienáveis, enquanto mantiverem essa qualificação.

Por sua vez, de acordo com o art. 101 do Código Civil, os bens dominicais são alienáveis, desde que cumpridos os requisitos da lei.

---

[3]   REsp 1.069.810/RS, Rel. Min. Napoleão Nunes Maia Filho, j. 23.10.2013.

A alienação de bens públicos está disciplinada no art. 76 da Lei nº 14.133/2021, conforme se verá a seguir em seus requisitos.

Requisitos gerais

A) Bem dominical.

B) Interesse público devidamente justificado.

C) Avaliação prévia.

Requisitos específicos

A) Imóveis:

1) autorização legislativa;

> **Atenção**
>
> A alienação de bens imóveis da Administração Pública cuja aquisição tenha sido derivada de procedimentos judiciais ou de dação em pagamento dispensará autorização legislativa e exigirá apenas avaliação prévia e licitação na modalidade leilão.

2) licitação na modalidade leilão, dispensada a licitação nas seguintes hipóteses:

a) dação em pagamento;

b) doação, permitida exclusivamente para outro órgão ou entidade da Administração Pública, de qualquer esfera de governo, ressalvado o disposto nas alíneas *f*, *g* e *h* desse inciso;

Cessadas as razões que justificaram sua doação, esses bens serão revertidos ao patrimônio da pessoa jurídica doadora, vedada sua alienação pelo beneficiário.

c) permuta por outros imóveis que atenda aos requisitos relacionados às finalidades precípuas da Administração, desde que a diferença apurada não ultrapasse a metade do valor do imóvel que será ofertado pela União, segundo avaliação prévia, e ocorra a torna de valores, sempre que for o caso;

d) investidura;

Entende-se por investidura:

- Alienação, ao proprietário de imóvel lindeiro, de área remanescente ou resultante de obra pública que se tornar inaproveitável isoladamente, por preço que não seja inferior ao da avaliação nem superior a 50% (cinquenta por cento) do valor máximo permitido para dispensa de licitação de bens e serviços previsto;

- Alienação, ao legítimo possuidor direto ou, na falta dele, ao Poder Público, de imóvel para fins residenciais construído em núcleo urbano anexo a usina hidrelétrica, desde que considerado dispensável na fase de operação da usina e que não integre a categoria de bens reversíveis ao final da concessão.

e) venda a outro órgão ou entidade da Administração Pública de qualquer esfera de governo;

f) alienação gratuita ou onerosa, aforamento, concessão de direito real de uso, locação e permissão de uso de bens imóveis residenciais construídos, destinados ou efetivamente usados em programas de habitação ou de regularização fundiária de interesse social desenvolvidos por órgão ou entidade da Administração Pública;

g) alienação gratuita ou onerosa, aforamento, concessão de direito real de uso, locação e permissão de uso de bens imóveis comerciais de âmbito local, com área de até 250 m² (duzentos e cinquenta metros quadrados) e destinado a programas de regularização fundiária de interesse social desenvolvidos por órgão ou entidade da Administração Pública;

h) alienação e concessão de direito real de uso, gratuita ou onerosa, de terras públicas rurais da União e do Instituto Nacional de Colonização e Reforma Agrária (Incra) onde incidam ocupações até o limite de que trata o § 1º do art. 6º da Lei nº 11.952, de 25 de junho de 2009, para fins de regularização fundiária, atendidos os requisitos legais;

i) legitimação de posse de que trata o art. 29 da Lei nº 6.383, de 7 de dezembro de 1976, mediante iniciativa e deliberação dos órgãos da Administração Pública competentes;

j) legitimação fundiária e a legitimação de posse de que trata a Lei nº 13.465, de 11 de julho de 2017;

Atenção

Para a venda de bens imóveis, será concedido direito de preferência ao licitante que, submetendo-se a todas as regras do edital, comprove a ocupação do imóvel objeto da licitação, conforme prevê o art. 77 da Lei nº 14.133/2021.

B) Móveis:

1) licitação na modalidade leilão, dispensada nas seguintes hipóteses:

a) doação, permitida exclusivamente para fins e uso de interesse social, após avaliação de oportunidade e conveniência socioeconômica em relação à escolha de outra forma de alienação;

b) permuta, permitida exclusivamente entre órgãos ou entidades da Administração Pública;

c) venda de ações, que poderão ser negociadas em bolsa, observada a legislação específica;

d) venda de títulos, observada a legislação pertinente;

e) venda de bens produzidos ou comercializados por entidades da Administração Pública, em virtude de suas finalidades;

f) venda de materiais e equipamentos sem utilização previsível por quem deles dispõe para outros órgãos ou entidades da Administração Pública.

5. USO PRIVATIVO DE BEM PÚBLICO

5.1. Autorização de uso

A autorização de uso de bem público é um ato administrativo unilateral, discricionário, praticado a título precário, que visa atender a interesse predominantemente privado.

É um ato unilateral, afinal há exteriorização da vontade apenas do Poder Público. É discricionário porque haverá a valoração sobre a conveniência e a oportunidade na concessão do ato. Trata-se de ato precário porque a Administração poderá revogar a autorização se sobrevierem razões para tanto e não haverá direito de indenização.

A autorização, em regra, não deve ser conferida com prazo determinado. Contudo, é possível que a ela seja praticada por prazo certo. Quando assim for praticada, a autorização perde o caráter de precariedade e sua revogação ensejará o direito de indenização.

A autorização de uso de bem público prescinde de licitação e de lei para o deferimento.

Ex.: fechamento de ruas para comemorações; utilização de uma área para estacionamento.

5.2. Permissão de uso

A permissão de uso de bem público é um ato administrativo unilateral, discricionário, praticado a título precário, atendendo, ao mesmo tempo, a interesses público e privado.

A permissão e a autorização de uso são institutos semelhantes. O que diferencia um de outro é o interesse em jogo. Na permissão de uso, há uma igualdade dos interesses público e privado.

A permissão, em regra, não deve ser conferida com prazo determinado. Contudo, é possível que a ela seja praticada por prazo certo. Quando assim for praticada, a autorização perde o caráter de precariedade e sua revogação ensejará o direito de indenização.

O ato de permissão é um ato personalíssimo ou *intuito personae*, razão pela qual sua transferência a terceiros só se legitima quando há consentimento da entidade que conferiu a permissão. Dessa forma, o que há, na verdade, é a prática de um novo ato administrativo.

Com relação à licitação, a permissão de uso pode ensejar que esta aconteça, quando houver mais de um interessado na utilização do bem, evitando-se, assim, favorecimentos ou preterições ilegítimas. Nesse sentido, a Lei nº 14.133/2021, em seu art. 2º, IV, afirma a aplicação da lei para casos de permissão de uso de bem público. Todavia, em alguns casos a licitação será inexigível, como a permissão de uso de calçada em frente a um bar.

Ex.: feiras de artesanatos em praças públicas; vestiários públicos, mesas e cadeiras em calçadas; bancas de jornal.

5.3. Concessão de uso

A concessão de uso de bem público não é ato administrativo. Na verdade, está-se diante de um contrato administrativo. Portanto, a concessão possui o caráter da bilateralidade. A concessão de uso pode ser gratuita ou onerosa.

Ela deve ser realizada para atividades de maior vulto, em que o concessionário "assume obrigações perante terceiros e encargos financeiros elevados, que somente se justificam se ele for beneficiado com a fixação de prazos mais prolongados, que assegurem um mínimo de estabilidade no exercício da atividade" (DI PIETRO, 2012. p. 391).

Em relação à licitação, por ser contrato administrativo, a concessão necessita da realização de um procedimento licitatório, conforme dispõe o art. 2º, IV, da Lei nº 14.133/2021.

6. OCUPAÇÃO INDEVIDA DE BENS PÚBLICOS

O Superior Tribunal de Justiça tem entendimento pacificado de que não há que se falar em posse na ocupação irregular de bens públicos. Trata-se da sua Súmula nº 619, que afirma que a ocupação indevida de bem público configura mera detenção, de natureza precária, insuscetível de retenção ou indenização por acessões e benfeitorias.

Pelo fato de não haver posse, não há que se falar em direito à indenização por benfeitorias nem em direito de retenção. Ademais, caso o ocupante irregular do bem público realize construções no imóvel, não haveria enriquecimento ilícito do Estado. Isso porque a construção realizada é voltada para atender a interesses particulares, e não para atender a interesse público. De acordo com o STJ, não há que se falar em boa-fé do detentor.

Caso admitisse posse na ocupação irregular de bens públicos, haveria um estímulo à invasão de propriedades públicas, o que violaria os princípios da supremacia do interesse público sobre o privado e da indisponibilidade do interesse público.

Por outro lado, conforme o STJ, é possível que o particular invasor de terras públicas se valha das ações possessórias contra outro particular. Para a corte cidadã, ainda que a posse não possa ser oposta ao ente público senhor da propriedade do bem, ela pode ser oposta contra outros particulares, tornando admissíveis as ações possessórias entre invasores.[4]

Ademais, nos termos do Enunciado nº 2 do CJF, o administrador público está autorizado por lei a valer-se do desforço imediato sem necessidade de autorização judicial, solicitando, se necessário, força policial, contanto que o faça preventivamente ou logo após a invasão ou a ocupação de imóvel público de uso especial, comum ou dominical, e não vá além do indispensável à manutenção ou à restituição da posse (art. 37 da Constituição Federal; art. 1.210, § 1º, do Código Civil; art. 79, § 2º, do Decreto-lei nº 9.760/1946; e art. 11 da Lei nº 9.636/1998).

A possibilidade do uso do desforço imediato decorre da autoexecutoriedade dos atos administrativos, bem como do poder de autotutela da Administração.

EM RESUMO:

1. Conceito	**1. Conceito legal: bens do domínio nacional pertencentes às pessoas jurídicas de direito público interno** (art. 98, CC/2002). **2. Conceito doutrinário:** bens pertencentes às pessoas jurídicas de direito público interno e às pessoas jurídicas de direito privado prestadoras de serviço público. **3. Conceito adotado pelo STJ:** adota o conceito legal mas estende proteção pública aos bens de pessoas jurídicas de direito privado afetados à prestação do serviço público.
2. Classificação	**Quanto à destinação:** **a. Bens de uso comum do povo:** destinam-se à utilização geral pelos indivíduos. Podem ser gratuitos ou retribuídos (art. 103 do CC/2002). Podem ter uma utilização normal (uso de uma rua pelos carros) ou anormal (fechamento de uma rua para o carnaval). Bens indisponíveis. **b. Bens de uso especial:** destinam-se à execução dos serviços administrativos e dos serviços públicos em geral (escolas e universidades públicas, hospitais públicos, museus, mercados públicos, veículos oficiais etc.). Bens indisponíveis. **c. Bens dominicais/dominiais:** não possuem destinação pública específica (prédios públicos desativados). Bens disponíveis.

---

4   REsp 1.484.304/DF, Terceira Turma, Rel. Min. Moura Ribeiro, j. 10.03.2016, *DJe* 15.03.2016.

3. Afetação e Desafetação	**1. Bem público afetado:** – **Conceito:** utilizado para determinado fim público (praça utilizada por indivíduos da região). Bens de uso comum do povo e os de uso especial. – **Formas de afetação**: lei, ato administrativo ou fato administrativo. **2. Bem público desafetado:** – **Conceito:** não está sendo utilizado para determinado fim público (prédio público desativado). Bens dominicais. **3. Modalidades da afetação e desafetação:** formal (expressa) ou material (tácita).
4. Regime Jurídico – Características	**1. Impenhorabilidade:** não podem ser penhorados para satisfazer crédito de um credor da Administração (art. 100 da CF). **Exceção:** direito à saúde prevalece sobre impenhorabilidade. Ex: bloqueio das contas da Fazenda Pública para compras de remédios para portadores de doença grave). **2. Imprescritibilidade:** insuscetíveis de usucapião (arts. 183, § 3º, e 191, parágrafo único, ambos da CF; art. 102 do CC/2002 e Súmula nº 340 do STF) **3. Não onerosidade:** não podem ser dados como garantias para credor no caso de inadimplemento de uma obrigação. **4. Alienabilidade condicionada:** possibilidade de alienação, desde que desafetados. – **Fundamento legal:** art. 76 da Lei nº 14.133/2021. – **Requisitos:** bem dominical, interesse público devidamente justificado e avaliação prévia. – Se imóveis: autorização legislativa e licitação na modalidade leilão (direito de preferência ao licitante: art. 77 da Lei nº 14.133/2021). – Se móveis: licitação na modalidade leilão (atenção às hipóteses de dispensa).
5. Uso Privativo de Bem Público	**1. Autorização de uso:** – **Características:** ato administrativo unilateral, discricionário, precário, que visa atender a interesse predominantemente privado. – **Requisitos:** não necessita de licitação e de lei (ex.: fechamento de ruas para comemorações). **2. Permissão de uso:** – **Características:** ato administrativo unilateral, discricionário, precário, atendendo, ao mesmo tempo, a interesses público e privado.

5. Uso Privativo de Bem Público	– **Requisitos:** pode necessitar de licitação, se houver mais de um interessado na utilização do bem (ex.: vestiários públicos, bancas de jornal, mesas e cadeiras em calçadas).
	3. Concessão de uso:
	– **Características:** contrato administrativo (caráter da bilateralidade). Pode ser gratuita ou onerosa.
	– **Requisitos:** necessita de licitação, por ser contrato administrativo (art. 2º, IV, Lei nº 14.133/2021).
6. Ocupação indevida de bens públicos	**1. Conceito:** não há que se falar em posse na ocupação irregular de bens públicos (Súmula nº 619 do STJ). Ocupação configura mera detenção, de natureza precária, insuscetível de retenção ou indenização por acessões e benfeitorias.
	2. Invasão de bem público: possibilidade do uso do desforço imediato pela Administração (art. 37 da CF, art. 1.210, § 1º, do CC/2002; art. 79, § 2º, do DL nº 9.760/1946; art. 11 da Lei nº 9.636/1998).
	3. Possibilidade de ações possessórias entre invasores: entendimento do STJ.
	4. Construções no imóvel pelo ocupante irregular do bem público: não configura enriquecimento ilícito do Estado porque voltada para atender a interesses particulares.

Capítulo 10

Atos Administrativos

1. ATO ADMINISTRATIVO

1.1. Conceito

É a declaração do Estado ou de quem o represente, inferior à lei, com o objetivo de cumpri-la, regida pelo direito público, sujeita à apreciação pelo Poder Judiciário, e que possui como função a satisfação do interesse da coletividade.

Observe que o ato administrativo tem três aspectos: (a) o aspecto subjetivo (quem realiza o ato administrativo); (b) o aspecto objetivo (a função do ato); e (c) o aspecto formal (o regime aplicado ao ato).

a) Aspecto subjetivo

O aspecto subjetivo está relacionado ao agente praticante do ato administrativo.

Correto, portanto, afirmar que particular pratica ato administrativo, tendo em vista que concessionárias, permissionárias e autorizatárias de serviço público são particulares e praticam ato público.

Diante disso, o ato administrativo pode ser praticado por PARTICULARES, quando representando o Estado, como são os concessionários, permissionários e autorizatários de serviço público. Isso porque a função administrativa "pode ser encontrada dentro ou fora da Administração Pública" (OLIVEIRA, 2017. p. 508).

b) Aspecto formal

Embora seja regulado pelo direito público, o ato administrativo pode ser praticado por particular.

Ao praticar atos regulados pelo direito privado, a Administração não pratica ato administrativo.

O direito privado, quando regula a prática de atos da Administração, ensejará que esta pratique atos de direito privado.

Fato é que, para ser ato administrativo, é imprescindível que seja regulado pelo direito público.

c) Aspecto objetivo

Refere-se ao objetivo do ato administrativo.

É objetivo de todo e qualquer ato administrativo a busca pelo interesse público/pela finalidade pública.

1.2. Vinculação e discricionariedade

Quando a Administração Pública exerce suas atividades, deve-se ter em mente que o exercício da atividade administrativa não ocorre de forma ilimitada. Na verdade, a atividade administrativa é, por essência, limitada.

Em determinados momentos, esse regramento pode atingir os vários aspectos de uma atividade determinada; nesse caso, diz-se que o poder da Administração é VINCULADO, afinal, a lei não deixou margem de escolha para o administrador público atuar.

Observe, contudo, que não há que se falar em absoluta vinculação, afinal o administrador público tem a liberdade temporal, isto é, de quando praticar o ato dentro do prazo legal.

Dessa forma, caso o particular cumpra todos os requisitos estabelecidos em lei, nasce para ele um direito subjetivo de exigir da autoridade a edição de determinado ato.

Em outras situações, o regramento não atinge todos os aspectos da atuação administrativa. Nessa situação, ocorre a chamada DISCRICIONARIEDADE administrativa. Em outras palavras, ocorre a discricionariedade quando a lei deixa certa margem de liberdade de decisão diante do caso concreto, referente ao **motivo** e ao **objeto** do ato administrativo. Observe que a discricionariedade é pautada na análise da oportunidade e conveniência sempre dentro dos limites da lei.

Atente-se, ainda, para o fato de um ato discricionário não se confundir com um ato arbitrário. Veja que o primeiro é editado com base na oportunidade e conveniência do administrador público, estando restrito aos limites estabelecidos pela lei. Ao contrário, o ato arbitrário representa o abuso, representa um ato praticado fora dos limites da lei, sendo, portanto, um ato ilegal.

A discricionariedade é identificada em vários casos, por exemplo:

1) a lei expressamente confere mais de uma alternativa para o administrador escolher dentre opções dadas;

2) quando a lei é omissa, pois não previu todas as situações supervenientes;

3) a norma é descrita por palavras que recobrem conceitos vagos, imprecisos. Não há uma situação inquestionável. Ex.: lei que estabeleça que o administrador público deve expulsar da repartição pessoas com comportamento indecoroso.

1.3. **Atributos**

Os atributos do ato administrativo são a presunção de legitimidade e veracidade, a imperatividade, a tipicidade, a autoexecutoriedade e a exigibilidade.

1.3.1. *Presunção de legitimidade e veracidade*

Este é o atributo pelo qual o ato administrativo se presume verdadeiro e legítimo. Em outras palavras, é o atributo que concede ao ato administrativo a chamada fé pública.

A presunção dos atos administrativos é RELATIVA ou *IURIS TANTUM*. Dessa forma, a presunção do ato não é absoluta ou *jure et de jure*. Ser relativa à presunção acarreta a possibilidade de admitir prova em contrário.

A presunção de legitimidade diz respeito à conformidade do ato com a lei; em decorrência desse atributo, presume-se, até prova em contrário, que os atos administrativos foram emitidos com observância da lei.

Por sua vez, a presunção de veracidade diz respeito aos fatos; em decorrência desse atributo, presumem-se verdadeiros os fatos alegados pela Administração. A presunção de veracidade inverte o ônus da prova. Segundo Maria Sylvia Zanella Di Pietro, "é errado afirmar que a presunção de legitimidade produz esse efeito, uma vez que, quando se trata de confronto entre o ato e a lei, não há matéria de fato a ser produzida" (DI PIETRO, 2012. p. 206).

Importante observar que, em razão desses atributos, um ato administrativo, ainda que ilegal, produzirá seus regulares efeitos como se válido fosse até a declaração de ilegalidade e a consequente retirada do mundo jurídico.

1.3.2. *Imperatividade*

A imperatividade é o atributo pelo qual o ato administrativo se impõe a terceiros, de forma unilateral, independentemente de sua concordância. É o atributo que permite ao Poder Público impor obrigações às pessoas. É chamado de "poder extroverso" ou coercibilidade.

Desse atributo decorre o poder da Administração de exigir o cumprimento do ato pelo particular, quando emanado em conformidade com a lei.

Não é todo ato administrativo que possui o atributo da imperatividade. Somente tem esse atributo aquele ato que impõe obrigações. Os atos de consentimento/negociais, como as autorizações e permissões, não o têm, em razão de o interesse privado estar ao lado do interesse público.

1.3.3. *Autoexecutoriedade*

A autoexecutoriedade é o atributo pelo qual o ato administrativo ocorrerá sem a autorização do Poder Judiciário. Em outras palavras, o ato administrativo PRESCINDE (não precisa) da autorização do Poder Judiciário. Esse atributo é o que permite que a Administração Pública execute direta e imediatamente os seus atos.

De acordo com José dos Santos Carvalho Filho, "a autoexecutoriedade tem como fundamento jurídico a necessidade de salvaguardar com rapidez e eficiência o interesse público, o que não ocorreria se a cada momento tivesse que submeter suas decisões ao crivo do Judiciário" (CARVALHO FILHO, 2013. p. 123).

Não é todo ato administrativo que possui esse atributo. Há apenas nas seguintes situações:

1. quando houver expressa previsão em lei. Ex.: atos do poder de polícia;
2. quando as circunstâncias exigirem: Ex.: medida de urgência.

Todavia, há atos que não têm a autoexecutoriedade, como a multa. Caso o particular não pague a multa, à Administração resta executá-la judicialmente.

Segundo Maria Sylvia Zanella Di Pietro, a autoexecutoriedade divide-se em executoriedade e exigibilidade. A primeira se refere à possibilidade de a Administração Pública utilizar meios diretos de coerção para implementar sua vontade estatal, como na demolição de obras clandestinas. Já a exigibilidade consiste na possibilidade de a Administração Pública utilizar meios indiretos de coerção para compelir o administrado a praticar determinada conduta, como na previsão de multa em caso de descumprimento da vontade estatal.

A autoexecutoriedade não afasta a possibilidade de um controle judicial posterior. O controle do Poder Judiciário pode ser provocado pela pessoa que se sentir lesada pelo ato administrativo.

1.3.4. Tipicidade

A tipicidade é um atributo essencial do ato administrativo, que consiste na sua conformidade com as disposições legais que lhe são aplicáveis. Isso significa que os efeitos produzidos pelo ato estão previstos em lei, decorrendo diretamente do princípio da legalidade, que afasta a possibilidade de a Administração Pública praticar atos inominados.

A tipicidade, portanto, implica que os atos administrativos não podem ser totalmente discricionários, mas, sim, pautados por regras e normas preestabelecidas em lei. Além disso, a tipicidade só se aplica a atos unilaterais, ou seja, aqueles que são praticados exclusivamente pela Administração Pública sem a necessidade de consentimento do particular.

1.3.5. Exigibilidade

A exigibilidade está presente em atos que são considerados meios indiretos de coerção. Mecanismo indireto é uma medida que estimula a aderir ao preceito emanado do ato administrativo.

Ex.: multa – o Prefeito determina a construção de um muro na frente das casas. Os moradores não constroem e o município aplica a multa.

O Enunciado Sumular nº 312 do STJ estabelece que é necessário contraditório e ampla defesa no processo administrativo de multa. Súmula nº 312 do STJ: "No processo administrativo para imposição de multa de trânsito, são necessárias as notificações da autuação e da aplicação da pena decorrente da infração".

Atributo	Descrição
Presunção de legitimidade e veracidade	Ato administrativo é presumido verdadeiro e legítimo, admitindo prova em contrário.
Imperatividade	Ato administrativo se impõe a terceiros de forma unilateral e coercitiva.
Autoexecutoriedade	Ato administrativo pode ser executado sem a autorização do Poder Judiciário em situações previstas em lei ou de urgência.
Tipicidade	Ato administrativo deve estar em conformidade com as disposições legais aplicáveis.
Exigibilidade	Atributo que estabelece atos como um meio indireto de coerção para estimular a aderência ao preceito.

1.4. Elementos ou requisitos do ato administrativo

Os elementos do ato administrativo podem ser elementos essenciais e acidentais. O objeto acidental é o efeito jurídico decorrente de cláusulas acessórias anexadas ao ato pelo seu executor. São elementos acidentais a **condição, o termo e o encargo (modo)**. Por sua vez, os atos administrativos têm elementos essenciais, quais sejam **competência (sujeito), objeto, motivo, finalidade e forma**.

1.4.1. Elementos essenciais

Estudados os elementos acidentais do ato administrativo, passa-se a estudar os elementos essenciais. São elementos ou requisitos essenciais do ato administrativo a **competência (sujeito), objeto, motivo, finalidade e forma**. Para facilitar a memorização, pode-se dizer que os elementos ou requisitos do ato administrativo formam o COMFiFo.

Competência

Objeto

Motivo

Finalidade

Forma

Competência (sujeito)

• *Conceito*

É a atribuição conferida pela lei ao agente público. A competência, em Direito Administrativo, não se restringe à capacidade civil. Esta é englobada pelo conceito de competência.

O Professor Celso Antônio Bandeira de Mello realiza uma análise sobre as características das competências. Segundo ele, estas têm alguns aspectos importantes, tais como:

1.   Em primeiro lugar, a competência é de **exercício obrigatório** para os órgãos e agentes públicos. Isso significa que eles devem, obrigatoriamente, exercê-la em sua função pública.

2.   Em segundo lugar, a competência é **irrenunciável**. Portanto, quem tem as competências não pode abrir mão delas enquanto as titulariza. Apenas é permitido que o exercício da competência seja temporariamente delegado. No entanto, a autoridade delegante permanece apta a exercer a competência e pode revogar a delegação a qualquer momento, mantendo, assim, a titularidade.

3.   Em terceiro lugar, a competência é **intransferível**, ou seja, ela não pode ser objeto de transação para repassá-la a terceiros.

4.   Em quarto lugar, a competência é **imodificável** pela vontade do próprio titular. Isso ocorre porque seus limites são estabelecidos em lei. Ninguém pode dilatar ou restringir uma competência por sua própria vontade, devendo sempre observar as determinações legais.

5.   Em quinto lugar, a competência também é **imprescritível**. Mesmo que a pessoa fique por um longo tempo sem utilizá-la, ela não deixará de existir (MELLO, 2008. p. 789).

Seguindo o entendimento de Carvalho Filho, ainda é possível elencar outras características da competência. Para o autor, esta é **inderrogável**, ou seja, não pode ser transferida a terceiros por acordo entre as partes, tornando-se **intransferível**. Ademais, a competência também é **improrrogável**, o que significa que não se adquire ao longo do tempo simplesmente pela prática do ato.

É importante ressaltar que a incompetência não pode ser transformada em competência com o passar do tempo. Assim, se um agente não tiver competência para exercer determinada função, não poderá adquiri-la apenas pela falta de questionamentos em relação aos atos que praticou, a não ser que a norma que estabelece a competência seja modificada.

Portanto, a competência é uma atribuição legal que não pode ser transferida ou adquirida pelo tempo de serviço, devendo ser observada a norma que a estabelece. Qualquer desvio dessa norma pode acarretar atos inválidos ou ilegais.

Características da competência	Definição
Exercício obrigatório	Os órgãos e agentes públicos devem exercer as competências, obrigatoriamente, em sua função pública.
Irrenunciável	Quem tem as competências não pode abrir mão delas enquanto as titulariza.
Intransferível	A competência não pode ser objeto de transação para repassá-la a terceiros.
Imodificável	Os limites da competência são estabelecidos em lei e não podem ser dilatados ou restringidos por vontade do próprio titular.
Imprescritível	Mesmo que a pessoa fique sem utilizar a sua competência por um longo tempo, ela não deixará de existir.
Inderrogável	A competência não pode ser transferida a terceiros por acordo entre as partes, tornando-se intransferível.
Improrrogável	A competência não se adquire ao longo do tempo simplesmente pela prática do ato.

• *Vícios*

Excesso de poder

O agente público exorbita sua competência legal. Ele tem a competência, mas ultrapassa os limites desta.

É um vício sanável, no qual a autoridade superior pode/deve ratificar o ato.

Perceba que a autoridade competente ora pode, ora deve ratificar o ato com o vício de excesso de poder. Perceba que, de um lado, se o ato for vinculado e estando em conformidade com a lei, a autoridade competente para a prática do ato DEVE ratificá-lo, afinal é direito subjetivo do administrado a prática do ato vinculado, caso cumpra os requisitos legais.

De outro lado, se o ato for discricionário, ainda que esteja em conformidade com a lei, a autoridade competente PODE ratificá-lo, afinal dependerá de uma análise de oportunidade e conveniência dessa autoridade.

Por fim, observe que, se a competência for exclusiva, haverá um ato com vício INSANÁVEL.

Função de fato

O ato é praticado por um agente público de fato, aquele que, por algum motivo, não pode exercer a função pública ou houve um ingresso irregular no serviço público.

Ex.: servidor de férias, aposentadoria, servidor que está em um cargo que exigia concurso público, mas foi provido por indicação.

O ato praticado pelo agente de fato reputa-se válido perante 3º de boa-fé. Isso se justifica pela teoria da aparência. O agente público aparenta-se competente para a prática do ato.

Usurpação de função pública

O ato é praticado por quem não é agente público, isto é, não está investido na função pública. A prática da usurpação de função pública é considerada crime, conforme previsto no art. 328 do Código Penal brasileiro, que prevê pena de detenção de três meses a dois anos e multa para quem "usurpa função pública" ou "exerce função pública sem a devida investidura legal", o que acarretaria um ato inexistente.

Delegação e avocação das competências

A competência é irrenunciável e se exerce pelos órgãos administrativos a que foi atribuída como própria, nos termos do art. 11 da Lei nº 9.784/1999.

Em determinadas situações, a lei pode autorizar que um agente transfira a outro agente funções que lhe são atribuídas. Em outras palavras, um órgão administrativo e seu titular poderão, se não houver impedimento legal, delegar parte da sua competência a outros órgãos ou titulares, ainda que estes não lhe sejam hierarquicamente subordinados, quando for conveniente, em razão de circunstâncias de índole técnica, social, econômica, jurídica ou territorial. A isso se dá o nome de delegação de competência. Tudo isso previsto no art. 12 da Lei nº 9.784/1999.

Observe que a delegação não enseja, obrigatoriamente, a diferença hierárquica entre os agentes públicos. Portanto, a delegação pode ser vertical ou horizontal, conforme ocorra ou não a hierarquia entre os agentes públicos.

O ato de delegação deve indicar a autoridade delegante, a autoridade delegada e as atribuições objeto da delegação. Isso se extrai do art. 12, parágrafo único, do Decreto-lei nº 200/1967.

O ato de delegação não retira a atribuição da autoridade delegante, que continua competente cumulativamente com a autoridade delegada para o exercício da função. Contudo, importante observar a Súmula nº 510 do STF, que afirma que, praticado o ato por autoridade, no exercício de competência delegada, contra ela cabe o mandado de segurança ou a medida judicial. Essa súmula está de acordo com o art. 14, § 3º, da Lei nº 9.784/1999, ao dizer que o ato praticado considera-se editado pelo delegado.

O ato de delegação e sua revogação deverão ser publicados no meio oficial, conforme dispõe o art. 14, *caput*, da Lei nº 9.784/1999. O ato de delegação é revogável a qualquer tempo pela autoridade delegante, conforme dispõe o art. 14, § 2º, da Lei nº 9.784/1999.

Por sua vez, a própria lei pode impedir que certas atribuições sejam delegadas a outros agentes. Estas são chamadas de funções indelegáveis. A Lei nº 9.784/1999, que trata do processo administrativo federal, em seu art. 13, veda a delegação quando se trata de:

a) atos de caráter normativo;

b) decisão de recurso administrativo;

c) matérias de competência exclusiva do órgão ou da autoridade.

De outro lado, pode acontecer fenômeno inverso, ou seja, uma autoridade de hierarquia superior chamar para si a competência. A isso se dá o nome de avocação de competência, prevista no art. 15 da Lei nº 9.784/1999, segundo o qual será permitida, em caráter excepcional e por motivos relevantes devidamente justificados, a avocação temporária de competência atribuída a órgão hierarquicamente inferior.

Atente-se que é vedada a avocação de competência exclusiva prevista em lei a um subordinado.

É importante destacar que a avocação de competência não deve ser confundida com a revogação da delegação de competência. No primeiro caso, o agente que avoca a competência não tinha originalmente essa competência, uma vez que ela pertencia a um subordinado. No segundo caso, a competência é originalmente da autoridade delegante, que, após delegá-la a outro agente público, decide revogar o ato de delegação.

Nos termos do art. 17 da Lei nº 9.784/1999, inexistindo competência legal específica, o processo administrativo deverá ser iniciado perante a autoridade de menor grau hierárquico para decidir.

Forma

• *Conceito*

É o meio pelo qual o ato se exterioriza, que, em regra, é a escrita. A forma é um dos elementos vinculados do ato administrativo, sendo responsável pelo revestimento exteriorizador da declaração de vontade da Administração.

Para melhor compreensão, pode-se analisar a forma em dois sentidos distintos. **No sentido estrito**, a forma se refere à maneira pela qual o ato se apresenta, seja por escrito, seja verbalmente, por meio de decretos, portarias, resoluções, entre outros. Por exemplo, a autorização para dirigir é apresentada na forma da Carteira Nacional de Habilitação (CNH). Por sua vez, **no sentido amplo**, a forma engloba todas as formalidades necessárias para a formação da vontade da Administração, incluindo requisitos de publicidade do ato. A CNH, nesse caso, representa o processo de concessão da autorização, desde o requerimento do interessado até a realização de exames, provas e testes, culminando na expedição da carteira.

Em resumo, a forma representa tanto a exteriorização quanto as formalidades para a formação da vontade da Administração.

A forma dos atos administrativos ainda pode ser classificada em outras duas hipóteses: a forma **essencial e acidental**. A **forma essencial** é aquela imposta pela legislação e que é necessária para que o ato produza efeitos válidos. O descumprimento acarretaria a nulidade do ato administrativo. Por exemplo, a ausência de ampla defesa e contraditório torna inválida a imposição de sanções administrativas.

Por outro lado, a forma acidental é aquela que não impede o alcance do resultado final desejado pelo agente público. Nessa situação, o ato administrativo pode ser convalidado, em razão do princípio da instrumentalidade das formas. Um exemplo disso seria um ato administrativo vinculado que tenha sido editado verbalmente, mas que beneficie um particular que preencheu todos os requisitos legais. Nesse caso, o ato deve ser convalidado e reduzido à forma escrita. Da mesma forma, a ausência de assinatura ou data no ato administrativo pode ser corrigida posteriormente.

• *Vício*

Há vício quando a forma é determinada (prescrita) em lei, e não observada.

Esse vício é sanável, isto é, pode ser convalidado. Entretanto, há hipóteses em que os vícios de forma são insanáveis, porque afetam o ato em seu próprio conteúdo. Ex.: demissão de um servidor sem o PAD.

Por via de regra, a forma é escrita. Contudo, existem atos administrativos praticados de forma não escrita. Ex.: semáforo de trânsito, gesto de policial.

Integra o conceito de forma a motivação do ato administrativo, isto é, "a exposição dos fatos e do direito que serviram de fundamento para a prática do ato" (DI PIETRO, 2012. p. 215).

O princípio do informalismo, também conhecido como formalismo moderado, está previsto no art. 22 da Lei nº 9.784/1999. Esse princípio estabelece que, salvo quando a lei exigir forma específica, não há uma forma predeterminada para os atos administrativos. Além disso, mesmo quando a forma for prevista em lei, se o conteúdo do ato atingir a finalidade desejada, em detrimento da forma, o ato não será anulado.

Embora a forma escrita seja a regra geral para os atos administrativos, pois possibilita e facilita o controle, há casos em que a forma não é escrita, como no exemplo da placa de trânsito ou do gesto de um policial indicando algo. Em suma, o princípio do informalismo permite uma maior flexibilidade na forma dos atos administrativos, desde que o seu conteúdo esteja em conformidade com a finalidade pretendida.

Objeto/Conteúdo

• *Conceito*

É o efeito jurídico IMEDIATO que o ato produz. O objeto de um ato administrativo é o seu conteúdo, responsável por criar, extinguir, modificar ou declarar um efeito jurídico.

A título de exemplo, na exoneração de um servidor, o objeto é a vacância do cargo. Por sua vez, na nomeação, o objeto é o provimento do cargo.

O objeto de um ato administrativo pode ser classificado como **vinculado ou discricionário**, assim como o motivo. Quando a lei estabelece exatamente o conteúdo do ato, ele é considerado vinculado.

Por outro lado, é possível que a lei não defina precisamente o objeto, concedendo uma margem de escolha ao agente encarregado da sua aplicação. A título de exemplo, se uma lei determina que a Administração imponha sanção ao particular por eventual descumprimento de uma norma, estabelecendo a possibilidade de aplicar uma multa dentro de um parâmetro previsto em lei ou suspender o ato, cabe ao agente público, em conformidade com os princípios administrativos, decidir sobre a suspensão ou a multa, incluindo a quantia a ser imposta. Nesse caso, o objeto é discricionário.

• *Vício*

Ocorre quando o objeto é ilícito, impossível, indeterminado ou imoral. É um vício insanável.

O grande exemplo de um ato com vício de objeto é a aplicação de uma sanção incorreta, quando deveria ser aplicada outra sanção. Também seria vício de objeto caso uma lei determinasse a aplicação de suspensão por até 90 dias, mas o administrador aplicasse a suspensão de 120 dias.

Motivo

• *Conceito*

São as razões de fato e de direito que determinaram a prática do ato administrativo.

O motivo, por ser elemento essencial, deve sempre estar presente no ato administrativo, sob pena de nulidade. Ademais, o motivo pode ser vinculado ou discricionário.

• *Vício*

Existem casos em que a presença de motivos falsos ou inexistentes caracteriza um vício no ato. Esse vício é considerado grave e não pode ser corrigido. Nesse sentido, é fundamental compreender a teoria dos motivos determinantes, originária do direito francês. De acordo com essa teoria, a validade do ato está diretamente ligada aos motivos apresentados como base para a sua realização. Se esses motivos não existirem ou forem falsos, o ato será considerado nulo. Portanto, é essencial que os motivos apresentados em qualquer ato sejam verdadeiros e reais para que a validade dele seja garantida.

Segundo José dos Santos Carvalho Filho, "a teoria dos motivos determinantes baseia-se no princípio de que o motivo do ato administrativo deve sempre guardar compatibilidade com a situação de fato que gerou a manifestação da vontade" (CARVALHO FILHO, 2013. p. 118).

Motivo e motivação são coisas distintas. Motivação é a exposição dos motivos, isto é, demonstrar que os pressupostos de fato e de direito realmente existiram. Dessa forma, a motivação está atrelada à forma do ato administrativo. O princípio da motivação implica, para a Administração, o dever de justificar seus atos, apontando-lhes os fundamentos de direito e de fato, assim como a correlação lógica entre os eventos e as situações que deu por existentes e a providência tomada, nos casos em que este último aclaramento seja necessário para aferir-se a consonância da conduta administrativa com a lei que lhe serviu de arrimo. **Atente-se que um ato administrativo sem a devida motivação acarreta um vício de forma, e não de motivo**.

Importante também atentar às disposições constantes nos arts. 20 e 21 da LINDB. De acordo com o art. 20, nas esferas administrativa, controladora e judicial, não se decidirá com base em valores jurídicos abstratos sem que sejam consideradas as consequências práticas da decisão, de modo que a motivação demonstrará a necessidade e a adequação da medida imposta ou da invalidação de ato, contrato, ajuste, processo ou norma administrativa, inclusive em face das possíveis alternativas. Por sua vez, o art. 21 estabelece que a decisão que, nas esferas administrativa, controladora ou judicial, decretar a invalidação de ato, contrato, ajuste, processo ou norma administrativa deverá indicar, expressamente, suas consequências jurídicas e administrativas, de modo que essa decisão deverá, quando for o caso, indicar as condições para que a regularização ocorra de forma proporcional e equânime e sem prejuízo aos interesses gerais, não se podendo impor aos sujeitos atingidos ônus ou perdas que, em virtude das peculiaridades do caso, sejam anormais ou excessivos.

Por via de regra, **os atos administrativos devem ser motivados**, sejam eles discricionários, sejam eles vinculados, de acordo com o art. 50 da Lei nº 9.784/1999.

A nomeação e a exoneração de cargo em comissão não precisam ser motivadas, afinal a Constituição afirmou que é um cargo de livre nomeação e de livre exoneração. Contudo, caso o administrador público motive a nomeação ou a exoneração, a motivação passa a integrar a validade do ato administrativo, isto é, aplica-se a teoria dos motivos determinantes.

A motivação deve ser explícita, clara e congruente, podendo consistir em declaração de concordância com fundamentos de anteriores pareceres, informações, decisões ou propostas, que, nesse caso, serão parte integrante do ato. A doutrina administrativa chama essa situação de MOTIVAÇÃO ALIUNDE, nos termos do art. 50, § 1º, da Lei nº 9.784/1999. Ex.: um parecer opina pela possibilidade de prática de ato de demissão de servidor, ao demiti-lo, a autoridade não precisa repetir os fundamentos explicitados pelo parecer, bastando, na fundamentação do ato de demissão, declarar a concordância com os argumentos expedidos no ato opinativo.

Ainda, observe que a motivação deve ser prévia ou concomitante ao ato administrativo. Entretanto, o STJ possibilita a motivação posterior do ato de remoção de servidor, desde que os motivos sejam preexistentes, idôneos e determinantes.

Segundo o Enunciado nº 12 do CJF, a decisão administrativa robótica deve ser suficientemente motivada, sendo a sua opacidade motivo de invalidação.

Motivo também é diferente de móvel. Este é a vontade interior do agente público que o levou a praticar o ato administrativo. Observe que a teoria dos motivos determinantes não abarca o móvel.

Finalidade

• *Conceito*

É o efeito jurídico **mediato** que o ato produz. É o interesse público, a finalidade pública que o ato administrativo deve alcançar.

A finalidade do ato administrativo é dividida em **geral e específica**. A finalidade geral é sempre a satisfação do interesse público, já que toda atuação da Administração Pública se pauta nesse objetivo. A finalidade específica, por seu turno, é a que a lei elegeu para o ato em questão.

Em outras palavras, em um sentido amplo, a finalidade é sinônimo de interesse público, pois todo ato administrativo deve ser realizado para alcançar esse objetivo. No entanto, em um sentido estrito, a finalidade se refere à finalidade específica do ato, que é aquela que decorre da lei.

É importante ressaltar que, enquanto a finalidade geral é comum a todos os atos administrativos, a finalidade específica difere para cada ato, conforme estabelecido pelas normas legais aplicáveis.

Atente-se que a **finalidade geral possui natureza de discricionariedade**, afinal seria sinônimo de interesse público, que é um conceito jurídico indeterminado. Por sua vez, a **finalidade específica possui natureza de vinculação**.

• *Vício*

O vício do elemento finalidade é o chamado **desvio de finalidade**, no qual o agente público pratica um ato visando a finalidade diversa da finalidade descrita em lei. O agente pratica o ato visando ao interesse próprio ou ao interesse de pessoas próximas. Trata-se, assim, de um vício insanável.

O conceito de desvio de finalidade está previsto no art. 2º, parágrafo único, *e*, da Lei nº 4.717/1965, segundo o qual o desvio de finalidade se verifica quando o agente pratica o ato visando a fim diverso daquele previsto, explícita ou implicitamente, na regra de competência.

A remoção de ofício de servidor público tem como finalidade geral o interesse público e como finalidade específica adequar a quantidade de servidores dentro de cada unidade administrativa.

No entanto, se um servidor cometeu uma infração e, como punição, a autoridade competente determinou sua remoção de ofício para uma localidade distante, isso não atenderia à finalidade específica da remoção, que é adequar o quantitativo de servidores em cada unidade. Embora a punição do agente atenda ao interesse público, pois é do interesse da coletividade que os agentes públicos desempenhem suas atribuições de maneira correta, a finalidade específica da remoção de ofício não é a punição do agente.

Por conseguinte, o ato seria inválido. É importante destacar que, para ser válido, todo ato administrativo deve ter uma finalidade específica lícita e coerente com a finalidade geral do interesse público. Qualquer desvio desse propósito pode tornar o ato ilegal ou inválido. Atente-se que, na **tredestinação lícita, há um desvio da finalidade específica que não macula o ato administrativo**. Nesse sentido, se o gestor declarou o bem para ser desapropriado com o intuito de construir uma escola pública, caso a destinação efetivamente dada seja a construção de um hospital público, não haverá ilicitude.

1.5. Ato anulável, nulo e inexistente

Os atos administrativos podem ser classificados em três tipos, de acordo com a sua validade e seus vícios. O primeiro tipo é o ato **administrativo anulável**, que se caracteriza como inválido, porém tem um vício sanável, ou seja, é possível corrigi-lo. Já o segundo tipo é o ato **administrativo nulo**, que também é inválido, mas tem um vício insanável, tornando-o irrecuperável. Por fim, temos o ato **administrativo inexistente**, que não é considerado um ato válido, pois corresponde a condutas criminosas, que não têm validade jurídica.

Ante ao exposto, surgiram duas teorias sobre a invalidade dos atos administrativos, a teoria monista e a dualista. A primeira propugna a existência de apenas atos nulos, não admitindo a convalidação de atos administrativos. Já a teoria dualista, prevalecente no Direito brasileiro, afirma a existência de atos nulos e anuláveis, de maneira que estes admitem a convalidação.

Pode-se afirmar que os arts. 2º e 3º da Lei nº 4.717/1965 e o art. 55 da Lei nº 9.784/1999 abarcaram, expressamente, a teoria dualista no Direito brasileiro.

Quadro de elementos de ato vinculado e discricionário		
Elementos	**Ato vinculado**	**Ato discricionário**
Competência	Vinculado	Vinculado
Forma	Vinculado	Vinculado
Objeto	Vinculado	Discricionário/Vinculado
Motivo	Vinculado	Discricionário/Vinculado
Finalidade	Vinculado	Vinculado

Abuso de poder é o gênero. Excesso de poder e desvio de poder/finalidade são espécies. Perceba que o primeiro vicia o elemento COMPETÊNCIA, ao passo que o segundo vicia o elemento FINALIDADE.

1.6. Convalidação

1.6.1. Conceito

É o ato pelo qual a Administração Pública ou o particular interessado promove a correção de um ato administrativo anulável.

São espécies de convalidação:

a) **Ratificação**: é a convalidação do ato administrativo que apresenta vício de competência ou de forma. É o caso, por exemplo, do ato editado por uma autoridade incompetente e depois ratificado por uma autoridade competente.

b) **Reforma**: é a convalidação por meio da qual o agente público retira o objeto inválido e mantém o outro objeto válido. Ex.: em ato que concede vários benefícios a um servidor, que teria direito apenas a um ou a alguns desses benefícios. Assim, é/são mantido(s) o(s) benefício(s) a que o agente de fato teria direito e são retirados dele os demais.

c) **Conversão**: é a convalidação por meio da qual há o acréscimo de novo objeto. Ex.: nomeiam-se servidores para atuarem em uma comissão disciplinar, constatado que um deles não poderia ser membro da comissão. Dessa forma, ele será excluído e substituído por um novo integrante, mantendo os demais indicados.

Tanto na reforma como na conversão, o vício é no elemento do objeto, quando esse elemento é plúrimo.

Nesse sentido, o art. 55 da Lei nº 9.784/1999 estabelece que, em decisão na qual se evidencie não acarretarem lesão ao interesse público nem prejuízo a terceiros, os atos que apresentarem defeitos sanáveis poderão ser convalidados pela própria Administração.

1.6.2. Efeitos

A convalidação de um vício de um ato administrativo produz efeitos *ex tunc*, isto é, produz efeitos retroativos, desde a edição do ato.

2. EXTINÇÃO DOS ATOS ADMINISTRATIVOS

Um ato administrativo pode-se extinguir pelas seguintes formas:

I – cumprimento de seus efeitos (extinção natural);

II – desaparecimento do sujeito (extinção subjetiva) ou do seu objeto (extinção objetiva);

III – renúncia;

IV – retirada.

2.1. Cumprimento de seus efeitos

Em relação à primeira forma de extinção dos atos administrativos, tem-se que um ato se extinguirá em decorrência de ter cumprido os seus efeitos. Em outras palavras, quer dizer que o ato administrativo cumpriu o seu papel, alcançou seus objetivos. Dessa forma, não há razão de o ato continuar a existir.

Cumpridos seus efeitos, o ato administrativo se extingue.

2.2. Desaparecimento do sujeito ou do seu objeto

Em relação à segunda forma de extinção dos atos administrativo, tem-se que um ato se extinguirá em decorrência de ter perdido o seu sujeito, isto é, o destinatário do ato administrativo, ou ter perdido o seu objeto, isto é, o seu conteúdo.

Havendo algumas dessas situações, não há motivos para que o ato administrativo permaneça, vindo a ser extinto.

2.3. Renúncia

A renúncia é a forma de extinção do ato administrativo pela qual se extinguem os efeitos deste porque o próprio beneficiário abriu mão de uma vantagem de que desfrutava.

2.4. Retirada

2.4.1. Revogação – art. 53 da Lei nº 9.784/1999

A revogação é a retirada de um ato legal por motivos de conveniência ou oportunidade. Ela tem efeitos *ex nunc* e pode ser realizada pela Administração Pública (autotutela). Ao se estabelecer que a Administração Pública pode revogar seus atos administrativos, está-se dizendo que o Poder Executivo, o Poder Legislativo e o Poder Judiciário podem revogar os seus próprios atos editados no exercício da função administrativa. Assim, é importante destacar que o Poder Judiciário somente pode revogar atos administrativos expedidos por ele e na sua função administrativa, não podendo revogar atos judiciais nem revogar atos administrativos de outros poderes.

A revogação somente é possível em relação a atos discricionários, que envolvem análise de mérito administrativo quanto à conveniência e à oportunidade. Por outro lado, não podem ser revogados os atos vinculados, ilegais, que já cumpriram seus efeitos, que trouxeram direito adquirido, que integram procedimento ou que são meramente administrativos, como pareceres, atestados e certidões.

Perceba que o ato revogador, assim como o ato revogado, será discricionário, uma vez que exige uma análise de oportunidade e conveniência.

A revogação, em regra, não enseja o direito a uma indenização, em razão de os atos serem praticados a título precário. Contudo, quando a revogação ocasionar prejuízos comprovados ao destinatário, ele poderá requerer o pagamento de uma indenização.

Atenção ao Enunciado nº 20 do CJF. Por ele, o exercício da autotutela administrativa, para o desfazimento do ato administrativo que produza efeitos concretos favoráveis aos seus destinatários, está condicionado à prévia intimação e à oportunidade de contraditório aos beneficiários do ato.

2.4.2. *Anulação – art. 53 da Lei nº 9.784/1999*

A anulação de um ato administrativo poderá ocorrer quando este for considerado ilegal, por ter violado uma lei ou um princípio. A anulação pode ter efeitos retroativos (*ex tunc*), ou pode ser limitada a partir do momento em que a anulação foi realizada (*ex nunc*). É importante destacar que a modulação dos efeitos da anulação também é possível.

A anulação pode ser realizada pela Administração Pública (autotutela), pelo Poder Legislativo e pelo Poder Judiciário, que são os legitimados para essa ação. Tanto os atos discricionários quanto os atos vinculados podem ser anulados.

A Súmula nº 473 do Supremo Tribunal Federal destaca que a Administração Pública pode anular seus próprios atos quando estes apresentarem vícios que os tornem ilegais, desde que não originem direitos, ou revogá-los por questões de conveniência ou oportunidade, sempre respeitando os direitos adquiridos e sujeitando-se à apreciação judicial.

Já o art. 54 da Lei nº 9.784/1999 estabelece que o direito da Administração Pública de anular atos administrativos que concedam efeitos favoráveis aos destinatários decai em cinco anos, contados a partir da data em que foram praticados, exceto em casos de comprovada má-fé.

Súmula nº 473 do STF	Art. 53 da Lei nº 9.784/1999
Estabelece o verbo PODE – a Administração Pública PODE anular.	Estabelece o verbo DEVE – a Administração Pública DEVE anular.

Atenção ao Enunciado nº 20 do CJF. Por ele, o exercício da autotutela administrativa, para o desfazimento do ato administrativo que produza efeitos concretos favoráveis aos seus destinatários, está condicionado à prévia intimação e à oportunidade de contraditório aos beneficiários do ato.

Observe que, de acordo com a Súmula nº 633 do STJ, a Lei nº 9.784/1999, especialmente no que diz respeito ao prazo decadencial para a revisão de atos administrativos no âmbito da Administração Pública federal, pode ser aplicada, de forma subsidiária, aos estados e aos municípios, se inexistente norma local e específica que regule a matéria.

Perceba que há, no texto da lei, a exteriorização do princípio da segurança jurídica. Estando o destinatário do ato favorável de boa-fé e decaídos os cinco anos, a Administração Pública não poderá anular esse ato ilegal. Em outras palavras, prevalecerá o princípio da segurança jurídica, de modo que os efeitos produzidos permanecerão consolidados.

Contudo, observe que, não cumprido um dos requisitos exigidos (boa-fé e decurso do tempo), a Administração Pública poderá anular o ato, prevalecendo o princípio da autotutela.

No caso de efeitos patrimoniais contínuos, o prazo de decadência contar-se-á da percepção do primeiro pagamento. Dessa forma, se todo mês o servidor recebe uma parcela salarial ilegal, o prazo decadencial inicia-se a partir da percepção da 1ª parcela.

Se o ato aconteceu antes da Lei nº 9.784/1999, o STJ entende que o fato seria alcançado por essa lei. Entretanto, o prazo de início (termo *a quo*) seria em fevereiro de 1999.

Considera-se exercício do direito de anular qualquer medida de autoridade administrativa que importe impugnação à validade do ato. Em outras palavras, quer-se dizer que, se, dentro do prazo decadencial, a Administração Pública instaurou o processo de anulação do ato administrativo, mas a anulação só ocorreu fora do prazo, esta será considerada válida.

Atente-se para o fato de que é necessária a realização de um procedimento administrativo prévio. Contudo, excepcionalmente, não se exige a realização do processo quando a declaração de nulidade decorre de decisão judicial.[1]

Por fim, as situações flagrantemente inconstitucionais não se submetem ao prazo decadencial de cinco anos previsto no art. 54 da Lei nº 9.784/1999, não havendo que se falar em convalidação pelo mero decurso do tempo.[2]

Importante

1) Concessão de aposentadoria

De acordo com entendimento do Supremo Tribunal Federal (STF), a aposentadoria é considerada um ato complexo. Além disso, a Súmula Vinculante nº 3 estabelece que, nos processos perante o Tribunal de Contas da União, é garantido o direito ao contraditório e à ampla defesa quando a decisão puder resultar na anulação ou revogação de ato administrativo que beneficie o interessado, com exceção da apreciação da legalidade do ato de concessão inicial de aposentadoria, reforma e pensão.

[1] STF, Rcl 5.819/TO, Rel. Min. Cármem Lúcia, 19.06.2009.
[2] STJ, REsp 1.799.759/ES, Segunda Turma, Rel. Min. Herman Benjamin, j. 23.04.2019, *DJe* 29.05.2019.

O Supremo Tribunal Federal, no julgamento do RE 636.553/RS, rel. Min. Gilmar Mendes, julgamento em 19.02.2020. (RE-636.553), estabeleceu, em tese de Repercussão Geral, que "Em atenção aos Princípios da segurança jurídica e da confiança legítima, os Tribunais de Contas estão sujeitos ao prazo de cinco anos para o julgamento da legalidade do ato de concessão inicial de aposentadoria, reforma ou pensão, a contar da chegada do processo à respectiva Corte de Contas".

Nesses termos, por constituir exercício da competência constitucional (art. 71, III, da CR/1988), tal ato ocorre sem a participação dos interessados e, portanto, sem a observância do contraditório e da ampla defesa.

Entretanto, por motivos de segurança jurídica e necessidade da estabilização das relações, é necessário fixar-se um prazo para que a Corte de Contas exerça seu dever constitucional.

Diante da inexistência de norma que incida diretamente sobre a hipótese, aplica-se ao caso o disposto no art. 4º do Decreto-lei nº 4.657/1942, a Lei de Introdução às Normas do Direito Brasileiro (LINDB).

Assim, tendo em vista o princípio da isonomia, seria correta a aplicação, por analogia, do Decreto nº 20.910/1932.

Portanto, se o administrado tem o prazo de cinco anos para buscar qualquer direito contra a Fazenda Pública, também se deve considerar que o Poder Público, no exercício do controle externo, tem o mesmo prazo para rever eventual ato administrativo favorável ao administrado.

Desse modo, a fixação do prazo de cinco anos se afigura razoável para que o TCU proceda ao registro dos atos de concessão inicial de aposentadoria, reforma ou pensão, após o qual se considerarão definitivamente registrados.

Por conseguinte, a discussão acerca da observância do contraditório e da ampla defesa após o transcurso do prazo de cinco anos da chegada do processo ao TCU encontra-se prejudicada. Isso porque, findo o referido prazo, o ato de aposentação considera-se registrado tacitamente, não havendo mais a possibilidade de alteração pela Corte de Contas.

2) Comentários acerca do prazo quinquenal do art. 54

A Súmula nº 633 do STJ dispõe que o prazo decadencial previsto no art. 54 da Lei nº 9.784/1999 pode ser aplicado a estados e municípios.

> *Súmula 633-STJ: A Lei nº 9.784/99, especialmente **no que diz respeito ao prazo decadencial** para a revisão de atos administrativos no âmbito da Administração Pública federal, pode ser aplicada, de forma **subsidiária**, aos estados e municípios, **se inexistente norma local e específica que regule a matéria**. (destacamos)*

Rememora-se que a Lei nº 9.784/1999 traz o prazo decadencial de cinco anos para anulação de atos administrativos benéficos. No entanto, estados e municípios poderiam legislar e estabelecer prazos distintos, em tese. Por exemplo, o estado de São Paulo tem a Lei de Processo Administrativo, que dispõe que o prazo que a administração paulista tem para anular os atos administrativos benéficos é de dez anos, tendo o STF discutido sobre a constitucionalidade desse dispositivo.

No caso, o STF entendeu que a lei estadual que estabelece prazo diverso dos cincos anos previstos na Lei nº 9.784/1999 é inconstitucional.

Deve-se destacar que se trata de uma inconstitucionalidade **material**, uma vez que viola o **princípio da isonomia**. A importância dessa diferenciação entre inconstitucionalidade material e formal recai no fato de que, por ser uma inconstitucionalidade material, os estados membros podem legislar sobre a temática. O art. 25 da Constituição, por exemplo, traz a competência dos estados para legislar sobre a matéria de direito administrativo. No caso discutido, o estado de São Paulo não estava adentrando nas competências da União, por isso não havia inconstitucionalidade formal.

No entanto, o Supremo entendeu se tratar de inconstitucionalidade material por violar o princípio da isonomia. Argumentou o STF que a Lei nº 9.784/1999 dispõe sobre os cincos anos e que vários estados a seguem, no caso daqueles que não têm lei específica, em razão da Súmula nº 633-STJ, adotando-se também o prazo de cinco anos. Dessa forma, um estado ou um município não poderiam estabelecer prazo diverso e ir na contramão dos demais.

Válido ressaltar que, na ocasião, o Supremo entendeu que tal lei não viola o princípio da segurança jurídica nem o princípio da razoabilidade. Trata-se de um julgado que pode cair em provas e o examinador pode colocar que "é inconstitucional por violar o princípio da razoabilidade" ou "é inconstitucional por violar o princípio da segurança jurídica", e ambas as alternativas estariam erradas – o entendimento é de que se viola o princípio da isonomia, como visto.

Anulação	Revogação
Recai sobre um **ato ilegal** (e é ilegal porque viola a lei ou viola os princípios).	Um **ato lícito** será revogado por razões de oportunidade e conveniência.
Em regra, produz efeitos *ex tunc*, ou seja, retroativos. Excepcionalmente admite-se que tenha efeitos *ex nunc* ou *pro futuro* (data futura).	Efeitos *ex nunc*.

Anulação	Revogação
A anulação pode ser feita no exercício da autotutela pela Administração Pública (Poderes Executivo, Legislativo e Judiciário anulando atos próprios no exercício da atividade administrativa), seja de ofício, seja mediante provocação; ou pode ser feita pelo Poder Judiciário, no exercício da sua função jurisdicional. Nesse caso, o Judiciário somente poderá atuar mediante provocação.	A revogação poderá ser feita tão somente pela Administração Pública, no exercício de autotutela. Poderá ser feita pelos Poderes Executivo, Legislativo e Judiciário, revogando atos próprios no exercício da função administrativa, seja de ofício, seja mediante provocação. O Judiciário, no exercício da função jurisdicional, não pode revogar, porque a revogação é controle de mérito e o Judiciário não faz controle de mérito.

2.4.3. Cassação

A cassação é uma espécie de retirada pela qual o destinatário do ato administrativo deixou de cumprir algum requisito estabelecido em lei necessário para que haja a prática do ato administrativo. Ex.: cassação de licença para funcionamento de hotel por haver convertido em casa de tolerância.

2.4.4. Caducidade

A caducidade é a retirada do ato administrativo em razão de norma jurídica (lei) que tornou inadmissível a situação antes permitida pelo direito e pelo ato precedente. Ex.: caducidade de autorização de uso de música em bares que, em razão de nova lei de ruídos, se tornou incompatível.

2.4.5. Contraposição ou derrubada

A contraposição ou derrubada é a retirada do ato administrativo em razão da edição de outro ato administrativo com efeitos contrários ao editado anteriormente. Ex.: nomeação e exoneração de servidor.

EM RESUMO:

1. Comentários iniciais	**1. Conceito:** declaração do Estado ou de quem o represente, inferior à lei, com o objetivo de cumpri-la,
	2. Aspectos:
	a. Subjetivo (quem realiza o ato administrativo): agentes públicos ou particulares quando representando o Estado.
	b. Objetivo (função do ato): finalidade pública.
	c. Formal: regime aplicado ao ato.
	3. Vinculação e discricionariedade:
	a. Poder vinculado: poder da Administração é vinculado à lei.

1. Comentários iniciais	b. Poder discricionário: deixa margem de liberdade de decisão diante do caso concreto (**motivo** e **objeto** do ato administrativo). Pautada na análise da oportunidade e conveniência nos limites da lei (ex.: lei conferindo mais de uma alternativa para o administrador escolher).
2. Atributos do ato administrativo	**1. Presunção de legitimidade e veracidade:** – **Conceito:** ato administrativo é presumido verdadeiro (em relação aos fatos) e legítimo (conformidade com lei), admitindo prova em contrário. – **Presunção relativa.** **2. Imperatividade:** – **Conceito:** ato administrativo se impõe a terceiros de forma unilateral e coercitiva. – **Exceção:** atos de consentimento, que não impõe obrigações (autorizações e permissões). **3. Tipicidade:** ato administrativo deve estar em conformidade com as disposições legais aplicáveis. **4. Autoexecutoriedade:** – **Conceito:** ato administrativo pode ser executado **sem a autorização** do Poder Judiciário em situações previstas em lei ou de urgência. – **Requisitos par autoexecutoriedade:** expressa previsão em lei (ex.: atos do poder de polícia) ou quando as circunstâncias exigirem (ex.: medida de urgência). – **Exceção: multa** (deve ser executada pelo Judiciário). **5. Exigibilidade:** estabelece atos como um meio indireto de coerção para estimular a aderência ao preceito (multa aplicada após moradores não atenderem à determinação da Prefeitura).
3. Elementos ou requisitos do ato administrativo	**1. Elementos essenciais: competência (sujeito), objeto, motivo, finalidade e forma (para memorizar:** COMFiFo**).** **a. Competência (sujeito):** – **Conceito:** atribuição conferida pela lei ao agente público. – **Características: exercício obrigatório, irrenunciável, intransferível, imodificável, imprescritível, inderrogável e improrrogável.** – Delegação e avocação das competências: transferência a outro agente das funções que lhe são atribuídas (avocação: transferência a autoridade de hierarquia superior e delegação pode ser vertical ou horizontal).

3. Elementos ou requisitos do ato administrativo	**b. Objeto:** conteúdo do ato, responsável por criar, extinguir, modificar ou declarar um efeito jurídico ex.: na exoneração de um servidor, o objeto é a vacância do cargo). Pode ser **vinculado ou discricionário.** **c. Motivo:** razões de fato e de direito que determinaram a prática do ato administrativo. Pode ser **vinculado ou discricionário.** **d. Finalidade: é o** interesse público. – **Geral:** é sempre a satisfação do interesse público (natureza **discricionária).** – **Específica:** a lei que elegeu para o ato em questão (natureza **vinculada).** **e. Forma:** meio pelo qual o ato se exterioriza (forma **essencial e acidental).** **2. Elementos acidentais: condição, o termo e o encargo (modo).**
4. Vícios dos atos administrativos	**1. Competência:** - Excesso de poder: agente público exorbita sua competência legal. Vício sanável. – Função de fato: ato praticado por agente público de fato, mas que, por algum motivo, não pode exercer a função pública ou ingresso irregular no serviço público (ex.: aposentadoria). – Usurpação de função pública: ato praticado por quem não é agente público. **2. Forma:** não observância da forma determinada em lei (ex.: demissão de servidor sem o PAD). Vício sanável. **3. Objeto:** quando o objeto é ilícito, impossível, indeterminado ou imoral. Vício insanável. **4. Motivo:** presença de motivos falsos ou inexistentes **Motivo e motivação são distintos.** Vício insanável. A validade do ato está diretamente ligada aos motivos (teoria dos motivos determinantes). **5. Finalidade:** agente público pratica um ato visando a finalidade diversa da descrita em lei (desvio de finalidade).
5. Classificação dos atos administrativos	**1. Ato administrativo anulável:** inválido, porém tem um vício sanável. **2. Ato administrativo nulo:** inválido, mas tem um vício insanável. **3. Ato administrativo inexistente:** não é considerado um ato válido, pois corresponde a condutas criminosas, que não têm validade jurídica.

5. Classificação dos atos administrativos	**4. Teorias sobre invalidade dos atos administrativos:** – Teoria monista: não admite a convalidação de atos administrativos (atos nulos). – Teoria dualista (prevalecente no Direito brasileiro): admite a convalidação de atos administrativos (atos nulos e anuláveis). **5. Convalidação:** correção de um ato administrativo anulável. Produz efeitos *ex tunc*. **a. Ratificação**: convalidação de ato que apresenta vício de competência ou de forma (ex.: ato editado por autoridade incompetente e depois ratificado por autoridade competente). **b. Reforma**: convalidação por meio da qual o agente público retira o objeto inválido e mantém o outro objeto válido (ex.: ato que concede vários benefícios a um servidor, que teria direito apenas a um desses benefícios, havendo a correção). **c. Conversão**: convalidação com acréscimo de novo objeto (ex.: exclusão de um dos servidores nomeados para atuar em uma comissão disciplinar e não poderia ser membro e sua substituído por um novo integrante.
6. Extinção dos atos administrativos	**1. Formas de extinção:** a. Cumprimento de seus efeitos (extinção natural); b. Desaparecimento do sujeito (extinção subjetiva) ou do seu objeto (extinção objetiva); c. Renúncia; d. Retirada. – Revogação (art. 53 da Lei nº 9.784/1999): somente possível em relação a atos discricionários. – Anulação (art. 53 da Lei nº 9.784/1999). – Cassação: retirada pela qual o destinatário do ato deixou de cumprir requisito estabelecido em lei necessário para que haja a prática do ato (ex.: cassação de licença para funcionamento de hotel por haver convertido em casa de tolerância). – Caducidade: retirada do ato em razão de lei que tornou inadmissível a situação antes permitida pelo direito (ex.: caducidade de autorização de uso de música em bares que, em razão de nova lei, se tornou incompatível).

| **6. Extinção dos atos administrativos** | – Contraposição ou derrubada: retirada do ato por edição de outro com efeitos contrários ao editado anteriormente (ex.: nomeação e exoneração de servidor). |

Capítulo 11

Licitação – Lei nº 14.133/2021

1. CONCEITO DE LICITAÇÃO

A Licitação é o procedimento administrativo regulado tanto por legislação específica quanto por um ato administrativo antecedente, estabelecendo critérios claros e objetivos. Seu principal objetivo é selecionar a proposta de contratação mais benéfica, alinhando-se também à promoção do desenvolvimento nacional sustentável. Este processo assegura a observância do Princípio da Isonomia e é executado por uma entidade administrativa com competência delimitada para tal fim.

Ora, perceba que, pelo conceito anterior, a licitação envolve uma série ordenada de atos, possibilitando aos interessados apresentarem à Administração Pública suas propostas, competindo de forma isonômica.

É importante dizer que é um procedimento disciplinado por lei, tais como a Lei nº 14.133/2021 e a Lei nº 13.303/2016.

Atente-se para o fato de a licitação ser um procedimento que visa selecionar a proposta mais **vantajosa**. Entenda que não é a proposta mais barata; deve-se ter em mente o chamado **custo-benefício**. Em outras palavras, "a maior vantagem se apresenta quando a Administração Pública assume o dever de realizar a prestação menos onerosa e o particular se obriga a realizar a melhor e mais completa prestação" (JUSTEN FILHO, 2013. p. 496).

A Lei nº 14.133/2021 será aplicável para as administrações públicas diretas, autárquicas e fundacionais da União, dos estados, do Distrito Federal e dos municípios, bem como para os fundos especiais e as demais entidades controladas direta e indiretamente pela Administração Pública.

> **Atenção**
>
> A competência para legislar sobre **normas gerais** de licitações e contratos é privativa da União, nos termos do art. 22, XXVII, da CR/1988. Contudo, a ordem constitucional reconhece, em favor dos estados-membros e dos municípios, a

autonomia para criar direito em matéria de licitações e contratos independentemente de autorização formal da União. Todavia, essa autonomia não seria incondicionada, devendo ser exercida apenas para a suplementação das normas gerais expedidas pela União. Assim, estado e municípios poderiam legislar sobre normas específicas de licitações e contratos para adequação à realidade do respectivo ente federado.

Logo, de acordo com o STF, é inconstitucional lei estadual ou municipal que introduz a certidão de violação de defesa do consumidor, uma vez que se trata de requisito genérico e inteiramente novo para habilitação em qualquer licitação. Dessa forma, a referida lei invadiu a competência privativa da União.[1]

Por outro lado, o STF já reconheceu a constitucionalidade de lei estadual ou municipal que proíba a contratação pelo Poder Público de empresas de parentes de governador, vice-governador, deputado, prefeito, vice-prefeito e vereador.

Ademais, a doutrina entende que é constitucional a lei estadual ou municipal que realiza a inversão das fases da licitação. (JUSTEN FILHO, 2019. p. 20). O STF entendeu como constitucional a lei estadual ou municipal que estabelece a preferência para a aquisição de softwares livres pela Administração, sem que se configure usurpação de competência legislativa da União em fixar normas gerais sobre o tema. Além disso, entendeu a suprema corte que a matéria atinente a licitações e contratos não é privativa do chefe do Poder Executivo.[2]

Em outro relevante julgado, o STF entendeu como inconstitucional lei estadual ou municipal que proíba de firmarem contrato com a Administração as pessoas jurídicas que discriminarem, na contratação de mão de obra, pessoas cujo nome esteja incluído nos serviços de proteção ao crédito. A norma violaria a competência privativa da União para legislar sobre normas gerais de licitações e contratos, bem como feriria o princípio da igualdade entre os licitantes.[3]

O STF ainda se posicionou de que é inconstitucional, por violação à competência legislativa privativa da União, a lei estadual que autoriza a seus órgãos de segurança pública a alienação de armas de fogo a seus integrantes, por meio de venda direta. Para o STF, além de violar a competência privativa da União para legislar sobre material bélico, nos termos dos arts. 21, V, e 22, XXI, da CR/1988, a lei viola a competência privativa da União para legislar normas gerais sobre licitações e contratos (art. 22, XXVII, da CR/1988), cujo prévio procedimento licitatório é requisito necessário para a contratação de obras, serviços, compras e alienações pela Administração Pública.[4] De acordo com o STF,[5] é constitucional lei municipal que, ao regulamen-

---

[1]   ADI 3.735, Rel. Min. Cármen Lúcia, j. 08.09.2016, *DJe* 01.08.2017.

[2]   STF, ADI 3.059/RS, Pleno, Rel. Min. Ayres Britto, 07.052015.

[3]   STF, ADI 3.670/DF, Pleno, Rel. Min. Sepúlveda Pertence, 18.05.2007.

[4]   ADI 7.004/AL, Rel. Min. Roberto Barroso, julgamento virtual finalizado em 24.04.2023.

[5]   ADPF 971/SP, Rel. Min. Gilmar Mendes, julgamento virtual finalizado em 26.05.2023.

tar apenas o seu interesse local, sem criar novas figuras ou institutos de licitação ou contratação, estabelece diretrizes gerais para a prorrogação e relicitação dos contratos de parceria entre o município e a iniciativa privada.

Para a Corte, a norma atuou dentro da discricionariedade que lhe é conferida, nos termos do art. 30, I e II, da CR/88, sem avançar em temas de caráter geral relacionados à licitação e à contratação. Nesse contexto, disciplinou somente aspectos da gestão administrativa dos contratos de parceria, permitindo ao administrador, com base nas normas gerais federais relacionadas ao tema, decidir do melhor modo para atender ao interesse público.

Ademais, houve plena observância aos requisitos necessários ao reconhecimento da higidez da prorrogação antecipada, a saber: (i) que o contrato vigente de concessão ou permissão que será prorrogado tenha sido previamente licitado; (ii) que o edital de licitação e o contrato original autorizem a prorrogação; (iii) que seja viabilizada à Administração Pública, na figura do Poder concedente, uma decisão discricionária e motivada; e (iv) que essa decisão seja sempre lastreada no critério da vantajosidade.

Ainda, observe-se que o STF[6] também possui entendimento de que é constitucional o ato normativo municipal, editado no exercício de competência legislativa suplementar, que proíba a participação em licitação ou a contratação: (a) de agentes eletivos; (b) de ocupantes de cargo em comissão ou função de confiança; (c) de cônjuge, companheiro ou parente em linha reta, colateral ou por afinidade, até o terceiro grau, inclusive, de qualquer destes; e (d) dos demais servidores públicos municipais.

2. OBJETIVOS DA LICITAÇÃO

De acordo com o art. 11 da Lei nº 14.133/2021, o processo licitatório tem por objetivos:

I.   assegurar a seleção da proposta apta a gerar o resultado de contratação mais vantajoso para a Administração Pública, inclusive no que se refere ao ciclo de vida do objeto;

II. assegurar tratamento isonômico entre os licitantes, bem como a justa competição;

III. evitar contratações com sobrepreço ou com preços manifestamente inexequíveis e superfaturamento na execução dos contratos;

IV. incentivar a inovação e o desenvolvimento nacional sustentável.

Faz-se importante diferenciar o sobrepreço do superfaturamento. O primeiro, nos termos do art. 6º, LVI, da Lei nº 14.133/2021, consiste no preço orçado para licitação ou contratado em **valor expressivamente superior aos preços referenciais de**

---

6   RE 910.552/MG, Rel. Min. Cármen Lúcia, j. 30.06.2023.

mercado, seja de apenas 1 (um) item, se a licitação ou a contratação for por preços unitários de serviço, seja do valor global do objeto, se a licitação ou a contratação for por tarefa, empreitada por preço global ou empreitada integral, semi-integrada ou integrada.

Por sua vez, o superfaturamento consiste, nos termos do art. 6º, LVII, da Lei nº 14.133/2021, no dano provocado ao patrimônio da Administração, caracterizado, **entre outras situações**, por: (a) medição de quantidades superiores às efetivamente executadas ou fornecidas; (b) deficiência na execução de obras e de serviços de engenharia que resulte em diminuição da sua qualidade, vida útil ou segurança; (c) alterações no orçamento de obras e de serviços de engenharia que causem desequilíbrio econômico-financeiro do contrato em favor do contratado; (d) outras alterações de cláusulas financeiras que gerem recebimentos contratuais antecipados, distorção do cronograma físico-financeiro, prorrogação injustificada do prazo contratual com custos adicionais para a Administração ou reajuste irregular de preços.

Assim, diante do previsto no dispositivo legal, as causas de superfaturamento estão em um rol meramente exemplificativo.

Atente-se que o **superfaturamento** está relacionado a gastos irregulares que ocorrem **durante a implementação/execução de um contrato**, enquanto o **sobrepreço** envolve **falhas no processo de contratação**. É importante ressaltar que o sobrepreço durante a assinatura do contrato pode facilitar o surgimento do superfaturamento durante a sua execução.

Aprimorar o planejamento administrativo e as técnicas de avaliação do valor de mercado de bens, serviços e obras a serem contratados é essencial para prevenir o sobrepreço. Além disso, a fiscalização cuidadosa da execução contratual desempenha um papel fundamental na prevenção do superfaturamento, exigindo que bens, serviços e obras atendam às especificações previstas em termos de quantidade e qualidade. Quando os responsáveis pelo acompanhamento identificam um contrato celebrado com sobrepreço, é de sua responsabilidade propor repactuações com valores menores, quantidades maiores ou, dependendo das circunstâncias, até mesmo a anulação do contrato.

No entanto, é importante ressaltar que diferenças de preço na aquisição de um mesmo bem nem sempre indicam sobrepreço. Por exemplo, se duas prefeituras adquirirem o mesmo equipamento com uma diferença de 25% no valor unitário, isso não significa necessariamente que a prefeitura que pagou mais praticou sobrepreço. É necessário levar em consideração fatores como o momento da compra, uma vez que os valores dos bens não são constantes ao longo do tempo. Além disso, o volume adquirido pode influenciar descontos e economias decorrentes da escala da compra, bem como fatores como frete e logística, que podem impactar significativamente o custo final. Tais cuidados são essenciais para evitar denúncias infundadas e garantir que as avaliações sejam feitas de forma responsável e embasada.

Critério	Sobrepreço	Superfaturamento
Conceito	Preço orçado ou contratado em valor expressivamente superior aos preços referenciais de mercado.	Dano provocado ao patrimônio da Administração.
Caracterização	Valor superior em apenas um item ou no valor global do objeto.	• Medição de quantidades superiores às efetivamente executadas ou fornecidas. • Deficiência na execução. • Alterações no orçamento que causem desequilíbrio econômico-financeiro. • Alterações de cláusulas financeiras que gerem recebimentos antecipados. • Distorção do cronograma físico-financeiro, prorrogação injustificada do prazo contratual com custos adicionais ou reajuste irregular de preços.
Prejuízo	A Administração pode pagar um valor muito acima do mercado.	Prejuízo financeiro e patrimonial para a Administração, além de impactos na qualidade, na vida útil e na segurança das obras ou dos serviços.
Exemplos	Pagamento de R$ 100.000,00 por um objeto cujo valor de mercado é R$ 50.000,00.	Medições infladas de quantidades de material usado na obra, o que leva a pagamentos maiores, mas sem a devida correspondência com o trabalho efetivamente realizado.

3. PRINCÍPIOS – ART. 5º DA LEI Nº 14.133/2021

É importante ressaltar que não há equivalência entre o art. 5º da Lei nº 14.133/2021 e o art. 3º da Lei nº 8.666/1993, pois o último tratava das finalidades e dos princípios norteadores da licitação, enquanto o primeiro estabelece os princípios fundamentais da Administração Pública aplicáveis à licitação.

No entanto, a multiplicação de princípios pode reduzir a segurança jurídica, aumentando o risco de interpretações distintas e conflitantes entre os órgãos administrativos e as instituições de controle. A disciplina infraconstitucional de licitações e contratos é feita, preponderantemente, por meio de regras, o que torna fundamental reduzir a indeterminação normativa.

Contudo, é importante destacar que não é viável produzir uma decisão sobre uma questão concreta baseando-se exclusivamente no art. 5º. É preciso tomar a decisão com base nas regras postas na lei. Nesse sentido, o art. 5º tem uma função hermenêutica secundária, auxiliando na interpretação dos dispositivos da lei.

Assim, é necessário um equilíbrio entre os princípios e as regras, a fim de garantir a segurança jurídica e a eficiência na realização das licitações e dos contratos.

3.1. Princípio da isonomia e igualdade

A Administração Pública, ao conduzir um processo licitatório, deve pautar-se pelo princípio da isonomia, garantindo igualdade de oportunidades a todos os concorrentes. É importante destacar que a diferenciação é uma prática legítima, desde que esteja diretamente relacionada ao objeto da licitação e não gere privilégios indevidos para nenhum dos participantes.

Assim, é fundamental que a Administração evite práticas discriminatórias no edital de convocação, sob pena de invalidade do certame. Dentre as situações que configuram violação do princípio da isonomia, destacam-se: (a) o estabelecimento de critérios de diferenciação sem relação com o objeto da licitação; (b) a previsão de exigências desnecessárias que não agregam vantagens para a Administração; e (c) a imposição de requisitos desproporcionais às necessidades da futura contratação.

Dessa forma, é imprescindível que a Administração esteja atenta ao cumprimento do princípio da isonomia em todas as fases do processo licitatório, visando garantir uma competição justa e transparente entre os concorrentes. Além disso, deve-se evitar a criação de obstáculos desnecessários à participação de empresas, assegurando-se que todas as condições estabelecidas sejam adequadas e proporcionalmente relacionadas ao objeto da licitação.

O tratamento isonômico e igualitário entre os licitantes consiste em um dos objetivos da licitação, nos termos do art. 11, II, da Lei nº 14.133/2021. A preocupação da legislação é assegurar a isonomia entre os licitantes, de modo que também reste assegurada a justa competição entre eles.

Esses princípios têm aplicação no art. 9º, I, *b*, e II, da Lei nº 14.133/2021. Assim, é vedado ao agente público designado para atuar na área de licitações e contratos, ressalvados os casos previstos em lei:

I. estabelecer preferências ou distinções em razão da naturalidade, da sede ou do domicílio dos licitantes;

II. estabelecer tratamento diferenciado de natureza comercial, legal, trabalhista, previdenciária ou qualquer outra entre empresas brasileiras e estrangeiras, inclusive no que se refere a moeda, modalidade e local de pagamento, mesmo quando envolvido financiamento de agência internacional.

Observe, contudo, que a própria lei tratou de disciplinar algumas diferenciações entre os licitantes, estabelecendo uma margem de preferência, nos termos do art. 26.

Haverá margem de preferência para:

I. bens manufaturados e serviços nacionais que atendam a normas técnicas brasileiras;

II. bens reciclados, recicláveis ou biodegradáveis, conforme regulamento.

A margem de preferência:

I. será definida em decisão fundamentada do Poder Executivo federal, na hipótese de bens manufaturados e serviços nacionais que atendam as normas técnicas brasileiras;

II. poderá ser de até 10% (dez por cento) sobre o preço dos bens e serviços que não se enquadrem nas duas situações estabelecidas anteriormente.

Atente-se que a margem de preferência poderá ser estendida a bens manufaturados e serviços originários de Estados-partes do Mercado Comum do Sul (Mercosul), desde que haja reciprocidade com o País prevista em acordo internacional aprovado pelo Congresso Nacional e ratificado pelo presidente da República.

Para os bens manufaturados nacionais e serviços nacionais resultantes de desenvolvimento e inovação tecnológica no País, definidos conforme regulamento do Poder Executivo federal, a margem de preferência poderá ser de até 20% (vinte por cento).

A margem de preferência não se aplica aos bens manufaturados nacionais e aos serviços nacionais se a capacidade de produção desses bens ou de prestação desses serviços no País for inferior:

I. à quantidade a ser adquirida ou contratada; ou

II. aos quantitativos fixados em razão do parcelamento do objeto, quando for o caso.

Ademais, as preferências devem privilegiar o tratamento diferenciado e favorecido às microempresas e às empresas de pequeno porte, nos termos previstos na Lei Complementar nº 123/2006.

Por fim, é preciso analisar um relevante julgado do Supremo Tribunal Federal.[7] O STF, ao analisar a competência legislativa sobre licitações e contratos, firmou o entendimento de que a igualdade de condições dos concorrentes em licitações, embora seja enaltecida pela Constituição, pode ser relativizada por duas vias, quais sejam:

a) pela **lei**, mediante o estabelecimento de condições de diferenciação exigíveis em abstrato; e

b) pela **autoridade responsável** pela condução do processo licitatório, que poderá estabelecer elementos de distinção circunstanciais, de qualificação técnica e econômica, sempre vinculados à garantia de cumprimento de obrigações específicas.

[7] STF, ADI 3.735, Rel. Min. Teori Zavascki, j. 08.09.2016.

3.2. Princípio da seleção da proposta mais vantajosa

A licitação terá como um dos seus objetivos, nos termos do art. 11, I, da Lei nº 14.133/2021, assegurar a seleção da proposta apta a gerar o resultado de contratação mais vantajoso para a Administração Pública, **inclusive no que se refere ao ciclo de vida do objeto**.

Lembre-se de que a licitação busca a proposta mais **vantajosa** e que se deve ter em mente o chamado **custo-benefício**.

3.3. Promoção do desenvolvimento nacional sustentável e a função regulatória da licitação

A promoção do desenvolvimento nacional sustentável é um dos objetivos da licitação, nos termos do art. 11, IV, da Lei nº 14.133/2021.

Esse princípio, também chamado de princípio da sustentabilidade da licitação ou licitação sustentável, está relacionado à ideia de que é imperativo, por meio do procedimento licitatório, incentivar a preservação do meio ambiente, bem como adotar critérios sociais e econômicos nas contratações públicas. Nesse sentido, o edital de licitação deve estabelecer parâmetros a serem respeitados pelos interessados em participar da licitação, bem como por suas propostas.

Em outras palavras, o licitante deve cumprir todos os protocolos de preservação ambiental, desenvolvendo o objeto licitado com respeito ao meio ambiente.

A Administração Pública, quando for escolher o licitante para contratar, vai escolher o que desenvolva o objeto da licitação sem prejudicar o meio ambiente.

3.4. Legalidade e impessoalidade

Todos os licitantes devem ser tratados igualmente em termos de direitos e obrigações. Na tomada de decisões, a Administração não se deve pautar pelas condições pessoais do licitante ou pelas vantagens por ele oferecidas.

3.5. Moralidade e probidade administrativa

A licitação deve se pautar pela honestidade e boa-fé. A moralidade e a probidade administrativa orientam tanto a conduta da Administração Pública quanto a conduta dos licitantes.

3.6. Vinculação ao edital

O edital é a lei interna da licitação. Segundo esse princípio, a Administração Pública não pode descumprir as normas e condições do edital, ao qual se acha estritamente vinculada.

A vinculação ao edital dirige-se tanto à Administração Pública quanto aos licitantes.

A vinculação ao instrumento convocatório é um princípio essencial, cuja inobservância enseja *nulidade* do procedimento (DI PIETRO, 2012. p. 382). No entanto, atente-se que esse princípio deve ser observado com mitigação do formalismo a fim de possibilitar que sejam superados eventuais vícios formais que não causem prejuízo ao interesse coletivo ou aos demais licitantes.

Nesse momento, faz-se importante o estudo do princípio do formalismo moderado.

O art. 12 da Lei nº 14.133/2021 estabelece algumas situações em que o formalismo da licitação poderá ser mitigado. Nesse sentido, o inciso III estabelece que o desatendimento de exigências meramente formais que não comprometam a aferição da qualificação do licitante ou a compreensão do conteúdo de sua proposta não importará seu afastamento da licitação ou a invalidação do processo.

No mesmo sentido, o inciso IV afirma que a prova de autenticidade de cópia de documento público ou particular poderá ser feita perante agente da Administração, mediante apresentação de original ou de declaração de autenticidade por advogado, sob sua responsabilidade pessoal.

Por fim, nos termos do inciso V, o reconhecimento de firma somente será exigido quando houver dúvida de autenticidade, salvo imposição legal.

3.7. Julgamento objetivo

Por esse princípio, as propostas apresentadas devem ser julgadas de maneira objetiva, tomando como parâmetros os critérios de julgamento das propostas. Assim, o que se quer é proibir o julgamento das propostas apresentadas pelos licitantes levando-se em conta aspectos pessoais, subjetivos, dos licitantes.

O princípio do julgamento objetivo visa afastar o caráter discricionário quando da escolha de propostas em processo licitatório, obrigando os julgadores a se aterem aos critérios prefixados pela Administração Pública, o que reduz e delimita a margem de valoração subjetiva no certame.

Perceba que o que é julgado são as propostas, não os licitantes. Estes são habilitados ou inabilitados.

O princípio do julgamento objetivo é fundamental para garantir a transparência e a imparcialidade em processos licitatórios. Esse princípio está associado aos valores da isonomia, da impessoalidade, da vinculação ao edital e da moralidade, os quais devem orientar todas as fases da licitação.

Para que haja julgamento objetivo, é necessário que as escolhas sejam baseadas em critérios claros, objetivos e preestabelecidos no edital. Dessa forma, fica vedada a adoção de escolhas subjetivas, que possam estar fundamentadas em critérios arbitrários ou pessoais, desvinculados do objeto da licitação.

Assim, é preciso que o julgamento derive de fatores alheios à vontade psicológica do julgador, com base em análise criteriosa e imparcial das propostas apresentadas.

A decisão deve ser independente da identidade do julgador, garantindo a igualdade de tratamento a todos os participantes do certame.

Portanto, o princípio do julgamento objetivo é um dos pilares da licitação pública, assegurando a justiça e a transparência nos processos de seleção de fornecedores e prestadores de serviços para a Administração Pública.

São critérios de julgamento das propostas: (i) menor preço; (ii) maior desconto; (iii) melhor técnica ou conteúdo artístico; (iv) técnica e preço; (v) maior lance, no caso de leilão; (vi) maior retorno econômico, conforme dispõe o art. 33 da Lei nº 14.133/2021.

Os critérios de julgamento serão estudados no tópico 11.

3.8. Princípio da eficiência

Na Lei nº 8.666/1993, o princípio da eficiência consistia em um princípio licitatório implícito. Na Lei nº 14.133/2021, trata-se de um princípio expresso.

Esse princípio tem por objetivo substituir a administração burocrática pela administração gerencial.

A busca por resultados positivos deve ser pautada por processo político-participativo, por meio do qual é possibilitada a presença da sociedade na tomada de decisões da Administração Pública.

3.9. Princípio do interesse público

Por óbvio, o procedimento licitatório deve seguir o interesse público, isto é, deve atender às finalidades públicas, cumprindo o pressuposto jurídico da licitação.

O pressuposto jurídico estabelece que licitação deve ser um meio para se chegar ao interesse público, de modo que não é um fim em si mesmo.

3.10. Princípio do planejamento

Por esse princípio, a licitação deve ser planejada, com o intuito de cumprir os seus objetivos. Esse planejamento ocorrerá, sobretudo, na fase preparatória da licitação.

O princípio do planejamento exige do gestor público uma organização para se realizar a licitação, a fim de evitar licitações desnecessárias ou aventureiras.

Planejamento é o dever de antever ações futuras, contemplando eventos que possam impactar indiretamente a atuação administrativa, e adotar medidas apropriadas para alcançar os objetivos pretendidos. Em outras palavras, o planejamento requer uma previsão do futuro, incluindo a estimativa do curso dos eventos futuros e a identificação das opções possíveis para alcançar os resultados desejados. O agente estatal deve formalizar a escolha de um resultado previsível dentre as alternativas que se apresentam. O planejamento eficiente deve levar em conta o cenário atual e as possibilidades futuras, bem como os recursos disponíveis e as limitações impostas pelo ambiente em que se insere a atuação administrativa.

A Lei nº 14.133/2021, em seu art. 18, estabelece que a fase preparatória do processo licitatório é caracterizada pelo planejamento e deve compatibilizar-se com o plano de contratações anual, sempre que elaborado, e com as leis orçamentárias, bem como abordar todas as considerações técnicas, mercadológicas e de gestão que podem interferir na contratação.

Assim, é na fase preparatória que haverá, entre outras situações, a descrição da necessidade da contratação fundamentada em estudo técnico preliminar que caracterize o interesse público envolvido; a definição do objeto; o orçamento estimado, com as composições dos preços utilizados para sua formação; a elaboração do edital de licitação e da minuta de contrato.

3.11. Princípio da publicidade

Nos termos do art. 13 da Lei nº 14.133/2021, os atos praticados no processo licitatório são públicos, ressalvadas as hipóteses de informações cujo sigilo seja imprescindível à segurança da sociedade e do Estado, na forma da lei.

Encerrada a instrução do processo sob os aspectos técnico e jurídico, a autoridade determinará a divulgação do edital de licitação no Portal Nacional de Contratações Públicas, no *Diário Oficial* do ente federado, bem como em jornal diário de grande circulação.

Em se tratando de consórcio público, além do jornal diário de grande circulação, haverá a obrigatoriedade de publicação no *Diário Oficial* do ente de maior nível entre eles.

Também é obrigatória a publicação de extrato do edital no *Diário Oficial da União*, do estado, do Distrito Federal ou do município, ou, no caso de consórcio público, do ente de maior nível entre eles, bem como em jornal diário de grande circulação.

Ademais, é facultada a divulgação adicional e a manutenção do inteiro teor do edital e de seus anexos em sítio eletrônico oficial do ente federativo ou, no caso de consórcio público, do ente de maior nível entre eles, admitida, ainda, a divulgação direta a interessados devidamente cadastrados para esse fim.

Atenção

Publicidade diferida

A publicidade será diferida:

I. quanto ao conteúdo das propostas, até a respectiva abertura;

II. quanto ao orçamento da Administração.

No que tange à publicidade diferida do orçamento da Administração, faz-se importante o estudo do art. 24 da Lei nº 14.133/2021.

De acordo com o dispositivo legal, desde que justificado, o orçamento estimado da contratação **poderá** ter caráter sigiloso, sem prejuízo da divulgação do detalhamento dos quantitativos e das demais informações necessárias para a elaboração das propostas, e, nesse caso, o sigilo não prevalecerá para os órgãos de controle interno e externo.

Perceba-se que a Lei nº 14.133/2021 **conferiu poder discricionário** ao gestor público para conceder ou não caráter sigiloso ao orçamento. Ademais, ainda que o gestor escolha pelo orçamento sigiloso, esse sigilo não será absoluto, haja vista que os órgãos de controle interno e externo poderão ter acesso a ele.

Trata-se de ponto diferente em relação **à Lei nº 13.303/2016**, a Lei das Estatais. Nela, de acordo com o art. 34, o **valor estimado do contrato a ser celebrado será sigiloso**, em regra. **Apenas de maneira excepcional e devidamente justificada** na fase preparatória da licitação é o que o orçamento será tornado público.

Outro ponto relevante é a necessidade de justificar, motivar, o sigilo do orçamento, tendo em vista que a regra é de que o orçamento seja público. Somente quando houver justo motivo, o orçamento deve ser sigiloso.

Ademais, nos termos do art. 18, XI, o gestor público deve proceder à motivação sobre o momento da divulgação do orçamento da licitação, caso opte pelo sigilo.

Na hipótese de licitação em que for adotado o critério de julgamento por maior desconto, o preço estimado ou o máximo aceitável constará do edital da licitação.

3.12. Princípio da segregação das funções

A segregação de funções é a separação das diversas funções realizadas durante o decorrer do processo licitatório, entre diversos agentes públicos, a fim de evitar concentração de poderes, decisões e atos em um só agente público, haja vista a complexidade de uma licitação. É ferramenta para otimizar e gerar eficiência administrativa.

Ademais, o referido princípio tem por objetivo evitar conflitos de interesses, de modo que se faz necessário repartir funções entre os servidores para que não exerçam atividades incompatíveis. Dessa maneira, quer-se evitar, por exemplo, que um servidor seja o fiscalizador do ato que ele mesmo praticou.

Nos termos do art. 7º, § 1º, a autoridade competente deverá observar o princípio da segregação de funções, **vedada a designação do mesmo agente público para atuação simultânea em funções mais suscetíveis a riscos**, a fim de reduzir a possibilidade de ocultação de erros e de ocorrência de fraudes na respectiva contratação.

Trata-se de princípio constantemente presente nas decisões do Tribunal de Contas da União.

Aplicações do princípio:

- Não designar, para compor comissão de licitação, o servidor ocupante de cargo com atuação na fase interna do procedimento licitatório (TCU, Acórdão nº 686/2011, Plenário).
- Considera-se falta de segregação de funções o Chefe do Setor de Licitações e Contratos elaborar o projeto básico e atuar no processo como pregoeiro (CGU, Relatório nº 174.805/2005).
- Considera-se falta de segregação de funções quando o pregoeiro e a equipe de apoio à licitação realizam trabalho de comissão de recebimento dos materiais (CGU, Relatório nº 174.805/2005).
- Deve ser observado o princípio da segregação de funções nas atividades relacionadas à licitação, à liquidação e ao pagamento das despesas (TCU, Acórdão nº 1.013/2008, 1ª Câmara).

3.13. Princípio da motivação

Por exigência constitucional, os atos licitatórios também devem ser motivados, isto é, deve haver a exteriorização das razões de fato e de direito que ensejam a prática daquele determinado ato.

Nesse sentido, pode-se pontuar o art. 18, IX, da Lei nº 14.133/2021, que estabelece a motivação circunstanciada das condições do edital, tais como justificativa de exigências de qualificação técnica, mediante indicação das parcelas de maior relevância técnica ou valor significativo do objeto, e de qualificação econômico-financeira, justificativa dos critérios de pontuação e julgamento das propostas técnicas, nas licitações com julgamento por melhor técnica ou técnica e preço, e justificativa das regras pertinentes à participação de empresas em consórcio.

Outro ponto que deve ser motivado é o momento de divulgação do orçamento da licitação (art. 18, XI), a motivação social e ambiental do contrato (art. 147, III).

3.14. Princípio da segurança jurídica

O princípio da segurança jurídica, um dos pilares fundamentais do Direito Administrativo, desempenha um papel crucial na manutenção da estabilidade e da previsibilidade nas relações entre a Administração Pública e os administrados. Em sua essência, esse princípio demanda que as normas e decisões administrativas sejam claras, estáveis e previsíveis, de modo a possibilitar que os administrados ajam em conformidade com elas e confiem na sua validade e eficácia.

Nesse contexto, é imperativo que a Administração Pública atue com transparência, proporcionando acesso às informações essenciais para que os administrados possam compreender as normas e decisões administrativas. Além disso, a Administração deve estritamente respeitar o princípio da legalidade, operando dentro dos limites estabelecidos pela lei e pelo Direito.

É igualmente vital garantir o direito de defesa e o contraditório, assegurando aos administrados a oportunidade de contestar as decisões administrativas que os afetem. Além disso, deve-se preservar a estabilidade das normas e decisões administrativas, evitando mudanças abruptas que possam prejudicar os administrados. Dessa forma, o princípio da segurança jurídica atua como um alicerce fundamental na construção de uma relação harmoniosa e confiável entre o Estado e os cidadãos.

3.15. Princípio da transparência

A transparência dos atos da Administração Pública é condição indispensável para a legalidade e legitimidade da atuação administrativa. No âmbito das licitações e dos contratos, não poderia ser diferente, especialmente pelo fato de estarem envolvidos recursos públicos. Trata-se, assim, de uma necessidade imposta pelo princípio republicano, ampliando o controle do povo – titular do poder – sobre os atos dos governantes.

Nesse sentido, para exteriorizar a transparência nos procedimentos licitatórios e os contratos decorrentes, a Lei nº 14.133/2021 criou o chamado Portal Nacional de Contratações Públicas (PNCP), previsto no art. 174.

O PNCP consiste em um sítio eletrônico destinado à: (1) divulgação centralizada e obrigatória dos atos exigidos pela legislação; e (2) realização facultativa das contratações pelos órgãos e pelas entidades dos Poderes Executivo, Legislativo e Judiciário de todos os entes federativos.

Esse portal será gerido pelo Comitê Gestor da Rede Nacional de Contratações Públicas (regulamentado pelo Decreto nº 10.764/2021), a ser presidido por representante indicado pelo presidente da República e composto de: (a) 3 (três) representantes da União indicados pelo presidente da República; (b) 2 (dois) representantes dos estados e do Distrito Federal indicados pelo Conselho Nacional de Secretários de Estado da Administração; (c) 2 (dois) representantes dos municípios indicados pela Confederação Nacional de Municípios.

O PNCP conterá informações como planos de contratação anuais; catálogos eletrônicos de padronização; editais de credenciamento e de pré-qualificação, avisos de contratação direta e editais de licitação e respectivos anexos; atas de registro de preços; contratos e termos aditivos e notas fiscais eletrônicas.

Ademais, o PNCP adotará o formato de dados abertos e observará as exigências previstas na Lei nº 12.527, de 18 de novembro de 2011, a Lei de Acesso à Informação.

A Lei nº 14.133/2021 preocupou-se tanto com a transparência dos atos que, nos termos do art. 175, os entes federativos poderão instituir, para além do PNCP, sítio eletrônico oficial para divulgação complementar e realização das respectivas contratações.

3.16. Princípio da competitividade

Para que seja cumprido o objetivo de selecionar a proposta mais vantajosa, a licitação precisa ter uma justa competição. Assim, o princípio da competitividade ganha extrema relevância no estudo da licitação, sendo a própria essência de um procedimento licitatório.

A Lei nº 14.133/2021, em diversos dispositivos, preocupou-se em assegurar a competição entre os licitantes durante todo o certame.

Nesse sentido, o art. 6º, XXV, *c* e *d*, ao conceituar o projeto básico e trazer os seus elementos, se preocupa com a manutenção do caráter competitivo da licitação.

Ademais, o art. 9º, I, *a*, estabelece que é vedado aos agentes públicos admitir, prever, incluir ou tolerar, nos atos que praticar, situações que comprometam, restrinjam ou frustrem o caráter competitivo do processo licitatório, inclusive nos casos de participação de sociedades cooperativas.

No mesmo sentido, o art. 25, § 2º, permite ao edital, desde que não seja prejudicial à competitividade do processo licitatório, prever a utilização de mão de obra, materiais, tecnologias e matérias-primas existentes no local da execução, conservação e operação do bem, serviço ou obra.

Também com o objetivo de ampliar a competitividade, o art. 31, § 3º, estabelece que o edital do leilão será afixado em local de ampla circulação de pessoas na sede da Administração e poderá, ainda, ser divulgado por outros meios necessários, além da divulgação no sítio eletrônico. Trata-se aqui de uma relação entre ampla publicidade e ampliação da competitividade.

Outro ponto legal que mostra a preocupação com a competição do certame refere-se ao princípio do parcelamento. Por ele, a licitação tem dever de buscar a ampliação da competição e de evitar a concentração de mercado, conforme dispõem os arts. 40, § 2º, III, e 47, § 1º, III, da Lei nº 14.133/2021.

Por fim, atente-se à importância da competitividade no procedimento licitatório. A Lei nº 4.717/1965 (Lei da Ação Popular) estabelece, em seu art. 4º, III, *b* e *c*, que serão nulos os editais e as licitações que comprometam ou impliquem limitação das possibilidades normais de competição.

3.17. Correlatos

3.17.1. *Princípio do parcelamento*

O princípio do parcelamento está previsto no art. 40, V, *b*, bem como no art. 47, II, da Lei nº 14.133/2021. Ele se refere ao objeto a ser licitado e representa a sua divisão no maior número de parcelas que for viável técnica e economicamente, com vistas à ampliação da competitividade (divisão em grupos ou lotes).

Nesse sentido, há a Súmula nº 247 do TCU, que afirma ser obrigatória a admissão da adjudicação por item, e não por preço global, nos editais das licitações para a contratação de obras, serviços, compras e alienações, cujo objeto seja divisível, desde que não haja prejuízo para o conjunto ou complexo ou perda de economia de escala, tendo em vista o objetivo de propiciar a ampla participação de licitantes que, embora não dispondo de capacidade para execução, fornecimento ou aquisição da totalidade do objeto, possam fazê-lo com relação a itens ou unidades autônomas, devendo as exigências de habilitação adequar-se a essa divisibilidade.

Por outro lado, o instituto do fracionamento constitui irregularidade e se caracteriza pela divisão de despesa com o objetivo de utilizar modalidade de licitação inferior à recomendada à totalidade do objeto ou para indevidamente justificar a contratação direta. De acordo com a jurisprudência do STJ,[8] o fracionamento configura um *dano in re ipsa* ao patrimônio público.

Na aplicação do princípio do parcelamento, **referente às compras**, deverão ser considerados: (i) a viabilidade da divisão do objeto em lotes; (ii) o aproveitamento das peculiaridades do mercado local, com vistas à economicidade, sempre que possível, desde que atendidos os parâmetros de qualidade; e (iii) o dever de buscar a ampliação da competição e de evitar a concentração de mercado.

Por sua vez, o parcelamento **não** será adotado quando: (i) a economia de escala, a redução de custos de gestão de contratos ou a maior vantagem na contratação recomendar a compra do item do mesmo fornecedor; (ii) o objeto a ser contratado configurar sistema único e integrado e houver a possibilidade de risco ao conjunto do objeto pretendido; (iii) o processo de padronização ou de escolha de marca levar a fornecedor exclusivo.

O parcelamento também será aplicado nas licitações de serviços em geral. Nesse caso, deverão ser considerados: (i) a responsabilidade técnica; (ii) o custo para a Administração de vários contratos diante das vantagens da redução de custos, com divisão do objeto em itens; (iii) o dever de buscar a ampliação da competição e de evitar a concentração de mercado.

3.17.2. *Princípio da padronização*

Trata-se de princípio previsto no art. 40, V, *a*, bem como no art. 47, I, da Lei nº 14.133/2021. Atrelada às **compras** e à **prestação de serviço em geral**, a padronização consiste no ato de padronizar, uniformizar ou estandardizar as especificações estéticas, técnicas e de desempenho de determinado objeto.

Em decorrência da padronização, no caso de licitação que envolva o fornecimento de bens, a Administração poderá, excepcionalmente, indicar uma ou mais marcas ou modelos, desde que formalmente justificado.

Nos termos do art. 43, o processo de padronização de compras deverá conter: (i) parecer técnico sobre o produto, considerados especificações técnicas e estéticas, desempenho, análise de contratações anteriores, custo e condições de manutenção e garantia; (ii) despacho motivado da autoridade superior, com a adoção do padrão;

---

[8]   STJ, AgInt no REsp 1.857.348/SP, Agravo Interno no Recurso Especial 2020/0007876-1, j. 16.11.2020.

(iii) síntese da justificativa e descrição sucinta do padrão definido, divulgadas em sítio eletrônico oficial.

De acordo com art. 43, § 1º, será permitida a padronização com base em processo de outro órgão ou entidade de nível federativo igual ou superior ao do órgão adquirente, devendo o ato que decidir pela adesão a outra padronização ser devidamente motivado, com indicação da necessidade da Administração e dos riscos decorrentes dessa decisão, e divulgado em sítio eletrônico oficial.

3.17.3. *Princípio da responsabilidade fiscal*

O princípio da responsabilidade fiscal consiste em princípio consagrado pela Lei Complementar nº 101/2000. De acordo com o art. 1º, § 1º, da LC nº 101/2000, a responsabilidade na gestão fiscal pressupõe a **ação planejada e transparente**, em que se **previnem riscos e corrigem desvios capazes de afetar o equilíbrio das contas públicas**, mediante o cumprimento de metas de resultados entre receitas e despesas e a obediência a limites e condições no que tange a renúncia de receita, geração de despesas com pessoal, da seguridade social e outras, dívidas consolidada e mobiliária, operações de crédito, inclusive por antecipação de receita, concessão de garantia e inscrição em restos a pagar.

Assim, o procedimento licitatório deve ser planejado e transparente, indo ao encontro dos princípios do planejamento e da transparência. Os riscos e desvios capazes de afetar o equilíbrio das contas públicas devem ser prevenidos e corrigidos.

A Lei nº 14.133/2021, em seu art. 40, V, *c*, estabelece que as compras realizadas pela Administração devem seguir a responsabilidade fiscal, mediante a comparação da despesa estimada com a prevista no orçamento.

4. CONTRATAÇÃO DIRETA

De acordo com o art. 37, XXI, da CR/1988, a regra na Administração Pública é realizar licitação para compras, obras, serviços e alienações que se fizerem necessários, de modo que a contratação direta ocorra excepcionalmente.

A contratação direta é a possibilidade de a Administração Pública contratar com terceiros sem a realização de licitação, mas com observância a alguns critérios a serem estudados.

Contratação direta é o gênero, do qual são espécies a dispensa e a inexigibilidade.

Antes de adentrar no estudo acerca do tema, atente-se à disposição do art. 23, § 4º, da Lei nº 14.133/2021, que estabelece: quando não for possível estimar o valor do objeto, o contratado deverá comprovar previamente que os preços estão em conformidade com os praticados em contratações semelhantes de objetos de mesma natureza, por meio da apresentação de notas fiscais emitidas para outros contratantes no período de até 1 (um) ano anterior à data da contratação pela Administração.

4.1. Procedimento de justificação

O art. 72 da Lei nº 14.133/2021 exige que a contratação direta seja precedida por um procedimento que justifique tal medida.

O processo de contratação direta, que compreende os casos de inexigibilidade e de dispensa de licitação, deverá ser instruído com os seguintes documentos: (i) documento de formalização de demanda e, se for o caso, estudo técnico preliminar, análise de riscos, termo de referência, projeto básico ou projeto executivo; (ii) estimativa de despesa; (iii) parecer jurídico e pareceres técnicos, se for o caso, que demonstrem o atendimento dos requisitos exigidos; (iv) demonstração da compatibilidade da previsão de recursos orçamentários com o compromisso a ser assumido; (v) comprovação de que o contratado preenche os requisitos de habilitação e qualificação mínima necessária; (vi) razão de escolha do contratado; (vii) justificativa de preço; (viii) autorização da autoridade competente.

O ato que autoriza a contratação direta ou o extrato decorrente do contrato deverá ser divulgado e mantido à disposição do público em sítio eletrônico oficial.

Nos termos do art. 73, na hipótese de contratação direta indevida ocorrida com dolo, fraude ou erro grosseiro, o contratado e o agente público responsável responderão solidariamente pelo dano causado ao erário, sem prejuízo de outras sanções legais cabíveis.

4.2. Dispensa de licitação

4.2.1. Conceito

É a contratação direta fundada em disposição legal; isto é, embora seja viável a competição, razões legais ensejam a sua não realização (JUSTEN FILHO, 2013. p. 530).

4.2.2. Espécies

4.2.2.1. Licitação dispensada

É aquela cuja realização a lei veda – art. 76, II, da Lei nº 14.133/2021.

4.2.2.2. Licitação dispensável

É aquela em que a lei faculta a não realização da licitação. Trata-se de competência discricionária (AP vai avaliar a oportunidade e conveniência da medida). O art. 75 da Lei nº 14.133/2021 traz um rol **taxativo**.

Hipóteses da licitação dispensável

I.   Para contratação que envolva valores inferiores a R$ 100.000,00 (cem mil reais), no caso de obras e serviços de engenharia ou de serviços de manutenção de veículos automotores.[9]

---

[9]   Valor atualizado para R$ 119.812,02 (cento e dezenove mil oitocentos e doze reais e dois centa-

II. Para contratação que envolva valores inferiores a R$ 50.000,00 (cinquenta mil reais), no caso de outros serviços e compras.[10]

Para fins de aferição dos valores que atendam aos limites anteriores, deverão ser observados:

a) o somatório do que for despendido no exercício financeiro pela respectiva unidade gestora;

b) o somatório da despesa realizada com objetos de mesma natureza, entendidos como tais aqueles relativos a contratações no mesmo ramo de atividade.

Essa situação não será aplicada para as contratações de até R$ 8.000,00 (oito mil reais) de serviços de manutenção de veículos automotores de propriedade do órgão ou entidade contratante, incluído o fornecimento de peças.[11]

Os valores anteriores serão duplicados para compras, obras e serviços contratados por consórcio público ou por autarquia ou fundação qualificadas como agências executivas na forma da lei.

As contratações previstas *supra* serão preferencialmente precedidas por divulgação em sítio eletrônico oficial, pelo prazo mínimo de 3 (três) dias úteis, de aviso com a especificação do objeto pretendido e com a manifestação de interesse da Administração em obter propostas adicionais de eventuais interessados, devendo ser selecionada a proposta mais vantajosa.

As contratações previstas nos dois primeiros incisos serão preferencialmente pagas por meio de cartão de pagamento, cujo extrato deverá ser divulgado e mantido à disposição do público no Portal Nacional de Contratações Públicas.

III. Para contratação que mantenha todas as condições definidas em edital de licitação realizada há menos de 1 (um) ano, quando se verificar que naquela licitação:

a) não surgiram licitantes interessados ou não foram apresentadas propostas válidas (licitação deserta);

b) as propostas apresentadas consignaram preços manifestamente superiores aos praticados no mercado ou incompatíveis com os fixados pelos órgãos oficiais competentes (licitação fracassada).

IV. Para contratação que tenha por objeto:

a) bens componentes ou peças de origem nacional ou estrangeira necessários à manutenção de equipamentos, a serem adquiridos do fornecedor original

---

vos) pelo Decreto nº 11.871/2023.

[10] Valor atualizado para R$ 59.906,02 (cinquenta e nove mil novecentos e seis reais e dois centavos) pelo Decreto nº 11.871/2023.

[11] Valor atualizado para R$ 9.584,97 (nove mil quinhentos e oitenta e quatro reais e noventa e sete centavos) pelo Decreto nº 11.871/2023.

desses equipamentos durante o período de garantia técnica, quando essa condição de exclusividade for indispensável para a vigência da garantia;

b) bens, serviços, alienações ou obras, nos termos de acordo internacional específico aprovado pelo Congresso Nacional, quando as condições ofertadas forem manifestamente vantajosas para a Administração;

c) produtos para pesquisa e desenvolvimento, limitada a contratação, no caso de obras e serviços de engenharia, ao valor de R$ 300.000,00 (trezentos mil reais);[12]

d) transferência de tecnologia ou licenciamento de direito de uso ou de exploração de criação protegida, nas contratações realizadas por Instituição Científica, Tecnológica e de Inovação (ICT) pública ou por agência de fomento, desde que demonstrada vantagem para a Administração;

e) hortifrutigranjeiros, pães e outros gêneros perecíveis, no período necessário para a realização dos processos licitatórios correspondentes, hipótese em que a contratação será realizada diretamente com base no preço do dia;

f) bens ou serviços produzidos ou prestados no País que envolvam, cumulativamente, alta complexidade tecnológica e defesa nacional;

g) materiais de uso das Forças Armadas, com exceção de materiais de uso pessoal e administrativo, quando houver necessidade de manter a padronização requerida pela estrutura de apoio logístico dos meios navais, aéreos e terrestres, mediante autorização por ato do comandante da força militar;

h) bens e serviços para atendimento dos contingentes militares das forças singulares brasileiras empregadas em operações de paz no exterior, hipótese em que a contratação deverá ser justificada quanto ao preço e à escolha do fornecedor ou executante e ratificada pelo comandante da força militar;

i) abastecimento ou suprimento de efetivos militares em estada eventual de curta duração em portos, aeroportos ou localidades diferentes de suas sedes, por motivo de movimentação operacional ou de adestramento;

j) coleta, processamento e comercialização de resíduos sólidos urbanos recicláveis ou reutilizáveis, em áreas com sistema de coleta seletiva de lixo, realizados por associações ou cooperativas formadas exclusivamente de pessoas físicas de baixa renda reconhecidas pelo Poder Público como catadores de materiais recicláveis, com o uso de equipamentos compatíveis com as normas técnicas, ambientais e de saúde pública;

k) aquisição ou restauração de obras de arte e objetos históricos, de autenticidade certificada, desde que inerente às finalidades do órgão ou com elas compatível;

---

[12] Valor atualizado para R$ 359.436,08 (trezentos e cinquenta e nove mil quatrocentos e trinta e seis reais e oito centavos) pelo Decreto nº 11.871/2023.

l) serviços especializados ou aquisição ou locação de equipamentos destinados ao rastreamento e à obtenção de provas previstas nos incisos II e V do *caput* do art. 3º da Lei nº 12.850, de 2 de agosto de 2013, quando houver necessidade justificada de manutenção de sigilo sobre a investigação;

m) aquisição de medicamentos destinados exclusivamente ao tratamento de doenças raras definidas pelo Ministério da Saúde.

V. Para contratação com vistas ao cumprimento do disposto nos arts. 3º, 3º-A, 4º, 5º e 20 da Lei nº 10.973, de 2 de dezembro de 2004, observados os princípios gerais de contratação constantes da referida Lei.

VI. Para contratação que possa acarretar comprometimento da segurança nacional, nos casos estabelecidos pelo Ministro de Estado da Defesa, mediante demanda dos comandos das Forças Armadas ou dos demais ministérios.

VII. Nos casos de guerra, estado de defesa, estado de sítio, intervenção federal ou de grave perturbação da ordem.

VIII. Nos casos de emergência ou de calamidade pública, quando caracterizada urgência de atendimento de situação que possa ocasionar prejuízo ou comprometer a continuidade dos serviços públicos ou a segurança de pessoas, obras, serviços, equipamentos e outros bens, públicos ou particulares, e somente para aquisição dos bens necessários ao atendimento da situação emergencial ou calamitosa e para as parcelas de obras e serviços que possam ser concluídas no prazo máximo de 1 (um) ano, contado da data de ocorrência da emergência ou da calamidade, vedadas a prorrogação dos respectivos contratos e a recontratação de empresa já contratada com base no disposto neste inciso.

Considera-se emergencial a contratação por dispensa com objetivo de manter a continuidade do serviço público, e deverão ser observados os valores praticados pelo mercado e adotadas as providências necessárias para a conclusão do processo licitatório, sem prejuízo de apuração de responsabilidade dos agentes públicos que deram causa à situação emergencial.

IX. Para a aquisição, por pessoa jurídica de direito público interno, de bens produzidos ou serviços prestados por órgão ou entidade que integrem a Administração Pública e que tenham sido criados para esse fim específico, desde que o preço contratado seja compatível com o praticado no mercado.

Atenção

1. Não há mais o limite temporal que havia na legislação anterior.

2. Não pode ser aplicado a EP e SEM que explorem atividade econômica. Ilegal a dispensa de licitação com essas entidades.

X.   Quando a União tiver que intervir no domínio econômico para regular preços ou normalizar o abastecimento.

XI. Para celebração de contrato de programa com ente federativo ou com entidade de sua Administração Pública indireta que envolva prestação de serviços públicos de forma associada nos termos autorizados em contrato de consórcio público ou em convênio de cooperação.

XII. Para contratação em que houver transferência de tecnologia de produtos estratégicos para o Sistema Único de Saúde (SUS), conforme elencados em ato da direção nacional do SUS, inclusive por ocasião da aquisição desses produtos durante as etapas de absorção tecnológica, e em valores compatíveis com aqueles definidos no instrumento firmado para a transferência de tecnologia.

XIII. Para contratação de profissionais para compor a comissão de avaliação de critérios de técnica, quando se tratar de profissional técnico de notória especialização.

XIV. Para contratação de associação de pessoas com deficiência, sem fins lucrativos e de comprovada idoneidade, por órgão ou entidade da Administração Pública, para a prestação de serviços, desde que o preço contratado seja compatível com o praticado no mercado e os serviços contratados sejam prestados exclusivamente por pessoas com deficiência.

XV. Para contratação de instituição brasileira que tenha por finalidade estatutária apoiar, captar e executar atividades de ensino, pesquisa, extensão, desenvolvimento institucional, científico e tecnológico e estímulo à inovação, inclusive para gerir administrativa e financeiramente essas atividades, ou para contratação de instituição dedicada à recuperação social da pessoa presa, desde que o contratado tenha inquestionável reputação ética e profissional e não tenha fins lucrativos.

XVI. Para aquisição, por pessoa jurídica de direito público interno, de insumos estratégicos para a saúde produzidos por fundação que, regimental ou estatutariamente, tenha por finalidade apoiar órgão da Administração Pública direta, sua autarquia ou fundação em projetos de ensino, pesquisa, extensão, desenvolvimento institucional, científico e tecnológico e de estímulo à inovação, inclusive na gestão administrativa e financeira necessária à execução desses projetos, ou em parcerias que envolvam transferência de tecnologia de produtos estratégicos para o SUS, nos termos do inciso XII desse *caput*, e que tenha sido criada para esse fim específico em data anterior à entrada em vigor dessa lei, desde que o preço contratado seja compatível com o praticado no mercado.

XVII. Para contratação de entidades privadas sem fins lucrativos para a implementação de cisternas ou outras tecnologias sociais de acesso à água para consumo humano e produção de alimentos, a fim de beneficiar as famílias rurais de baixa renda atingidas pela seca ou pela falta regular de água.

XVIII. Para contratação de entidades privadas sem fins lucrativos, para a implementação do Programa Cozinha Solidária, que tem como finalidade fornecer alimentação gratuita preferencialmente à população em situação de vulnerabilidade e risco social, incluída a população em situação de rua, com vistas à promoção de políticas de segurança alimentar e nutricional e de assistência social e à efetivação de direitos sociais, dignidade humana, resgate social e melhoria da qualidade de vida.

4.2.3. *A dispensa no caso de alienações de bens públicos*

A alienação de bens públicos está disciplinada no art. 76 da Lei nº 14.133/2021, conforme se verá a seguir em seus requisitos.

- • Requisitos gerais:

A) bem dominical;

B) interesse público devidamente justificado;

C) avaliação prévia.

- • Requisitos específicos:

A) imóveis:

1) autorização legislativa;

> **Atenção**
>
> A alienação de bens imóveis da Administração Pública cuja aquisição tenha sido derivada de procedimentos judiciais ou de dação em pagamento dispensará autorização legislativa e exigirá apenas avaliação prévia e licitação na modalidade leilão.

2) licitação na modalidade leilão, dispensada a licitação nas seguintes hipóteses:

a) dação em pagamento;

b) doação, permitida exclusivamente para outro órgão ou entidade da Administração Pública, de qualquer esfera de governo, ressalvado o disposto nas alíneas *f*, *g* e *h* desse inciso;

Cessadas as razões que justificaram sua doação, serão revertidos ao patrimônio da pessoa jurídica doadora, vedada sua alienação pelo beneficiário.

c) permuta por outros imóveis que atenda aos requisitos relacionados às finalidades precípuas da Administração, desde que a diferença apurada não ultrapasse a metade do valor do imóvel que será ofertado pela União, segundo avaliação prévia, e ocorra a torna de valores, sempre que for o caso;

d)   investidura;

Entende-se por investidura:

- Alienação, ao proprietário de imóvel lindeiro, de área remanescente ou resultante de obra pública que se tornar inaproveitável isoladamente, por preço que não seja inferior ao da avaliação nem superior a 50% (cinquenta por cento) do valor máximo permitido para dispensa de licitação de bens e serviços previsto;

- Alienação, ao legítimo possuidor direto ou, na falta dele, ao Poder Público, de imóvel para fins residenciais construído em núcleo urbano anexo a usina hidrelétrica, desde que considerado dispensável na fase de operação da usina e que não integre a categoria de bens reversíveis ao final da concessão.

e)   venda a outro órgão ou entidade da Administração Pública de qualquer esfera de governo;

f)   alienação gratuita ou onerosa, aforamento, concessão de direito real de uso, locação e permissão de uso de bens imóveis residenciais construídos, destinados ou efetivamente usados em programas de habitação ou de regularização fundiária de interesse social desenvolvidos por órgão ou entidade da Administração Pública;

g)   alienação gratuita ou onerosa, aforamento, concessão de direito real de uso, locação e permissão de uso de bens imóveis comerciais de âmbito local, com área de até 250 m² (duzentos e cinquenta metros quadrados) e destinado a programas de regularização fundiária de interesse social desenvolvidos por órgão ou entidade da Administração Pública;

h)   alienação e concessão de direito real de uso, gratuita ou onerosa, de terras públicas rurais da União e do Instituto Nacional de Colonização e Reforma Agrária (Incra) onde incidam ocupações até o limite de que trata o § 1º do art. 6º da Lei nº 11.952, de 25 de junho de 2009, para fins de regularização fundiária, atendidos os requisitos legais;

i)   legitimação de posse de que trata o art. 29 da Lei nº 6.383, de 7 de dezembro de 1976, mediante iniciativa e deliberação dos órgãos da Administração Pública competentes;

j)   legitimação fundiária e a legitimação de posse de que trata a Lei nº 13.465, de 11 de julho de 2017;

Atenção

Para a venda de bens imóveis, será concedido direito de preferência ao licitante que, submetendo-se a todas as regras do edital, comprove a ocupação do imóvel objeto da licitação, conforme prevê o art. 77.

B) móveis:

1) licitação na modalidade leilão, dispensada nas seguintes hipóteses:

a) doação, permitida exclusivamente para fins e uso de interesse social, após avaliação de oportunidade e conveniência socioeconômica em relação à escolha de outra forma de alienação;

b) permuta, permitida exclusivamente entre órgãos ou entidades da Administração Pública;

c) venda de ações, que poderão ser negociadas em bolsa, observada a legislação específica;

d) venda de títulos, observada a legislação pertinente;

e) venda de bens produzidos ou comercializados por entidades da Administração Pública, em virtude de suas finalidades;

f) venda de materiais e equipamentos sem utilização previsível por quem deles dispõe para outros órgãos ou entidades da Administração Pública.

4.2.3.1. Doação com encargos

Nos termos do art. 76, §§ 6º e 7º, a doação com encargo será licitada e de seu instrumento constarão, obrigatoriamente, os encargos, o prazo de seu cumprimento e a cláusula de reversão, sob pena de nulidade do ato, dispensada a licitação em caso de interesse público devidamente justificado.

Caso o donatário necessite oferecer o imóvel em garantia de financiamento, a cláusula de reversão e as demais obrigações serão garantidas por hipoteca em segundo grau em favor do doador.

4.2.3.2. Título de propriedade ou de direito real de uso de imóvel

A Administração poderá conceder título de propriedade ou de direito real de uso de imóvel, admitida a dispensa de licitação, quando o uso destinar-se a:

I. outro órgão ou entidade da Administração Pública, qualquer que seja a localização do imóvel;

II. pessoa natural que, nos termos de lei, regulamento ou ato normativo do órgão competente, haja implementado os requisitos mínimos de cultura, de ocupação mansa e pacífica e de exploração direta sobre área rural, observado o limite de que trata o § 1º do art. 6º da Lei nº 11.952, de 25 de junho de 2009.

4.3. Inexigibilidade de licitação

4.3.1. Conceito

É a contratação direta fundada na inviabilidade de competição. O art. 74 da Lei nº 14.133/2021 estabelece um rol **exemplificativo** de hipóteses de inexigibilidade de licitação.

4.3.2. *Hipóteses legais (rol exemplificativo)*

De acordo com o art. 74, é inexigível a licitação quando inviável a competição, em especial nos casos de:

I.   aquisição de materiais, de equipamentos ou de gêneros ou contratação de serviços que só possam ser fornecidos por produtor, empresa ou representante comercial exclusivos;

A Administração deverá demonstrar a inviabilidade de competição, mediante atestado de exclusividade, contrato de exclusividade, declaração do fabricante ou outro documento idôneo capaz de comprovar que o objeto é fornecido ou prestado por produtor, empresa ou representante comercial exclusivos, vedada a preferência por marca específica.

II.   contratação de profissional do setor artístico, diretamente ou por meio de empresário exclusivo, desde que consagrado pela crítica especializada ou pela opinião pública;

Considera-se empresário exclusivo a pessoa física ou jurídica que possua contrato, declaração, carta ou outro documento que ateste a exclusividade permanente e contínua de representação, no País ou em Estado específico, do profissional do setor artístico, afastada a possibilidade de contratação direta por inexigibilidade por meio de empresário com representação restrita a evento ou local específico.

III.   contratação dos seguintes serviços técnicos especializados de **natureza predominantemente intelectual** com profissionais ou empresas de **notória especialização**, vedada a inexigibilidade para serviços de publicidade e divulgação: (a) estudos técnicos, planejamentos e projetos básicos ou executivos; (b) pareceres, perícias e avaliações em geral; (c) assessorias ou consultorias técnicas e auditorias financeiras ou tributárias; (d) fiscalização, supervisão ou gerenciamento de obras ou serviços; (e) patrocínio ou defesa de causas judiciais ou administrativas; (f) treinamento e aperfeiçoamento de pessoal; (g) restauração de obras de arte e bens de valor histórico; (h) controles de qualidade e tecnológico, análises, testes e ensaios de campo e laboratoriais, instrumentação e monitoramento de parâmetros específicos de obras e do meio ambiente e demais serviços de engenharia;

Veja que, pela Lei nº 14.133/2021, para que haja a inexigibilidade para contratação de serviços técnicos, é preciso demonstrar a natureza predominantemente intelectual do serviço e que será prestado por um profissional de notória especialização. Assim, **não há mais o requisito da natureza singular do serviço**, ao menos de maneira expressa.

Perceba-se que é pontuado que não há o requisito da singularidade do serviço de maneira expressa. Contudo, o entendimento deste autor é de que se mantém a necessidade de o serviço ser singular, exatamente pelo pressuposto da inexigibilidade. A inexigibilidade de licitação somente ocorrerá quando houver a inviabilidade de competição. Não há razão para afastar o procedimento licitatório, para contratação de profissionais por inexigibilidade, para a prática de serviços ordinários, corriqueiros.

Para que haja a inexigibilidade aqui estudada, é necessário haver a demonstração de um conhecimento profissional incomum.

É preciso aguardar o posicionamento do TCU, do STF e do STJ com foco na nova legislação.

Considera-se de notória especialização o profissional ou a empresa cujo conceito no campo de sua especialidade, decorrente de desempenho anterior, estudos, experiência, publicações, organização, aparelhamento, equipe técnica ou outros requisitos relacionados com suas atividades, permita inferir que o seu trabalho é essencial e reconhecidamente adequado à plena satisfação do objeto do contrato.

É vedada a subcontratação de empresas ou a atuação de profissionais distintos daqueles que tenham justificado a inexigibilidade.

IV. objetos que devam ou possam ser contratados por meio de credenciamento;

Importante

O credenciamento é hipótese de inexigibilidade de licitação, que não estava prevista no rol exemplificativo do art. 25 da Lei nº 8.666/1993, mas que era amplamente reconhecida pela doutrina especializada e pela jurisprudência do Tribunal de Contas da União.

Com o advento da Lei nº 14.133/2021, o credenciamento se tornou uma hipótese expressa de inexigibilidade de licitação.

O credenciamento torna inviável a competição entre os credenciados, que não disputam preços, já que, após selecionados, a Administração Pública se compromete a contratar todos os que atendam aos requisitos de pré-qualificação.

Segundo o TCU, para a utilização do credenciamento, devem ser observados requisitos como:

i)   contratação de todos os que tiverem interesse e que satisfaçam as condições fixadas pela Administração, não havendo relação de exclusão;

ii)   garantia de igualdade de condições entre todos os interessados hábeis a contratar com a Administração, pelo preço por ela definido;

iii) demonstração inequívoca de que as necessidades da Administração somente poderão ser atendidas dessa forma.

V. aquisição ou locação de imóvel cujas características de instalações e de localização tornem necessária sua escolha.

Atente-se ao fato de que essa hipótese, no âmbito da Lei nº 8.666/1993, era uma hipótese de dispensa de licitação. Todavia, com o advento da Lei nº 14.133/2021, tornou-se uma hipótese de inexigibilidade de licitação.

Para que haja a inexigibilidade em questão, devem ser observados os seguintes requisitos:

i)   avaliação prévia do bem, do seu estado de conservação e dos custos de adaptações, quando imprescindíveis às necessidades de utilização, e prazo de amortização dos investimentos;

ii) certificação da inexistência de imóveis públicos vagos e disponíveis que atendam ao objeto;

iii) justificativas que demonstrem a singularidade do imóvel a ser comprado ou locado pela Administração e que evidenciem vantagem para ela.

Dispensa de licitação	Inexigibilidade de licitação
Contratação direta fundada em disposição legal	Contratação direta fundada na inviabilidade de competição
Espécies: – Licitação dispensada (vedada por lei) – Licitação dispensável (competência discricionária)	Hipóteses legais (rol exemplificativo)
Rol taxativo	Rol exemplificativo no art. 74 da Lei nº 14.133/2021
Previsão legal	Inviabilidade de competição

5. PROCEDIMENTO DA LICITAÇÃO

O processo de licitação está previsto no art. 17 da Lei nº 14.133/2021. De acordo com esse dispositivo legal, a licitação observará as seguintes fases, em sequência:

I.   preparatória;

II.   de divulgação do edital de licitação;

III. de apresentação de propostas e lances, quando for o caso;

IV.   de julgamento;

V.   de habilitação;

VI.   recursal;

VII. de homologação.

Assim, é perceptível que a Lei nº 14.133/2021 seguiu a disciplina prevista nas leis mais novas sobre licitações e contratos, como a Lei nº 13.303/2016, prevendo a fase de apresentação de propostas e lances, bem como o julgamento delas antes da fase de habilitação. Trata-se, portanto, de uma novidade, se comparada à Lei nº 8.666/1993, na qual a fase da habilitação precedia a fase de julgamento das propostas. Dessa forma, a Lei nº 14.133/2021 realizou o que se chama de "apregoamento da concorrência", isto é, previu o mesmo procedimento para ambas as modalidades.

Todavia, há de se destacar que, nos termos do § 1º do art. 17, que a fase de habilitação poderá, mediante ato motivado com explicitação dos benefícios decorrentes, anteceder as fases de apresentação e julgamento das propostas e lances, desde que expressamente previsto no edital de licitação.

Outro ponto relevante a ser destacado, nos termos do art. 17, § 2º, é a preferência para realização da licitação na modalidade eletrônica, como regra. No entanto, será admitida a utilização da forma presencial, desde que motivada, devendo a sessão pública ser registrada em ata e gravada em áudio e vídeo, e a gravação será juntada aos autos do processo licitatório depois de seu encerramento, conforme dispõe o art. 17, § 5º.

Atente-se: de acordo com o art. 17, § 4º, nos procedimentos realizados por meio eletrônico, a Administração poderá determinar, como condição de validade e eficácia, que os licitantes pratiquem seus atos em formato eletrônico.

5.1. Fase preparatória

Conforme dispõe o art. 18 da Lei nº 14.133/2021, a fase preparatória do processo licitatório é caracterizada pelo planejamento e deve compatibilizar-se com o plano de contratações anual, sempre que elaborado, e com as leis orçamentárias, bem como abordar todas as considerações técnicas, mercadológicas e de gestão que podem interferir na contratação.

Entre os pontos anteriores, alguns merecem maiores detalhamentos, consoante subitens a seguir.

5.1.1. Audiência pública e consulta pública

Ambos os institutos são consagração de uma administração consensual, na qual se valoriza a participação dos cidadãos na formação das decisões estatais.

De acordo com o art. 21, a Administração poderá convocar, com **antecedência mínima de 8 (oito) dias úteis**, *audiência pública*, **presencial ou a distância**, na forma eletrônica, sobre licitação que pretenda realizar, com disponibilização prévia de informações pertinentes, inclusive de estudo técnico preliminar, elementos do edital de licitação e outros, e com possibilidade de manifestação de todos os interessados.

Assim, perceba que não há mais hipótese de obrigatoriedade de realização da audiência pública, como havia no regramento previsto pela Lei nº 8.666/1993. Ademais, a audiência pública poderá ser realizada tanto na modalidade presencial quanto na modalidade eletrônica.

Por sua vez, o parágrafo único estabelece que a Administração também poderá submeter a licitação a prévia **consulta pública**, mediante a disponibilização de seus elementos a todos os interessados, que poderão formular **sugestões** no prazo fixado.

5.2. Publicação do edital

5.2.1. Comentários preliminares

Antes de se adentrar efetivamente na publicação do edital, é preciso estabelecer algumas premissas a serem observadas pelo ato convocatório.

Nos termos do art. 25 da Lei nº 14.133/2021, o edital deverá conter o objeto da licitação e as regras relativas à convocação, ao julgamento, à habilitação, aos recursos e às penalidades da licitação, à fiscalização e à gestão do contrato, à entrega do objeto e às condições de pagamento.

Atente-se que, nos termos do art. 25, § 1º, sempre que o objeto permitir, a Administração adotará minutas padronizadas de edital e de contrato com cláusulas uniformes.

Ademais, afirma o § 2º do referido artigo que, desde que, conforme demonstrado em estudo técnico preliminar, não sejam causados prejuízos à competitividade do processo licitatório e à eficiência do respectivo contrato, o edital poderá prever a utilização de mão de obra, materiais, tecnologias e matérias-primas existentes no local da execução, conservação e operação do bem, serviço ou obra.

Como prevê o § 3º, todos os elementos do edital, incluídos minuta de contrato, termos de referência, anteprojeto, projetos e outros anexos, deverão ser divulgados em sítio eletrônico oficial na mesma data de divulgação do edital, **sem necessidade de registro ou de identificação para acesso**.

Por sua vez, o § 4º afirma que, nas contratações de obras, serviços e fornecimentos de grande vulto, o edital deverá prever a obrigatoriedade de implantação de programa de integridade pelo licitante vencedor, no prazo de 6 (seis) meses, contado da celebração do contrato, conforme regulamento que disporá sobre as medidas a serem adotadas, a forma de comprovação e as penalidades pelo seu descumprimento.

O ato convocatório ainda poderá prever a responsabilidade do contratado pela obtenção do licenciamento ambiental e realização da desapropriação autorizada pelo Poder Público, de modo que os licenciamentos ambientais de obras e serviços de engenharia licitados e contratados nos termos da Lei nº 14.133/2021 terão prioridade de tramitação nos órgãos e nas entidades integrantes do Sistema Nacional do Meio Ambiente (Sisnama) e deverão ser orientados pelos princípios da celeridade, da cooperação, da economicidade e da eficiência.

O edital poderá exigir que o percentual mínimo da mão de obra responsável pela execução do objeto da contratação seja constituído por:

I.   mulheres vítimas de violência doméstica;

II.   oriundos ou egressos do sistema prisional.

5.3. Apresentação de propostas e lances

5.3.1. *Prazos mínimos para apresentação*

De acordo com o art. 55 da Lei nº 14.133/2021, os prazos mínimos – **todos em dias úteis** – para apresentação de propostas e lances, contados a partir da data de divulgação do edital de licitação, são:

I.   para aquisição de bens:

   a)   8 (oito) dias úteis, quando adotados os critérios de julgamento de menor preço ou de maior desconto;

   b)   15 (quinze) dias úteis, quando adotados os critérios de julgamento de melhor técnica ou conteúdo artístico; técnica e preço; maior lance, no caso de leilão; maior retorno econômico;

II.   no caso de serviços e obras:

   a)   10 (dez) dias úteis, quando adotados os critérios de julgamento de menor preço ou de maior desconto, no caso de serviços comuns e de obras e serviços comuns de engenharia;

   b)   25 (vinte e cinco) dias úteis, quando adotados os critérios de julgamento de menor preço ou de maior desconto, no caso de serviços especiais e de obras e serviços especiais de engenharia;

   c)   60 (sessenta) dias úteis, quando o regime de execução for de contratação integrada;

   d)   35 (trinta e cinco) dias úteis, quando o regime de execução for o de contratação semi-integrada ou nas hipóteses a seguir:

      d.1) no caso de serviços comuns e de obras e serviços comuns de engenharia, quando adotados os critérios de julgamento de melhor técnica ou conteúdo artístico; técnica e preço; maior lance, no caso de leilão; maior retorno econômico;

      d.2) no caso de serviços especiais e de obras e serviços especiais de engenharia, melhor técnica ou conteúdo artístico; técnica e preço; maior lance, no caso de leilão; maior retorno econômico;

III.   15 (quinze) dias úteis para licitação em que se adote o critério de julgamento de maior lance;

IV.   35 (trinta e cinco) dias úteis para licitação em que se adote o critério de julgamento de técnica e preço ou de melhor técnica ou conteúdo artístico.

Eventuais modificações no edital implicarão nova divulgação na mesma forma de sua divulgação inicial, além do cumprimento dos mesmos prazos dos atos e procedimentos originais, **exceto quando a alteração não comprometer a formulação das propostas**.

Os prazos *supra* poderão, mediante decisão fundamentada, ser reduzidos até a metade nas licitações realizadas pelo Ministério da Saúde, no âmbito do Sistema Único de Saúde (SUS).

Tipo de aquisição	Critério de julgamento/regime de execução	Prazo
Bens	Menor preço ou maior desconto	8 dias úteis
	Melhor técnica ou conteúdo artístico; técnica e preço; maior lance, no caso de leilão; maior retorno econômico	15 dias úteis
Serviços e obras	Menor preço ou maior desconto, no caso de serviços comuns e de obras e serviços comuns de engenharia	10 dias úteis
	Menor preço ou maior desconto, no caso de serviços especiais e de obras e serviços especiais de engenharia	25 dias úteis
	Contratação integrada	60 dias úteis
	Contratação semi-integrada ou adotados os critérios de julgamento de melhor técnica ou conteúdo artístico; técnica e preço; maior lance, no caso de leilão; maior retorno econômico, no caso de serviços comuns e de obras e serviços comuns de engenharia	35 dias úteis
	Contratação semi-integrada ou adotados os critérios de julgamento de melhor técnica ou conteúdo artístico; técnica e preço; maior lance, no caso de leilão; maior retorno econômico, no caso de serviços especiais e de obras e serviços especiais de engenharia	35 dias úteis
Alienação de bens públicos	Maior lance	15 dias úteis
Qualquer tipo de aquisição	Técnica e preço ou melhor técnica ou conteúdo artístico	35 dias úteis

5.3.2. Modo de disputa

De acordo com o art. 56, o modo de disputa poderá ser, **isolada ou conjuntamente**:

I. aberto, hipótese em que os licitantes apresentarão suas propostas por meio de lances públicos e sucessivos, crescentes ou decrescentes;

II. fechado, hipótese em que as propostas permanecerão em sigilo até a data e hora designadas para sua divulgação.

Ao pontuar os modos de disputa, o art. 56 estabelece três modos de disputa, quais sejam: o aberto, o fechado e o misto. Conclui-se assim em razão das expressões "isolada" e "conjuntamente". Dessa forma, será possível a combinação entre os modos de disputa.

A utilização **isolada** do modo de **disputa fechado** será **vedada** quando adotados os critérios de julgamento de **menor preço ou de maior desconto**.

A **utilização** do modo de **disputa aberto** será **vedada** quando adotado o critério de julgamento de **técnica e preço**.

5.3.3. Garantia de proposta

Ponto relevante é a disciplina prevista no art. 58 da Lei nº 14.133/2021, que estabelece a possibilidade de haver a garantia de proposta.

De acordo o dispositivo legal, poderá ser exigida, no momento da apresentação da proposta, a comprovação do recolhimento de quantia a título de garantia de proposta, como requisito de pré-habilitação.

A garantia de proposta não poderá ser superior a 1% (um por cento) do valor estimado para a contratação, de modo que será devolvida aos licitantes no prazo de 10 (dez) dias úteis, contado da assinatura do contrato ou da data em que for declarada fracassada a licitação.

O fato de haver a recusa em assinar o contrato ou a não apresentação dos documentos para a contratação implicará execução do valor integral da garantia de proposta.

A garantia de proposta poderá ser prestada nas seguintes modalidades:

I. caução em dinheiro ou em títulos da dívida pública;

II. seguro-garantia;

III. fiança bancária.

5.4. Julgamento de propostas e lances

5.4.1. Comentários iniciais

Findada a fase de apresentação das propostas e dos lances, ocorrerá a fase de julgamento.

De acordo com o art. 59, serão desclassificadas as propostas que: (i) contiverem vícios insanáveis; (ii) não obedecerem às especificações técnicas pormenorizadas no edital; (iii) apresentarem preços inexequíveis ou permanecerem acima do orçamento estimado para a contratação; (iv) não tiverem sua exequibilidade demonstrada, quando exigida pela Administração; (v) apresentarem desconformidade com quaisquer outras exigências do edital, desde que insanáveis.

A verificação da conformidade das propostas poderá ser feita exclusivamente em relação à proposta mais bem classificada. Assim, o que permite a legislação é que apenas a proposta mais bem classificada terá verificada a sua conformidade.

A Administração poderá realizar diligências para aferir a exequibilidade das propostas ou exigir dos licitantes que ela seja demonstrada.

No caso de obras e serviços de engenharia e arquitetura, para efeito de avaliação da exequibilidade e de sobrepreço, serão considerados o preço global, os quantitativos e os preços unitários tidos como relevantes, observado o critério de aceitabilidade de preços unitário e global a ser fixado no edital, conforme as especificidades do mercado correspondente.

No caso de obras e serviços de engenharia, serão consideradas inexequíveis as propostas cujos valores forem inferiores a 75% (setenta e cinco por cento) do valor orçado pela Administração. Nesse ponto, é importante a Súmula nº 262 do TCU. Por ela, o critério definido no art. 48, II, § 1º, *a* e *b*, da Lei nº 8.666/1993 conduz a uma presunção relativa de inexequibilidade de preços, devendo a Administração dar à licitante a oportunidade de demonstrar a exequibilidade da sua proposta. Apesar de a súmula ter sido editada sob a vigência da Lei nº 8.666/1993, ela continua sendo aplicada no bojo da Lei nº 14.133/2021. Destarte, o entendimento predominante é de que essa determinação não é absoluta, mas, sim, relativa, requerendo interpretação. Dessa forma, caso o licitante apresente uma proposta com um valor considerado inexequível, ele terá a oportunidade de justificar e comprovar que é perfeitamente possível cumprir com o compromisso proposto.

Também nas contratações de obras e serviços de engenharia, será exigida **garantia adicional do licitante vencedor** cuja proposta for **inferior a 85% (oitenta e cinco por cento) do valor orçado pela Administração**, equivalente à diferença entre este último e o valor da proposta, sem prejuízo das demais garantias exigíveis pela lei.

5.4.2. *Critérios de desempate*

De acordo com o art. 60, em caso de empate entre duas ou mais propostas, serão utilizados os seguintes critérios de desempate, nesta ordem:

I. disputa final, hipótese em que os licitantes empatados poderão apresentar nova proposta em ato contínuo à classificação;

II. avaliação do desempenho contratual prévio dos licitantes, para a qual deverão preferencialmente ser utilizados registros cadastrais para efeito de atesto de cumprimento de obrigações;

III. desenvolvimento pelo licitante de ações de equidade entre homens e mulheres no ambiente de trabalho, conforme regulamento;

IV. desenvolvimento pelo licitante de programa de integridade, conforme orientações dos órgãos de controle.

Ademais, o § 1º estabelece que, em igualdade de condições, se não houver desempate, será assegurada **preferência**, **sucessivamente**, aos bens e serviços produzidos ou prestados por:

I. empresas estabelecidas no território do órgão ou entidade da Administração Pública estadual licitante ou no Estado em que se localiza o órgão ou entidade da Administração Pública municipal licitante;

II. empresas brasileiras;

III. empresas que invistam em pesquisa e no desenvolvimento de tecnologia no País;

IV. empresas que comprovem a prática de mitigação,[13] nos termos da Lei nº 12.187, de 29 de dezembro de 2009, que institui a Política Nacional sobre Mudança do Clima.

5.4.3. Da negociação de condições mais vantajosas

De acordo com o art. 61, definido o resultado do julgamento, a Administração poderá negociar condições mais vantajosas com o primeiro colocado, de modo que a negociação poderá ser feita com os demais licitantes, segundo a ordem de classificação inicialmente estabelecida, quando o primeiro colocado, em determinado momento, mesmo após a negociação, for desclassificado por sua proposta permanecer acima do preço máximo definido pela Administração.

5.5. Habilitação

A habilitação, conforme o art. 62, é a fase da licitação em que se verifica o conjunto de informações e documentos **necessários e suficientes** para demonstrar a capacidade do licitante de realizar o objeto da licitação, dividindo-se em:

I. jurídica;

II. técnica;

III. fiscal, social e trabalhista;

IV. econômico-financeira.

O *caput* do art. 62 estabelece que apenas documentos necessários e suficientes para demonstrar a capacidade do licitante em executar o objeto licitado poderão ser

---

13 De acordo com o art. 2º, VII, consideram-se mitigação as mudanças e substituições tecnológicas que reduzam o uso de recursos e as emissões por unidade de produção, bem como a implementação de medidas que reduzam as emissões de gases de efeito estufa e aumentem os sumidouros.

exigidos. Assim, a disposição legal está em consonância com o posicionamento do Tribunal de Contas da União. De acordo com o TCU, em sua Súmula nº 272, no edital de licitação, é vedada a inclusão de exigências de habilitação e de quesitos de pontuação técnica para cujo atendimento os licitantes tenham de incorrer em custos que não sejam necessários anteriormente à celebração do contrato.

Consoante o art. 65, as condições de habilitação serão definidas no edital, de modo que poderá ser realizada por processo eletrônico de comunicação a distância, nos termos dispostos em regulamento.

5.5.1. *Comentários iniciais*

Na fase de habilitação das licitações, serão observadas as seguintes disposições:

I. **Poderá ser exigida dos licitantes a declaração de que atendem aos requisitos de habilitação**, e o declarante responderá pela veracidade das informações prestadas, na forma da lei.

II. Será exigida a apresentação dos documentos de habilitação apenas pelo licitante vencedor, exceto quando a fase de habilitação anteceder a de julgamento.

Assim, apenas o licitante vencedor será habilitado. Excepcionalmente, quando houver a inversão de fases – habilitação anteceder a apresentação e o julgamento das propostas –, haverá a habilitação de todos os licitantes.

III. Serão exigidos os documentos relativos à **regularidade fiscal**, em qualquer caso, **somente em momento posterior ao julgamento das propostas**, e apenas do licitante mais bem classificado.

IV. Será exigida do licitante declaração de que cumpre as exigências de reserva de cargos para pessoa com deficiência e para reabilitado da Previdência Social, previstas em lei e em outras normas específicas.

Constará do edital de licitação cláusula que exija dos licitantes, sob pena de **desclassificação**, declaração de que suas **propostas econômicas compreendem a integralidade dos custos para atendimento dos direitos trabalhistas** assegurados na Constituição Federal, nas leis trabalhistas, nas normas infralegais, nas convenções coletivas de trabalho e nos termos de ajustamento de conduta vigentes na data de entrega das propostas.

Quando a **avaliação prévia do local** de execução for imprescindível para o conhecimento pleno das condições e peculiaridades do objeto a ser contratado, o edital de licitação poderá prever, sob pena de **inabilitação**, a necessidade de o licitante atestar que conhece o local e as condições de realização da obra ou serviço, assegurado a ele o direito de realização de vistoria prévia, de modo que a Administração deverá disponibilizar data e horário diferentes para os eventuais interessados.

Atente-se ao fato de a visita técnica **não ser obrigatória**, de maneira que o edital *sempre* deverá prever a possibilidade de substituição da vistoria por declaração formal assinada pelo responsável técnico do licitante acerca do conhecimento pleno das condições e peculiaridades da contratação.

Nos termos do art. 64, após a entrega dos documentos para habilitação, não será permitida a substituição ou a apresentação de novos documentos, salvo em sede de diligência, para:

I.   complementação de informações acerca dos documentos já apresentados pelos licitantes e desde que necessária para apurar fatos existentes à época da abertura do certame;

II.   atualização de documentos cuja validade tenha expirado após a data de recebimento das propostas.

Na análise dos documentos da habilitação, a comissão de licitação poderá sanar erros ou falhas que não alterem a substância dos documentos e sua validade jurídica, mediante despacho fundamentado registrado e acessível a todos, atribuindo-lhes eficácia para fins de habilitação e classificação.

Quando a fase de habilitação anteceder a de julgamento e já tiver sido encerrada, não caberá exclusão de licitante por motivo relacionado à habilitação, salvo em razão de fatos supervenientes ou só conhecidos após o julgamento.

Por fim, perceba-se que as empresas criadas no exercício financeiro da licitação deverão atender a todas as exigências da habilitação e ficarão autorizadas a substituir os demonstrativos contábeis pelo balanço de abertura.

5.5.2.   Habilitação jurídica

De acordo com o art. 66, a habilitação jurídica visa demonstrar a capacidade de o licitante exercer direitos e assumir obrigações, e a documentação a ser apresentada por ele limita-se à comprovação de existência jurídica da pessoa e, quando cabível, de autorização para o exercício da atividade a ser contratada.

5.5.3.   Habilitação técnica

O art. 67 da Lei nº 14.133/2021 consagra a possibilidade de comprovação da habilitação técnica por meio de uma qualificação técnico-profissional, bem como por uma qualificação técnico-operacional. Em síntese, aquela qualificação refere-se ao fato de a empresa ter profissionais qualificados para exercer o objeto da licitação. Por sua vez, essa qualificação consiste no fato de a própria empresa ter a expertise na condução do objeto licitatório.

A documentação relativa à qualificação técnico-profissional e técnico-operacional será restrita a:

I.   apresentação de profissional, devidamente registrado no conselho profissional competente, quando for o caso, detentor de atestado de responsabilidade técnica por execução de obra ou serviço de características semelhantes, para fins de contratação;

II. certidões ou atestados, regularmente emitidos pelo conselho profissional competente, quando for o caso, que demonstrem capacidade operacional na execução de serviços similares de complexidade tecnológica e operacional equivalente ou superior, bem como documentos comprobatórios;

Salvo na contratação de obras e serviços de engenharia, as exigências anteriores, a critério da Administração, poderão ser substituídas por outra prova de que o profissional ou a empresa possui conhecimento técnico e experiência prática na execução de serviço de características semelhantes, hipótese em que as provas alternativas aceitáveis deverão ser previstas em regulamento.

III. indicação do pessoal técnico, das instalações e do aparelhamento adequados e disponíveis para a realização do objeto da licitação, bem como da qualificação de cada membro da equipe técnica que se responsabilizará pelos trabalhos;

IV. prova de atendimento de requisitos previstos em lei especial, quando for o caso;

V. registro ou inscrição na entidade profissional competente, quando for o caso;

Sociedades empresárias estrangeiras atenderão à exigência por meio da apresentação, no momento da assinatura do contrato, da solicitação de registro perante a entidade profissional competente no Brasil.

VI. declaração de que o licitante tomou conhecimento de todas as informações e das condições locais para o cumprimento das obrigações objeto da licitação.

A exigência de atestados será restrita às parcelas de maior relevância ou valor significativo do objeto da licitação, assim consideradas as que tenham valor individual igual ou superior a 4% (quatro por cento) do valor total estimado da contratação, de modo que será admitida a exigência de atestados com quantidades mínimas de até 50% (cinquenta por cento) das parcelas, vedadas limitações de tempo e de locais específicos relativas aos atestados.

Serão aceitos atestados ou outros documentos hábeis emitidos por entidades estrangeiras quando acompanhados de tradução para o português, salvo se comprovada a inidoneidade da entidade emissora.

Em se tratando de serviços contínuos, o edital poderá exigir certidão ou atestado que demonstre que o licitante tenha executado serviços similares ao objeto da licitação, *em períodos sucessivos ou não*, por um prazo mínimo, **que não poderá ser superior 3 (três) anos**. Trata-se de disposição que encontra amparo na jurisprudência do STJ. De acordo com essa corte, não fere a igualdade entre os licitantes, tampouco a ampla competitividade entre eles, o condicionamento editalício referente à experiência prévia dos concorrentes no âmbito do objeto licitado, a pretexto de demonstração de qualificação técnica, nos termos do art. 30, II, da Lei nº 8.666/1993.[14]

---

[14] RMS 39.883/MT, Segunda Turma, Rel. Min. Humberto Martins, j. 17.12.2013, *DJe* 03.02.2014.

Embora o posicionamento do STJ tenha ocorrido no âmbito do regramento anterior, ele permanece válido e hígido no regramento estabelecido pela Lei nº 14.133/2021.

Os profissionais indicados pelo licitante deverão participar da obra ou serviço objeto da licitação, e será admitida a sua substituição por profissionais de experiência equivalente ou superior, desde que aprovada pela Administração.

Importante

O edital poderá prever, para aspectos técnicos específicos, que a qualificação técnica seja demonstrada por meio de atestados relativos a potencial subcontratado, limitado a 25% (vinte e cinco por cento) do objeto a ser licitado, hipótese em que mais de um licitante poderá apresentar atestado relativo ao mesmo potencial subcontratado.

Em caso de apresentação por licitante de atestado de desempenho anterior emitido em favor de consórcio do qual tenha feito parte, se o atestado ou o contrato de constituição do consórcio não identificar a atividade desempenhada por cada consorciado individualmente, serão adotados os seguintes critérios na avaliação de sua qualificação técnica:

I. Caso o atestado tenha sido emitido em favor de consórcio homogêneo, as experiências atestadas deverão ser reconhecidas para cada empresa consorciada na proporção quantitativa de sua participação no consórcio, salvo nas licitações para contratação de serviços técnicos especializados de natureza predominantemente intelectual, em que todas as experiências atestadas deverão ser reconhecidas para cada uma das empresas consorciadas.

Não serão admitidos atestados de responsabilidade técnica de profissionais que tenham dado causa à aplicação das sanções: (1) impedimento de licitar e contratar e (2) declaração de inidoneidade para licitar e contratar, em decorrência de orientação proposta, de prescrição técnica ou de qualquer ato profissional de sua responsabilidade.

II. Caso o atestado tenha sido emitido em favor de consórcio heterogêneo, as experiências atestadas deverão ser reconhecidas para cada consorciado de acordo com os respectivos campos de atuação, inclusive nas licitações para contratação de serviços técnicos especializados de natureza predominantemente intelectual.

Na hipótese anterior, para fins de comprovação do percentual de participação do consorciado, caso este não conste expressamente do atestado ou da certidão, deverá ser juntada ao atestado ou à certidão cópia do instrumento de constituição do consórcio.

5.5.4. Habilitação fiscal, social e trabalhista

De acordo com o art. 68, as habilitações fiscal, social e trabalhista serão aferidas mediante a verificação dos seguintes requisitos:

I. a inscrição no Cadastro de Pessoas Físicas (CPF) ou no Cadastro Nacional da Pessoa Jurídica (CNPJ);

II. a inscrição no cadastro de contribuintes estadual ou municipal, se houver, relativo ao domicílio ou sede do licitante, pertinente ao seu ramo de atividade e compatível com o objeto contratual;

III. a regularidade perante a Fazenda federal, a estadual e a municipal do domicílio ou sede do licitante, ou outra equivalente, na forma da lei;

Por sua vez, no que tange à regularidade fiscal, a Súmula nº 283 TCU afirma que, para fim de habilitação, a Administração Pública não deve exigir dos licitantes a apresentação de certidão de quitação de obrigações fiscais, e sim prova de sua regularidade.

IV. a regularidade relativa à Seguridade Social e ao FGTS, que demonstre cumprimento dos encargos sociais instituídos por lei;

V. a regularidade perante a Justiça do Trabalho;

VI. o cumprimento do trabalho do menor, isto é, o disposto no art. 7º, XXXIII, que estabelece a proibição de trabalho noturno, perigoso ou insalubre a menores de dezoito e de qualquer trabalho a menores de dezesseis anos, salvo na condição de aprendiz, a partir de quatorze anos.

Os documentos anteriores poderão ser substituídos ou supridos, no todo ou em parte, por outros meios hábeis a comprovar a regularidade do licitante, inclusive por meio eletrônico.

5.5.5. Habilitação econômico-financeira

Nos termos do art. 69, a habilitação econômico-financeira visa demonstrar a aptidão econômica do licitante para cumprir as obrigações decorrentes do futuro contrato, devendo ser comprovada de forma objetiva, por coeficientes e índices econômicos previstos no edital, devidamente justificados no processo licitatório, e será restrita à apresentação da seguinte documentação:

I. balanço patrimonial, demonstração de resultado de exercício e demais demonstrações contábeis dos 2 (dois) últimos exercícios sociais;

Esses documentos limitar-se-ão ao último exercício no caso de a pessoa jurídica ter sido constituída há menos de 2 (dois) anos.

II. certidão negativa de feitos sobre falência expedida pelo distribuidor da sede do licitante.

Empresa em recuperação judicial pode participar de licitação, desde que demonstre viabilidade econômica e financeira, de acordo com o STJ.[15]

A critério da Administração, poderá ser exigida declaração, assinada por profissional habilitado da área contábil, que ateste o atendimento pelo licitante dos índices econômicos previstos no edital.

Atente-se que é vedada a exigência de valores mínimos de faturamento anterior e de índices de rentabilidade ou lucratividade.

É admitida a exigência da relação dos compromissos assumidos pelo licitante que importem em diminuição de sua capacidade econômico-financeira, excluídas parcelas já executadas de contratos firmados.

A Administração, nas compras para entrega futura e na execução de obras e serviços, poderá estabelecer no edital a exigência de capital mínimo ou de patrimônio líquido mínimo equivalente a até 10% (dez por cento) do valor estimado da contratação.

É vedada a exigência de índices e valores não usualmente adotados para a avaliação de situação econômico-financeira suficiente ao cumprimento das obrigações decorrentes da licitação.

5.5.6.   Comentários finais

De acordo com o art. 70, a documentação referente à habilitação poderá ser:

I.   apresentada em original, por cópia ou por qualquer outro meio expressamente admitido pela Administração;

II.   substituída por registro cadastral emitido por órgão ou entidade pública, desde que previsto no edital e que o registro tenha sido feito em obediência à Lei nº 14.133/2021.

III. dispensada, total ou parcialmente, nas contratações para entrega imediata, nas contratações em valores inferiores a 1/4 (um quarto) do limite para dispensa de licitação para compras em geral, e nas contratações de produto para pesquisa e desenvolvimento até o valor de R$ 300.000,00 (trezentos mil reais).[16]

Por fim, as empresas estrangeiras que não funcionem no País deverão apresentar documentos equivalentes, na forma de regulamento emitido pelo Poder Executivo federal.

5.6. Fase recursal

A fase recursal será mais bem estudada no tópico 10.

---

[15]   AREsp 309.867/ES, Primeira Turma, Rel. Min. Gurgel de Faria, j. 26.06.2018, *DJe* 08.08.2018.

[16]   Valor atualizado para R$ 343.249,96 (trezentos e quarenta e três mil duzentos e quarenta e nove reais e noventa e seis centavos) pelo Decreto nº 11.317/2022.

5.7. Adjudicação e homologação

De acordo com o art. 71, encerradas as fases de julgamento e habilitação, e exauridos os recursos administrativos, o processo licitatório será encaminhado à *autoridade superior*, que poderá:

I. determinar o retorno dos autos para saneamento de irregularidades;

II. revogar a licitação por motivo de conveniência e oportunidade;

III. proceder à anulação da licitação, de ofício ou mediante provocação de terceiros, sempre que presente ilegalidade insanável;

IV. adjudicar o objeto e homologar a licitação.

5.7.1. Do desfazimento da licitação – anulação e revogação

De acordo com o art. 71, III, a anulação da licitação ocorrerá de ofício ou mediante provocação de terceiros, sempre que presente ilegalidade insanável.

Ao pronunciar a nulidade, a autoridade indicará expressamente os atos com vícios insanáveis, tornando sem efeito todos os subsequentes que deles dependam, e dará ensejo à apuração de responsabilidade de quem lhes tenha dado causa.

Por sua vez, a revogação, prevista no art. 71, II, ocorrerá por razões de conveniência e oportunidade, em virtude de fato superveniente devidamente comprovado.

Por fim, nos casos de anulação e revogação, deverá ser assegurada a prévia manifestação dos interessados.

Note que a Lei nº 14.133/2021 ainda estabeleceu situações que ensejarão a nulidade do contrato, conforme será estudado no tópico 14 do capítulo 2 – Contratos Administrativos.

6. MODALIDADES

A Lei nº 14.133/2021, em seu art. 28, prevê cinco modalidades de licitação:

I. pregão;

II. concorrência;

III. concurso;

IV. leilão;

V. diálogo competitivo.

Com o advento da Lei nº 14.133/2021, a escolha por uma modalidade de licitação ocorrerá pela natureza do objeto a ser licitado. Nesse sentido, o valor estimado de uma licitação deixa de ser critério para definir qual a modalidade a ser adotada.

Atente-se que a Administração pode servir-se dos procedimentos auxiliares.

Ademais, é vedada a criação de outras modalidades de licitação ou, ainda, a combinação entre as existentes.

6.1. Pregão

De acordo com o art. 6º, XLI, o pregão consiste na modalidade de **licitação obrigatória** para aquisição de **bens e serviços comuns**, cujo critério de julgamento poderá ser o de **menor preço ou o de maior desconto**. Ademais, consoante o art. 29, será adotado o pregão sempre que o objeto possuir padrões de desempenho e qualidade que possam ser objetivamente definidos pelo edital, por meio de especificações usuais de mercado.

Conforme será visto ao longo deste item, o pregão também poderá ser utilizado para a aquisição de serviços comuns de engenharia.

Atente-se ao fato de o pregão ser, **obrigatoriamente**, a modalidade utilizada para a aquisição de bens e serviços comuns.

A caracterização de um bem ou serviço como comum requer a análise de três aspectos fundamentais. São eles: **disponibilidade no mercado, padronização e casuísmo moderado**.

Primeiramente, a **disponibilidade no mercado** é um critério essencial. Isso significa que o objeto em questão deve ser prontamente encontrado e facilmente acessível no mercado. A existência do bem ou serviço, de forma ampla e generalizada, é fundamental para que seja considerado comum. Essa disponibilidade garante que o objeto esteja acessível a todos os interessados, sem restrições ou dificuldades significativas.

Além disso, a **padronização** é um elemento crucial para a caracterização de um bem ou serviço comum. Ela envolve a definição clara e objetiva das características e especificações do objeto em questão. Isso significa estabelecer critérios e diretrizes que tornem o objeto facilmente identificável e compreensível por todos. A padronização evita ambiguidades e interpretações variadas, proporcionando uma base sólida para a aplicação e a compreensão do objeto como comum. Observe que não há proibição de utilizar o pregão para a aquisição de bens complexos, como helicópteros, haja vista que esse bem é comum, com características padronizadas, e há disponibilidade no mercado.

Por fim, o **casuísmo moderado** deve ser considerado ao avaliar a qualidade do objeto em casos concretos. Em vez de analisar o objeto de forma genérica, é necessário levar em conta as particularidades de cada situação específica. Isso implica considerar aspectos individuais, características únicas e contextos particulares ao avaliar a qualidade do bem ou serviço como comum. Essa abordagem mais flexível e contextualizada permite uma avaliação mais justa e precisa do objeto em questão.

Em resumo, a caracterização de um bem ou serviço como comum requer a observação dos seguintes pontos: disponibilidade no mercado, padronização e casuísmo moderado. Esses critérios garantem que o objeto seja amplamente disponível, definido de maneira clara e objetiva, e avaliado levando em conta as particularidades de cada caso. Ao considerar esses aspectos, é possível identificar e reconhecer adequadamente os bens e serviços comuns, proporcionando uma base sólida para sua regulamentação e utilização.

Nesse sentido, o Enunciado nº 26 do CJF estabelece que a Lei nº 10.520/2002 define o bem ou serviço comum com base em critérios eminentemente mercadológicos, de modo que a complexidade técnica ou a natureza intelectual do bem ou serviço não impede a aplicação do pregão se o mercado possui definições usualmente praticadas em relação ao objeto da licitação.

A Lei nº 14.133/2021 pacificou a discussão acerca do cabimento do pregão para serviços de engenharia. O entendimento que prevalecia na doutrina, incorporado pela nova legislação, é de que o pregão pode ser utilizado para a contratação de serviços de engenharia, desde que possam ser qualificados como comuns. Inclusive, esse é o entendimento também do Tribunal de Contas da União, consolidado na Súmula nº 257: "O uso do pregão nas contratações de serviços comuns de engenharia encontra amparo na Lei nº 10.520/2002" (súmula válida, ainda que editada com base na legislação anterior).

Nesse sentido está o art. 29, parágrafo único, que afirma que o pregão não se aplica às contratações de serviços técnicos especializados de natureza predominantemente intelectual e de obras e serviços de engenharia, **exceto os serviços comuns de engenharia**.

De acordo com o art. 6º, XXI, *a*, são considerados serviços comuns de engenharia todo serviço de engenharia que tem por objeto ações, **objetivamente padronizáveis** em termos de desempenho e qualidade, de manutenção, de adequação e de adaptação de bens móveis e imóveis, com preservação das características originais dos bens.

Atente-se também que, conforme o TCU, o desenvolvimento e a manutenção de softwares enquadram-se na categoria de objetos comuns prevista na Lei nº 10.520/2002 sempre que possam ter seus padrões de desempenho e qualidade objetivamente definidos no edital por meio de especificações usuais no mercado, devendo, nessa situação, ser licitados mediante pregão.[17]

Embora o entendimento do TCU tenha sido tomado com base na legislação anterior, o entendimento prevalece hígido em face da nova legislação.

Por outro lado, não é possível utilizar o pregão para realização de obras. Assim também é o entendimento do TCU, que firmou o seguinte enunciado: "É irregular o uso da modalidade pregão para licitação de obra, sendo permitido nas contratações de serviços comuns de engenharia".[18]

Por fim, o pregão será igualmente cabível para a formação do Sistema de Registro de Preços, nos termos do art. 6º, XLV.

---

[17]   TCU, Acórdão 1.667/2017, Plenário, 02.08.2017.
[18]   TCU, Acórdão 980/2018, Plenário.

6.2. Concorrência

De acordo com o art. 6º, XXXVIII, a concorrência consiste na modalidade de licitação para contratação de:

1) bens e serviços especiais;

2) obras; e

3) serviços comuns e especiais de engenharia, cujo critério de julgamento poderá ser:

    a) menor preço;

    b) melhor técnica ou conteúdo artístico;

    c) técnica e preço;

    d) maior retorno econômico;

    e) maior desconto.

Assim, é possível concluir que, para a licitação de serviços comuns de engenharia, a Administração poderá adotar tanto a modalidade pregão quanto a modalidade concorrência, de modo que será adotado o pregão sempre que o objeto possuir padrões de desempenho e qualidade que possam ser objetivamente definidos pelo edital, por meio de especificações usuais de mercado.

Também é possível concluir que não poderá ser usado o tipo maior lance na concorrência, haja vista ser próprio para a modalidade leilão. A concorrência será igualmente cabível para a formação do Sistema de Registro de Preços, nos termos do art. 6º, XLV.

6.3. Concurso

De acordo com o art. 6º, XXXIX, o concurso consiste na modalidade de licitação para escolha de trabalho técnico, científico ou artístico, cujo critério de julgamento será o de melhor técnica ou conteúdo artístico, e para concessão de prêmio ou remuneração ao vencedor.

Conforme dispõe o art. 30, o concurso observará as regras e condições previstas em edital, que indicará:

I. a qualificação exigida dos participantes;

II. as diretrizes e formas de apresentação do trabalho;

III. as condições de realização e o prêmio ou remuneração a ser concedida ao vencedor.

Nos concursos destinados à elaboração de projeto, o vencedor deverá ceder à Administração Pública todos os direitos patrimoniais relativos ao projeto e autorizar sua execução conforme juízo de conveniência e oportunidade das autoridades competentes.

6.4. Leilão

Consoante o art. 6º, XL, o leilão consiste na modalidade de licitação para alienação de:

1) bens imóveis;
2) bens móveis inservíveis ou legalmente apreendidos.

Embora esse conceito legal tenha trazido o leilão como modalidade adequada para alienação de bens móveis inservíveis, é possível afirmar que todos os bens móveis da Administração devem ser alienados por leilão, **independentemente do valor**. Essa afirmação se depreende da disposição do art. 76, II, da Lei nº 14.133/2021.

O critério de julgamento a ser adotado no leilão será o maior lance. Assim, o objeto será adjudicado a quem oferecer o maior lance para a aquisição dos bens pontuados anteriormente.

O leilão poderá ser cometido a leiloeiro oficial ou a servidor designado pela autoridade competente da Administração, e o regulamento deverá dispor sobre seus procedimentos operacionais, de modo que, se optar pela realização de leilão por intermédio de leiloeiro oficial, a Administração deverá selecioná-lo mediante credenciamento ou licitação na modalidade pregão e adotar o critério de julgamento de maior desconto para as comissões a serem cobradas, utilizados como parâmetro máximo os percentuais definidos na lei que regula a referida profissão e observados os valores dos bens a serem leiloados.

O leilão será precedido da divulgação do edital em sítio eletrônico oficial, que conterá: (i) a descrição do bem, com suas características, e, no caso de imóvel, sua situação e suas divisas, com remissão à matrícula e aos registros; (ii) o valor pelo qual o bem foi avaliado, o preço mínimo pelo qual poderá ser alienado, as condições de pagamento e, se for o caso, a comissão do leiloeiro designado; (iii) a indicação do lugar onde estiverem os móveis, os veículos e os semoventes; (iv) o sítio da internet e o período em que ocorrerá o leilão, salvo se excepcionalmente for realizado sob a forma presencial por comprovada inviabilidade técnica ou desvantagem para a Administração, hipótese em que serão indicados o local, o dia e a hora de sua realização; (v) a especificação de eventuais ônus, gravames ou pendências existentes sobre os bens a serem leiloados.

Além da divulgação no sítio eletrônico oficial, o edital do leilão será afixado em local de ampla circulação de pessoas na sede da Administração e poderá, ainda, ser divulgado por outros meios necessários para ampliar a publicidade e a competitividade da licitação.

O leilão não exigirá registro cadastral prévio, **não terá fase de habilitação e deverá ser homologado assim que concluída a fase de lances**, superada a fase recursal e efetivado o pagamento pelo licitante vencedor, na forma definida no edital.

6.5. Diálogo competitivo

De acordo com o art. 6º, XLII, o diálogo competitivo consiste na modalidade de licitação para contratação de obras, serviços e compras em que a Administração Pública realiza diálogos com licitantes previamente selecionados mediante critérios objetivos, **com o intuito de desenvolver uma ou mais alternativas** capazes de atender às suas necessidades, devendo os licitantes apresentar proposta final após o encerramento dos diálogos.

Trata-se, portanto, de uma modalidade de licitação nova, criada pela nova legislação.

De acordo com o conceito trazido pela legislação, o diálogo competitivo será cabível quando o objeto a ser licitado consistir em uma necessidade para a Administração Pública, porém ela não sabe como proceder para obter a solução que visa ao atendimento das suas necessidades.

O diálogo competitivo foi originalmente previsto no art. 29 da Diretiva 2004/18/CE do Parlamento Europeu e do Conselho, de 31 de março de 2004.

Nos termos do art. 32 da Lei nº 14.133/2021, o diálogo competitivo ficará restrito a contratações em que a Administração: (i) vise contratar objeto que envolva as seguintes condições: (a) inovação tecnológica ou técnica; (b) impossibilidade de o órgão ou entidade ter sua necessidade satisfeita sem a adaptação de soluções disponíveis no mercado; e (c) impossibilidade de as especificações técnicas serem definidas com precisão suficiente pela Administração; (ii) verifique a necessidade de definir e identificar os meios e as alternativas que possam satisfazer suas necessidades, com destaque para os seguintes aspectos: (a) a solução técnica mais adequada; (b) os requisitos técnicos aptos a concretizar a solução já definida; (c) a estrutura jurídica ou financeira do contrato;

Nessa modalidade, serão observadas as seguintes disposições:

I.   A Administração apresentará, por ocasião da divulgação do edital em sítio eletrônico oficial, suas necessidades e as exigências já definidas e estabelecerá **prazo mínimo de 25 (vinte e cinco) dias úteis** para manifestação de interesse de participação na licitação.

II.   Os critérios empregados para pré-seleção dos licitantes deverão ser previstos em edital, e serão admitidos todos os interessados que preencherem os requisitos objetivos estabelecidos.

III. Será vedada a divulgação de informações de modo discriminatório que possa implicar vantagem para algum licitante.

IV.   A Administração **não** poderá revelar a outros licitantes as soluções propostas ou as informações sigilosas comunicadas por um licitante **sem o seu consentimento**.

V.   A fase de diálogo poderá ser mantida até que a Administração, em decisão fundamentada, identifique a solução ou as soluções que atendam às suas necessidades.

Nesse sentido, faz-se importante o Enunciado nº 29 do CJF, segundo o qual a Administração Pública pode promover comunicações formais com potenciais interessados durante a fase de planejamento das contratações públicas para a obtenção de informações técnicas e comerciais relevantes à definição do objeto e à elaboração do projeto básico ou termo de referência. Esse diálogo público-privado deve ser registrado no processo administrativo e não impede o particular colaborador de participar de eventual licitação pública, ou mesmo de celebrar o respectivo contrato, tampouco lhe confere a autoria do projeto básico ou termo de referência, conforme disposto:

I. As reuniões com os licitantes pré-selecionados serão registradas em ata e gravadas mediante utilização de recursos tecnológicos de áudio e vídeo.

II. O edital poderá prever a realização de fases sucessivas, caso em que cada fase poderá restringir as soluções ou as propostas a serem discutidas.

III. A Administração deverá, ao declarar que o diálogo foi concluído, juntar aos autos do processo licitatório os registros e as gravações da fase de diálogo, iniciar a fase competitiva com a divulgação de edital contendo a especificação da solução que atenda às suas necessidades e os critérios objetivos a serem utilizados para seleção da proposta mais vantajosa e abrir prazo, não inferior a 60 (sessenta) dias úteis, para todos os licitantes pré-selecionados apresentarem suas propostas, que deverão conter os elementos necessários para a realização do projeto.

IV. A Administração poderá solicitar esclarecimentos ou ajustes às propostas apresentadas, desde que não impliquem discriminação nem distorçam a concorrência entre as propostas.

V. A Administração definirá a proposta vencedora de acordo com critérios divulgados no início da fase competitiva, assegurada a contratação mais vantajosa como resultado.

VI. O diálogo competitivo será conduzido por comissão de contratação composta de pelo menos 3 (três) servidores efetivos ou empregados públicos pertencentes aos quadros permanentes da Administração, admitida a contratação de profissionais para assessoramento técnico da comissão.

Perceba-se que o diálogo competitivo será conduzido por uma comissão de contratação, e não apenas por um agente de contratação. Trata-se, assim, de uma exceção à regra de condução da licitação. Conforme dispõe o art. 8º, a licitação será conduzida por agente de contratação, por via de regra. Contudo, no âmbito do diálogo competitivo, em razão de sua especificidade, a licitação será conduzida por uma comissão.

Ademais, atente-se que os profissionais contratados para o assessoramento técnico da comissão assinarão termo de confidencialidade e abster-se-ão de atividades que possam configurar conflito de interesses.

Diante das disposições anteriores, pode-se perceber que a modalidade em questão será dividida em duas etapas, quais sejam: (1) os diálogos com os licitantes; e (2) a competição entre os licitantes.

> **Atenção**
>
> O **diálogo competitivo** poderá ser modalidade de licitação a ser usada para contratação das concessionárias de serviço público, conforme dispõe o art. 2º, II e III, da Lei nº 8.987/1995 e o art. 10 da Lei nº 11.079/2004.

Modalidade de licitação	Definição	Objeto	Critério de julgamento
Pregão	Modalidade obrigatória para aquisição de bens e serviços comuns	Bens e serviços comuns, e também serviços comuns de engenharia	Menor preço ou maior desconto
Concorrência	Modalidade para contratação de bens e serviços especiais, obras, serviços comuns e especiais de engenharia	Obras, serviços especiais, comuns e especiais de engenharia	Menor preço, melhor técnica ou conteúdo artístico, técnica e preço, maior retorno econômico ou maior desconto
Concurso	Modalidade para escolha de trabalho técnico, científico ou artístico	Trabalho técnico, científico ou artístico	Melhor técnica ou conteúdo artístico
Leilão	Modalidade para alienação de bens imóveis e móveis inservíveis ou legalmente apreendidos	Bens imóveis ou móveis inservíveis ou legalmente apreendidos	Maior lance ou oferta
Diálogo competitivo	Modalidade para contratação de obras, serviços e compras	Obras, serviços e compras	Proposta final após diálogos com licitantes previamente selecionados mediante critérios objetivos

7. DOS AGENTES PÚBLICOS RESPONSÁVEIS PELA LICITAÇÃO

7.1. Do agente de contratação e da comissão de contratação

De acordo com o art. 8º, a licitação será conduzida por agente de contratação, pessoa designada pela autoridade competente, entre servidores efetivos ou empregados públicos dos quadros permanentes da Administração Pública, para tomar decisões, acompanhar o trâmite da licitação, dar impulso ao procedimento licitatório e executar quaisquer outras atividades necessárias ao bom andamento do certame até a homologação.

312

Coleção Exame Nacional da Magistratura – Direito Administrativo

O agente de contratação será auxiliado por equipe de apoio e responderá individualmente pelos atos que praticar, salvo quando induzido a erro pela atuação da equipe.

Em licitação que envolva bens ou serviços especiais, o agente de contratação poderá ser substituído por comissão de contratação formada de, no mínimo, 3 (três) membros, que responderão solidariamente por todos os atos praticados pela comissão, ressalvado o membro que expressar posição individual divergente fundamentada e registrada em ata lavrada na reunião em que houver sido tomada a decisão.

Assim, diferentemente do que previa a legislação anterior, a condução da licitação será conduzida, em regra, por um agente público, que será denominado de agente de contratação. Destarte, a comissão de licitação, agora chamada de comissão de contratação, será exceção em uma licitação.

Os agentes públicos responsáveis pela condução da licitação poderão contar com o apoio dos órgãos de assessoramento jurídico e de controle interno para o desempenho das funções essenciais à execução da Lei nº 14.133/2021.

Em licitação que envolva bens ou serviços **especiais** cujo objeto **não** seja rotineiramente contratado pela Administração, poderá ser contratado, por prazo determinado, serviço de empresa ou de profissional especializado para assessorar os agentes públicos responsáveis pela condução da licitação.

Em licitação na modalidade pregão, o agente responsável pela condução do certame será designado pregoeiro.

Especialmente, o diálogo competitivo será conduzido por comissão de contratação composta de pelo menos 3 (três) servidores efetivos ou empregados públicos pertencentes aos quadros permanentes da Administração, admitida a contratação de profissionais para assessoramento técnico da comissão.

Informações	Descrição
Condução da licitação	Será realizada por agente de contratação, pessoa designada pela autoridade competente, entre servidores efetivos ou empregados públicos dos quadros permanentes da Administração Pública. Em licitação que envolva bens ou serviços especiais, o agente de contratação poderá ser substituído por comissão de contratação formada de, no mínimo, 3 (três) membros.
Funções do agente de contratação	Tomar decisões, acompanhar o trâmite da licitação, dar impulso ao procedimento licitatório e executar quaisquer outras atividades necessárias ao bom andamento do certame até a homologação.

Informações	Descrição
Equipe de apoio	O agente de contratação será auxiliado por equipe de apoio.
Responsabilidade do agente de contratação	Responderá individualmente pelos atos que praticar, salvo quando induzido a erro pela atuação da equipe.
Responsabilidade da comissão de contratação	Os membros da comissão responderão solidariamente por todos os atos praticados pela comissão, ressalvado o membro que expressar posição individual divergente fundamentada e registrada em ata lavrada na reunião em que houver sido tomada a decisão.
Órgãos de assessoramento	Os agentes públicos responsáveis pela condução da licitação poderão contar com o apoio dos órgãos de assessoramento jurídico e de controle interno para o desempenho das funções essenciais à execução da Lei nº 14.133/2021.
Assessoria especializada	Em licitação que envolva bens ou serviços especiais cujo objeto não seja rotineiramente contratado pela Administração, poderá ser contratado, por prazo determinado, serviço de empresa ou de profissional especializado para assessorar os agentes públicos responsáveis pela condução da licitação.
Designação do pregoeiro	Em licitação na modalidade pregão, o agente responsável pela condução do certame será designado pregoeiro.
Diálogo competitivo	O diálogo competitivo será conduzido por comissão de contratação composta de pelo menos 3 (três) servidores efetivos ou empregados públicos pertencentes aos quadros permanentes da Administração, admitida a contratação de profissionais para assessoramento técnico da comissão.

7.2. Vedações

O agente público de órgão ou entidade licitante ou contratante não poderá participar, direta ou indiretamente, da licitação ou da execução do contrato, devendo ser observadas as situações que possam configurar conflito de interesses no exercício ou após o exercício do cargo ou emprego.

Essa vedação será estendida a terceiro que auxilie a condução da contratação na qualidade de integrante de equipe de apoio, profissional especializado ou funcionário ou representante de empresa que preste assessoria técnica.

Nesse sentido, de acordo com o STJ, o fato de o servidor estar licenciado não afasta o entendimento segundo o qual não pode participar de procedimento licitatório a empresa que possuir em seu quadro de pessoal servidor ou dirigente do órgão contratante ou responsável pela licitação. Isso porque não deixa de ser servidor o sujeito em gozo de licença.[19]

Para o STJ, essa proibição tem o objetivo de impedir que o sujeito se beneficie da posição que ocupa na Administração para obter informações privilegiadas em detrimento dos demais interessados no certame.

Por interpretação analógica do art. 9º, III, da Lei nº 8.666/1993, o TCU entende que a empresa cujo sócio tenha vínculo de parentesco com servidor da entidade licitante não pode participar da licitação.[20]

Embora tanto o entendimento do STJ quanto o do TCU tenham sido firmados no âmbito da Lei nº 8.666/1993, permanecem hígidos diante da nova legislação.

7.3. Defesa dos agentes públicos que tiverem participado da licitação

Se as autoridades competentes e os servidores e empregados públicos que tiverem participado dos procedimentos relacionados às licitações e aos contratos precisarem defender-se nas esferas administrativa, controladora ou judicial em razão de ato praticado com estrita observância de orientação constante em parecer jurídico, a advocacia pública promoverá, a critério do agente público, sua representação judicial ou extrajudicial.

Não haverá a defesa por parte da advocacia pública quando provas da prática de atos ilícitos dolosos constarem nos autos do processo administrativo ou judicial.

Atente-se que haverá a defesa por parte da advocacia pública mesmo se o agente público não mais ocupar o cargo, o emprego ou a função em que foi praticado o ato questionado.

8. DOS PROCEDIMENTOS AUXILIARES

De acordo com o art. 78 da Lei nº 14.133/2021, são procedimentos auxiliares das licitações e das contratações:

I. credenciamento;
II. pré-qualificação;
III. procedimento de manifestação de interesse;
IV. sistema de registro de preços;
V. registro cadastral.

Esses procedimentos obedecerão a critérios claros e objetivos definidos em regulamento.

---

[19] REsp 1.607.715-AL, Rel. Min. Herman Benjamin, por unanimidade, j. 07.03.2017, *DJe* 20.04.2017.
[20] TCU, Acórdão 1019/2013, Plenário, TC 018.621/2009-7, Rel. Min. Benjamin Zymler, 24.04.2013.

Ademais, o julgamento que decorrer da pré-qualificação e do procedimento de manifestação de interesse seguirá o mesmo procedimento das licitações.

Os procedimentos auxiliares são fundamentais para o setor, uma vez que a Lei nº 8.666/1993 deixava dúvidas acerca dos fundamentos legais para o credenciamento e a pré-qualificação. Como resultado, havia dificuldades em garantir a segurança jurídica desses procedimentos, mesmo que continuassem a ser utilizados.

Vale ressaltar que os procedimentos auxiliares não têm o objetivo de satisfazer diretamente interesses administrativos, tampouco representam uma via imediata para uma contratação administrativa. Além disso, não possuem conteúdo satisfatório próprio e autônomo.

Contudo, é inegável que esses procedimentos trazem benefícios para a Administração Pública. Por exemplo, as decisões produzidas podem ser aproveitadas em uma pluralidade de procedimentos licitatórios, reduzindo a complexidade da atividade administrativa futura e evitando a repetição de atividades similares. Além disso, a análise dos requisitos pode ocorrer de forma menos apressada, sem constrangimentos temporais, o que reduz a incerteza e incrementa a segurança jurídica, gerando redução de custos.

Por outro lado, existem desvantagens que precisam ser consideradas. O risco da obsolescência da decisão é uma delas, já que o passar do tempo entre o procedimento auxiliar e a licitação ou a contratação pode tornar a decisão obsoleta. Outra desvantagem é o risco de inadequação do resultado, já que os procedimentos auxiliares não são voltados para uma contratação específica, podendo gerar informações insuficientes ou inadequadas para determinadas licitações ou contratações.

8.1. Do credenciamento

Conforme o art. 6º, XLIII, da Lei nº 14.133/2021, o credenciamento consiste no processo administrativo de chamamento público em que a Administração Pública convoca interessados em prestar serviços ou fornecer bens para que, preenchidos os requisitos necessários, se credenciem no órgão ou na entidade para executar o objeto quando convocados.

Nos termos do art. 79 da Lei nº 14.133/2021, o credenciamento poderá ser usado nas seguintes hipóteses de contratação:

I. paralela e não excludente: caso em que é viável e vantajosa para a Administração a realização de contratações simultâneas em condições padronizadas;

Nesse caso, quando o objeto não permitir a contratação imediata e simultânea de todos os credenciados, deverão ser adotados critérios objetivos de distribuição da demanda.

Ademais, o edital de chamamento deverá definir o valor da contratação.

II. com seleção a critério de terceiros: caso em que a seleção do contratado está a cargo do beneficiário direto da prestação;

O edital de chamamento deverá definir o valor da contratação.

III. em mercados fluidos: caso em que a flutuação constante do valor da prestação e das condições de contratação inviabiliza a seleção de agente por meio de processo de licitação.

Nesse caso, a Administração deverá registrar as cotações de mercado vigentes no momento da contratação.

Atente-se ainda que a Administração deverá divulgar e manter à disposição do público, em sítio eletrônico oficial, edital de chamamento de interessados, a fim de permitir o cadastramento permanente de novos interessados. Esse edital deverá prever condições padronizadas de contratação. Também não será permitido o cometimento a terceiros do objeto contratado sem autorização expressa da Administração. Será admitida a denúncia por qualquer das partes nos prazos fixados no edital.

É importante destacar que o credenciamento não deve ser confundido com o contrato. O sujeito que obtém o credenciamento não é um contratado da Administração Pública (AP), já que a contratação ocorrerá em um momento posterior.

O credenciamento é cabível em situações em que, desde que sejam respeitados os padrões mínimos de idoneidade e de aceitabilidade, a identidade do sujeito a ser contratado seja indiferente para a Administração. Isso ocorre porque a remuneração não varia em razão da atuação subjetiva do contratado, e qualquer sujeito que atenda aos padrões de qualidade mínima exigidos tem condições de executar a prestação.

Dessa maneira, o credenciamento é uma forma de permitir que diversos sujeitos possam prestar serviços à Administração, desde que atendam aos requisitos mínimos estabelecidos. Essa modalidade de contratação pode trazer vantagens, como a possibilidade de contar com um número maior de prestadores de serviços, além de permitir maior flexibilidade e agilidade na contratação de serviços específicos. No entanto, é importante que a Administração esteja atenta para que o credenciamento não seja utilizado indevidamente, em detrimento da competitividade e da qualidade dos serviços prestados.

8.2. Da pré-qualificação

Consoante o art. 6º, XLIV, da Lei nº 14.133/2021, a pré-qualificação consiste no procedimento seletivo prévio à licitação, convocado por meio de edital, destinado à análise das condições de habilitação, total ou parcial, **dos interessados ou do objeto**.

A pré-qualificação é regulamentada no art. 80, segundo o qual será utilizada para selecionar previamente:

I. licitantes que reúnam condições de habilitação para participar de futura licitação ou de licitação vinculada a programas de obras ou de serviços objetivamente definidos;

II.   bens que atendam às exigências técnicas ou de qualidade estabelecidas pela Administração.

Com a Lei nº 14.133/2021, a pré-qualificação, que já era aplicada para selecionar previamente os licitantes (interessados), passa a ser possível para selecionar os bens que atendam às exigências técnicas ou de qualidade estabelecidas pela Administração.

Nesse sentido, na pré-qualificação aberta a licitantes, poderão ser dispensados os documentos que já constarem do registro cadastral. Por sua vez, na pré-qualificação aberta a bens, poderá ser exigida a comprovação de qualidade.

O procedimento de pré-qualificação ficará permanentemente aberto para a inscrição de interessados.

Quanto ao procedimento de pré-qualificação, constarão do edital:

I.   as informações mínimas necessárias para definição do objeto;

II.   a modalidade, a forma da futura licitação e os critérios de julgamento.

A apresentação de documentos far-se-á perante órgão ou comissão indicada pela Administração, que deverá examiná-los no prazo máximo de 10 (dez) dias úteis e determinar correção ou reapresentação de documentos, quando for o caso, com vistas à ampliação da competição.

Os bens e os serviços pré-qualificados deverão integrar o catálogo de bens e serviços da Administração.

A pré-qualificação poderá ser realizada em grupos ou segmentos, segundo as especialidades dos fornecedores. Poderá ser parcial ou total, com alguns ou todos os requisitos técnicos ou de habilitação necessários à contratação, assegurada, em qualquer hipótese, a igualdade de condições entre os concorrentes.

Quanto à validade da pré-qualificação, será:

I.   de 1 (um) ano, no máximo, e poderá ser atualizada a qualquer tempo;

II.   não superior ao prazo de validade dos documentos apresentados pelos interessados.

Os licitantes e os bens pré-qualificados serão, obrigatoriamente, divulgados e mantidos à disposição do público.

A licitação que se seguir ao procedimento da pré-qualificação **poderá** ser restrita a licitantes ou bens pré-qualificados.

A pré-qualificação é uma importante ferramenta de redução de custos para os particulares, visto que permite que a comprovação dos requisitos seja realizada apenas uma vez, e não a cada licitação. Essa modalidade pode ser **total ou parcial**, e a distinção não se aplica à pré-qualificação objetiva, que será sempre total.

Na pré-qualificação parcial, será exigido, em uma licitação futura, o preenchimento de requisitos adicionais para habilitação técnica. Já na pré-qualificação total, dispensa-se a avaliação de qualquer outro requisito em uma licitação futura.

É importante destacar que, por ser dissociada de uma licitação específica, é possível que a Administração Pública exija, na licitação, o exame de amostras, desde que seja justificável.

É necessário **diferenciar a pré-qualificação do cadastramento**. Enquanto este envolve a análise dos requisitos de habilitação jurídica, qualificação econômico-financeira e regularidade fiscal, a pré-qualificação parcial envolve a análise dos requisitos de qualificação técnica. Já a pré-qualificação total é semelhante ao cadastramento. A discussão se dá, portanto, entre o cadastramento e a pré-qualificação subjetiva.

Dessa forma, é importante que a Administração Pública esteja atenta às diferenças entre as modalidades de qualificação, a fim de garantir uma licitação transparente, competitiva e que atenda às necessidades da Administração e da sociedade.

8.3. Procedimento de manifestação de interesse

O procedimento de manifestação de interesse apresenta as seguintes características:

1) Convocação da Administração – a Administração instaura formalmente um procedimento, convocando os interessados.

2) Autonomia dos particulares para conceberem as soluções – os particulares têm liberdade para conceberem soluções, sem interferência da Administração Pública.

3) Exame de aceitabilidade – a Administração Pública avalia a aceitabilidade das soluções apresentadas pelos particulares.

4) Direitos do particular – embora não exista um direito específico de exigir a prestação da Administração, os particulares têm direitos como de participar em licitação futura e o direito à compensação, caso a AP utilize a solução concebida pelo particular e ele não seja o vencedor ou não participe da licitação.

Nos termos do art. 81 da Lei nº 14.133/2021, a Administração poderá solicitar à iniciativa privada, mediante procedimento aberto de manifestação de interesse a ser iniciado com a publicação de edital de chamamento público, a propositura e a realização de estudos, investigações, levantamentos e projetos de soluções inovadoras que contribuam com questões de relevância pública.

A realização pela iniciativa privada de estudos, investigações, levantamentos e projetos em decorrência do procedimento de manifestação de interesse: (1) não atribuirá ao realizador direito de preferência no processo licitatório; (2) não obrigará o Poder Público a realizar licitação; (3) também não implicará, por si só, direito a ressarcimento de valores envolvidos em sua elaboração; (4) será remunerada somente pelo vencedor da licitação, vedada, em qualquer hipótese, a cobrança de valores do Poder Público.

Para aceitação dos produtos e serviços, a Administração deverá elaborar parecer fundamentado com a demonstração de que o produto ou serviço entregue é adequado e suficiente à compreensão do objeto, que as premissas adotadas são compatíveis com as reais necessidades do órgão e que a metodologia proposta é a que propicia maior economia e vantagem entre as demais possíveis.

O PMI poderá ser restrito a *startups*, assim considerados os microempreendedores individuais, as microempresas e as empresas de pequeno porte, de natureza emergente e com grande potencial, que se dediquem à pesquisa, ao desenvolvimento e à implementação de novos produtos ou serviços baseados em soluções tecnológicas inovadoras que possam causar alto impacto, exigida, na seleção definitiva da inovação, validação prévia fundamentada em métricas objetivas, a fim de demonstrar o atendimento das necessidades da Administração.

8.4. Do sistema de registro de preços

Nos termos do art. 6º, XLV, da Lei nº 14.133/2021, o Sistema de Registro de Preços (SRP) consiste no conjunto de procedimentos para realização, mediante contratação direta ou licitação nas modalidades pregão ou concorrência, de registro formal de preços relativos a prestação de serviços, a obras e a aquisição e locação de bens para contratações futuras.

Assim, a formação do SRP poderá ser utilizada na contratação direta ou licitação, bem como nas modalidades pregão ou concorrência.

Nos termos do art. 82, o edital de licitação para registro de preços deverá dispor sobre:

I.   as especificidades da licitação e do seu objeto, inclusive a quantidade máxima de cada item que poderá ser adquirida;

II. a quantidade mínima a ser cotada de unidades de bens ou, no caso de serviços, de unidades de medida;

III. a possibilidade de prever preços diferentes:

    a)   quando o objeto for realizado ou entregue em locais diferentes;

    b)   em razão da forma e do local de acondicionamento;

    c)   quando admitida cotação variável em razão do tamanho do lote;

    d)   por outros motivos justificados no processo;

IV. a possibilidade de o licitante oferecer ou não proposta em quantitativo inferior ao máximo previsto no edital, obrigando-se nos limites dela;

V.   o critério de julgamento da licitação, que será o de menor preço ou o de maior desconto sobre tabela de preços praticada no mercado;

VI. as condições para alteração de preços registrados;

VII. o registro de mais de um fornecedor ou prestador de serviço, desde que aceitem cotar o objeto em preço igual ao do licitante vencedor, assegurada a preferência de contratação de acordo com a ordem de classificação;

VIII. a vedação à participação do órgão ou entidade em mais de uma ata de registro de preços com o mesmo objeto no prazo de validade daquela de que já tiver participado, salvo na ocorrência de ata que tenha registrado quantitativo inferior ao máximo previsto no edital;

IX. as hipóteses de cancelamento da ata de registro de preços e suas consequências.

O critério de julgamento de menor preço por grupo de itens somente poderá ser adotado quando for demonstrada a inviabilidade de se promover a adjudicação por item e for evidenciada a sua vantagem técnica e econômica, e o critério de aceitabilidade de preços unitários máximos deverá ser indicado no edital. Nesse caso, a contratação posterior de item específico constante de grupo de itens exigirá prévia pesquisa de mercado e demonstração de sua vantagem para o órgão ou a entidade.

É permitido registro de preços com indicação limitada a unidades de contratação, sem indicação do total a ser adquirido, apenas nas seguintes situações:

I. quando for a primeira licitação para o objeto e o órgão ou entidade não tiver registro de demandas anteriores;

II. no caso de alimento perecível;

III. no caso em que o serviço estiver integrado ao fornecimento de bens.

Nos casos anteriores, é obrigatória a indicação do valor máximo da despesa e é vedada a participação de outro órgão ou entidade na ata.

O sistema de registro de preços poderá ser usado para a contratação de bens e serviços, inclusive de obras e serviços de engenharia.

Igualmente, o SRP poderá ser utilizado nas hipóteses de inexigibilidade e de dispensa de licitação para a aquisição de bens ou para a contratação de serviços por mais de um órgão ou entidade.

A existência de preços registrados implicará compromisso de fornecimento nas condições estabelecidas, mas não obrigará a Administração a contratar, facultada a realização de licitação específica para a aquisição pretendida, desde que devidamente motivada.

O prazo de vigência da ata de registro de preços será de 1 (um) ano e poderá ser prorrogado, por igual período, desde que comprovado o preço vantajoso. Por sua vez, o contrato decorrente da ata de registro de preços terá sua vigência estabelecida em conformidade com as disposições nela contidas.

A Administração poderá contratar a execução de obras e serviços de engenharia pelo sistema de registro de preços, desde que atendidos os seguintes requisitos:

I. existência de projeto padronizado, sem complexidade técnica e operacional;

II. necessidade permanente ou frequente de obra ou serviço a ser contratado.

O órgão ou a entidade gerenciadora deverá, na fase preparatória do processo licitatório, para fins de registro de preços, realizar procedimento público de intenção de registro de preços para possibilitar, pelo prazo mínimo de 8 (oito) dias úteis, a participação de outros órgãos ou entidades na respectiva ata e determinar a estimativa total de quantidades da contratação. Essa situação será dispensável quando o órgão ou a entidade gerenciadora for o único contratante.

Atente-se à chamada *licitação carona*. De acordo com o art. 86, § 2º, os órgãos e as entidades poderão aderir à ata de registro de preços na condição de não participantes, se não participarem do procedimento, observados os seguintes requisitos: (i) apresentação de justificativa da vantagem da adesão, inclusive em situações de provável desabastecimento ou descontinuidade de serviço público; (ii) demonstração de que os valores registrados estão compatíveis com os valores praticados pelo mercado; (iii) prévias consulta e aceitação do órgão ou da entidade gerenciadora e do fornecedor.

O **limite individual**, isto é, **por órgão ou entidade**, não poderá exceder **50% (cinquenta por cento) dos quantitativos dos itens do instrumento convocatório** registrados na ata de registro de preços para o órgão gerenciador e para os órgãos participantes.

Por outro lado, o quantitativo decorrente das adesões à ata de registro de preços não poderá exceder, na **totalidade**, o **dobro do quantitativo de cada item registrado** na ata de registro de preços para o órgão gerenciador e órgãos participantes, **independentemente do número de órgãos não participantes** que aderirem. Trata-se do **limite global**.

Atente-se ainda que a faculdade de aderir à ata de registro de preços na condição de não participante poderá ser exercida:

I – por órgãos e entidades da Administração Pública federal, estadual, distrital e municipal, relativamente a ata de registro de preços de órgão ou entidade gerenciadora federal, estadual ou distrital; ou

II – por órgãos e entidades da Administração Pública municipal, relativamente a ata de registro de preços de órgão ou entidade gerenciadora municipal, **desde que o sistema de registro de preços tenha sido formalizado mediante licitação**.

A adesão à ata de registro de preços de órgão ou entidade gerenciadora do Poder Executivo federal por órgãos e entidades da Administração Pública estadual, distrital e municipal poderá ser exigida para fins de transferências voluntárias, não ficando sujeita ao limite global se destinada à execução descentralizada de programa ou projeto federal e comprovada a compatibilidade dos preços registrados com os valores praticados no mercado.

Para aquisição emergencial de medicamentos e material de consumo médico-hospitalar por órgãos e entidades da Administração Pública federal, estadual, distrital e municipal, a adesão à ata de registro de preços gerenciada pelo Ministério da Saúde não estará sujeita ao limite global.

Será vedada aos órgãos e às entidades da Administração Pública federal a adesão à ata de registro de preços gerenciada por órgão ou entidade estadual, distrital ou municipal.

8.5. Registro cadastral

Nos termos do art. 87 da Lei nº 14.133/2021, os órgãos e a entidades da Administração Pública deverão utilizar o sistema de registro cadastral unificado disponível no Portal Nacional de Contratações Públicas, para efeito de cadastro unificado de licitantes.

Esse sistema será público e deverá ser amplamente divulgado e estar permanentemente aberto aos interessados, e será obrigatória a realização de chamamento público pela internet, no mínimo anualmente, para atualização dos registros existentes e para ingresso de novos interessados.

É proibida a exigência pelo órgão ou pela entidade licitante de registro cadastral complementar para acesso a edital e anexos.

A Administração **poderá realizar licitação restrita a fornecedores cadastrados**, atendidos os critérios, as condições e os limites estabelecidos em regulamento, bem como a ampla publicidade dos procedimentos para o cadastramento. Nesse caso, será admitido fornecedor que realize seu cadastro dentro do prazo previsto no edital para apresentação de propostas.

Ao requerer, a qualquer tempo, inscrição no cadastro ou a sua atualização, o interessado fornecerá os elementos necessários exigidos para habilitação previstos na lei.

O inscrito, considerada a sua área de atuação, será classificado por categorias, subdivididas em grupos, segundo a qualificação técnica e econômico-financeira avaliada, de acordo com regras objetivas divulgadas em sítio eletrônico oficial. Ao inscrito será fornecido certificado, renovável sempre que atualizar o registro.

A atuação do contratado no cumprimento de obrigações assumidas será avaliada pelo contratante, que emitirá documento comprobatório da avaliação realizada, com menção ao seu desempenho na execução contratual, baseado em indicadores objetivamente definidos e aferidos, e a eventuais penalidades aplicadas, o que constará do registro cadastral em que a inscrição for realizada.

A anotação do cumprimento de obrigações pelo contratado será condicionada à implantação e à regulamentação do cadastro de atesto de cumprimento de obrigações, apto à realização do registro de forma objetiva, em atendimento aos princípios da impessoalidade, da igualdade, da isonomia, da publicidade e da transparência, a fim de possibilitar a implementação de medidas de incentivo aos licitantes que possuírem ótimo desempenho anotado em seu registro cadastral.

A qualquer tempo poderá ser alterado, suspenso ou cancelado o registro de inscrito que deixar de satisfazer exigências determinadas pela Lei nº 14.133/2021 ou por regulamento.

O interessado que requerer o cadastro poderá participar de processo licitatório até a decisão da Administração, e a celebração do contrato ficará condicionada à emissão do certificado.

EM RESUMO:

Procedimento	Definição
Credenciamento	Processo administrativo de chamamento público para que interessados se credenciem para executar o objeto quando convocados pela Administração Pública. Pode ser usado em contratações simultâneas padronizadas, seleção a critério de terceiros e em mercados fluidos.
Pré-qualificação	Procedimento seletivo prévio à licitação, convocado por meio de edital, destinado à análise das condições de habilitação, total ou parcial, dos interessados ou do objeto. Pode ser usado para selecionar previamente licitantes ou bens que atendam às exigências técnicas ou de qualidade estabelecidas pela Administração.
Procedimento de manifestação de interesse	Procedimento aberto de manifestação de interesse a ser iniciado com a publicação de edital de chamamento público, destinado à propositura e à realização de estudos, investigações, levantamentos e projetos de soluções inovadoras que contribuam com questões de relevância pública.
Sistema de registro de preços	Conjunto de procedimentos para realização, mediante contratação direta ou licitação nas modalidades pregão ou concorrência, de registro formal de preços relativos a prestação de serviços, a obras e a aquisição e locação de bens para contratações futuras. Pode ser utilizado na contratação direta ou licitação, bem como nas modalidades pregão ou concorrência.
Registro cadastral	Sistema de registro cadastral unificado disponível no Portal Nacional de Contratações Públicas, para efeito de cadastro unificado de licitantes. Deverá ser amplamente divulgado e estar permanentemente aberto aos interessados, e será obrigatória a realização de chamamento público pela internet, no mínimo anualmente, para atualização dos registros existentes e para ingresso de novos interessados.

Capítulo 12

Contratos Administrativos

1. CONCEITO E DIFERENCIAÇÃO DE CONTRATOS DA ADMINISTRAÇÃO E CONTRATOS ADMINISTRATIVOS

Contratos da Administração é uma expressão utilizada para se referir a todos os contratos celebrados pela Administração Pública, sejam regidos pelo Direito Público, sejam regidos pelo Direito Privado.

Nas palavras de Carvalho Filho, "toda vez que o Estado-Administração firma compromissos recíprocos com terceiros, celebra um contrato. São esses contratos que se convencionou denominar contratos da Administração, caracterizados pelo fato de que a Administração Pública figura num dos polos da relação contratual" (CARVALHO FILHO, 2013. p. 174).

Por sua vez, os contratos administrativos consistem na expressão utilizada para se referir a qualquer acordo de vontades que a Administração Pública, nessa qualidade, celebre com pessoa física ou jurídica, pública ou privada, para a consecução de um fim de interesse público, segundo normas de **Direito Público**, preponderantemente.

A Lei nº 8.666/1993 trazia um conceito de contrato administrativo. De acordo com o art. 2º, parágrafo único, da antiga legislação, considera-se contrato todo e qualquer ajuste entre órgãos ou entidades da Administração Pública e particulares, em que haja um acordo de vontades para a formação de vínculo e a estipulação de obrigações recíprocas, seja qual for a denominação utilizada.

Por seu turno, a Lei nº 14.133/2021 não trouxe, de maneira expressa, um conceito legal de contrato administrativo.

De acordo com o art. 89 da Lei nº 14.133/2021, os contratos administrativos regulam-se pelas suas cláusulas e pelos preceitos de Direito Público, e a eles serão aplicados, **supletivamente**, os princípios da teoria geral dos contratos e as disposições de Direito Privado.

A aplicação supletiva ocorrerá nas situações em que a Lei nº 14.133/2021 não abordar determinada questão que necessite de uma solução decorrente da execução de contratos administrativos e quando não for encontrada a solução desejada dentro do âmbito do Direito Administrativo.

A aplicação supletiva tem como objetivo preencher as lacunas deixadas pela legislação específica, fornecendo orientações e diretrizes quando não há uma disposição clara ou adequada na Lei nº 14.133/2021 em relação a determinada situação que surja na execução de contratos administrativos.

Nesse sentido, o STJ[1] possui entendimento de que é possível a compensação de créditos decorrentes da aquisição de imóveis em contrato administrativo firmado entre empresa pública e particular, mesmo sem autorização deste. Trata-se de decisão sob o bojo da Lei nº 8.666/1993, mas que permanece válida sob a vigência da Lei nº 14.133/2021.

É preciso pontuar, nos termos do art. 190 da Lei nº 14.133/2021, que o contrato cujo instrumento tenha sido assinado antes da entrada em vigor da lei continuará a ser regido de acordo com as regras previstas na legislação revogada.

A partir de agora, o estudo ficará restrito aos contratos administrativos.

2. CARACTERÍSTICAS

a) Consensualidade

Os contratos consensuais são aqueles que, para que se tornem perfeitos, apenas necessitam do acordo de vontade – consenso – entre as partes, de modo que não se exige qualquer outro ato para completar sua formação.

b) Formalidade

Os contratos formais ou solenes são aqueles que exigem uma forma preestabelecida em lei para que se tornem válidos.

Atente-se que hoje alguns doutrinadores vêm defendendo o chamado formalismo moderado, em razão dos efeitos práticos dos chamados contratos verbais.

Assim, nos termos do art. 95, § 2º, é nulo e de nenhum efeito o contrato verbal com a Administração, salvo o de pequenas compras ou prestação de serviços de pronto pagamento, assim entendidas aquelas de valor não superior a R$ 10.000,00 (dez mil reais).[2]

Todavia, atente-se que o dispositivo legal *supra* deve ser interpretado de acordo com os princípios gerais de Direito e os valores constitucionais. Destarte, por mais que haja um contrato verbal que não se encaixe na exceção legal, a Administração Pública precisa realizar o pagamento pelos serviços prestados.

---

[1]   REsp 1.913.122-DF, Rel. Min. Francisco Falcão, Segunda Turma, por unanimidade, j. 12.09.2023, *DJe* 15.09.2023.

[2]   Valor atualizado para R$ 11.981,20 (onze mil novecentos e oitenta e um reais e vinte centavos) pelo Decreto nº 11.871/2023.

Nesse sentido, caso o particular execute serviço sem a celebração de contrato, faz-se necessário celebrar um **termo de ajuste de contas** ou proceder ao **reconhecimento de dívidas**. O termo de ajuste de contas consiste no instrumento legal que tem por finalidade regularizar os contratos não formalizados e autorizar o pagamento de despesas contraídas sem o prévio empenho no mesmo exercício financeiro.

Por sua vez, o reconhecimento de dívida consiste na caracterização do ressarcimento a um particular pela Administração Pública, com o intuito de evitar enriquecimento ilícito por parte desta última. Esse procedimento é utilizado para o pagamento de despesas que se originaram em exercícios anteriores ao efetivo pagamento. Por exemplo, suponha que a Administração tenha firmado um contrato com determinada empresa para a prestação de serviços em 2022, mas que a liquidação total das despesas somente tenha ocorrido em 2023. Nesse caso, o reconhecimento de dívida se faz necessário para que a empresa possa receber o pagamento devido.

Ambos os institutos consistem na concretização dos princípios da boa-fé objetiva, da moralidade administrativa e da vedação em enriquecimento sem causa (JUSTEN FILHO, 2002. p. 243).

Atente-se ainda que, de acordo com o STJ,[3] no caso de contrato verbal e sem licitação, o ente público tem o dever de indenizar, desde que provada a existência de subcontratação, a efetiva prestação de serviços, ainda que por terceiros, e que tais serviços se reverteram em benefício da Administração. Segundo a Corte Cidadã, a inexistência de autorização da Administração para subcontratação, não é suficiente para afastar o dever de indenizar, no caso, porque a própria contratação foi irregular, haja vista que não houve licitação e o contrato foi verbal.

c) Bilateralidade

Os contratos bilaterais são aqueles em há prestação e contraprestação para as partes envolvidas.

Atente-se que os contratos administrativos, embora bilaterais, não se caracterizam pela horizontalidade, uma vez que as partes envolvidas não figuram em posição de igualdade.

d) Onerosidade

Os contratos onerosos são aqueles em que há direitos e obrigações para ambas as partes. Em outras palavras, pela onerosidade, ambas as partes obtêm vantagens, mas suportam um ônus.

e) Comutatividade

Os contratos comutativos são aqueles em que prestação e contraprestação já são previamente conhecidas pelas partes.

---

3   REsp 2.045.450-RS, Rel. Min. Herman Benjamin, Segunda Turma, por unanimidade, j. 20.06.2023.

f) Adesão

Os contratos de adesão são aqueles em que as cláusulas contratuais já são pre-definidas por uma das partes – no caso, a Administração Pública –, de modo que a outra parte apenas adere ao contrato.

g) Presença de cláusulas exorbitantes ou desequilíbrio

Os contratos administrativos possuem as chamadas cláusulas exorbitantes, aquelas que colocam a Administração Pública em uma relação superior ao contrata-do. Na Lei nº 14.133/2021, as cláusulas exorbitantes vieram previstas no art. 104, no capí-tulo das prerrogativas da Administração.

O estudo dessas cláusulas será feito adiante, no tópico 8 deste capítulo.

h) Mutabilidade

Característica intrínseca aos contratos administrativos, a mutabilidade refere-se ao fato de os contratos poderem sofrer alterações unilaterais determinadas pela Ad-ministração Pública. Trata-se, nos termos do art. 104, I, da Lei nº 14.133/2021, de prerroga-tiva da Administração em relação aos contratados.

Assim, a mutabilidade gera certa instabilidade aos contratos administrativos.

i) Personalíssimo

Por fim, os contratos administrativos também são personalíssimos ou *intuito per-sonae*. Assim, cabe ao contratado executar o objeto licitado, vedada sua execução por terceiros.

O fato de os contratos administrativos serem personalíssimos não impede que haja a subcontratação, nos termos do art. 122 da Lei nº 14.133/2021.

Desse modo, na execução do contrato e sem prejuízo das responsabilidades con-tratuais e legais, o contratado poderá **subcontratar** partes da obra, do serviço ou do fornecimento até o limite autorizado, em cada caso, pela Administração.

O contratado apresentará à Administração documentação que comprove a ca-pacidade técnica do subcontratado, que será avaliada e juntada aos autos do proces-so correspondente.

Regulamento ou edital de licitação poderão vedar, restringir ou estabelecer con-dições para a subcontratação.

Atente-se que será vedada a subcontratação de pessoa física ou jurídica, se aquela ou os dirigentes desta mantiverem vínculo de natureza técnica, comercial, eco-nômica, financeira, trabalhista ou civil com dirigente do órgão ou entidade contratante ou com agente público que desempenhe função na licitação ou atue na fiscalização ou na gestão do contrato, ou se deles forem cônjuge, companheiro ou parente em linha reta, colateral, ou por afinidade, até o terceiro grau, devendo essa proibição cons-tar expressamente do edital de licitação.

Características	Definição
Consensualidade	Contratos consensuais são aqueles que, para que se tornem perfeitos, apenas necessitam do acordo de vontade – consenso – entre as partes, de modo que não se exige qualquer outro ato para completar sua formação.
Formalidade	Contratos formais ou solenes são aqueles que exigem uma forma preestabelecida em lei para que se tornem válidos.
Bilateralidade	Contratos bilaterais são aqueles em que há prestação e contraprestação para as partes envolvidas.
Onerosidade	Contratos onerosos são aqueles em que há direitos e obrigações para ambas as partes. Em outras palavras, pela onerosidade, ambas as partes obtêm vantagens, mas suportam um ônus.
Comutatividade	Contratos comutativos são aqueles em que prestação e contraprestação já são previamente conhecidas pelas partes.
Adesão	Contratos de adesão são aqueles em que as cláusulas contratuais já são predefinidas por uma das partes – no caso, a Administração Pública –, de modo que a outra parte apenas adere ao contrato.
Presença de cláusulas exorbitantes ou desequilíbrio	Contratos administrativos possuem as chamadas cláusulas exorbitantes, aquelas que colocam a Administração Pública em uma relação superior ao contratado.
Mutabilidade	Característica intrínseca aos contratos administrativos, a mutabilidade refere-se ao fato de os contratos poderem sofrer alterações unilaterais determinadas pela Administração Pública. Trata-se, nos termos do art. 104, I, da Lei nº 14.133/2021, de prerrogativa da Administração em relação aos contratados.
Personalíssimo	Contratos administrativos também são personalíssimos ou *intuito personae*. Assim, cabe ao contratado executar o objeto licitado, vedada sua execução por terceiros. O fato de os contratos administrativos serem personalíssimos não impede que haja a subcontratação, nos termos do art. 122 da Lei nº 14.133/2021.

3. CONVOCAÇÃO DO LICITANTE VENCEDOR

Nos termos do art. 90 da Lei nº 14.133/2021, a Administração convocará regularmente o licitante vencedor para assinar o termo de contrato ou para aceitar ou retirar o instrumento equivalente, **dentro do prazo e nas condições estabelecidas no edital de lici-**

tação, sob pena de decair o direito à contratação, sem prejuízo das sanções previstas na lei.

Assim, diferentemente do regramento anterior, o qual previa o prazo de 60 (sessenta) dias da entrega das propostas para que houvesse a convocação para a contratação, a Lei nº 14.133/2021 estabelece que cabe ao edital da licitação disciplinar o prazo para a convocação.

O prazo de convocação poderá ser prorrogado uma vez, por igual período, mediante solicitação da parte durante seu transcurso, devidamente justificada, e desde que o motivo apresentado seja aceito pela Administração.

Será facultado à Administração, quando o convocado não assinar o termo de contrato ou não aceitar ou não retirar o instrumento equivalente no prazo e nas condições estabelecidas, **convocar os licitantes remanescentes**, **na ordem de classificação**, para a celebração do contrato **nas condições propostas pelo licitante vencedor**.

Decorrido o prazo de validade da proposta indicado no edital sem convocação para a contratação, ficarão os licitantes liberados dos compromissos assumidos.

Na hipótese de nenhum dos licitantes aceitar a contratação, a Administração, observados o valor estimado e sua eventual atualização nos termos do edital, **poderá**:

I.   convocar os licitantes remanescentes para negociação, na ordem de classificação, com vistas à obtenção de preço melhor, mesmo que acima do preço do adjudicatário;

II. adjudicar e celebrar o contrato nas condições ofertadas pelos licitantes remanescentes, atendida a ordem classificatória, quando frustrada a negociação de melhor condição.

A recusa injustificada do adjudicatário em assinar o contrato ou em aceitar ou retirar o instrumento equivalente no prazo estabelecido pela Administração caracterizará o descumprimento total da obrigação assumida e o sujeitará às penalidades legalmente estabelecidas e à imediata perda da garantia de proposta em favor do órgão ou da entidade licitante. Contudo, isso não se aplicará aos licitantes remanescentes convocados.

Será facultada à Administração a convocação dos demais licitantes classificados para a contratação de remanescente de obra, de serviço ou de fornecimento em consequência de rescisão contratual, observados os mesmos critérios estabelecidos anteriormente.

4. GARANTIAS

As garantias dos contratos administrativos poderão ser exigidas a critério da autoridade competente, desde que previstas no edital, conforme dispõe o art. 96 da Lei nº 14.133/2021.

Ao **contratado** caberá optar por uma das garantias legais:

1) caução em dinheiro ou em títulos da dívida pública;

2) seguro-garantia;

3) fiança bancária.

4) título de capitalização custeado por pagamento único, com resgate pelo valor total

Na hipótese de suspensão do contrato por ordem ou inadimplemento da Administração, o contratado ficará desobrigado de renovar a garantia ou de endossar a apólice de seguro até a ordem de reinício da execução ou o adimplemento pela Administração.

O edital fixará prazo mínimo de 1 (um) mês, contado da data da homologação da licitação e anterior à assinatura do contrato, para a prestação da garantia pelo contratado quando optar pelo seguro-garantia.

A Lei nº 14.133/2021 se preocupou em disciplinar mais detalhadamente o seguro-garantia. Assim, nos termos do art. 97, o seguro-garantia tem por objetivo garantir o fiel cumprimento das obrigações assumidas pelo contratado perante a Administração, inclusive as multas, os prejuízos e as indenizações decorrentes de inadimplemento, observadas as seguintes regras:

1) o prazo de vigência da apólice será igual ou superior ao prazo estabelecido no contrato principal e deverá acompanhar as modificações referentes à vigência deste mediante a emissão do respectivo endosso pela seguradora;

2) o seguro-garantia continuará em vigor mesmo se o contratado não tiver pago o prêmio nas datas convencionadas.

Nos contratos de execução continuada ou de fornecimento contínuo de bens e serviços, será permitida a substituição da apólice de seguro-garantia na data da renovação ou do aniversário, desde que mantidas as mesmas condições e coberturas da apólice vigente e desde que nenhum período fique descoberto, salvo no caso de suspensão do contrato por ordem ou inadimplemento da Administração.

Na contratação de obras e serviços de engenharia, o edital poderá exigir a prestação da garantia na modalidade seguro-garantia e prever a obrigação de a seguradora, em caso de inadimplemento pelo contratado, assumir a execução e concluir o objeto do contrato, hipótese em que:

1) a seguradora deverá firmar o contrato, inclusive os aditivos, como interveniente anuente, e poderá:

   a) ter livre acesso às instalações em que for executado o contrato principal;

   b) acompanhar a execução do contrato principal;

   c) ter acesso a auditoria técnica e contábil;

   d) requerer esclarecimentos ao responsável técnico pela obra ou pelo fornecimento;

2) a emissão de empenho em nome da seguradora, ou a quem ela indicar para a conclusão do contrato, será autorizada desde que demonstrada sua regularidade fiscal;

3) a seguradora poderá subcontratar a conclusão do contrato, total ou parcialmente.

Na hipótese de inadimplemento do contratado, **caso a seguradora execute e conclua o objeto do contrato**, estará isenta da obrigação de pagar a importância segurada indicada na apólice. Ademais, **caso a seguradora não assuma a execução do contrato**, ela pagará a integralidade da importância segurada indicada na apólice.

Por fim, atente-se que a alteração das garantias prestadas somente pode ser realizada por acordo entre as partes, isto é, por meio de alteração bilateral, não sendo possível a alteração unilateral por parte da Administração, nos termos do art. 124, II, *a*, da Lei nº 14.133/2021.

Percentual

Regra: **até 5%** do valor inicial do contrato, nos casos de obras, serviços e fornecimentos.

Exceção:

1) Até 10% desse valor, desde que justificada mediante análise da complexidade técnica e dos riscos envolvidos.

2) Até 30% desse valor, nas contratações de obras e serviços de engenharia de grande vulto, na modalidade seguro-garantia.

Nas contratações de serviços e fornecimentos contínuos com vigência superior a 1 (um) ano, assim como nas subsequentes prorrogações, será utilizado o valor anual do contrato para a aplicação dos percentuais *supra*.

A garantia prestada pelo contratado será liberada ou restituída após a fiel execução do contrato ou após a sua extinção por culpa exclusiva da Administração, e, quando em dinheiro, atualizada monetariamente.

Nos casos de contratos que impliquem a entrega de bens pela Administração, dos quais o contratado ficará depositário, o valor desses bens deverá ser acrescido ao valor da garantia.

5. PRAZO

Regra

Assim como no regramento anterior, a regra de duração dos contratos administrativos será de até 12 meses, correspondentes à vigência do crédito orçamentário, conforme se pode concluir da previsão do art. 105 da Lei nº 14.133/2021.

Ademais, nos termos do art. 112 da Lei nº 14.133/2021, os prazos contratuais nela previstos não excluem nem revogam os prazos contratuais previstos em lei especial.

Exceções

Todavia, a Lei nº 14.133/2021 trouxe diversas situações em que os contratos poderão vigorar por mais de 12 meses. No caso de contratações que superem 1 ano, deverão ser observadas, no momento da contratação e a cada exercício financeiro, a disponibilidade de créditos orçamentários e a previsão no plano plurianual.

Atente-se, agora, aos contratos que poderão ter duração superior a 1 ano:

A. Prazo de até 5 (cinco) anos (art. 106)

A.1. Contratos de serviços e fornecimentos contínuos.

A.2. Contratos de **aluguel de equipamentos e de utilização de programas de informática**.

Em ambos os casos, devem ser observadas as seguintes diretrizes:

I.   A autoridade competente do órgão ou entidade contratante deverá atestar a maior vantagem econômica vislumbrada em razão da contratação plurianual.

II.   A Administração deverá atestar, no início da contratação e de cada exercício, a existência de créditos orçamentários vinculados à contratação e a vantagem em sua manutenção.

III. A Administração terá a opção de extinguir o contrato, sem ônus, quando não dispuser de créditos orçamentários para sua continuidade ou quando entender que o contrato não mais lhe oferece vantagem.

Essa extinção ocorrerá apenas na próxima data de aniversário do contrato e não poderá ocorrer em prazo inferior a 2 (dois) meses, contado da referida data.

Os **contratos de serviços e fornecimentos contínuos**, de acordo com o art. 107, poderão ser prorrogados sucessivamente, **respeitada a vigência máxima decenal**, desde que haja previsão em edital e que a autoridade competente ateste que as condições e os preços permanecem vantajosos para a Administração, permitida a negociação com o contratado ou a extinção contratual sem ônus para qualquer das partes.

B. Contratos com prazo de até 10 (dez) anos (art. 108)

B.1. Contratos cujo objeto sejam bens ou serviços produzidos ou prestados no País que envolvam, cumulativamente, alta complexidade tecnológica e defesa nacional.

B.2. Contratos cujo objeto sejam materiais de uso das Forças Armadas, com exceção de materiais de uso pessoal e administrativo, quando houver necessidade de manter a padronização requerida pela estrutura de apoio logístico dos meios navais, aéreos e terrestres, mediante autorização por ato do comandante da força militar.

B.3. Contratos destinados à contratação com vistas ao cumprimento do disposto nos arts. 3º, 3º-A, 4º, 5º e 20 da Lei nº 10.973/2004, que dispõe sobre **incentivos à inova-**

ção e à pesquisa científica e tecnológica no ambiente produtivo, observados os princípios gerais de contratação constantes da referida lei.

B.4. Contratos destinados à contratação que possa acarretar comprometimento da segurança nacional, nos casos estabelecidos pelo Ministro de Estado da Defesa, mediante demanda dos comandos das Forças Armadas ou dos demais ministérios.

B.5. Contratos destinados à contratação em que houver transferência de tecnologia de produtos estratégicos para o Sistema Único de Saúde (SUS), conforme elencados em ato da direção nacional do SUS, inclusive por ocasião da aquisição desses produtos durante as etapas de absorção tecnológica, e em valores compatíveis com aqueles definidos no instrumento firmado para a transferência de tecnologia.

B.6. Contratos para a aquisição, por pessoa jurídica de direito público interno, de insumos estratégicos para a saúde produzidos por fundação que, regimental ou estatutariamente, tenha por finalidade apoiar órgão da Administração Pública direta, sua autarquia ou fundação em projetos de ensino, pesquisa, extensão, desenvolvimento institucional, científico e tecnológico e de estímulo à inovação, inclusive na gestão administrativa e financeira necessária à execução desses projetos, ou em parcerias que envolvam transferência de tecnologia de produtos estratégicos para o SUS, e que tenha sido criada para esse fim específico em data anterior à entrada em vigor da Lei nº 14.133/2021, desde que o preço contratado seja compatível com o praticado no mercado.

C. Prazo indeterminado (art. 109)

Nos termos do art. 109 da Lei nº 14.133/2021, a Administração poderá estabelecer a vigência por prazo **indeterminado** nos contratos em que seja **usuária de serviço público** oferecido em regime de **monopólio**, desde que comprovada, a cada exercício financeiro, a **existência de créditos orçamentários** vinculados à contratação.

Pode-se dar como exemplo os contratos em que a Administração seja usuária de serviço público essencial de energia elétrica, água e esgoto.

D. Prazo de até 15 (quinze) anos (art. 114)

Os contratos de operação continuada de sistemas estruturantes de tecnologia da informação poderão ter vigência máxima de 15 (quinze) anos.

E. Contratos que gerem receitas e contratos de eficiência (art. 110)

Nesses contratos, os prazos serão de:

I. **até 10 (dez) anos**, nos contratos **sem investimento**;

II. **até 35 (trinta e cinco) anos**, nos contratos **com investimento**, assim considerados aqueles que impliquem a elaboração de benfeitorias permanentes, realizadas exclusivamente a expensas do contratado, que serão revertidas ao patrimônio da Administração Pública ao término do contrato.

F. Contratos por escopo (art. 111)

Cabe, aqui, diferenciar os contratos por escopo dos contratos por prazo certo ou de trato sucessivo.

Nos contratos por escopo, a avença somente será cumprida, independentemente do prazo pactuado, com a execução total do objeto contratual. Assim, o contrato somente restará encerrado com o cumprimento do contrato.

Dessa forma, nos termos do art. 111 da Lei nº 14.133/2021, na contratação que previr a conclusão de um escopo predefinido, o prazo de vigência será automaticamente prorrogado quando seu objeto não for concluído no período firmado no contrato.

Atente-se que, quando a não conclusão decorrer de **culpa do contratado,** (1) o contratado será constituído em mora, aplicáveis a ele as respectivas sanções administrativas; e (2) a Administração poderá optar pela extinção do contrato e, nesse caso, adotará as medidas admitidas em lei para a continuidade da execução contratual.

Por outro lado, nos contratos de trato sucessivo, o contratado precisa cumprir as obrigações contratuais até o prazo final do contrato. Findo este, estará extinta a avença.

G. Contratos de fornecimento e prestação de serviço associado (art. 113)

Esses contratos terão sua vigência máxima definida pela soma do prazo relativo ao fornecimento inicial ou à entrega da obra com o prazo relativo ao serviço de operação e manutenção, este limitado a 5 (cinco) anos contados da data de recebimento do objeto inicial, autorizada a prorrogação na forma do art. 107 da lei.

Tipo de contrato	Prazo máximo de vigência
– Contratos de serviços e fornecimentos contínuos – Contratos de aluguel de equipamentos e de utilização de programas de informática	5 anos, permitida a prorrogação decenal para os contratos de serviços e fornecimentos contínuos.
– Contratos de bens ou serviços produzidos no País com alta complexidade tecnológica e defesa nacional – Contratos de materiais de uso das Forças Armadas para manter a padronização logística – Contratos relacionados a incentivos à inovação e à pesquisa científica e tecnológica	10 anos.

Tipo de contrato	Prazo máximo de vigência
– Contratações que possam afetar a segurança nacional – Contratos relativos à transferência de tecnologia de produtos estratégicos para o SUS	
– Contratos de aquisição de insumos estratégicos para a saúde produzidos por fundações criadas para apoiar a Administração Pública em projetos de ensino, pesquisa, desenvolvimento científico e tecnológico, ou em parcerias que envolvam transferência de tecnologia, desde que o preço seja compatível com o mercado	10 anos.
Contratos de operação continuada de sistemas estruturantes de tecnologia da informação	15 anos.
Contratos que gerem receitas e contratos de eficiência sem investimento	Até 10 anos.
Contratos que gerem receitas e contratos de eficiência com investimento	Até 35 anos.
Contratos por escopo	Prazo de vigência será automaticamente prorrogado quando seu objeto não for concluído no período firmado no contrato.
Contratos de fornecimento e prestação de serviço associado	Soma do prazo relativo ao fornecimento inicial ou à entrega da obra com o prazo relativo ao serviço de operação e manutenção, este limitado a 5 (cinco) anos contados da data de recebimento do objeto inicial, autorizada a prorrogação decenal.

6. APLICAÇÃO DE SANÇÕES AO CONTRATADO

A Lei nº 14.133/2021, em seu art. 155, estabeleceu quais as infrações ensejarão responsabilidade administrativa do licitante ou do contratado.

Por sua vez, o art. 156 estabelece quais as sanções serão aplicadas nos casos das infrações anteriormente estabelecidas. Atente-se que o sancionamento é derivado do *poder disciplinar*.

Ainda, nos termos do art. 156, § 9°, a aplicação das sanções não exclui, em hipótese alguma, a obrigação de reparação integral do dano causado à Administração Pública.

Ademais, nos termos do art. 161, os órgãos e as entidades dos Poderes Executivo, Legislativo e Judiciário de todos os entes federativos deverão, no prazo máximo 15 (quinze) dias *úteis*, contado da data de aplicação da sanção, informar e manter atualizados os dados relativos às sanções por eles aplicadas, para fins de publicidade no Cadastro Nacional de Empresas Inidôneas e Suspensas (Ceis) e no Cadastro Nacional de Empresas Punidas (CNEP), instituídos no âmbito do Poder Executivo federal.

Por fim, o Poder Executivo regulamentará a forma de cômputo e as consequências da soma de diversas sanções aplicadas a uma mesma empresa e derivadas de contratos distintos.

São sanções:

I.   advertência;

II. multa;

II. impedimento de licitar e contratar;

IV. declaração de inidoneidade para licitar ou contratar.

6.1. Advertência

De acordo com o art. 156, § 2°, da Lei n° 14.133/2021, a advertência será aplicada exclusivamente no caso de inexecução parcial do contrato, quando não se justificar a imposição de penalidade considerada mais grave.

6.2. Multa

A multa, que será calculada na forma do edital ou do contrato, não poderá ser inferior a 0,5% (cinco décimos por cento) nem superior a 30% (trinta por cento) do valor do contrato licitado ou celebrado com contratação direta e será aplicada ao responsável por qualquer das infrações administrativas, conforme dispõe o art. 156, § 3°, da Lei n° 14.133/2021.

Ademais, nos termos do art. 156, § 7°, da Lei n° 14.133/2021, a multa pode ser aplicada isolada ou cumulativamente com as demais penalidades.

Se a multa aplicada e as indenizações cabíveis forem superiores ao valor de pagamento eventualmente devido pela Administração ao contratado, além da perda desse valor, a diferença será descontada da garantia prestada ou será cobrada judicialmente.

Por fim, atente-se que, caso aplicada a multa, será facultada a defesa do interessado no prazo de 15 (quinze) dias úteis, contado da data de sua intimação.

6.3. Impedimento de licitar e contratar

A sanção de impedimento de licitar e contratar será aplicada nas seguintes infrações administrativas.

1) dar causa à inexecução parcial do contrato que cause grave dano à Administração, ao funcionamento dos serviços públicos ou ao interesse coletivo;

2) dar causa à inexecução total do contrato;

3) deixar de entregar a documentação exigida para o certame;

4) não manter a proposta, salvo em decorrência de fato superveniente devidamente justificado;

5) não celebrar o contrato ou não entregar a documentação exigida para a contratação, quando convocado dentro do prazo de validade de sua proposta;

6) ensejar o retardamento da execução ou da entrega do objeto da licitação sem motivo justificado.

Atente-se ao fato de que o impedimento será aplicado nas infrações anteriores caso não se justifique a imposição da penalidade de declaração de inidoneidade.

A sanção ora estudada impedirá o responsável de licitar ou contratar no âmbito da Administração Pública direta e indireta **do ente federativo** que tiver aplicado a sanção, pelo prazo máximo de 3 (três) anos.

Assim, a Lei nº 14.133/2021 delimita a extensão da penalidade de impedimento, acabando com uma divergência legal, doutrinária e jurisprudencial acerca do tema.

6.4. Declaração de inidoneidade

A declaração de inidoneidade será aplicada nas seguintes infrações administrativas:

1) apresentar declaração ou documentação falsa exigida para o certame ou prestar declaração falsa durante a licitação ou a execução do contrato;

2) fraudar a licitação ou praticar ato fraudulento na execução do contrato;

3) comportar-se de modo inidôneo ou cometer fraude de qualquer natureza;

4) praticar atos ilícitos com vistas a frustrar os objetivos da licitação;

5) praticar ato lesivo previsto no art. 5º da Lei nº 12.846/2013, a Lei Anticorrupção.

Também será aplicada a declaração de inidoneidade nas infrações tipificadas para ensejar o impedimento de contratar, quando justificar a imposição de penalidade mais grave.

Atente-se que a penalidade ora estudada impedirá o responsável de licitar ou contratar no âmbito **da Administração Pública direta e indireta de todos os entes federativos**, pelo **prazo mínimo de 3 (três) anos e máximo de 6 (seis) anos**.

A declaração de inidoneidade será precedida de análise jurídica e observará as seguintes regras:

I.   Quando aplicada por órgão do Poder Executivo, será de competência exclusiva de ministro de Estado, de secretário estadual ou de secretário municipal.

II. Quando aplicada por autarquia ou fundação, será de competência exclusiva da autoridade máxima da entidade.

II. Quando aplicada por órgãos dos Poderes Legislativo e Judiciário, pelo Ministério Público e pela Defensoria Pública no desempenho da função administrativa, será de competência exclusiva de autoridade de nível hierárquico equivalente aos ministros e secretários de Estado.

A aplicação da declaração de inidoneidade só abarca as relações jurídicas futuras, razão pela qual produz efeitos *ex nunc*.[4]

Penalidade	Infrações	Competência para aplicação	Prazo de vigência ou valor
Advertência	Inexecução parcial do contrato, quando não se justifica a imposição de penalidade mais grave	Órgão responsável pela aplicação da penalidade	Não se aplica
Multa	Qualquer infração administrativa	Órgão responsável pela aplicação da penalidade	Não inferior a 0,5% e não superior a 30% do valor do contrato licitado ou celebrado com contratação direta
Impedimento de licitar e contratar	Diversas infrações administrativas, incluindo inexecução parcial do contrato que cause grave dano à Administração, ao funcionamento dos serviços públicos ou ao interesse coletivo	Órgão responsável pela aplicação da penalidade	Máximo de 3 anos
Declaração de inidoneidade	Apresentação de declaração ou documentação falsa, fraude na licitação, comportamento inidôneo, atos ilícitos para frustrar objetivos da licitação, entre outras infrações	Ministro de Estado, secretário estadual ou municipal, autoridade máxima de autarquia ou fundação, autoridade de nível hierárquico equivalente aos ministros e secretários de Estado	Mínimo de 3 anos e máximo de 6 anos

---

4   STJ, MS 13.101/DF, Rel. Min. José Delgado, Rel. p/ Acórdão Min. Eliana Calmon, *DJe* 09.12.2008.

6.5. Processo de responsabilização

Caso as sanções aplicadas sejam **o impedimento ou a declaração de inidoneidade para licitar ou contratar**, será necessária a instauração de **processo de responsabilização**, a ser conduzido por comissão composta de 2 (dois) ou mais servidores estáveis, que avaliará fatos e circunstâncias conhecidos e intimará o licitante ou o contratado para, no prazo de 15 (quinze) dias úteis, contado da data de intimação, apresentar defesa escrita e especificar as provas que pretenda produzir.

Em órgão ou entidade da Administração Pública cujo quadro funcional não seja formado de servidores estatutários, a comissão será composta de 2 (dois) ou mais empregados públicos pertencentes aos seus quadros permanentes, preferencialmente com, no mínimo, 3 (três) anos de tempo de serviço no órgão ou na entidade.

Na hipótese de deferimento de pedido de produção de novas provas ou de juntada de provas julgadas indispensáveis pela comissão, o licitante ou o contratado poderá apresentar alegações finais no prazo de 15 (quinze) dias úteis, contado da data da intimação.

Serão indeferidas pela comissão, mediante decisão fundamentada, provas ilícitas, impertinentes, desnecessárias, protelatórias ou intempestivas.

A prescrição ocorrerá em 5 (cinco) anos, contados da ciência da infração pela Administração, e será:

I. **interrompida** pela instauração do **processo de responsabilização**;

II. **suspensa pela celebração de acordo de leniência**, nos termos da Lei nº 12.846/2013;

III. **suspensa por decisão judicial que inviabilize a conclusão da apuração administrativa**.

6.6. Apuração e julgamento conjuntos

Os atos previstos como infrações administrativas na Lei nº 14.133/2021 ou em outras leis de licitações e contratos da Administração Pública que também sejam tipificados como atos lesivos na Lei nº 12.846/2013 serão **apurados e julgados conjuntamente**, nos mesmos autos, observados o rito procedimental e a autoridade competente definidos na Lei nº 12.846/2013.

6.7. Desconsideração da personalidade jurídica

Nos termos do art. 160 da Lei nº 14.133/2021, a personalidade jurídica poderá ser desconsiderada sempre que utilizada com **abuso do direito** para facilitar, encobrir ou dissimular a prática dos atos ilícitos previstos na lei ou para provocar **confusão patrimonial**.

Procedida a desconsideração, todos os efeitos das sanções aplicadas à pessoa jurídica serão estendidos aos seus administradores e sócios com poderes de administração, à pessoa jurídica sucessora ou à empresa do mesmo ramo com relação de coligação ou controle, de fato ou de direito, com o sancionado, observados, em todos os casos, o contraditório, a ampla defesa e a obrigatoriedade de análise jurídica prévia.

Assim, diante da previsão legal, conclui-se que a Lei nº 14.133/2021 adotou a teoria maior da desconsideração da personalidade jurídica, uma vez que exige o abuso do direito ou a confusão patrimonial entre os bens da pessoa jurídica e dos seus sócios, além da própria insolvência da pessoa jurídica.

Por outro lado, na teoria menor, adotada em caráter excepcional no direito brasileiro – consumidor, por exemplo –, basta a mera prova de insolvência da pessoa jurídica, sendo irrelevante o abuso do direito ou a confusão patrimonial.

6.8. Multa de mora

De acordo com o art. 162, a multa de mora será aplicada no caso de atraso injustificado na execução do contrato, de modo que a sua aplicação não impedirá que a Administração a converta em compensatória e promova a extinção unilateral do contrato com a aplicação cumulada de outras sanções.

6.9. Reabilitação

Será admitida, nos termos do art. 163 da Lei nº 14.133/2021, a reabilitação do licitante ou contratado perante a própria autoridade que aplicou a penalidade, exigidos, **cumulativamente**:

I. reparação integral do dano causado à Administração Pública;

II. pagamento da multa;

III. transcurso do prazo mínimo de 1 (um) ano da aplicação da penalidade, no caso de impedimento de licitar e contratar, ou de 3 (três) anos da aplicação da penalidade, no caso de declaração de inidoneidade;

IV. cumprimento das condições de reabilitação definidas no ato punitivo;

V. análise jurídica prévia, com posicionamento conclusivo quanto ao cumprimento dos requisitos anteriores.

Por fim, a reabilitação, quando a sanção decorrer das infrações de apresentação de declaração ou de documentação falsa exigida para o certame ou prestar declaração falsa durante a licitação ou a execução do contrato, bem como da prática de ato lesivo previsto no art. 5º da Lei nº 12.846/2013, a Lei Anticorrupção, exigirá a implantação ou o aperfeiçoamento de programa de integridade pelo responsável.

7. ÁLEAS

Álea significa risco. Todavia, antes de se adentrar nos institutos específicos, faz-se necessário estudar as questões atreladas ao equilíbrio econômico-financeiro dos contratos.

Atente-se que, de acordo com o Enunciado nº 19 do CJF, as controvérsias acerca de equilíbrio econômico-financeiro dos contratos administrativos integram a categoria das relativas a direitos patrimoniais disponíveis, para cuja solução se admitem meios extrajudiciais adequados de prevenção e resolução de controvérsias, notadamente a conciliação, a mediação, o comitê de resolução de disputas e a arbitragem.

> ## Atenção
>
> **Reajuste × Revisão × Repactuação**
>
> Os três institutos são mecanismos de manutenção do equilíbrio econômico-financeiro do contrato.
>
> De acordo com o art. 6º, LVIII, da Lei nº 14.133/2021, o reajuste consiste em forma de manutenção do equilíbrio econômico-financeiro de contrato consistente na aplicação do índice de correção monetária previsto no contrato, que deve retratar a variação efetiva do custo de produção, admitida a adoção de índices específicos ou setoriais.
>
> Ademais, nos termos dos arts. 25, § 7º, e 92, § 3º, independentemente do prazo de duração do contrato, será **obrigatória a previsão *no edital e no contrato* de índice de reajustamento** de preço com data-base vinculada à data do orçamento estimado, com a possibilidade de ser estabelecido mais de um índice específico ou setorial, em conformidade com a realidade de mercado dos respectivos insumos.
>
> **Reajuste:** constitui cláusula necessária nos contratos administrativos, conforme dispõe o art. 92, V, da Lei nº 14.133/2021.
>
> Trata-se de instituto utilizado para remediar os efeitos da desvalorização da moeda, **em razão da inflação**. Portanto, o que enseja o reajuste é a inflação.
>
> Para ocorrer o reajuste, deve haver previsão no edital, inclusive com indicação do índice, sob pena de a proposta ser irreajustável.
>
> O reajuste deve observar o prazo mínimo de 1 ano, contado da data do orçamento estimado, conforme dispõem os arts. 25, § 8º, e 92, § 4º, ambos da Lei nº 14.133/2021.
>
> Para se proceder ao reajuste, será dispensada a celebração de termo aditivo ao contrato, consoante prevê o art. 136, I, da Lei nº 14.133/2021.
>
> **Revisão:** trata-se de instituto utilizado para reequilibrar o contrato administrativo em razão de fatos imprevisíveis ou previsíveis de consequências incalculáveis, que inviabilizem a execução do contrato tal como pactuado, respeitada, em qualquer caso, a repartição objetiva de risco estabelecida no contrato, conforme dispõe o art. 124, II, *d*.
>
> Pelo fato de decorrer de fatores imprevisíveis, a revisão independe de previsão contratual, assim como de um lapso temporal mínimo.

A revisão vai ensejar a realização de termo aditivo, não podendo ocorrer somente por simples apostila.

Repactuação: conforme dispõe o art. 6º, LIX, da Lei nº 14.133/2021, consiste em forma de manutenção do equilíbrio econômico-financeiro de contrato utilizada para serviços contínuos com regime de dedicação exclusiva de mão de obra ou predominância de mão de obra, por meio da análise da variação dos custos contratuais, devendo estar prevista no edital com data vinculada à apresentação das propostas, para os custos decorrentes do mercado, e com data vinculada ao acordo, à convenção coletiva ou ao dissídio coletivo ao qual o orçamento esteja vinculado, para os custos decorrentes da mão de obra.

A repactuação é espécie de reajuste, porém somente aplicável para serviços contínuos com dedicação exclusiva de mão de obra. Ela ocorrerá pela análise de variação dos custos na planilha de preços.

Atente-se que constitui cláusula necessária do contrato o prazo para resposta ao pedido de repactuação de preços, quando for o caso, conforme dispõe o art. 92, X, da Lei nº 14.133/2021. Ademais, o art. 92, § 6º, dispõe que o prazo para resposta ao pedido de repactuação de preços será, preferencialmente, de 1 (um) mês, contado da data do fornecimento da documentação que apresente a demonstração analítica da variação dos custos, por meio de apresentação da planilha de custos e formação de preços, ou do novo acordo, convenção ou sentença normativa que fundamenta a repactuação, nos termos do art. 135, § 6º, da Lei nº 14.133/2021.

Por ser espécie de reajuste, a repactuação deverá observar o prazo mínimo de 1 (um) ano, nos termos dos arts. 25, § 8º, e 92, § 4º, ambos da Lei nº 14.133/2021.

Esse prazo mínimo de 1 (um) ano será contado:

1) para custos decorrentes do mercado, da apresentação da proposta.

2) para os custos de mão de obra, do acordo, da convenção coletiva ou do dissídio coletivo ao qual a proposta esteja vinculada.

Neste último caso, quando a contratação envolver mais de uma categoria profissional, a repactuação poderá ser dividida em tantos quanto forem os acordos, convenções ou dissídios coletivos de trabalho das categorias envolvidas na contratação, conforme dispõe o art. 135, § 5º, da Lei nº 14.133/2021.

A Administração não se vinculará às disposições contidas em acordos, convenções ou dissídios coletivos de trabalho que tratem de **matéria não trabalhista, de pagamento de participação dos trabalhadores nos lucros ou resultados do contratado, ou que estabeleçam direitos não previstos em lei**, como valores ou índices obrigatórios de encargos sociais ou previdenciários, bem como de preços para os insumos **relacionados** ao exercício da atividade.

É vedado a órgão ou entidade contratante vincular-se às disposições previstas em acordos, convenções ou dissídios coletivos de trabalho que tratem de obrigações e direitos que somente se aplicam aos contratos com a Administração Pública.

Ainda, observe que o art. 135, § 4º, estabelece que a repactuação poderá ser dividida em tantas parcelas quanto forem necessárias, observado o princípio da anualidade do reajuste de preços da contratação, podendo ser realizada em momentos distintos para discutir a variação de custos que tenham sua anualidade resultante em datas diferenciadas, como os decorrentes de mão de obra e os decorrentes dos insumos necessários à execução dos serviços.

Para se proceder ao reajuste, será dispensada a celebração de termo aditivo ao contrato, conforme prevê o art. 136, I, da Lei nº 14.133/2021.

Instituto	Objetivo	Fatores	Previsão	Prazo mínimo	Termo aditivo
Reajuste	Manutenção do equilíbrio econômico-financeiro do contrato em razão da inflação	Inflação	Edital e contrato, com indicação do índice	1 ano, contado da data do orçamento estimado ou da apresentação da proposta	Dispensado
Revisão	Reequilíbrio do contrato em razão de fatos imprevisíveis ou previsíveis de consequências incalculáveis	Fatos imprevisíveis	Não depende de previsão contratual	Não há prazo mínimo	Sim
Repactuação	Manutenção do equilíbrio econômico-financeiro de contrato para serviços contínuos com dedicação exclusiva de mão de obra	Variação dos custos	Edital, com data vinculada tanto à apresentação das propostas (para custos decorrentes do mercado) quanto ao acordo, à convenção ou ao dissídio coletivo (para custos decorrentes da mão de obra)	1 ano, contado da data do orçamento estimado ou da apresentação da proposta	Sim

7.1. Álea ordinária

É o risco ordinário de todo e qualquer empreendimento. Dessa forma, os prejuízos decorridos da álea ordinária são de responsabilidade do contratado. Como exemplo, de acordo com a jurisprudência do STJ, os reajustes salariais concedidos por meio de dissídios coletivos seriam considerados áleas ordinárias, não constituindo evento imprevisível ou previsível de consequências incalculáveis.[5]

---

[5]   REsp 1.824.099/GO, Rel. Min. Herman Benjamin, *DJe* 29.10.2019.

Nesse sentido, para que haja o reajuste contratual, seria necessário respeitar o transcurso do prazo mínimo de 1 (um) ano da data do acordo ou da convenção coletiva.

Um ponto que precisa ser enfrentado se refere à desvalorização do real diante de uma moeda estrangeira, como o dólar. Para o STJ, a desvalorização da moeda nacional diante do dólar norte-americano configura causa excepcional de mutabilidade dos contratos administrativos, com vistas à manutenção do equilíbrio econômico-financeiro das partes.

No mesmo sentido está o TCU.[6] Para a Corte de Contas, haverá direito à reequilíbrio quando a onerosidade não puder ser prevista, de modo que haja um aumento anormal dos preços, retardando ou impedindo a execução do contrato.

Assim, é possível afirmar que a desvalorização do real diante de moeda estrangeira pode não constituir álea ordinária, mas, sim, álea extraordinária a incidir a teoria da imprevisão.

7.2. Álea extraordinária

7.2.1. Alteração unilateral

A alteração unilateral dos contratos pode ser uma alteração **qualitativa e quantitativa** e está disciplinada nos arts. 124 a 136 da Lei nº 14.133/2021.

As cláusulas econômico-financeiras e monetárias dos contratos não poderão ser alteradas sem prévia concordância do contratado.

De outro lado, as cláusulas econômico-financeiras do contrato deverão ser revistas para que se mantenha o equilíbrio contratual.

Observe que as alterações unilaterais devem recair sobre as cláusulas regulamentares ou de execução. Estas são aquelas cláusulas que vão estabelecer a forma de execução dos contratos. Ex.: a parede deve ser pintada de azul. A Administração decide modificar unilateralmente e estabelece que vai ser colocado mármore na parede.

Por sua vez, as cláusulas financeiras ou econômico-financeiras estão relacionadas aos aspectos financeiros dos contratos, como o preço.

A alteração qualitativa ocorrerá quando houver modificação do projeto ou das especificações, para melhor adequação técnica a seus objetivos. Pode-se dar como exemplo a contratação de 20 carros pelo Poder Público, mas altera-se para que alguns deles tenham ar-condicionado. Não se altera a quantidade de carros, apenas a qualidade deles.

A alteração quantitativa, por seu turno, ocorrerá quando for necessária a modificação do valor contratual em decorrência de acréscimo ou diminuição quantitativa de

---

[6] TCU, Acórdão 1.431/2017, Plenário, Rel. Vital do Rêgo, 05.07.2017.

seu objeto. Seguindo o exemplo anterior, o Poder Público altera o número de carros. Em vez de 20, passaria a comprar 21 carros. Trata-se de uma alteração quantitativa.

De acordo com o art. 125 da Lei nº 14.133/2021, seja nas alterações qualitativas, seja nas quantitativas, o contratado será obrigado a aceitar, nas mesmas condições contratuais, os **acréscimos** ou as **supressões** que se fizerem nas obras, nos serviços ou nas compras de até 25% do valor inicial do contrato. Caso seja reforma de edifício ou de equipamento, até o limite de 50% para os seus **acréscimos**. E as supressões desse contrato mantêm-se em 25%.

A Lei nº 14.133/2021, dessa forma, adotou posicionamento do Tribunal de Contas da União estabelecendo limites legais tanto para as alterações qualitativas quanto para as quantitativas.

Todavia, uma decisão proferida em caráter normativo pelo Plenário do TCU, conhecida como Decisão nº 215/1999, abriu a possibilidade de realizar alterações significativas em contratos administrativos, ultrapassando o limite de 25% estabelecido pela Lei nº 8.666/1993, de forma **excepcional e bilateral**.

Essa decisão estabeleceu algumas condições para que seja permitida uma alteração acima do limite legalmente previsto. Essas condições são as seguintes: (i) **não acarretar à Administração encargos contratuais superiores** aos custos decorrentes de uma eventual rescisão contratual por razões de interesse público, acrescidos dos custos de elaboração de um novo processo licitatório; (ii) **não possibilitar a inexecução contratual devido** ao nível de capacidade técnica e econômico-financeira do contratado; (iii) ser resultado de **fatos supervenientes que causem dificuldades não previstas ou imprevisíveis no momento da contratação inicial**, após a apresentação da proposta pelo particular; (iv) **não transformar o objeto originalmente contratado em algo de natureza e propósitos diferentes**; (v) ser **necessária para a completa execução do objeto original do contrato**, otimização do cronograma de execução e antecipação dos benefícios sociais e econômicos decorrentes; e (vi) ser demonstrado, na justificativa para autorização da alteração contratual que exceda os limites legais mencionados, que **as consequências da outra alternativa (rescisão contratual seguida de nova licitação e contratação) resultariam em prejuízos insustentáveis** para o interesse público prioritário a ser atendido pela obra ou serviço, incluindo sua urgência e emergência.

Outro posicionamento relevante do TCU[7] refere-se à vedação de compensação entre acréscimos e supressões. Os valores devem ser computados separadamente.

Por óbvio, mas importante a previsão, o art. 126 dispõe que as alterações unilaterais não poderão transfigurar o objeto da contratação; assim, deve-se preservar a identidade do objeto contratado.

---

7 TCU, Acórdão 479/2010, Plenário, Rel. Min. Augusto Nardes, j. 14.04.2010.

De acordo com o art. 127, se o contrato não contemplar preços unitários para obras ou serviços cujo aditamento se fizer necessário, os preços serão fixados por meio da aplicação da relação geral entre os valores da proposta e o do orçamento-base da Administração sobre os preços referenciais ou de mercado vigentes na data do aditamento, respeitados os limites legais.

Nas **contratações de obras e serviços de engenharia**, consoante o art. 128, a diferença percentual entre o valor global do contrato e o preço global de referência não poderá ser reduzida em favor do contratado em decorrência de aditamentos que modifiquem a planilha orçamentária. A finalidade do dispositivo é evitar o "jogo de planilhas".[8]

Por sua vez, o art. 129 dispõe que, nas alterações contratuais para supressão de obras, bens ou serviços, se o contratado já houver adquirido os materiais e os colocado no local dos trabalhos, estes deverão ser pagos pela Administração pelos custos de aquisição regularmente comprovados e monetariamente reajustados, podendo caber indenização por outros danos eventualmente decorrentes da supressão, desde que regularmente comprovados.

Atente-se que, havendo alteração unilateral, nos termos art. 130, que aumente ou diminua os encargos do contratado, a Administração deverá restabelecer, no mesmo termo aditivo, o equilíbrio econômico-financeiro inicial.

Ademais, a extinção do contrato não configurará óbice para o reconhecimento do desequilíbrio econômico-financeiro, hipótese em que será concedida indenização por meio de termo indenizatório.

O pedido de restabelecimento do equilíbrio econômico-financeiro deverá ser formulado **durante a vigência do contrato** e **antes de eventual prorrogação**.

Por fim, de acordo com o art. 132, a formalização do termo aditivo é condição para a execução, pelo contratado, das prestações determinadas pela Administração no curso da execução do contrato, salvo nos casos de justificada necessidade de antecipação de seus efeitos, hipótese em que a formalização deverá ocorrer no prazo máximo de 1 (um) mês.

7.2.2. *Alteração bilateral*

Conforme o art. 124, II, os contratos também poderão ser alterados por acordo entre as partes:

a) quando conveniente a substituição da garantia de execução;

---

[8] Trata-se de expressão referente ao fato de o particular identificar que a Administração Pública não observou determinada quantidade de serviço. Assim, de maneira intencional, o particular realiza proposta com preços unitários mais elevados para esses serviços omissos, de modo que, quando a Administração realizar alteração quantitativa, haverá um aumento dos seus lucros.

b) quando necessária a modificação do regime de execução da obra ou do serviço, bem como do modo de fornecimento, em face de verificação técnica da inaplicabilidade dos termos contratuais originários;

c) quando necessária a modificação da forma de pagamento por imposição de circunstâncias supervenientes, mantido o valor inicial atualizado e vedada a antecipação do pagamento em relação ao cronograma financeiro fixado sem a correspondente contraprestação de fornecimento de bens ou execução de obra ou serviço;

d) para restabelecer o equilíbrio econômico-financeiro inicial do contrato em caso de força maior, caso fortuito ou fato do príncipe ou em decorrência de fatos imprevisíveis ou previsíveis de consequências incalculáveis, que inviabilizem a execução do contrato tal como pactuado, respeitada, em qualquer caso, a repartição objetiva de risco estabelecida no contrato.

Aplica-se este último caso às contratações de obras e serviços de engenharia, quando a execução for obstada pelo atraso na conclusão de procedimentos de desapropriação, desocupação, servidão administrativa ou licenciamento ambiental, por circunstâncias alheias ao contratado.

7.2.3. *Fato do príncipe*

O fato do príncipe é a medida de autoridade pública, de caráter geral. Não está diretamente relacionado ao contrato, embora nele reflita indiretamente, dificultando ou impedindo sua execução. Assim, perceba-se que o fato do príncipe decorre de um **evento externo** à relação contratual, mas que gera efeitos no contrato.

Na Lei nº 14.133/2021, o fato do príncipe está previsto no art. 134. Pelo dispositivo legal, os preços contratados serão alterados, **para mais ou para menos**, conforme o caso, se houver, **após a data da apresentação da proposta**, criação, alteração ou extinção de quaisquer tributos ou encargos legais ou a superveniência de disposições legais, com comprovada repercussão sobre os preços contratados.

Desse modo, como pode ser visto do dispositivo legal, o fato do príncipe pode ser positivo ou negativo.

> **Atenção**
>
> Para parte da doutrina do Direito Administrativo, o fato deve emanar da mesma pessoa jurídica que celebrou o contrato. Caso emane de uma pessoa jurídica diversa irá ser aplicada a teoria da imprevisão. Outra parte da doutrina não diferencia o ente público causador do fato.

Haverá a alteração do contrato para a manutenção do equilíbrio econômico-financeiro, isto é, será mantida a relação de adequação entre os encargos do contratado e a remuneração paga pela Administração Pública. Isso será feito por aditamento.

A manutenção desse equilíbrio se configura como um **direito intangível** do contratado, nos termos do art. 37, XXI, da CR/1988.

7.2.4. Fato da Administração

É toda conduta ou comportamento da Administração que reflete diretamente sobre o contrato, impedindo ou dificultando sua execução. Assim, diferentemente do fato do príncipe, que é um evento externo ao contrato, o fato da Administração é um evento interno ao contrato, atingindo diretamente o contrato.

A Lei nº 14.133/2021 estabeleceu as situações que configuram fato da Administração e poderão ensejar a extinção do contrato. Trata-se da previsão contida no art. 137, § 2º.

O contratado terá direito à extinção do contrato nas seguintes hipóteses:

I.   supressão, **por parte da Administração**, de obras, serviços ou compras que acarrete modificação do valor inicial do contrato além dos limites legais;

II. suspensão de execução do contrato, **por ordem escrita da Administração**, por prazo superior a 3 (três) meses;

III. repetidas suspensões que totalizem 90 (noventa) dias úteis, independentemente do pagamento obrigatório de indenização pelas sucessivas e contratualmente imprevistas desmobilizações e mobilizações e outras previstas;

IV. atraso superior a 2 (dois) meses, contado da emissão da nota fiscal, dos pagamentos ou de parcelas de pagamentos devidos pela Administração por despesas de obras, serviços ou fornecimentos;

V.   não liberação pela **Administração**, nos prazos contratuais, de área, local ou objeto, para execução de obra, serviço ou fornecimento, e de fontes de materiais naturais especificadas no projeto, inclusive devido a atraso ou descumprimento das obrigações atribuídas pelo contrato à Administração relacionadas a desapropriação, a desocupação de áreas públicas ou a licenciamento ambiental.

As hipóteses de extinção previstas nos itens II, III e IV observarão as seguintes disposições:

1) não serão admitidas em caso de calamidade pública, de grave perturbação da ordem interna ou de guerra, bem como quando decorrerem de ato ou fato que o contratado tenha praticado, do qual tenha participado ou para o qual tenha contribuído;

2) assegurarão ao contratado o direito de optar pela suspensão do cumprimento das obrigações assumidas até a normalização da situação, admitido o restabelecimento do equilíbrio econômico-financeiro do contrato.

Os emitentes das garantias deverão ser notificados pelo contratante quanto ao início de processo administrativo para apuração de descumprimento de cláusulas contratuais.

7.3. Álea econômica

São circunstâncias externas ao contrato, estranhas à vontade das partes, imprevisíveis, excepcionais, inevitáveis, que causam desequilíbrio muito grande no contrato, dando lugar à aplicação da teoria da imprevisão.

A cláusula *rebus sic stantibus* fundamenta a teoria da imprevisão, isto é, o "contrato deve ser cumprido desde que presentes as menos condições existentes no cenário dentro do qual foi o pacto ajustado".[9] Dessa forma, havendo mudança nas condições existentes, rompe-se o equilíbrio contratual, não podendo ser imputada qualquer culpa à parte inadimplente.

Haverá a alteração do contrato para a manutenção do equilíbrio econômico-financeiro, isto é, será mantida a relação de adequação entre os encargos do contratado e a remuneração paga pela Administração Pública.

A manutenção desse equilíbrio se configura como um **direito intangível** do contratado, nos termos do art. 37, XXI, da CR/1988.

8. DA NULIDADE DOS CONTRATOS

Importante tema refere-se à nulidade dos contratos. O tema está disciplinado nos arts. 147 a 150 da Lei nº 14.133/2021.

De acordo com o art. 147, constatada irregularidade no procedimento licitatório ou na execução contratual, **caso não seja possível o saneamento**, a decisão sobre a suspensão da execução ou anulação do contrato somente será adotada na hipótese em que se revelar medida de interesse público, com avaliação, entre outros, dos seguintes aspectos: (i) impactos econômicos e financeiros decorrentes do atraso na fruição dos benefícios do objeto do contrato; (ii) riscos sociais, ambientais e à segurança da população local decorrentes do atraso na fruição dos benefícios do objeto do contrato; (iii) motivação social e ambiental do contrato; (iv) custo da deterioração ou da perda das parcelas executadas; (v) despesa necessária à preservação das instalações e dos serviços já executados; (vi) despesa inerente à desmobilização e ao posterior retorno às atividades; (vii) medidas efetivamente adotadas pelo titular do órgão ou entidade para o saneamento dos indícios de irregularidades apontados; (viii) custo total e estágio de execução física e financeira dos contratos, dos convênios, das obras ou das parcelas envolvidas; (ix) fechamento de postos de trabalho diretos e indiretos em razão da paralisação; (x) custo para realização de nova licitação ou celebração de novo contrato; (xi) custo de oportunidade do capital durante o período de paralisação.

Assim, caso a paralisação ou anulação não se revele medida de interesse público, o Poder Público deverá optar pela continuidade do contrato e pela solução da irregu-

---

9   CARVALHO FILHO, José dos Santos. *Manual de Direito Administrativo*. 26. ed. rev., ampl. e atual. São Paulo: Atlas, 2013. p. 213.

laridade por meio de indenização por perdas e danos, sem prejuízo da apuração de responsabilidade e da aplicação de penalidades cabíveis.

Por outro lado, caso haja a necessidade de anulação do contrato, deve-se observar o disposto no art. 147 da Lei nº 14.133/2021. De acordo com o dispositivo, a declaração de nulidade do contrato administrativo requererá análise prévia do interesse público envolvido e operará retroativamente, impedindo os efeitos jurídicos que deveria produzir ordinariamente e desconstituindo os já produzidos.

Caso não seja possível o retorno à situação fática anterior, a nulidade será resolvida pela indenização por perdas e danos, sem prejuízo da apuração de responsabilidade e aplicação das penalidades cabíveis.

Ao declarar a nulidade do contrato, a autoridade, com vistas à continuidade da atividade administrativa, poderá decidir que ela só tenha eficácia em momento futuro, suficiente para efetuar nova contratação, por prazo de até 6 (seis) meses, prorrogável uma única vez. Ademais, de acordo com o art. 149, a nulidade não exonerará a Administração do dever de indenizar o contratado pelo que houver executado até a data em que for declarada ou tornada eficaz, bem como por outros prejuízos regularmente comprovados, desde que não lhe seja imputável, e será promovida a responsabilização de quem lhe tenha dado causa.

Por fim, o art. 150 estabelece que nenhuma contratação será feita sem a caracterização adequada de seu objeto e sem a indicação dos créditos orçamentários para pagamento das parcelas contratuais vincendas no exercício em que realizada a contratação, sob pena de nulidade do ato e de responsabilização de quem lhe tiver dado causa.

EM RESUMO:

1. Conceito e diferenciação de contratos da administração e contratos administrativos	**Conceito e diferenciação:** a. contratos da Administração: celebrados pela Administração Pública, sejam regidos pelo Direito Público, sejam regidos pelo Direito Privado. b. contratos administrativos (art. 89 da Lei nº 14.133/2021): celebrados pela Administração Pública com pessoa física ou jurídica para a consecução de um fim de interesse público.
2. Características	**1. Consensualidade:** para que se tornem perfeitos necessitam apenas do acordo de vontade entre as partes. **2. Formalidade:** exigem uma forma preestabelecida em lei para que se tornem válidos. **3. Bilateralidade:** há prestação e contraprestação para as partes envolvidas. **4. Onerosidade:** há direitos e obrigações para ambas as partes.

2. Características	**5. Comutatividade:** prestação e contraprestação já são previamente conhecidas pelas partes. **6. Adesão:** as cláusulas contratuais são predefinidas por uma das partes (no caso, a Administração Pública). **7. Presença de cláusulas exorbitantes ou desequilíbrio:** colocam a Administração Pública em uma relação superior ao contratado (art. 104 da Lei nº 14.133/2021). **8. Mutabilidade:** possibilidade de os contratos sofrerem alterações unilaterais determinadas pela Administração Pública. **9. Personalíssimo** (*intuito personae*): execução do objeto licitado pelo contratado, vedada sua execução por terceiros. Não impedimento de subcontratação (art. 122 da Lei nº 14.133/2021).
3. Convocação do licitante vencedor	**1. Prazo e condições: estabelecidas no edital de licitação** (art. 90 da Lei nº 14.133/2021). **2. Não aceite ou não assinatura pelo convocado: Administração pode convocar os licitantes remanescentes, na ordem de classificação** para a celebração do contrato. **3. Falta de aceite pelos licitantes:** – Administração pode convocar os licitantes remanescentes para negociação, na ordem de classificação. – Administração pode celebrar o contrato nas condições ofertadas pelos licitantes remanescentes, atendida a ordem classificatória. **4. Recusa injustificada:** caracteriza descumprimento total da obrigação com sujeição às penalidades legalmente estabelecidas e à perda da garantia de proposta em favor do órgão ou da entidade licitante.
4. Garantias	**1. Conceito:** exigidas a critério da autoridade competente, desde que previstas no edital (art. 96 da Lei nº 14.133/2021). **2. Tipos:** – caução em dinheiro ou em títulos da dívida pública; – seguro-garantia; – fiança bancária; – título de capitalização custeado por pagamento único, com resgate pelo valor total. **3. Contratos de execução continuada ou de fornecimento contínuo de bens e serviços:** permitida a substituição da apólice de seguro-garantia na data da renovação ou do aniversário. **4. Contratação de obras e serviços de engenharia:** edital poderá exigir a prestação da garantia na modalidade seguro-garantia e prever a obrigação de a seguradora, em caso de

4. Garantias	inadimplemento pelo contratado, assumir a execução e concluir o objeto do contrato. **5. Inadimplemento do contratado:** – se **seguradora concluir o objeto do contrato:** estará isenta da obrigação de pagar a importância segurada indicada na apólice. – se **seguradora não assumir a execução do contrato:** ela pagará a integralidade da importância segurada indicada na apólice.

5. Prazo	**1. Regra:** até 12 meses (art. 105 da Lei nº 14.133/2021). **2. Exceções:**

Tipo de contrato	Prazo máximo de vigência
– Contratos de serviços e fornecimentos contínuos – Contratos de aluguel de equipamentos e de utilização de programas de informática	5 anos, permitida a prorrogação decenal para os contratos de serviços e forneciwmentos contínuos.
– Contratos de bens ou serviços produzidos no País com alta complexidade tecnológica e defesa nacional – Contratos de materiais de uso das Forças Armadas para manter a padronização logística – Contratos relacionados a incentivos à inovação e à pesquisa científica e tecnológica – Contratações que possam afetar a segurança nacional – Contratos relativos à transferência de tecnologia de produtos estratégicos para o SUS	10 anos.
– Contratos de aquisição de insumos estratégicos para a saúde produzidos por fundações criadas para apoiar a Administração Pública em projetos de ensino, pesquisa, desenvolvimento científico e tecnológico, ou em parcerias que envolvam transferência de tecnologia, desde que o preço seja compatível com o mercado	10 anos.
Contratos de operação continuada de sistemas estruturantes de tecnologia da informação	15 anos.
Contratos que gerem receitas e contratos de eficiência sem investimento	Até 10 anos.
Contratos que gerem receitas e contratos de eficiência com investimento	Até 35 anos.

	Tipo de contrato	Prazo máximo de vigência
5. Prazo	Contratos por escopo	Prazo de vigência será automaticamente prorrogado quando seu objeto não for concluído no período firmado no contrato.
	Contratos de fornecimento e prestação de serviço associado	Soma do prazo relativo ao fornecimento inicial ou à entrega da obra com o prazo relativo ao serviço de operação e manutenção, este limitado a 5 (cinco) anos contados da data de recebimento do objeto inicial, autorizada a prorrogação decenal.

1. Infrações: art. 155 da Lei nº 14.133/2021.

2. Sanções: art. 156 da Lei nº 14.133/2021.

	Penalidade	Infrações	Competência para aplicação	Prazo de vigência ou valor
6. Aplicação de sanções ao contratado	Advertência (art. 156, § 2º)	Inexecução parcial do contrato, quando não se justifica a imposição de penalidade mais grave	Órgão responsável pela aplicação da penalidade	Não se aplica.
	Multa (art. 156, § 7º)	Qualquer infração administrativa.	Órgão responsável pela aplicação da penalidade.	Não inferior a 0,5% e não superior a 30% do valor do contrato licitado ou celebrado com contratação direta.
	Impedimento de licitar e contratar	Diversas infrações administrativas, incluindo inexecução parcial do contrato que cause grave dano à Administração, ao funcionamento dos serviços públicos ou ao interesse coletivo	Órgão responsável pela aplicação da penalidade.	Máximo de 3 anos.

Penalidade	Infrações	Competência para aplicação	Prazo de vigência ou valor
Declaração de inidoneidade	Apresentação de declaração ou documentação falsa, fraude na licitação, comportamento inidôneo, atos ilícitos para frustrar objetivos da licitação, entre outras infrações.	Ministro de Estado, secretário estadual ou municipal, autoridade máxima de autarquia ou fundação, autoridade de nível hierárquico equivalente aos ministros e secretários de Estado.	Mínimo de 3 anos e máximo de 6 anos.

6. Aplicação de sanções ao contratado

3. Processo de responsabilização: instaurado caso as sanções aplicadas sejam **o impedimento ou a declaração de inidoneidade para licitar ou contratar com** prescrição em 5 (cinco) anos, contados da ciência da infração pela Administração.

4. Apuração e julgamento conjuntos: atos previstos como infrações administrativas na Lei nº 14.133/2021 que também sejam tipificados como atos lesivos na Lei nº 12.846/2013.

5. Desconsideração da personalidade jurídica (art. 160 da Lei nº 14.133/2021):

– Possibilidade: se utilizada com **abuso do direito** ou para provocar **confusão patrimonial.**

– Efeitos das sanções aplicadas à pessoa jurídica: estendidos aos seus administradores e sócios com poderes de administração.

6. Multa de mora: aplicada no caso de atraso injustificado na execução do contrato (art. 162).

7. Reabilitação: admissão perante a própria autoridade que aplicou a penalidade.

- Requisitos cumulativos:

a. reparação integral do dano causado à Administração Pública;

b. pagamento da multa;

c. transcurso do prazo mínimo de 1 ano da aplicação da penalidade, no caso de impedimento de licitar e contratar, ou de 3 anos da aplicação da penalidade, no caso de declaração de inidoneidade;

d. cumprimento das condições de reabilitação definidas no ato punitivo;

e. análise jurídica prévia, com posicionamento conclusivo quanto ao cumprimento dos requisitos anteriores.

7. Áleas

1. Conceito: risco.

2. Mecanismos de manutenção do equilíbrio econômico-financeiro dos contratos:

– Reajuste: manutenção do equilíbrio econômico-financeiro do contrato em razão da inflação.

– Revisão: reequilíbrio do contrato em razão de fatos imprevisíveis ou previsíveis de consequências incalculáveis.

– Repactuação: manutenção do equilíbrio econômico-financeiro de contrato para serviços contínuos com dedicação exclusiva de mão de obra.

3. Espécies:

a. Álea ordinária:

– **Conceito:** risco ordinário de todo e qualquer empreendimento.

– **Responsabilidade:** contratado.

b. Álea extraordinária

– Alteração unilateral (arts. 124 a 136 da Lei nº 14.133/2021): limites legais para alterações qualitativas e quantitativas.

– **Qualitativa:** modificação do projeto para melhor adequação técnica a seus objetivos (ex.: contratação de 20 carros pelo Poder Público, mas altera-se para que alguns deles tenham ar-condicionado).

– **Quantitativa:** modificação do valor contratual em decorrência de acréscimo ou diminuição quantitativa de seu objeto (ex.: Poder Público altera o número de carros).

– Alteração bilateral (art. 124, II): acordo entre as partes.

– Fato do príncipe (art. 134): medida de autoridade pública, de caráter geral. Decorre de um **evento externo** à relação contratual, mas que gera efeitos no contrato.

– Fato da Administração (art. 137, § 2º): conduta da Administração que impede ou dificulta a execução do contrato. É um **evento interno** à relação contratual. Contratado tem direito à extinção do contrato em hipóteses determinadas.

c. Álea econômica: circunstâncias externas ao contrato, imprevisíveis, que causam desequilíbrio no contrato (aplicação da teoria da imprevisão). Alteração do contrato para a manutenção do equilíbrio econômico-financeiro.

**8.
Da nulidade dos
contratos**

1. Fundamento legal: arts. 147 a 150 da Lei nº 14.133/2021.

2. Hipóteses: irregularidade no procedimento licitatório ou na execução contratual.

3. Suspensão da execução ou anulação do contrato: somente adotada na hipótese em que se revelar medida de interesse público e **caso não seja possível o saneamento.**

4. Nulidade do contrato administrativo (art. 147 da Lei nº 14.133/2021): declaração requererá análise prévia do interesse público envolvido e operará retroativamente. Resolução se dá pela indenização por perdas e danos se impossível retorno à situação fática anterior.

Bibliografia

ALEXANDRINO, Marcelo; PAULO, Vicente. *Direito administrativo descomplicado*. 24. ed. rev. e atual. São Paulo: Método, 2016.

CARVALHO FILHO, José dos Santos. *Manual de direito administrativo*. 26. ed. rev., ampl. e atual. São Paulo: Atlas, 2013.

DI PIETRO, Maria Sylvia Zanella. *Direito administrativo*. 25. ed. São Paulo: Atlas, 2012.

JUSTEN FILHO, Marçal. *Comentários à Lei de Licitações e Contratos Administrativos*: Lei 8.666/1993. 18. ed. rev., atual. e ampl. São Paulo: RT, 2019.

JUSTEN FILHO, Marçal. *Comentários à Lei de Licitações e Contratos Administrativos*. 9. ed. São Paulo: Dialética, 2002.

JUSTEN FILHO, Marçal. *Curso de direito administrativo*. 9. ed. rev., atual. e ampl. São Paulo: RT, 2013.

MARINELA, Fernanda. *Direito administrativo*. 7. ed. Niterói: Impetus, 2013.

MEIRELLES, Hely Lopes. *Direito administrativo brasileiro*. São Paulo: Malheiros Editores, 2003.

MELLO, Celso Antônio Bandeira de. *Curso de direito administrativo*. São Paulo: Malheiros Editores, 2008.

OLIVEIRA, Rafael Carvalho Rezende. *Curso de direito administrativo*. 5. ed. São Paulo: Método, 2017.

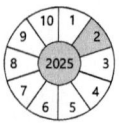